역사 속의 이성

역사 속의 이성

Die Vernunft in der Geschichte

G. W. F. 헤겔

요하네스 호프마이스터 엮음

이신철 옮김

도서출판 b

| 일러두기 |

1. 이 책 『역사 속의 이성』은 G. W. F. Hegel, *Die Vernunft in der Geschichte*, Fünfte, abermals verbesserte Auflage, hrsg. von Johannes Hoffmeister, Verlag von Felix Meiner in Hamburg, 1955를 원본으로 하여 완역한 것이다.
2. 본문에서 [72]와 같은 형태로 제시되는 것은 위 원본의 쪽수를 표시한 것이다.
3. 본문에서 [ ] 속에 놓여 있는 것은 괄호 앞에 있는 용어에 대한 다른 가능한 번역어를 제시한 것이다.
4. 옮긴이가 덧붙인 주해를 위해서는 『헤겔사전』(도서출판 b) 등을 참조했다.

| 차 례 |

일러두기 4

편집자 서문 7

첫 번째 초안: 역사 서술의 양식들 15

두 번째 초안: 철학적 세계사 49

  A. 철학적 세계사의 일반적 개념 56

  B. 역사에서 정신의 현실화 92

    a) 정신의 규정 99
    b) 현실화의 수단 141
    c) 정신의 현실화 재료 193
    d) 정신의 현실 238

  C. 세계사의 발걸음 255

    a) 발전의 원리 255
    b) 역사의 시원 269
    c) 발전의 경과 283

부록

1. 세계사의 자연 연관 또는 지리적 기초   313
   a) 일반적 규정   313
   b) 신세계   332
   c) 구세계   350
     α) 아프리카 | β) 아시아 | ɣ) 유럽

2. 세계사의 구분   403

3. 1826/27년 겨울 학기로부터의 보론   428

텍스트의 복원에 대하여   453
옮긴이 후기   465
찾아보기   473

[VII] 편집자 서문

세계사의 철학에 관한 헤겔의 강의는 이 판본과 더불어 네 번째로 편집자를 바꾼다. 이 강의는 "고인 친우회에 의한" 헤겔 저작의 "완전판Vollständige Ausgabe"의 틀 내에서 우선은 1837년에 에두아르트 간스[1]에 의해, 그러고 나서 다시 한번 1840년에 칼 헤겔[2]에 의해 그리고 마지막으로 "철학 총서 Philosophische Bibliothek" "비판판Kritische Ausgabe"의 틀 내에서 게오르크 라손[3]에 의해, 그것도 세 개의 판본으로(1917년, 1920년, 1930년) 제공되었었다. 편집자들 모두에 의해 텍스트는 변화되었다. 그리고 마지막으로 언급된 게오르크 라손은 실로

- -

1. Eduard Gans(1798~1839): 헤겔의 제자로서 법학자. 역사법학파에 맞서 싸웠다.
2. Karl Hegel(1813~1901): 헤겔의 아들이자 역사 철학자. 에틀랑겐대학 교수.
3. Georg Lasson(1862~1932): 독일의 프로테스탄트 신학자이자 마이너 판 헤겔 전집의 공동 편집자. 그 결과가 오늘날 언제나 칭송받는 것은 아니지만, 그의 판본은 그가 그 이후 상실된 원고들에 접근할 수 있었던 한에서 연구에 아주 유용하다.

그의 텍스트 형태를 "철학 총서"의 두 번째 판본과 세 번째 판본에서 변화시키지 않고 그대로 두긴 했지만, 그것을 나중에 발견된 자필 원고와 필기 노트에 근거하여 개별적인 본질적 대목들에서 확대했다. 그리하여 전체를 제공하는 그의 방도가 더는 정당화될 수 없었고, 그런 까닭에 또 한 번의 교정과 편집이 필요했다.

헤겔은 이 강의를 1822/1823년 겨울 학기부터 2년 주기로, 그러므로 다섯 차례, 마지막으로는 1830/1831년 겨울 학기에 그때마다 매주 4시간씩 수행했다. 그러나 이 해들이 지나는 동안에 그에게는 다양하고 다면적인 새로운 경험적–역사학적 자료가 넘겨졌으며, 그래서 그는 1830/1831년 겨울 학기에 더는 전체를 다룰 수 없었고, 그런 까닭에 "세계사의 철학. 제1부"만을 공고했다. 그러나 바로 그토록 풍부한 역사학적 자료를 최초의 편집자들은 결코 올바르게 처리하지 못했다. 첫 번째 판본에서뿐만 아니라 두 번째 판본에서도 이 헤겔 강의는 적어도 책 형식이나 단락 형식으로 작성되어 있지 않은 그 밖의 강의들과 비교하여 빈약한 한 권만을 차지한다. 이러한 나쁜 상태를 제거하고 헤겔의 "세계사의 철학"을 처음으로 [VIII]그것의 옹골찬 내실과 형식상의 세부 편제 그리고 특히 그것의 광범위한 경험적 소재에 어느 정도 부응하는 상태로 가져온 것은 내 선행자의 본질적인 공적 가운데 하나였다.

 새롭게 원천 자료, 즉 헤겔의 자필 원고와 청강자의 강의 필기 노트 및 정서한 것들로 되돌아간 데 기초하여 어떻게 이러한 성과에 도달했는지에 대해 라손 자신이 그의 후기 "텍스트의 복원에 대하여"에서 충분한 정보를 제공한다. 이 후기 가운데 현재 판본의 특성에 대해서도 중요하고 알 만한 가치가 있으며, 따라서 라손의 텍스트 형태뿐만 아니라 또한 이 판본도 에두아르트 간스와 칼 헤겔의 그것에 대해 구별시켜 주는 것은 이 책의 끝부분에 다시 인쇄되어 있다. 그에 반해 라손이 그 기회에 내놓는 그 밖의 것은 삭제하거나 축약했다. 여러 가지 면에서 여전히 그 당시의 헤겔 혐오 단계에 상응하여 교육적–교수법적 의도를 전면에 내세우고 있는 라손의 초판 이후로 헤겔 텍스트의 제시에 대한 요구는 상당히 높아졌다. 우리는 오늘날 특히 강의 필기 노트 및 정서고淨書稿와 관련하여 개별적으로 좀 더 엄밀한 문헌학적 방법뿐만 아니라 — 왜냐하면 헤겔 제자들이 필기하거나 심지어 메모에 따라 정리한 많은 것이 정확하지 않거나 잘못된 것으로 밝혀지기 때문이다 —, 또한 특별히 단적으로 언제나 "모자이크식으로" 서로 조화되는 것이 아니라 부분적으로 강의가 이루어지는 서로 다른 해마다 뚜렷이 서로 다른 개별적인 표현과 문장과 구절들의 유래에 대한 정확한 진술을, 그리고 마지막으로는 아주 일반적으로 텍스트의 전체 편집을 위해 이용되는 강의의 그때그때의 사상 구조에 대한 좀 더 자세한 통찰을 기대한다. 헤겔 사유의 이러한 성격으로부터 그의 강의 편집에 대해 생겨나는 문헌학적–방법적 결론들에 대해 나는 『철학사』의 서론 권(Ph. B. XVa, 1940, 1944²)에 대한 나의 서문에서 상세히 보고한 바 있다. 이러한 결론들은 본래 지금 이 책에 대해서도 형태를 변화시키는 영향을 미쳐야만 했을 것이다. 그러나 지금까지 내게는 현존하는 자료들과 새롭게 덧붙여진 것들을 [IX]전체 텍스트의 좀 더 올바른 제시를 위해 이용하는 것이 가능하지 않았던 까닭에, 라손이 자기 앞에 놓여 있는 강의 필기 노트들로부터 획득한 지금까지의 체재가 본질적으로 유지되어야만 했다. 이 부분들과 관련하여 내게는 그 유래를 개별적으로 원천 자료와 연도에 따라 확정하는 것이 가능하지 않았다. 그리하여 그것들을 헤겔의 원 텍스트로 편입시키는 양식을 재검토하거나 변화시키는 것도 필요하지 않았다. 라손이 자기의 텍스트를 복원해 낸 이후 1826/1827년 겨울 학기의 두 개의 강의 필기 노트로부터 발굴하여 부록으로 전해준 보론들조차도, 비록 그가 자기의 주요 텍스트를 위해 특히 이 연도의 또 하나의 필기 노트도 이용했음에도 불구하고, "작업해 넣을" 수 없었다. 그것들은 또다시 이 책의 끝부분에 놓이지 않을 수 없었다.

그럼에도 이 책에 좀 더 통일적인 형태를, 그것도 확실히 헤겔의 편제로부터 부여하는 것이 가능했다. 요컨대 좀 더 자세히 살펴보면 라손이 강의에서 헤겔이 기억을 위해 의지한 것으로서만 평가했던 (지금 이 판에서의 "두 번째 초안"의) 헤겔의 주요 원고 난외에 있는 구분 부호들이 논의해 나가는 방법적 진행 전체에 폭넓게 상응하는 데 반해, 라손의 세부 편제는 다분히 그가 강의 필기 노트로부터 획득한 자료에 의해 규정되어 있다는 점이 입증된 것이다. 따라서 나는 헤겔의 구분을 — 부분적으로는 해당 표제를 각괄호 안에 덧붙이는 가운데 — 복원했으며, 라손이 밀려드는 소재를 통제하기 위해 더 하위의 표제가 필요하다고 간주하는 곳에서는 간격을 두고 별표를 덧붙였다. 더 나아가 이와 연관하여 라손의 독해 방식 장치인 "헤겔 자필 원고의(즉, "두 번째 초안"의) 텍스트 형태"는 해소되었다. 거기서 무언가 언급할 만한 가치가 있는 헤겔의 세부 편제와 메모, 텍스트상의 특수성으로 열거된 모든 것은 지금은 주해의 방식으로 헤겔 텍스트 자신에서의 해당 구절에 놓여 있다. 다른 한편 이 책의 좀 더 꽉 짜인 체재는 "**역사 서술의 양식들**"에 관한 장이 ⒇라손이 그의 작업에서 그것을 추방하고 마무리한 주요 텍스트 안으로 다시금 끼워 넣어짐으로써 이루어졌다.

1917년에 서론 텍스트를 새롭게 형태화하는 데서 라손은 일찍이 헤겔이 자신의 강의를 일반적으로 이 장으로 시작할 수 있었다는 것에 대한 논거를 오직 옛 판본과 몇 개의 강의 필기 노트에서만 발견했다. 사태 자신이 그에게 충분히 확실한 것으로 나타나지 않은 까닭은 특히 그 당시 헤겔 자신으로부터 그의 앞에 놓여 있던 유일한 자필 원고, 바로 1830/1831년 겨울 학기의 "두 번째 초안"이 아주 명백하게 다른 시작을 이야기하고 있었기 때문이다. 그래서 그는 이 장을 주저함이 없이 그 책의 끝부분에 "특수한 서론"의 첫 번째 부분으로서 놓았다. 하지만 그 후 곧바로 이 장에 대한 헤겔 자신의 손으로 이루어진 두 개의 개별 전지全紙가 — 하나는 취리히의 개인 소유에서, 다른 하나는 마르바흐에 있는 실러 박물관에서 — 또다시 나타났으며, 헤겔 자신이 첫 번째 것에 적어 놓은 날짜로부터 이 강의가 적어도 두 차례, 즉 1822년과 1828년에 이 장으로 개시되었다는 것이 밝혀졌다. 그런데 실로 서론에 대한 헤겔의 좀 더 상세하고 또한 좀 더 결정적이기도 한 두 번째 초안을 텍스트 형태화의 기초로서 유지하고 "역사 서술의 양식들에 대하여" 원고를 — "세계사의 자연 연관 또는 지리적 기초"에 관한 상론과 마찬가지로 — 끝부분에 그대로 두는 것은 계속해서 단연코 정당했다. 그러나 어쨌든 이 원고를 이 장에 대한 텍스트 비판적인 새로운 체재 구성을 위해 열매 맺게 하는 것이 권고될 만도 했을 것이다. 그 대신

라손은 그것을 자기의 이전 원천 자료와 옛 판본에서 자기에게 생겨났던 형식으로 자기의 "특수한 서론"의 틀 내에 두었고, 그 가운데 헤겔의 자필 상론을 따로 "부록"으로서 인쇄했다. 그러므로 그것은 이중으로, 즉 서로 다른 두 장소에서 나타났다. 여기서 사태를 더욱 어렵게 만들면서 덧붙여진 것은 두 번째의 (마르바흐) 전지가 편집자의 판독술에 가져온 저항이 그저 불완전하게만 극복되었다는 점이다.

물론 이 장의 텍스트 비판적인 문제를 다루기 위한 본래적인 근거는 라손이 새롭게 발견된 두 개의 [XI]전지가 가령 그가 믿었듯이 단지 "상당히 가깝고 분명 기껏해야 반전지에 의해 나누어져" 연관되는 것이 아니라 오히려 말 그대로 한 단어("Sein")로부터 다음 단어("Bewußtsein")로 연결된다는 것을 알아차리지 못했다는 것이었다. 나는 그 연결 지점을 텍스트 자신 속에 표시해 놓았다. 어쨌든 라손의 선행자들도 알아차리지 못했던 이러한 정확한 공속성共屬性에 의해 여전히 강의 필기 노트 내지는 지금까지의 판본들로부터 보완되어야만 하는 분실된 종결 단락과 함께 자기 내에서 완결되고 헤겔의 자필 원고에 의해 거의 일반적으로 보증된 논의가 모습을 드러낸다. 이 논의는 그것이 — 취리히 전지에 적힌 날짜의 증명에 따라 — 실제로 헤겔이 세계사의 철학에 관한 그의 최초 강의를 개시했던 바로 그 사상을 가져다주는 까닭에 이미 당연히 "첫 번째 초안"이라는 명칭을 지니며, 똑같은 이유에서 또다시 이전의 편집자들이 그에 대해 승인했던 자리를 얻을 만하다. 그 밖에 이미 지금의 "차례"가 보여주듯이 "두 번째 초안"은 사태에 따라 직접적으로 첫 번째 것에 연결된다. 나는 다만 가령 칼 헤겔이 두 초안의 직접적인 사상적 연관을 관철하기 위해 그의 판본 11쪽 이하에서 그랬듯이 헤겔 원자료의 기록 증거적인 성격을 어떻게든지 간에 훼손한 것을 필요한 것으로나 올바른 것으로 여기지 않았다.

라손이 함께 인쇄한 새롭게 발견된 세 번째 자필 원고 전지는 여기서 떨어져 나가야만 했다. 그 내용은 "동양 세계"의 연관에, 따라서 이 강의 판본의 두 번째 권에 속한다.

헤겔의 원 텍스트는 이탤릭체로 재현되었다(이 번역에서는 고딕체를 사용했다 — 옮긴이). 반면에 라손이 끼워 넣은 필기 노트로부터의 보론들은 보통의 글자체로 인쇄되었다. 교정 작업에 협조하고 색인을 새롭게 만들어 준 데 대해 롤프 바헴 Rolf Bachem 박사에게 깊은 고마움을 표현하지 않을 수 없다.

1955년 1월 15일, 본에서
요하네스 호프마이스터

# 첫 번째 초안
(1822년과 1828년)

역사 서술의 양식들

[3][시작] 1822년 10월 31일

[반복] 1828년 10월 30일

여러분!

이 강의의 대상은 철학적 세계사다. — 보편적 세계사 자신, 바로 그것을 거쳐 나가는 것이 우리의 과업이어야 한다. 우리가 그로부터 끌어내 실례로서의 그 내용으로부터 해명하고자 한 것은 세계사에 대한 일반적 반성이 아니라 세계사 자신의 내용이다.

나는 여기서 어떠한 교과서^{Vorlesebuch}[1]도 바탕으로 삼을 수 없다 — 나의 『법철학 요강』 § 341~§ 360(끝)에서 나는 어쨌든 이미 그러한 세계사의 자세한 개념 및 또한 그에 대한 고찰을 구성하는 원리들과 시기들을 제시한 바 있다. 여러분은 그로부터 적어도

---

1. [편주] 칼 헤겔은 이 대신에: 편람(Kompendium).

관건이 되는 계기들을 그 추상적 형태에서 알아볼 수 있을 것이다.
—

우리의 철학적 세계사에 대한 **서론**을 나는 **철학적** 세계사란 무엇인지에 대한 (일반적, 규정된) **표상**을 미리 제시하는 식으로 취하고자 한다. 이러한 잠정적 목적을 위해 나는 우선 역사를 진술하고 취급하는 다른 방식들을 두루 살펴보고 기술하며 철학적 세계사와 비교하고자 한다.

나는 역사 서술의 세 가지 서로 다른 방식을 구별하고자 한다.[2]

[4]α) 근원적ursprüngliche 역사,

β) 반성된reflektierte 역사,

γ) 철학적philosophische 역사. —

α) **첫 번째** 방식에 관해 이야기하자면, 나는 여기서 이름을 언급함으로써 곧바로 일정한 상을 제공하기 위해 예를 들어 **헤로도토스**[3]와 **투퀴디데스**[4] 및 다른 사람들을 생각한다 — 요컨대

• •
2. [편주] 칼 헤겔은 이 대신에: 역사를 고찰하는 양식에는 일반적으로 세 가지가 존재한다.
3. Hērodotos (BC 484?~425?). 그리스의 역사가. 키케로는 그의 『법률론』에서 헤로도토스를 "역사의 아버지"라고 불렀다. 페르시아 전쟁사를 다룬 『역사』를 저술했다.
4. Thoukydidēs (BC 460?~400?). 아테나이에서 출생한 그리스의 역사가. 장군이었

그 역사가들은 무엇보다도 다만 그들이 기술하는 행위, 사건, 상태들을 스스로 자기 앞에 지니고, 그것들을 체험하거나 그 속에서 **살고** 겪었으며, 스스로가 이러한 사건들과 그것들의 정신에 속했던바, 그들은 이러한 행위, 사건들에 관해 보고를 작성했고, 다시 말하면 지금까지 단순히 일어났을 뿐이고 외면적으로 현존하는 그것들을 정신적 표상의 나라로 옮겨놓고 그것들을 정신적 표상을 위해 다듬어 냈다— 이전에는 단지 존재하는 것일 뿐이었던 것이 이제는 정신적인 것, 즉 내적이고 외적인 마음에 의해 표상된 것이다. 그렇게 시인은 예를 들어 자기의 감각에서 지니는 소재를 감성적 표상을 위해 다듬어 낸다. 이러한 역사가들에게서는 실로 다른 이의 이야기와 보고도 구성 요소다.[5] 그러나 그것들은 일반적으로 산만하고 사소하며 우연하고 주관적인 재료일 뿐이다. 시인이 자기 언어의 교양을 구성 요소로 지니고 자기가 받아들이는 교양 지식에 많은 것을 신세 지지만 주요 작업은 그에게 속하듯이, 그러한 역사가들은 현실 속에서 이미 지나가 버린 것, 주관적이고 우연한 기억 속에 흩어져 그 자체가 단지 덧없는 기억 속에서만 보존된 것을 하나의 전체로 조합하여 그것을 므네

. .
    으나 추방당해 20년간 망명 생활을 했으며, 그동안에 『펠로폰네소스 전쟁사』를 저술했다. "역사는 영원히 되풀이된다"라는 말을 남겼다.
5. [편주] 칼 헤겔의 보완: 한 인간이 혼자서 모든 것을 본다는 것은 가능하지 않다.

모쉬네⁶의 신전에 안치함으로써 그것에 불멸의 지속을 마련해주는 자이다.⁷ 그러한 역사가들은 지나가 버린 것을 [5]— 그것에 그것들이 성장한 무상함의 지반보다 더 훌륭하고 더 고차적인 지반을 제공하여 — 이제 (분리된) 지속하는 영원한 정신들의 나라로 옮겨 심는데, 이는 고대인들이 엘뤼시온⁸을 영웅들이 그들의 삶 속에서 단 한 번만 했던 것을 거기서 영원히 계속해서 행한다고 기술하는 것과 마찬가지다. —

그러한 근원적 역사에서 나는 구전, 민요, 전설과 또한 시 일반도 배제한다.⁹ 왜냐하면 그러한 구전과 전설은 일어난 것을 붙들어 매는 아직 흐릿한 방식들이며 그런 까닭에 그 의식에서

· ·

6. 므네모쉬네(Mnemosyne)는 희랍 신화에서 "기억"이라는 추상적 개념이 의인화된 신으로 티탄족 여신들 가운데 하나다. 가이아와 우라노스 사이에서 태어난 6명의 딸 가운데 하나로 여겨지지만, 일설에는 오케아노스와 테튀스의 딸이라고도 한다. 헤시오도스의 『신들의 계보』에 따르면 므네모쉬네는 제우스와 동침하여 시와 음악의 요정들인 9명의 무사이를 낳았다.
7. [편주] 이 문장 전체는 헤겔의 초고에서 무질서에 빠져 있다. 칼 헤겔은 그 대신에 다음과 같이 제시한다: 역사가들은 덧없이 스쳐 지나가 버리는 것을 붙들어 매어 그것을 므네모쉬네의 신전에 간직해 둠으로써 불멸하는 것으로 만든다.
   초고에서는 다음이 뒤따르고 다시 삭제된다: 왜냐하면 일정한 감각을 가지는 것과 그것을 시적으로, 다시 말하면 창조적으로 의식을 위해 세워 놓는 것은 전혀 다른 것이기 때문이다.
8. 그리스 신화에서 신들에게서 영원한 생명을 부여받은 영웅들이 보내지는 낙원. 하데스와는 구별된다.
9. [편주] 라손의 보완: 시는 역사학적(historische) 진리를 지니지 않으며, 일정한 현실을 내용으로 지니지 않는다.

아직 흐릿한 민족들이나 그들의 부분들이 지니는 방식들이기 때문이다. 이 점, 즉 역사가 한 민족에게서 그 민족에 대해 어떠한 관계를 지니는가 하는 점으로 나는 나중에 다시 돌아올 것이다. 흐릿한 의식의 민족들이나 그들의 흐릿한 역사는 적어도 역사에서 이념의 인식을 목적으로 지니는 철학적 세계사의 대상이 아니다 ― 즉, 자기의 원리를 의식하게 되고 자기가 무엇이고 무엇을 하는지 알게 된 민족들의 정신이 아니다.[10]

나중에 우리는 **사화**historia[역사학적인 것]와 **사건**res gestae[역사적인 것]의 연관에 대해 언급하게 될 것이다. 한 민족의 본래적이고 객관적인 역사는 역사가 **역사학적인 것**Historie도 가지는 곳에서 비로소 시작된다. 한 민족이 아직 역사에 도달하지 못한 교양은 아직 교양 과정이 아니다. 예를 들어 이른바 3,500년의 인도의 역사가 가능하지 않듯이 말이다.

그러한 근원적 역사가들은 이제 그들에게 현재적인 사건, 행위, 상태를 표상을 위한 표상의 작품으로 개조한다.

우리는 이로부터 곧바로 몇 가지 결론을 끌어낼 수 있다.

αα) 따라서 그러한 역사들의 내용은 [6]커다란 외적 범위의

..
10. [편주] 칼 헤겔과 라손의 보완: 직관되거나 직관될 수 있는 현실의 지반은 확고한 개성으로 자라난 민족들의 역사학적인 것을 더는 이루지 않는 저 구전과 시가들이 그 위에서 성장한 무상함의 지반보다 더 확고한 기반을 제공한다.

것일 수 없다.[11] 사람들의 고유한 체험과 현재적인 관심 속에서 살아 있는 것, 그들 주위의 살아 있고 현재적인 것이 그들의 본질적인 소재다.

저자는[12] 자기가 많든 적든 함께 행한 것을, 적어도 함께 체험한 것을 기술한다. 그것은 짧은 기간들이자 인간과 사건의 개별적 형상들이다. 그들이 작업하는 것은 그들이 체험하고 살아낸 직관들로부터 이루어진다. 그들은 자기가 **직관**에서나 **직관적인** 이야기들에서 자기 앞에 지녔던 그대로 명확하게 후세의 **표상** 앞에 전하기 위해 반성하지 않은 개별적 특징들로부터 자기의 그림을 그린다.

ββ) 그러한 역사가들에게서 저자의 교양과 그가 작품으로 창조하는 사건들의 교양, 저자의 정신과 그가 이야기하는 행위들의 정신은 **하나의 같은** 것이다.

그러므로 그는 우선은 아무런 반성도 가할 필요가 없었을 것이다. 왜냐하면 그는 사태의 정신 속에 살고 있고 반성이 그러하듯이 그 사태를 넘어서 있지 않기 때문이다. 이러한 통일 속에는 좀 더 자세하게는 다음과 같은 것도 포함되어 있다. 즉, 신분들의

· ·

11. [편주] 칼 헤겔과 라손의 보완: 우리는 헤로도토스, 투퀴디데스, 귀치아르디니[『이탈리아사』(*Istoria d'Italia*, 1561)의 저자. 역사가인 레오폴트 폰 랑케가 그 책에 관해 저술했다]를 살펴볼 수 있을 것이다.
12. [편주] 초고: 그는.

좀 더 커다란 차이가 들어서 있고 교양과 준칙이 개인이 그에 속하는 신분과 연관된 시대에 그러한 역사가가 **정치가, 장군** 등등의 신분에 속해야만 했을 때, 그들의 목적과 의도, 행위는 그가 기술하는 정치적 세계 자신에 속한다는 것이다.[13] 사태 자신의 이러한 정신이 형성되었을 때, [17]그 정신은 또한 자기에 대해 안다. 정신의 삶과 행위의 주요 측면은 자기의 목적과 관심 및 자기의 **원칙들**에 관한 그의[14] **의식**이다 ― 그의 행위의 한 측면은 타인들에 대해 자기에 관해 **설명**하고, 그들의 의지를 움직이기 위해 그들의 표상에 대해 **행위**하는 방식이다.

연설[담화]은 사람들 사이의 **행위**이며, 그것도 아주 **본질적이고 효과적인 행위**다.[15] 물론 우리는 연설을 나쁘게 받아들이는

· ·
13. [편주] 이러한 기형적인 문장 대신에 우리는 칼 헤겔에게서 다음과 같은 것을 읽을 수 있다. "그가 심지어 카이사르처럼 장군이나 정치가의 신분에 속한다면, 역사적인 것들로서 등장하는 것은 그의 목적들 자신이다." 그리고 라손은 추가로 다음과 같은 해명을 획득한다. "여기서는 나중 시대들에도 적용되는 것이 좀 더 자세히 제시되어야 한다. 한 민족에게서 교양이 훨씬 진보된 시대에는 신분들의 구별에서 출현하는 교양의 구별도 생겨난다. 작가가 근원적 역사가에 속해야 할 때 그는 자신이 그 행위를 기술하고자 하는 자들의 신분이어야만 한다." 그리고 나서 라손은 칼 헤겔을 따라, 즉 S. 7, Zl. 2[바로 다음의 주해 14를 참조 ― 옮긴이]에서 언급된 직접적인 전지 끝부분을 오해하는 가운데 다음과 같이 계속한다. "여기서 그러한 역사가는 반성하지 않으며 오히려 인격과 민족들 자신이 나타난다고 말해질 때, 예를 들어 투퀴디데스에게서 읽게 되는 것으로 확실히 그렇게는 행해지지 않았다고 주장될 수 있는 연설들이 그에 반대하는 것으로 보인다."
14. [편주] 이 단어 뒤에서 마르바흐 전지가 시작된다[앞의 "편집자 서문"에서 "sein"과 "Bewußtsein"의, 즉 두 전지의 연결에 대한 언급을 참조 ― 옮긴이].

사람들이 종종 그것이 행하거나 내놓은 것은 **한갓** 연설일 뿐이었다고 말하는 것을 듣는다. 만약 그들이 자기에 대해 올바르게도 자기의 연설이 연설 이외의 아무것도 아니었다고 판단한다면, 그 연설은 물론 순진무구한 것으로서 설명되어야 한다. 왜냐하면 그러한 연설은 **지껄임** 외에 아무것도 아니고, 지껄임은 이를테면 순진무구한 어떤 것이라고 하는 유일한 장점을 지니기 때문이다. 그러나 한 민족 안에서의, 민족들에 대한 민족들의, 민족들이나 군주들의 **행위로서의** 연설은 역사의, 특히 **고대** 역사의 본질적 **대상**이다.[16]

그 경우 **작가가 이러한 의식을** 설명하고 **서술할** 때 가지고 가는 것은 그 **자신의** 반성이 아니다. 오히려 **그는 사람들과 민족들이 자기 스스로** 자기가 의지하는 것이 무엇이고 자기가 의지하는 것을 어떻게 알고 있는지에 대해 **언명하도록 해야만 한다**. 그는 동기들(과 감각들)을 그 자신의 이름으로 설명하고 자기의 **특수한 의식** 안으로 가져올 필요가 없다.[17] 그는 그들에게 [18]낯선, 즉 자기가 만든 연설을 그들이 말하도록 하지 않는다. 설사 그가 그 연설을 작성했을지라도, 그 내용과 이 교양과 이 의식은 바로

• •

15. [편주] 라손의 보완: 연설을 통해 사람들은 행위할 수 있게 되어야만 한다. 그 경우 그러한 연설들은 역사의 본질적 부분을 이룬다.
16. [편주] 이 단락 전체는 초고에서의 난외 보론이다.
17. [편주] 이 문장도 초고에서의 난외 보론이다.

그만큼이나 그가 **그렇게 이야기하게** 하는 **바로 그들**의 내용이자 의식이다. 그래서 우리는 투퀴디데스에게서 **가장 깊은 교양을 갖추고 가장 진정하며 가장 고귀한** 정치가인 페리클레스[18]와 더 나아가 다른 연설가, 민족들의 사신들 등등의 연설을 읽게 된다.[19] 이 연설들에서 **이 사람들은** 자기의 민족과 자기의 **고유한 인격의 준칙들**, 자기의 **정치적 관계** 및 자기의 **인륜적이고 정신적인 관계와 본성에 대한 의식**, 자기의 목적이나 행위 방식의 원칙들을 언명한다 — 그리고 역사가가 자기의 반성을 위해 남겨둔 것은 거의 또는 전혀 없으며, 그가 그 연설가들에게 이야기하게 하는 것은 **그들에게 빌려준** 낯선 의식이 아니라 **그들 자신의 교양과 의식**이다. 우리가 국민들의 실체적 역사, 그 정신을 연구하고 그들 속에서 함께 살고 살아갔기를 원한다면, 우리는 **그러한 근원적 역사가들 안으로 연구해 들어가 그들 속에 머물러야만** 하며, 우리가 그들에게 아무리 오래 머무른다고 하더라도 충분할

· ·

18. 투퀴디데스, 『펠로폰네소스 전쟁사』 제2권 제4장에 수록된, 전사자의 장례식에서 행한 페리클레스의 연설을 가리킨다.
19. [편주] 라손은 지금까지의 것 대신에 앞의 단락에 다음과 같이 덧붙이고 있다: 그 연설들은 그 시대의 반성과 원칙들에 관한 해명을 포함하며, 그로 인해 역사가는 스스로 반성할 필요가 없다. 비록 그가 그러한 연설들을 스스로 형성해 내더라도, 그 자신이 그 시대의 교양 안에 서 있는 까닭에, 그것들도 그 시대의 연설이다. 그러므로 예를 들어 페리클레스의 연설들이 투퀴디데스에 의해 작성되었다고 하더라도, 그것들은 페리클레스에게 낯설지 않다.

첫 번째 초안: 역사 서술의 양식들

수 없다. 여기서 우리는 한 민족이나 정부의 역사를 생생하게, 살아 있는 것으로, 직접적으로 지닌다. **바로 박식한 역사가**가 되는 것이 아니라 **역사를 향유**하고자 하는 사람은 거의 대개 오로지 그러한 작가에게만 머무를 수 있다.[20]

[21]그런데 그러한 역사가는 우리가 생각하듯이 그리 흔하지 않다. 헤로도토스, 즉 역사의 **아버지**, 다시 말하면 창시자 — 그리고 여기에는 가장 위대한 역사가가 덧붙여진다 — 와 [19]**투퀴디데스**를 나는 이미 언급했다. 둘은 경탄할 만큼 소박하다. **크세노폰**의 『일만 인 퇴각기』[22]도 마찬가지로 근원적인 책이다, 등등 — **폴뤼비오스**,[23] **카이사르의 전기들**[24]도 마찬가지로 위대한 정신의 걸작

• •

20. [편주] 초고는 다음과 같이 계속된다: 그가 그 밖에 ······을 위해 떼어낸 것 외에.
21. [편주] 난외에: 그것들과 민족들의 성서들을 구별하기 — 각각의 모든 민족은 그렇듯 기본 저작을 지닌다 — 성서, 호메로스.
22. Xenophon (BC 431~BC 350). 그리스의 장군이자 역사가. "일만 인 퇴각기", "페르시아 원정기", "소아시아 원정기" 등으로 옮겨지는 『아나바시스』(*Anabasis*) 외에 『소크라테스 회상』, 『소크라테스의 변명』, 『향연』 등의 저자.
23. Polybios (BC 203?~120?). 헬레니즘 시대의 그리스 역사가. 그에게 명성을 안겨준 것은 BC 264~144년을 다룬 40권으로 이루어진 『역사』(*Historiai*)다. 그리스의 대표적 역사가로 흔히 헤로도토스와 투퀴디데스 그리고 폴뤼비오스를 꼽는다. 『역사』에서 설파된 폴뤼비오스의 권력 분립 사상과 혼합 정체에 관한 이론은 후대에 커다란 영향을 미친다. 실용적 역사라는 명칭은 그에게서 유래한다.
24. Gaius Julius Caesar (BC 100~BC 44). 로마의 장군이자 정치가. 『갈리아 전기』와 『내전기』의 저자.

— 소박하고 단순한 작품이다. 그렇지만 그들이 고대에만 속하는 것은 아니다. 그러한 역사가가 존재하는 데 필요한 것은 **한 민족에게서 교양이 높은 단계에 현존할**[25] 뿐만 아니라 또한 그 교양이 **성직자들, 학자들** 등등에 고독하게 고립되는 것이 아니라 정치가나 장군들과 합일되어 있어야 한다는 점이다. 예를 들어 중세에는 분명 수도사와 같은 소박한 연대기 저자가 충분히 존재했지만, 동시에 정치가는 없었으며, 하지만 상업과 국가 행위의 중심에 서 있고 따라서 정치가이기도 했던 박식한 **주교들**도 존재했다. 그러나 그 밖에는 정치적 의식이 발양되어 있지 않았다.[26] **근세에는 모든** 관계가 변했다. 우리의 교양은 모든 **사건**을 곧바로 **파악하고 직접적으로 표상**을 위해 **보고**로 **전환하며**, 우리는 근세에 전쟁 사건과 다른 사건에 관한 탁월하고 단순하며 재기발랄하고 명확한 보고를 지닌다. 그것들은 카이사르의 전기들에 비견되며, 그 내용의 풍부함, 다시 말하면 수단과 조건의 명확한 제시로 인해 더욱더 교훈적이다.

∴

25. [편주] 초고에서는 다음과 같이 개선된다: 높은 단계에 도달했을.
26. [편주] ("그렇지만 그들이" 이후의) 문장들은 초고의 난외 메모에서 주어진다. — 칼 헤겔과 라손은 그 대신에 다음과 같이 하고 있다. 고대에 이러한 역사가는 필연적으로 위대한 대장과 정치가였다. 중세에는 국가 행위의 중심에 서 있던 주교들을 제외하면 여기에는 소박한 연대기 저자로서의 수도사들이 속하는데, 그들은 고대의 저 사람들이 연관 속에 놓여 있었던 만큼이나 고립되어 있었다.

많은 프랑스인의 회고록들은 이러한 것들로 여겨질 수 있는데, 가끔은 **재기발랄한** 사람이 **사소한 연관들과 일화들**에 관해, 가끔은 **자그마한** 지반의 사소한 내용에 관해 썼지만, 가끔은 재기발랄한 위대한 인물들이 좀 더 커다란 흥미로운 분야에서 저술했다. [10]**레츠 추기경**[27]의 회고록은 이러한 종류의 걸작이다. **독일에서**는 그 자신이 사건 속에서 함께 행위하는 인물이었던 대가의 그와 같은 저술이 드물다. **프리드리히 2세의 『나의 시대의 역사』**는 일정한 명예로운 예외를 이룬다.[28] 그러한 사건들의 동시대인이었다는 것은 충분하지 않으며, 그 사건들을 가까이에서 보았다는 것, 좋은 정보를 가질 수 있는 상황에 있었다는 것도 충분하지 않다. 저술가는 자기가 기술하는 행위자의 **신분, 영역, 견해,** 사고방식, 교양을 그 자신이 지녔어야만 한다. 사람은 위에 설 때만 사태를 올바르게 내다보고 각각의 것을 그것들의 자리에서 알아볼 수 있다 — 밑에서 위로 도덕적인 좁은 안목이나 그 밖의 지혜를 통해 바라볼 때는 그럴 수 없다.

우리 시대에는 신분들의 제한된 견해에서 벗어나 **국가의 법과 통치 권력 자신이 그에 놓여 있는 자들이** 보고하게 하는 것이

· ·
27. Cardinal de Retz (1613~1679). 17세기 프랑스의 정치가, 회고록 작가, 레츠 추기경, 파리 대주교.
28. 프리드리히 2세는 프리드리히 대왕이라고도 불린다. 라이프니츠와 볼테르 등의 계몽 철학자를 우대한 것으로 유명하다. 『나의 시대의 역사』(*Histoire de mon temps*, 1746)는 그의 프로이센 융성기의 비망록적인 역사다.

더욱더 필요하다. 왜냐하면 직접적으로 정치적인 영향력으로부터 더 많이 배제된 신분들은 도덕적 원칙들에 매달리며, 그것에서 더 높은 신분보다 위에 있다는 위안을 받고 그들을 넘어설 수 있는바, 요컨대 그렇게 해서만 하나의 같은 영역 내부에 서 있기 때문이다.[29]

β) 역사의 **두 번째** 양식을 우리는 **반성하는**^{reflektierende} 역사라고 부를 수 있는데, 그것은 그 서술이 저술가 자신에게 **현재적인** 것을 넘어서고, 오직 시간 속에서, 이러한 생동성 속에서 현재적인 것으로서가 아니라 **정신 속에서 현재적인 것으로서** 본래적인 **완전한** 과거와 관계해야 하는 역사다.[30] 그것에서는 아주 다양한 양식들이 — 우리가 일반적으로 **역사가**라고 부르곤 하는 것이 파악된다. 여기서는 [III]역사적 소재의 가공이 중심 사태인데, 그 소재에 작업자는 **내용** 자신**의 정신**과는 다른 자기의 정신을 가지고서 다가간다. 따라서 여기서 무엇보다도 관건이 되는 것은 저자가 한편으로는 행위와 사건 자신의 내용과 목적에 대해, 다른 한편으로는 역사를 기술하는 양식에 대해 만드는 준칙, 표상,

· ·
29. [편주] 초고의 난외에: 정치적 고찰 — 국가 생활.
30. [편주] 초고의 난외에: (α) 근원적 역사는 단지 **짧은** 기간만을 포괄할 수 있다. 전체를 개관하려는 욕구는 (β) 반성하는 역사를 초래한다. αα) 편람, ββ) 반대 — 근원적 역사의 모방은 단지 외면적인 확대만을.

원리들이다. **우리 독일인에게서는** 그에 대한 **반성** — 과 주저함 — 이 아주 다양하다. 여기서 각각의 모든 역사가는 그 자신의 방안을 — 특수한 것을 구상했다. **영국인과 프랑스인**은 일반적으로 역사를 어떻게 써야만 하는지 알고 있다. 그들은 좀 더 공동의 교양 표상 속에 서 있다. 우리에게서는 각각의 모두가 무언가 특유한 것을 세밀히 생각해 낸다. 따라서 영국인과 프랑스인은 탁월한 역사가를 지닌다. 우리에게서 지난 10년이나 20년 전 이래의 **역사가에 대한 비판들**을 바라볼 때 발견되는 것은 거의 모든 비평이 역사가 어떻게 **쓰여야** 하는지 그 양식에 대한 고유한 이론, 즉 비평가가 역사가의 이론에 대립시키는 이론과 더불어 시작된다는 것이다. 우리는 역사가 어떻게 쓰여야 하는지 계속해서 노력하고 여전히 추구하는 입장에 있다.

αα) 우리는 일반적으로 **한 민족**이나 **나라** 또는 전 **세계 일반의 역사 전체의 개관**을 갖기를 요구한다.[31] 이러한 목적을 위해 필요한 것은 역사들을 작성하는 것이다. 그 경우 필연적으로 그러한 역사책들은 근원적이고 공식적인 역사가들로부터의, 그 밖의 이미 작성된 **보고들**과 **개별적 정보들**로부터의 **편찬**이다. 원천은 직관과 직관의 언어가 아니다. 그 책들은 거기에 있었다고 하는 성격을 지니지 못한다. 반성하는 역사의 이러한 첫 번째 양식은,

. .

31. [편주] 칼 헤겔의 보완: 요컨대 우리가 보편사(*allgemeine Geschichte*)를 쓴다고 말하는 것을.

만약 그것이 한 나라나 세계의 **역사 전체**를 서술하는 것 이외에 다른 목적을 지니지 않는다면, 우선은 선행하는 양식에 연결된다. 이러한 편찬 양식은 우선은 [그]역사가 좀 더 상세해야 하는가 아니면 좀 더 상세할 필요가 없는가 하는 목적에 달려 있다.[32] 거기서는 그러한 역사가 **독자에게** 동시대인과 목격자가 사건을 이야기하는 것을 듣는 것 같은 **관념**을 가지도록 **역사를 직관적인 것으로 쓰려고** 하는 일이 벌어진다. 그러나 그러한 시작은 다소간에 실패로 끝난다. — 작품 전체는 또한 **하나의** 음조를 지녀야 하고 그렇지 않을 수 없다. 왜냐하면 그 작품의 저자는 특정한 교양을 지닌 **한** 개인이기 때문이다. 그러나 그러한 역사가 거쳐가는 시대들은 서로 매우 다른 교양을 지니며, 그와 마찬가지로 그가 이용할 수 있는 역사가들과 그들 속에서 작가로부터 이야기하는 정신도 이 시대들의 정신과는 다른 정신이다. 역사가는 시대들의 정신을 묘사하고자 하지만, 그것은 그 작가 자신의 정신이곤 한다. 그래서 **리비우스**[33]는 로마의 **옛 왕들**, 옛 시대의 **집정관**과

..

32. [편쥐] 이 이후는 삭제되었지만, 그럼에도 칼 헤겔과 라손에 의해 유지되거나 1828년 이전 연도 강의 필기록에 따라 다시 받아들여졌다.

 그런데 세계사 편람 일반과 또한 좀 더 자세하게는 예를 들어 리비우스의 **로마사**와 디오도로스 시켈로스 등등, 요하네스 폰 뮐러의 **스위스사**는 그러한 편찬물들이다. 그것들은 잘 만들어진 것이라면 대단히 공로가 큰 것들이고 전혀 없어서는 안 되는 것들이다. 그러나 취급의 올바른 척도와 규정은 제시될 수 없다. (Diodoros Sikelos는 BC 1세기에 시칠리아 아기리움에서 활동한 그리스의 역사가다. 『역사 총서』를 썼다. — 옮긴이)

장군들이 마치 그들이 리비우스 시대의 노련한 변론인(법률을 곡해하는 연설자)에 속할 수 있을 뿐이기나 하듯이 연설하게 하지만, 그것들은 또다시 고대로부터 보존된 진정한 구전 이야기, 예를 들어 위장과 내장에 관한 메네니우스 아그립파[34]의 우화와 너무도 날카롭게 대조를 이룬다. 그래서 리비우스는 우리에게 **전투와 그 밖의 사건들에 대해** 그것들이 벌어진 시대에는 아직 발생할 수 없었던 것들을 마치 자기가 함께 바라보았던 것과 같은 음조와 세부적인 파악의 규정성으로 **전적으로 상세하고도 세밀한 기술들**을 제공한다 — 이 기술들은 우리가 그 특징들을 또다시 예를 들어 모든 시대의 전투에 대해서도 사용할 수 있는 것들이자 그 **규정성**은 또다시 **연관의 결여**나 **비일관성**과도 대조를 이루는 것들인데, 그 비일관성은 다른 부분들에서 종종 주요 관계의 진행을 지배한다. [13]그러한 편찬자와 근원적 역사가의 구별이 무엇인지 가장 잘 알게 되는 것은 우리가 **폴뤼비오스를 리비우스가 폴뤼비오스의 작품이 보존된 시기들에 관해** 그의

• •

33. Titus Livius (BC 59~AD 17). 로마의 역사가. 『로마 건국사』(142권, 현존 35권)을 저술.
34. Menenius Lanatus Agrippa, BC 503년의 로마 공화정의 집정관. 전해 오는 이야기에 따르면 고대 로마에서 언젠가 귀족과 평민의 충돌이 일어나 평민이 귀족을 위해 일하기를 거부했을 때 집정관 아그립파는 "사지가 게으른 위장을 위해 일하기를 거부하여 음식물의 공급이 끊어졌기 때문에, 결국 사지도 죽게 되었다"라는 요지의 우화로써 평민을 설득하였다고 한다.

역사를 **이용하고** 발췌하고 요약하는 **양식과 비교할** 때이다. —
요하네스 폰 뮐러는 그의 묘사에서 자기가 기술하는 시대를 충실
히 드러내고자 노력하는 가운데 자기의 역사에[35] 딱딱하고 내용
없이 격식을 차리며 지나치게 세세한 데 얽매이는 겉모습을 부여
했다. 우리는 오랜 추디[36]에서 그러한 **단순히 인위적이고 꾸며
진** 예스러움보다 훨씬 더 마음에 들고 소박하며 자연스러운 그러
한 것을 읽게 된다.

[초고에서 난외 보론]

우리를 완전히 **그 시대들 안으로** 전적으로 직관적이고 생생하
게 **옮겨놓고자** 하는 이러한 하나의 시도 — 이것은 우리도 작가와
마찬가지로 할 수 없다. 우리도 작가이고 자기의 세계에 속하며
그 세계의 욕구와 관심, 그 세계가 높이 평가하는 것을 존중한다.

..
35. [편주] Johannes von Müller (1752~1809), *Die Geschichte der Schweizerischen Eidgenossenschaft*(『스위스 연방의 역사』), 1. Bd., Leipzig, 1786; 2. und 3. Bd., 1786~1795; 4. und 1. Abt. des 5 Bd., 1805~1808. 개정판, Leipzig, 1826.
36. [편주] Aegidius Tschudi (1505~1572), *Schweizerchronik*(『스위스 연대기』), Basel, 1734~1736, 2 Bde. — 정치가 추디의 역사 저작에는 뮐러가 의거하고 있는 수많은 나중에 상실된 기록들이 실려 있다. (추디는 "스위스사의 아버지"라고 불리는 스위스의 역사가이자 가톨릭 신학자다. — 옮긴이)

— 예를 들어 우리가, 그것이 어떤 특정한 시대이든지 간에, 가령 우리에게 그토록 많고 너무도 중요한 측면들에 대해 약속하는 그리스의 삶으로 들어간다고 할지라도, 우리는 그와 마찬가지로 가장 중요한 것에 공감할 수 없으며, 그들 그리스인과 함께 느낄 수 없다. 만약 우리가 예를 들어 폴리스 **아테나이**에 대해 최고로 관심을 지니고 그 시민들의 행위나 위험에 대해 지대한 흥미를 갖는다고 할지라도 — 그것은 교양 있는 민족의 조국이자 가장 고귀한 조국이다 —, 우리는 그들이 제우스와 미네르바 등등의 앞에서 무릎을 꿇을 때나 플라테아 전투[37]의 날에 **희생자들** — **노예 제도**로 인해 괴로워할 때 공감할 수가 없다. 곤경 — 음조, 분위기 — [14]비록 우리가 어떤 한 마리의 개를 잘 떠올리고 알며, 그 습관과 애착과 특수한 방식을 짐작한다고 하더라도, 어떻게 우리가 개와 공감할 수 있겠는가? —

그런데 사람들은 **다른 방식으로도** 우리에게 적어도 역사적인 것을, 비록 어조에 의한 공감으로는 아닐지라도, 직관성, 감각의 생동성, 직관적인 생동성, 다시 말하면 전적으로 사건의 세부에 이르기까지 — 자리 — 감각 방식 — 명확한 서술을 가져다주려

..
37. 플라테아 전투에는 제2차 페르시아 전쟁 시 BC 479년 8월에 스파르타, 아테나이, 코린토스, 메가라의 연합군이 크세르크세스의 페르시아 제국 군대를 섬멸한 전투와 펠로폰네소스 전쟁 초기에 스파르타인들이 플라테아을 포위하고 점령한 전투가 있다. 여기서는 후자를 가리키는 듯하다.

고 시도했다.

[주요 텍스트의 계속]

세계사의 오랜 시기나 기간을 개관하려고 하는 그러한 역사에서는 현실적인 것의 **개별적인 서술은 다소간에 포기하고 추상들에** 의지하여 요약하고 **축약해야만** 하는 일이 일어나며, 그 밖에 달리 이루어질 수 없다. 이것은 일반적으로 **많은** 사건과 행위를 **생략**한다는 것을 뜻하는 것만이 아니다. 오히려 사상, 즉 지성은 가장 강력한 요약자다. 예를 들어, **한 전투가** 벌어졌다, **커다란 승리를** 거두었다, **한 도시가 헛되이 포위되었다** 등등 ― 전투, 커다란 승리, 포위―, 이 모든 것은 **광범위한 개별적 전체를** 표상을 위해 하나의 **단순한 규정**으로 수축시키는 **보편적 표상**이다. **펠로폰네소스 전쟁** 초기에 플라테아가 스파르타인들에게 오랫동안 포위되었으며, 주민의 일부가 피난한 후 도시를 점령하고서는 남아 있던 시민들을 사형에 처했다고 이야기될 때, 이것은 투퀴디데스가 그토록 **커다란 관심을** 가지고서 **상세하게** 그 세부 사항 전체에 이르기까지 기술하는 것을 짧게 합쳐놓고 있다 ― 또는 아테나이인의 시칠리아 원정은 불행한 결과를 지녔다는 것도 마찬가지다. ― 그러나 앞에서 말했듯이 그러한 **반성하는**

표상들에 의지하는 것은 **개관**을 위해 필요하다. 그리고 그러한 개관도 마찬가지로 [15]필요하다.[38] 물론 그 경우 그러한 이야기는 그만큼 더 아주 **무미건조**해진다. 만약 리비우스가 볼스키인[39]과의 백 번의 전쟁을 이야기한 후에 백 번째에 예를 들어 이 해에도 마침내 볼스키인 또는 피데나이인[40] 등과의 전쟁이 벌어졌다고 표현하게 된다면, 그것이 우리에게 무슨 관심거리일 것인가? — 역사를 기술하는 그러한 방식은 생동성이 없다고들 말한다. 저 형식들, 추상적 표상들은 내용을 무미건조하게 만든다.

이러한 일반적 방식에 반대하여 어떤 역사가들은 이러한 감각의 생동성은 아니더라도 적어도 직관과 표상의 생동성을 **모든 개별적 특징**을 적절하고도 살아 있게 서술함으로써, 즉 자신의 **가공**을 통해 옛 시대를 재생산하고자 하는 것이 아니라 **주의 깊은 충실함**을 통해 그 시대의 상을 제공함으로써 획득하고자 한다. 여러분은 이러한 것을 어디서든지 간에 읽게 된다(랑케 [Ranke][41]). 잡다한 많은 세부 사항, **하찮은 관심사**, 병사들의 행위,

• •

38. [편주] 난외에: 단순히 양적으로만이 아니다. 다시 말하면 반성을 통해 보편적 표상으로 환원한다.
39. Volsker (Volsci). 고대 이탈리아 민족. BC 4세기 중엽에 로마에 완전히 정복당한다.
40. Fidenae는 로마 북쪽의 로마와 테베레강 사이를 가로지르는 비아 살라리아에 자리한 라티움의 고대 마을. 그 주민은 Fidenates로 불린다.
41. [편주] 라손이 읽었던 것처럼 Ränken이 아니다 — 어쨌든 헤겔의 저작들에서 (그 당시 아직은 시작 단계에 있는) 이 위대한 역사가의 이름이 언급된

정치적 이해관계에 아무런 영향도 미치지 못하는 **사사로운 일들은**
— 전체적인 것, 보편적 목적을 인식할 수 없다. — 월터 스콧[42]의
소설에서처럼 — 어디서든 읽어 들일 수 있고 부지런히 애써서
모아 읽을 수 있는 일련의 특징들 — 그와 같은 특징들이 역사가,
통신원, 연대기 저자들에게서 나타난다 — 그러한 수법은 우리를
수많은 우연적 개별성에 휘말리게 한다. 그것들은 역사학적으로
분명 올바르지만, 주요 관심사는 그것들에 의해 전혀 분명해지지
않고 반대로 뒤엉킨다 — 그래서 이 병사의 이름은 — 아무래도
상관없으며 — 전적으로 똑같은 결과다. — 우리는 이러한 것을
월터 스콧의 소설들에 넘겨주어야 한다. 각각의 개인의 행위와
운명이 **한가한** 관심을 이루는, 시대의 사소한 특징들을 세부적으
로 그리는 이러한 **그림**과 또한 [16]**같은 관심**을 지니는 **전적으로
특수한 것**을 말이다. 그러나 **국가의 커다란 관심사를 묘사하는
회화들**, 이것들에서는 개인들의 저 특수성이 사라진다. 특징들은
시대의 정신에 대해 특징적이고 **중요해야** 한다 — 이러한 것은

..
유일한 곳이다(앞의 각주 11을 참조). (Leopold von Ranke (1795~1886)는 새로운 학문적 방법과 교수법으로 서유럽의 역사 서술에 커다란 영향을 주었다. — 옮긴이)
42. Sir Walter Scott, 1st Baronet (1771~1832). 역사 소설의 창시자. 『웨이벌리』 등의 많은 작품이 있으며, 전지적 서술기법, 지방어, 지방색을 가진 배경, 정교한 인물 묘사, 사실적으로 다루어진 낭만적 주제는 모두 스콧에 의해 새로운 문학 형식인 역사 소설의 구성 요소가 되었다.

좀 더 높고 그에 걸맞은 방식으로, 요컨대 **정치적** 행위, 행동, 상황들 자신이 효력을 발휘하고 관심의 **보편적인** 것이 그 규정성에서 서술됨으로써 수행되어야 한다.

ββ) **반성하는** 역사 일반의 첫 번째 양식은 곧바로 **두 번째 양식**으로 나아간다.[43] 이것이 **실용적**pragmatische **역사**다.[44] 본래 그것은 아무 이름도 지니지 않는다. 그것은 역사 기술 일반이 의도하는 것, 과거와 과거의 삶에 대한 교양 있는 표상을 제공하는 것이다.[45] 요컨대 만약 우리가 그러한 총체성을 우리 앞에 지니고서 그 안에서 생생하게 종사하는 것이 아니라 오히려 반성된 세계, 다시 말하면 그 세계의 정신, 그 세계의 이해 관심, 그 세계가 지닌 교양의 **과거**에 관계해야 한다면, 곧바로 **현재**의 욕구가 현존한다. 이 현재는 역사 속에 놓여 있지 않다. 그러한 현재는 지성의 통찰, 주관적 활동성, 정신의 노고에서 거기에 발생한다. 사건의 외면적인 것은 활기 없고 생기 없다. **목적** ―

· ·

43. [편주] 난외에서는 연관된 윗자리에 적힌 기호에 의해 지시가 이루어진다. 일반적으로 지성적 역사는 αα) 한 국가, 시대를 구분하는 사건, 전쟁, 또한 개인의 전체로서 ― 이해 관심의 전체가 대상이다. ββ) 여기서도 대상은 현재적인 이해 관심이지만, 음조, 감각, 세부적 상황에서의 외면적 직관성, 개별적인 사적 개인들 그 자체가 겪는 운명의 현재성은 포기된다.
44. 앞에서 언급했듯이 폴뤼비오스에게서 유래하는 이 "실용적 역사"라는 술어는 여기서도 그러하듯이 흔히 교훈적 역사라고도 불리지만, 폴뤼비오스에게서 그것은 국가의 사건들(Pragmata)에 대한 서술을 의미한다.
45. [편주] 초고를 크게 개정하는 과정에서 이하 문장들의 몇 부분이 실수로 지워졌거나 다시 회복되지 못했다.

국가, 조국 —, 그것들의 **지성**, 그것들의 내적 **연관**, 그것들에서 관계의 보편적인 것은 **지속하는** 것이며, 이전과 마찬가지로 **지금도** 타당하고 현존하며, 언제나 그러하다. 그 어떤 국가도 그 자체로 **목적 — 외부로 향한** [17]**보존**이다 — 국가의 **내부로 향한** 발전과 **발양**은 필연적인 **단계적 연속**에서 이루어지며, 그에 의해 이성적인 것, **정의와 자유**의 공고화가 출현한다.[46] 그것은 **제도들의 체계**, α) 체계로서의 **헌법**, β) 마찬가지로 그에 의해 참다운 관심사가 **의식화되고** 현실로 **성취되는** 헌법의 내용이다. 대상의 각각의 모든 진보에는 단순히 외면적인 귀결과 연관의 필연성이 아니라 **사태** 속에서의, **개념** 속에서의 필연성이 있다. 이것이야말로 참다운 사태. 예를 들어 근대 국가, 신성 로마 제국의 역사, 위대한 개인들[47] 또는 개별적인 **위대한** 사건들 — 프랑스 혁명 — 어떤 하나의 위대한 욕구, — 이것은 역사가의 대상과 목적이지만, 또한 민족의 목적, 시대 자신의 목적이기도 하다. 바로 이것에 모든 것이 관계된다.

그래서 그러한 실용적 **반성들**은, 그것들이 비록 추상적이라 하더라도, **실제로는 현재적인 것이자** 과거의 이야기에 생명을

. .
46. [편주] 이 위에는 이렇게 쓰여 있다. 처음에 조야하고 감추어진 민족 그 자체는 대상이 아니며, 국가라고 하는 것에 도달하는 한에서 대상이다. 국가, 즉 자기 안에서 이성적인 전체로서의 기획이 보편적 이성 목적이다.
47. [편주] 이 아래에는 이렇게 쓰여 있다. 나폴레옹과는 다른 개인들은 단지 순간적일 뿐, 본질적으로 의존성.

불어넣어야 하는 것, 현재적인 생명으로 가져와야 하는 것이다.[48] 그런데 과연 그러한 반성들이 실제로 **흥미롭고 생명을 불어넣는** 것인지는 바로 그 **저술가의 고유한 정신**에 달려 있다.

실용적 역사가의 가장 나쁜 수법은 그가 개념으로부터가 아니라 특수한 경향과 정열에서 획득한 주체들의 동기를 뒤쫓고, **사태** 자신을 추동하고 작용하는 것으로 간주하지 않는 보잘것없는 **심리학적** 정신이다. 그다음으로 **도덕적** 실용가는 마찬가지로 계속해서 **편찬하며** 이야기하지만, 때때로 교화적인 그리스도교적 반성을 지니고서 그러한 비비꼬는 이야기로부터 깨어나며, 사건들과 개인들을 [118]**도덕적으로 난타함으로써** 측면 공격하고, 교화적인 반성, 교훈적인 외침과 가르침을 끼워 넣는 등등을 한다.

다음으로 반성하는[49] 역사의 두 번째 양식은 실용적 역사다. 우리가 과거와 관계하여 멀리 떨어진 세계에 몰두할 때, 정신이 그 자신의 활동으로부터 자기의 노고에 대한 보수로 가지는 현재가 정신에 대해 열린다. 사건들은 서로 다르지만, 이러한 보편적이고 내적인 것, 연관은 하나다. 이 점이 과거를 지양하여 그 사건을 현재적으로 만든다. (보편적 관계들, 상황들의

· ·
48. [편주] 여기에는 괄호 속에 다음과 같이 덧붙여 있다. 프랑스인들[이 위에는 독일인들]은 우리를 더욱더 만족시켜 준다 — 그랬었다 —.
49. [편주] 칼 헤겔에게서는 이 대신에: 반성된.

연쇄는 더는 이전처럼 개별적이고 개인적인 것으로서 서술되는 사건들에 대해 함께 나타나지 않는다. 오히려 그것들 자신이 사건이 된다. 더는 특수한 것이 아니라 보편적인 것이 나타난다. 전적으로 개별적인 사건들이 그렇게 보편적으로 파악되면, 이러한 것은 효력이 없고 결실이 없다. 그러나 사건의 전체 연관이 전개되면, 이러한 것은 저술가의 정신을 나타낸다.[50])

여기서는 특히 도덕적 반성과 도덕적 교훈에 대해 언급할 수 있는데, 이 도덕적 교훈은 종종 그것을 목표로 하여 가공된 역사를 통해 획득되어야 했다. 비록 선한 자의 예들이 마음을, 특히 젊은이의 마음을 고양하고 아이들의 도덕 교육에서 그들에게 탁월한 것을 침투시키기 위해 보편적 진리들의 구체적 표상들로서 적용될 수 있다고 말할 수 있을지라도, 민족들의 운명, 국가들의 변혁, 그들의 이해관계와 상태 및 분란들은 도덕적인 것과는 다른 영역이다. (도덕적 방법들은 아주 단순하다. 성서의 역사는 그러한 가르침을 위해 충분하다. 그러나 역사가의 도덕적 추상들은 어느 것에도 이바지하지 못한다.)

---

50. [편주] 여기서와 뒤따르는 것에서 괄호 속에 놓인 것은 라손에게서만 발견된다. 다른 모든 것에서 칼 헤겔과 라손은 거의 철두철미하게 말 그대로 일치한다. 의심스러운 경우에 나는 칼 헤겔의 텍스트 형태를 선호했다.

[19]통치자와 정치인 그리고 민족들에게는 무엇보다도 역사의 경험에 의한 교훈이 제시된다. 그러나 경험과 역사가 가르치는 것은 다음의 것, 즉 민족과 정부들은 결코 역사로부터 아무것도 배우지 못했고 그로부터 끌어낼 수 있었을 가르침에 따라 행동하지 않았다고 하는 것이다. 모든 시대, 모든 민족은 저마다 특유한 사정을 지니고 개별적인 상태인 까닭에, 그 상태 안에서 그 상태 자신으로부터 결정되어야만 하고 오로지 그렇게만 결정될 수 있다(그리고 여기서 올바른 결정을 내릴 줄 아는 것은 바로 위대한 성격의 인물뿐이다). 쇄도해 들어오는 세계 사건들에서는 보편적 원칙이나 과거의 유사한 관계들에 대한 상기가 도움이 되지 않는다. 왜냐하면 흐릿한 기억과 같은 것은 현재의 생동성과 자유에 대해 아무런 힘도 지니지 못하기 때문이다. (역사를 형성하는 것은 역사로부터 가져온 반성들과는 다른 어떤 것이다. 어떠한 경우도 다른 것과 전적으로 유사하지 않다. 하나의 경우에서 가장 좋은 것이 다른 경우에서도 그러한 개체적 동등성이란 전혀 현존하지 않는다. 모든 민족은 그 자신의 상황을 지니며, 옳음이 무엇인지에 대한 개념을 위해 비로소 역사가 필요한 것은 아니다.) 이 점을 고려하면 혁명 시대에 프랑스인들 사이에서 그토록 자주 나타났듯이 종종 되풀이해서 그리스와 로마의 예를 증거로 끌어대는 것보다 더 김빠진 것은 아무것도 없다. 그 어느

것도 이 민족들의 본성과 우리 시대의 본성보다 더 서로 다르지 않다. 요하네스 폰 뮐러는 그의 보편사[51] 및 스위스사에서 그러한 도덕적 의도를 지녔으며, 군주와 정부 및 민족들을 위해, 특히 스위스 민족을 위해 그러한 가르침을 마련했다. 그는 그 자신의 가르침과 반성 모음집을 만들었고, 종종 서신 교환에서[52] 자기가 그 주간에 작성한 반성의 정확한 숫자를 제시한다. (그리고 나서 그는 자기의 문장들을 제멋대로 [20]자기의 이야기 속으로 뿌려 넣었다. 그러나 그러한 것들은 오직 구체적인 경우에만 생동하게 연결될 수 있다. 그의 사상들은 아주 피상적이다. 그런 까닭에 그는 지루하며) 우리는 이것을 그가 성취한 가장 좋은 것으로 간주해서는 안 된다. (반성은 구체적이어야만 한다). 반성들에 진리와 관심을 부여할 수 있는 것은 오직 상황들에 대한 근본적이고도 자유로우며 포괄적인 직관과 자기 자신을 펼쳐 놓는 바의 이념에 대한 심오한 감각이다. 그래서 예를 들어 몽테스키외[53]의 법의 정신[54]에서

· ·

51. [편주] Johannes v. Müller, *Vierundzwanzig Bücher allgemeiner Geschichten, besonders der europäischen Menschheit*(『특히 유럽인의 보편사 24권』), Tübingen, 1810, 3 Bde.
52. [편주] Johannes v. Müller, *Briefe an Bonstetten*(『본슈테텐에게 보낸 편지』), 1809; *Briefe an Woltmann*(『볼트만에게 보낸 편지』), Berlin, 1811; *Briefe Müllers an seinen ältesten Freund*(『가장 오랜 친구에게 보낸 뮐러의 편지』), hrsg., v. Füssli, Zürich, 1812.
53. Charles-Louis de Secondat, baron de La Brède et de Montesquieu (1689~1755).

의 그것은 근본적인 동시에 심오하다.

그런 까닭에 또 하나의 반성하는 역사가 다른 것을 대체한다. 자료들은 각각의 저술가의 결정에 맡겨져 있으며, 각각의 모두는 쉽사리 스스로가 그것들을 정돈하고 가공할 수 있는 능력이 있다고 생각할 수 있고, 자기의 정신을 그 시대들의 정신으로서 그 자료들에서 관철할 수 있다. 그래서 그러한 반성하는 역사들에 대해 진저리치는 일이 발생했고, 사람들은 정확히 이루어진 기술들로, 모든 관점에서 고쳐 쓰이는 사건의 상으로 되돌아갔다. 이것들은 물론 무언가 가치 있는 것이지만, 그것들은 대부분 단지 자료를 제공할 뿐이다. 우리 독일인은 그것에 만족한다. 그에 반해 프랑스인은 재기 넘치게 스스로 현재를 형성하여 과거를 현재의 상태에 관계시킨다.

χχ) 반성하는 역사의 세 번째 방식은 **비판적**kritische 역사다. 이것이 제시되어야 하는 까닭은 그것이 특히 우리 시대에 독일에서 역사가 취급되는 양식이기 때문이다. 여기서 개진되는 것은 역사 자신이 아니라 역사의 역사와 역사적 이야기들에

∙ ∙

    프랑스의 철학자, 정치학자. 『페르시아인의 편지』(1721), 『로마인의 위대함과 그 쇠락의 원인에 관한 고찰』(1734) 및 주저 『법의 정신』(1748)은 역사철학적인 저작들이다. 특히 『법의 정신』은 법과 물질적, 정신적 요소들과의 상호 관계를 추구하고 있다.

54. [편주] Montesquieu, *De l'esprit des lois*(『법의 정신』), Genf 1748, 2 Bde.; deutsch Halle 1829, 3 Bde.

대한 판정 및 그것들의 진리와 신빙성에 관한 연구다. (니부어의 로마사[55]가 그렇게 쓰여 있다.) 여기에 놓여 있고 특히 놓여 있어야 할 비범한 것은 이야기들에서 무언가를 덜어내는 저술가의 명민함에 존립하지 사태들에 있지 않다. (그는 모든 사정으로부터 신빙성에 대한 자기의 결론을 끌어낸다.) 프랑스인은 여기서 많은 근본적이고 사려 깊은 것을 [21]제공해 왔다. 그렇지만 그들은 그러한 비판적 방도 자신을 역사적인 것으로서 관철하고자 한 것이 아니라 자기들의 판정을 비판적 논구의 형식으로 저술해 왔다. 우리에게서는 이른바 고등비평이 문헌학 일반 및 또한 역사책들도 장악했다(그 역사책들에서는 역사의 지반, 신중한 역사학적 연구를 저버리고서 자의적인 표상과 조합들에 여지를 부여했다). 그 경우 이 고등비평은 허망한 상상력의 가능한 모든 비–역사학적인 산물에 들어올 수 있는 정당성을 내어주어야 했다. 이러한 것도 역사적 자료들 대신에 주관적 착상들 — 그것들이 더 대담하면 할수록, 다시 말하면 더 적은 것에 근거하고 더 옹색한 사정에 기반하면 할수록 그리고 역사에서의 가장 결정적인 것에 더 많이 모순되면 될수록 그만큼 더 탁월한 것으로 여겨지는 착상들을 정립함으로써 현재를 과거 속으로 가져오는[56] 양식

---

55. [편주] Barthold Georg Niebuhr, *Römische Geschichte*(『로마사』), Berlin, 1811~1832, 3 Bde.

이다. —

δδ) 이제 반성하는 역사의 마지막 양식은 **특수사**Spezialgeschichte다. 그것은 한 민족의 풍부한 삶으로부터, 즉 전체 연관으로부터 하나의 보편적 관점을 끄집어냄으로써 곧바로 무언가 부분적인 것, 특수한 것으로서 나타난다(예를 들어 예술사, 법사, 종교사). 그것은 실로 추상하고 있지만, 이 관점이 보편적이기 때문에, 동시에 철학적 세계사로의 이행을 형성한다.

(우리의 표상은 한 민족의 상을 그려낸다는 점에서 고대인보다 더 많이 관점들, 즉 다루어져야만 하는 정신적 규정들을 동반한다. 예술, 종교, 학문, 헌법, 법, 소유, 항해의 역사는 그러한 보편적 관점들이다. 우리 시대의 교양에 의해 역사를 취급하는 이러한 방식은[57] 좀 더 존중되고 발양되었다. 특히 법사와 헌법사는 우리 시대에 두드러졌다. 헌법사는 이미 전체 역사와 좀 더 [22]연관되기도 한다. 헌법사는 오직 국가 전체에 대한 눈길과 결합해서만 의미와 지성을 지닌다. 만약 헌법사가 근본적이고 흥미롭게 작업이 이루어지고 예를 들어 **후고의 로마 법사처럼**[58] 단지 외적인 소재, 비본질적인 외적인

· ·

56. [편주] Lasson: 바로 그 현재를 과거 속으로 가져오는. K. Hegel: 역사 속에서 현재를 획득하는.
57. [편주] 칼 헤겔은 이 단락 전체 대신에 다음과 같이 하고 있다: 우리 시대에는 이러한 개념사 방식이 좀 더 많이 발양되고 두드러졌다.
58. [편주] Gustav Hugo (1764~1844)는 다음을 독일어로 출판했다. Gibbon,

것만을 붙잡지 않는다면 그것은 탁월할 수 있다. 거기서 **아이히호른**[59]의 독일 법사는 이미 내용이 더 풍부하다.

그러한 부문들은 한 민족의 역사 전체에 관계되며, 관건이 되는 것은 다만 전체의 이러한 연관이 제시되는가 아니면 그것이 단지 외면적인 관계들 속에서 추구되는가 하는 것뿐이다. 후자의 경우에 그 부문들은 민족의 전적으로 우연적인 개별성으로서 나타난다. 그런데 반성하는 역사가 보편적 관점을 추구하는 데 도달해 있을 때 주의해야 하는 것은 그러한 관점이 참다운 본성의 것이라면 그것은 단순히 외적인 실마리, 외적인 질서가 아니라 사건과 행위들 자신의 내적인 이끄는 영혼이라고 하는 점이다.

γ) 역사의 세 번째 종류, **철학적 세계사**philosophische Weltgeschichte는 반성하는 역사 고찰의 이 마지막 양식에 연결되는데, 그것의 관점도 보편적인 것이지만, 추상적으로 끄집어내어지고 다른 관점들이 도외시되는 특수한 것이 아니다. 철학적 세계사의 보편적 관점은 추상적으로 보편적이 아니라 구체적이고 단적으로 현재적이다. 왜냐하면 그것은 영원히 자기

　Übersicht des römischen Rechts(『로마법 개관』), Göttingen, 1789.
59. [편주] Karl Friedrich Eichhorn (1781~1854), *Deutsche Staats- und Rechtsgeschichte*(『독일의 국가사와 법사』), Göttingen, 1808~1823, 4 Teile.

자신 곁에 있고 그에 대해서는 과거가 존재하지 않는 정신이기 때문이다. [또는 그것은 이념이다.] 마치 영혼의 인도자 메르쿠리우스[60]와 같이 이념은 참으로는 민족과 세계의 인도자이며, 정신과 정신의 이성적이고 필연적인 의지야말로 세계의 사건들을 인도해 왔고 인도하고 있는 바로 그것이다. 정신을 이러한 인도 속에서 알게 되는 것이 여기서 우리의 목적이다.

..
60. Mercurius는 로마 신화에서 목축, 상업, 이익 추구, 교역, 웅변 및 사자의 신이다. 그리스 신화의 헤르메스에 해당한다.

두 번째 초안

(1830년)

철학적 세계사

[25][시작] 1830년 11월 8일

여러분!

이 강의의 대상은 세계사의 철학이다.

역사, 세계사가 무엇인지에 대해 나는 아무것도 이야기할 필요가 없다. 그에 관한 일반적 표상으로 충분하며, 또한 가령 우리는 그 표상에서 일치한다. 그러나 우리가 고찰하는 것이 세계사의 **철학**이라는 것, 우리가 역사를 **철학적으로 다루고자** 한다는 것, 이것은 이 강의의 제목에서 곧바로 눈에 띌 수 있고 분명 해명이나 오히려 정당화가 필요한 것으로 보이지 않을 수 없는 그런 것이다.

그렇지만 역사 철학이란 그 역사에 대한 **사유하는** 고찰 이외의 다른 것이 아니다. 그리고 우리는 언제나 어디서도 결코 사유를 그만둘 수 없다. 왜냐하면 인간은 **사유하고** 있고, 그에 의해 동물과 구별되기 때문이다. **인간적인** 모든 것, 감각, 지식과 인식, 충동과 의지 ― 그것이 인간적이고 동물적이 아닌 한에서 그것에는 사유가 존재하며, 따라서 역사를 다루는 모든 일에서도 그러하다. 하지만 이렇듯 모든 인간적인 것과 역사에 사유가 보편적으로 관여한다는 것을 증거로 끌어대는 것은 불충분하게 나타날 수 있다. 왜냐하면 우리는 사유가 존재하는 것, 주어진 것에 종속되어 있으며, 그것을 자기의 기초로 지니고 그에 의해 인도된다고 여기기 때문이다. 그러나 철학에 돌려지는 것은 존재하는 것을 고려하지 않고서 사변이 자기 자신으로부터 산출하는 **고유한 사상들**이다. 철학은 그 사상들을 가지고서 역사에 다가가 역사를 자료로 다루고, 그것을 있는 그대로 내버려 두는 것이 아니라 사상에 따라 **정돈하고** 역사를 **선험적으로**^{a priori} **구성한다**는 것이다.

[26]역사는 일어난 그러한 것에 관계한다. 역사의 고찰에는 본질적으로 자기 자신으로부터 자기를 규정하는 개념이 대립하는 것으로 보인다. 물론 우리는 생기^{生起} 사건이 직접적으로 우리 눈앞에 놓여 있다고 표상하도록 사건들을 함께 모을 수 있다. 사실 그 경우에도 사건들의 결합, 사람들이 **실용적**이라고 부르는 것, 그러므로 그 생기 사건에 대한 원인과 근거를 찾아내는 것이 문제가 된다. 그러나 우리가 생각해 볼 수 있는 것은 이를 위해서는 개념이 필요하며, 그렇다고 해서 개념 파악하는 것이 대립하는 관계로 들어서지는 않는다는

것이다. 오로지 그러한 방식으로만 근저에 놓여 있는 것은 언제나 사건들이며, 개념의 활동은 앞에 놓여 있는 것의 형식적이고 보편적인 내용에, 즉 원리, 규칙, 원칙들에 한정된다. 그렇게 역사로부터 연역되는 것을 위해서는 논리적 사유가 필요한 것으로서 인정된다. 그러나 그것에 정당화를 부여하는 것은 경험에서 유래해야 한다. 그에 반해 철학이 개념에서 이해하는 것은 다른 어떤 것이다. 여기서 개념 파악이란 개념 자신의 활동이지 다른 곳에서 오는 소재와 형식의 경쟁이 아니다. 실용적 역사에서와 같은 그러한 친화는 철학에서의 개념에는 충분하지 않다. 철학에서의 개념은 본질적으로 그 소재와 내용을 자기 자신으로부터 취한다. 그러므로 이 점을 고려할 때 저 제시된 결합에도 불구하고 생기 사건과 개념의 자립성이 서로 대립한다고 하는 것과 같은 구별은 여전히 남는다.

그렇지만 우리가 여기서 좀 더 고차적인 입장을 취하자마자 [여전히 철학을 전적으로 도외시하고 이미] 역사 고찰 내부에서 우리에게 똑같은 관계가 드러난다. 첫째, 우리는 역사에서 개념으로부터 멀리 떨어져 있는 요소들, 즉 자연조건들과 다양한 인간적 자의, 외면적 필연성을 본다. 다른 한편으로 우리는 그 모든 것에 좀 더 고차적인 필연성과 영원한 정의와 사랑의 사상을, 자체적이고도 대자적인[1] 진리인 절대적 궁극 목적을 맞세운다. 이러한 대립하는 것은 자연적 존재에 대립한 추상적 요소들에, 즉 개념의 자유와 필연성에 기반한다. 이것은 다양한 형태로 우리의 관심을 끌고 ⑰세계사의 이념 속에서도 우리의 관심을 사로잡는 대립이다. 그 대립을 세계사 속에서 자체적이고도 대자적으로 해소된 것으로서 제시하는 것이 우리의 목적이다.

역사는 오직 있는 것과 있었던 것, 사건과 행위들만을 순수하게 파악해야 한다. 역사는 오직 주어진 것만을 견지하면 할수록, 그리고 ― 이 주어진 것이 사실 그렇게 직접적으로 놓여 있는 것이 아니라 사유와도 결합한 다양한 탐구를 요구한다는 점에서 ― 그 탐구에서 오직 생기 사건만을 목적으로 하면 할수록 그만큼 더 참되다. 철학의 영위는 이러한 목적과는 모순되는 것으로 보인다. 그리고 이 모순에 대해, 그리고 철학이 역사에 가지고 와서 그에 따라 역사를 취급하는 사상으로 인해 철학에 가해지는

・・

1. an und für sich를 옮긴 것이다. 헤겔의 용어들 가운데 "an sich", "für sich", "an und für sich"는 보통 "즉자적", "대자적", "즉자대자적"으로 옮겨지지만, 좀 더 일반적인 맥락에서 "an sich"는 "그 자체에서", "자체", "자체적", "자체적으로", "für sich"는 "홀로", "혼자서", "그 자체로", "대자적", "대자적으로", 그리고 "an und für sich"는 "그것만으로", "다른 것과 무관계하게", "본래적으로", "그 자체에서도 그 자체로도", "자체적이고도 대자적인", "자체적이고도 대자적으로", "자체적으로도 대자적으로도" 등으로 다양하게 옮겨질 수 있다. 옮긴이는 그 어느 하나로 한정하지 않은 채 문맥에서의 적절성을 고려하여 주로 "그 자체에서"와 "자체적", "그 자체로"와 "대자적" 그리고 "자체적이고도 대자적인", "자체적이고도 대자적으로"로 옮기고자 한다.

비난에 대해 나는 **서론**에서 설명하려고 한다. 다시 말하면 **세계사의 철학의 일반적 규정**이 우선 제시되고 그와 연관된 가장 가까운 결론들이 명백히 되어야 한다. 그렇게 함으로써 사상과 생기 사건과의 관계가 자연히 올바른 빛 가운데 놓일 것이며,[2] 이미 그러한 까닭에 나는, 세계사에서는 우리 앞에 너무나도 풍부한 소재가 서 있는 까닭에 서론에서 너무 상세하게 다룰 수는 없는 만큼, 역사적인 것을 취급하는 목적과 이해 관심에 관한 관점, 원칙, 견해들에 관해, 그리고 더 나아가 특히 역사적인 것에 대해 개념과 철학이 지니는 관계에 관해 유포되어 있거나 언제나 다시금 새롭게 고안되는 무한히 많은 좀 더 특수한 그릇된 표상과 반성들에 대한 반박과 시정에 관여할 필요가 없다.[3] 나는 그것들을 전적으로 지나쳐 버리거나 단지 부수적으로만 그에 관한 무언가를 상기시킬 수 있다.

..
2. [편주] 초고는 이 대신에: 올바른 관계에 놓일 것이며.
3. [편주] 난외에: 역사의 각각의 모든 새로운 서문—더 나아가 또다시 그러한 역사에 대한 비평으로 이끄는 서론들은 새로운 이론을 가져온다.

[28]A.[4]

[철학적 세계사의 일반적 개념]

    나는 세계사의 철학의 잠정적 개념에 관해 우선은 다음과 같은 점을 언급해 두고자 한다. 내가 이야기했듯이 일차적으로 철학에 대해서는 철학이 사상을 가지고서 역사에 다가가 역사를 사상에 따라 고찰한다는 비난이 가해진다. 그러나 철학이 가지고 오는 유일한 사상은 **이성**의 단순한 사상, 즉 이성이 세계를 지배하며, 그러므로 세계사도 역시 이성적으로 진행된다고 하는 것이다.[5] 이러한 확신과 통찰은 역사 그 자체 일반과 관련해서는 하나의 **전제**다. 철학 자신 내에서 이것은 전제가 아니다. 철학에서는 사변적 인식에 의해 이성 ― 우리는 여기서 신에 대한 관계나

---

4. [편주] 난외에: α) 일반적 개념,
              β) 규정된,
              γ) 발전의 양식.
5. [편주] 난외에: α) 이성.

상관을 좀 더 자세히 논의하지 않고서 이 이성이라는 표현에 머무를 수 있다 — 이란 **실체**이자 **무한한 위력**, 자기 자신에게 있어 모든 자연적이고 정신적인 삶의 **무한한 소재**이자 **무한한 형식**, 이러한 자기 내용의 실행이라는 것이 **입증된다** — 실체인 것은 이성이야말로 그에 의해 그리고 그 안에서 모든 현실이 그 존재와 존립을 지니는 바로 그것이기 때문이다 — 무한한 **위력**인 것은 이성이 단지 이상에, 당위에 이를 뿐이고, 단지 현실 외부의 어디엔가에서, 즉 분명 몇몇 사람의 머릿속에서 무언가 특수한 것으로서만 현존할 정도로 무력하지 않기 때문이다 — 무한한 **내용**인 것은 이성이 모든 본질성과 진리, 그 자신에게 있어 스스로가 자기의 활동에 가공할 수 있도록 부여하는 자기의 소재이기 때문이다. 이성은 유한한 행위처럼 자기 활동의 양분과 대상을 그로부터 받아들이는 외면적 재료나 주어진 수단이라는 조건들이 필요하지 않다. [29]이성은 자기를 먹고 살아가며 자기 자신에게 있어 스스로가 가공하는 재료다. 이성이 자기에게 단지 그 자신의 전제일 뿐이고 그의 목적이 절대적 궁극 목적인 것과 마찬가지로, 이성 자신은 그 목적의 실행이자 그것을 내적인 것으로부터 자연적인 우주뿐만 아니라 또한 정신적인 우주의 현상으로 — 세계사에서 산출하는 것이다. 이제 그러한 이념이 참된 것, 영원한 것, 단적으로 위력적인 것이라는 것, 그 이념이 세계 내에 계시되고 세계 내에서는 이 이념, 그것의 장엄함과 영예 이외에 아무것도 계시되지 않는다는 것은 앞에서 말했듯이 철학 안에서 증명되고 그래서 여기서는 증명된 것으로서 **전제되는** 바로 그것이다.

철학적 고찰은 우연적인 것을 멀리하는 것 이외의 다른 의도를 지니지 않는다. 우연성이란 외면적 필연성, 다시 말하면 그 자신이 단지 외면적 사정일 뿐인 원인으로 귀착되는 필연성과 같은 것이다. 우리는 역사에서 주관적 정신이나 마음의 특수한 목적이 아니라 하나의 보편적 목적, 세계의 궁극 목적을 찾아내야만 한다. 우리는 그 궁극 목적을 특수한 유한한 목적이 아닌 오직 절대적 목적만을 자기의 관심사로 삼을 수 있는 이성을 통해 파악해야만 한다. 이 절대적 목적은 자기 자신에 관한 증거를 제시하고 이를 자기 자신 내에 담지하며 인간이 자기의 관심사로 삼을 수 있는 모든 것이 그 속에서 자기의 발판을 지니는 그러한 내용이다. 이성적인 것은 자체적이고도 대자적인 존재자이며, 그에 의해 모든 것이 자기의 가치를 지닌다. 다양한 형태들Gestalten이 존재한다. 그 어떤 형태에서도 우리가 민족이라고 부르는 다형적인 형태에서 정신이 자기 자신을 펼쳐 보이고 현시하는 바의 그 형태에서보다 더 분명히 목적이 드러나지 않는다. 우리는 의욕의 세계가 우연에 내맡겨 있지 않다는 믿음과 사상을 역사에 가져와야만 한다. 민족들의 사건에서는 최종 목적이 지배하는 것이라는 것, 이성이 —

특수한 주체의 이성이 아니라 신적이고 절대적인 이성이 ─ 세계사 속에 있다는 것은 우리가 전제하는 진리다. 그 진리의 증명은 세계사 자신의 논의다. 세계사는 이성의 상이며 행위다. 그러나 오히려 본래의 증명은 이성 자신의 인식 속에 놓여 있다. 세계사에서 이성은 오직 자기만을 입증한다. [30]세계사는 오직 이러한 하나의 이성의 현상, 이성이 그 속에서 현현하는 특수한 형태들 가운데 하나, 특수한 터전, 즉 민족들에게서 자기를 내보이는 원상의 모상일 뿐이다.

이성은 자기 안에 안주하고 있고 자기의 목적을 자기 자신 안에 지닌다. 이성은 자기 자신을 현존재로 가져오며 자기를 실행한다. 사유는 이성의 이러한 목적을 의식해야만 한다. 철학적 방식은 처음에는 무언가 눈에 띄는 것으로 보일 수 있다. 표상의 나쁜 습관으로부터도 그 방식 자신은 우연적인 것으로, 어떤 갑작스러운 착상으로 여겨질 수 있다. 사상을 유일하게 참된 것으로서, 가장 고귀한 것으로서 간주하지 않는 사람은 철학적 방식을 전혀 판정할 수 없다.

여러분! 여러분 가운데 아직 철학을 잘 알고 있지 못한 분들에게 나는 이제 이성에 대한 믿음을 지니고서, 이성의 인식에 대한 갈망을 지니고서 이 세계사의 강의에 다가올 것을 요구할 수 있을 것이다 ─ 그리고 학문 연구에서 주관적인 욕구로서 전제되어야 하는 것은 말할 것도 없이 단순히 지식의 수집에 대한 욕구가 아니라 이성적 통찰에 대한, 인식에 대한 욕구다. 그러나 실제로 나는 그러한 믿음을 미리 요구해서는 안 된다.[6] 내가 잠정적으로 말한 것과 앞으로 말하게 될 것은 단순히 — 또한 우리의 학문과 관련해서도 — 전제로서가 아니라 오히려 전체의 **개관**으로서, 우리에 의해 시도되고 있는 고찰의 **결과**로서— 내게는 이미 전체가 알려진 까닭에 내게 잘 알려진 결과로서 받아들여져야 한다. 그러므로 세계사가 이성적으로 진행되었다는 것, 세계사는 역사의 실체이자 그 본성이 하나의 언제나 같은 것이고 세계 현존재 속에서 이러한 자기의 하나의 본성을 펼쳐 보이는 정신인 세계정신의 이성적인 필연적 발걸음이었다는 것은 세계사 자신의 고찰로부터 비로소 밝혀졌고 밝혀질 것이다. (세계정신은 정신 일반이다.)[7] 이것은 앞에서 말했듯이 역사 자신의 성과이어야만 한다. 그러나 우리는 역사를 있는 그대로 받아들여야 한다. 우리는 역사학적으로, 경험적으로 처리해 나가야 한다. 특히 [7]우리는 전문적인 역사학자에 의해 오도되어서는 안 된다. 왜냐하면 적어도 독일의 역사학자들, 심지어 커다란 권위를 지니고 이른바 원전 연구를 너무도 자랑하는 그러한 자들 가운데는 그들이 철학자에 대해 비난하는 것, 요컨대 역사에서의 선험적 허구를 꾸며내는 그러한 자들이 존재하기 때문이다. 하나의 예를 제시하자면, 신에게서

••
6. [편주] 난외에: β) 믿음 — 특히 개관.
7. [편주] 난외에: γ) 역사학적으로 처리해 나간다.

직접 가르침을 받아 완전한 통찰과 지혜 속에 살았으며 모든 자연법칙과 정신적 진리를 꿰뚫는 지식을 갖고 있었던 최초의 가장 오랜 민족이 있었다는 것 — 또는 이런저런 사제 민족들이 존재했었다는 것, 또는 — 무언가 좀 더 특수한 것을 제시하자면 — 로마의 서사시[8]가 있었고 로마의 역사가들은 그로부터 가장 오랜 역사를 길어냈다는 것 등등은 널리 퍼져 있는 허구다. — 그와 같은 선험성을 우리는 재기 넘치는 전문적인 역사학자들에게 맡기고자 하는데, 우리에게 있어 그러한 역사학자들 사이에는 그와 같은 것들이 드물지 않다.

그리하여 우리는 역사학적인 것을 **충실하게 파악하는** 것을 첫 번째 조건으로서[9] 진술할 수 있을 것이다. 하지만 **충실하다든가 파악한다**는 것과 같은 보편적 표현들에는 모호함이 놓여 있다. 가령 자기는 단지 수용적인 태도만을 취하고 있으며 오직 주어진 것에만 헌신하고 있다고 생각하고 그렇게 내세우는 보통의 평범한 역사가도 그의 사유에서는 수동적이지 않다. 그는[10] 자기의 범주들을 가지고 와서 그것들을 통해 현존하는 것을 바라본다. 참다운 것은 감성적인 표면에 놓여 있지 않다. 특히 학문적이어야 하는 모든 것에서 이성은 잠자서는 안 되며, 추사유*Nachdenken*가 적용되

..
8. Epos, 에포스란 구전된 서사시다.
9. [편주] 난외에: δ) 충실하게 파악한다.
10. [편주] 초고에서는 이 대신에: 사유와 그는.

어야만 한다. 세계를 이성적으로 바라보는 자를 **세계**도 역시 이성적으로 바라본다. 양자는 교호적으로 규정한다.

사람들이 세계의 목적은 지각Wahrnehmung에서 분명해진다고 말할 때, 그것은 자기의 올바름을 지닌다. 그러나 보편적인 것, 이성적인 것을 인식하기 위해 우리는 이성을 가지고 와야만 한다. 대상들은 추사유를 위한 자극제다. 보통 우리는 세계 속에서 [32]우리가 세계를 고찰하는 대로 그것을 발견한다. 오직 주관성을 가지고서만 세계에 다가간다면, 우리는 우리 자신의 성질대로 그것을 발견할 것이다. 우리는 그 어디서나 모든 것을 그것이 어떻게 이루어졌어야만 했고 또 어떻게 진행되어야 했는지 더 잘 알고 보게 될 것이다. 그러나 세계사의 위대한 내용은 이성적이며 이성적이지 않을 수 없다. 신적 의지는 세계 속에서 위력적으로 지배하며, 위대한 내용을 규정할 수 없을 정도로 무력하지 않다. 이러한 실체적인 것을 인식하는 것이야말로 우리의 목적이어야만 한다. 그리고 그것을 인식하기 위해 우리는 이성의 의식을, 즉 육체의 눈이나 유한한 지성이 아니라 표면을 꿰뚫고 들어가 다채롭고 혼잡한 사건들의 다양성을 관통하는 개념의 눈, 즉 이성의 눈을 가지고 와야만 한다. 그런데 사람들은 그렇게 역사를 다룬다면 이는 하나의 선험적 방도이고 이미 자체적이고도 대자적으로 부당하다고 말한다. 사람들이 그렇게 말하든 하지 않든 그것은 철학과는 아무런 상관도 없다. 실체적인 것을 인식하기 위해 우리는 스스로 이성을 가지고서 그것에 다가가야만 한다. 물론 우리는 일면적 반성을 가지고 와서는 안 된다. 왜냐하면 그것은 역사를 불구화하고 그릇된 주관적 견해로부터 발생하기 때문이다. 그러나 철학은 그러한 반성과 관계하지 않는다. 철학은 이성이 통치하는 것이라는 확신에서 생긴 사건이 개념에 부합할 것이라고 확신할 것이며, 오늘날 특히 이른바 날카로운 감각을 가지고서 순수한 선험적인 것을 역사 속으로 들여오는 문헌학자들에게서 유행하듯이 진리를 전도시키지 않을 것이다.[11] 철학은 실로 이념을 전제하는 한에서 또한 선험적으로 작업에 착수한다. 그러나 이 이념은 확실히 현존재한다. 이것이야말로 이성의 확신이다.

그러므로 철학적 세계사의 관점은 많은 보편적 관점 가운데 하나가 아니며, 추상적으로 끄집어냄으로써 다른 관점들을 도외시하는 것이 아니다. 철학적 세계사의 정신적 원리는 모든 관점의 총체성이다. 철학적 세계사는 민족들의 구체적인 정신적 원리와 그 역사를 고찰하며, [80]개별적 상황들이 아니라 전체를 관통하는 보편적 사상을 다룬다. 이러한 보편적인 것[보편자]은 우연한 현상에 속하지 않는다. 여기서는 일군의

. .
11. [편주] 예를 들어 니부어, 『로마사』에서의 그의 사제 통치, 또한 [칼 오트프리트] 뮐러(Karl Ottfried Müller)의 『도리아인』(*Doriern*, 2 Bde., 1824)도 그러하다.

특수성이 하나 속에서 포착되어야 한다. 역사는 실존의 서로 다른 온갖 측면을 자기 내에 총괄하는 가장 구체적인 대상을 자기 앞에 지닌다. 역사의 개체Individium는 세계정신이다. 그러므로 철학은 역사에 몰두함으로써 그 구체적 형태 속에 있는 구체적 대상인 것을 대상으로 삼으며, 그 대상의 필연적 발전을 고찰한다. 그런 까닭에 철학에 대해 일차적인 것은 사건들이 그 곁에서 돌출하는 민족들의 운명, 열정, 에너지가 아니다. 오히려 그것들을 추동해 내보이는 사건들의 정신이 일차적인 것이다. 이 정신이 민족들의 메르쿠리우스, 인도자다. 따라서 철학적 세계사가 대상으로 하는 보편적인 것은 하나의 측면으로서, 즉 제아무리 중요한 것이라 하더라도 그 옆 다른 측면에 다른 규정들이 현존하는 하나의 측면으로서 파악되어서는 안 된다. 오히려 이 보편적인 것은 모든 것을 자기 안에 거머쥐고, 정신이란 영원히 자기 곁에 있는 까닭에, 어디서나 현재적이며 그에 대해서는 과거가 없고 언제나 똑같으며 자기의 힘과 위력 속에 머무르는 무한히 구체적인 것이다.

역사는 일반적으로 지성을 가지고서 고찰되어야만 하며, 원인과 결과는 우리에게 개념적으로 파악될 수 있어야만 한다. 세계사에서의 본질적인 것을 우리는 이러한 방식으로 비본질적인 것을 무시하면서 고찰하고자 한다. 지성은 중요하고 그 자체에서 의미 있는 것을 꺼내 올린다. 본질적인 것과 비본질적인 것을 지성은 역사를 취급하는 데서 추구하는 목적에 따라서 규정한다. 이 목적들은 대단히 다양할 수 있다. 하나의 목적을 세우는 데서는 곧바로 더 많은 고려 사항이 나타난다. 거기에는 주요 목적과 부차적 목적이 존재한다. 그렇다면 역사 속에서 주어진 것을 정신의 목적들과 비교할 때 우리는 그렇지 않으면 흥미로웠을 그 모든 것을 포기하고 본질적인 것을 견지할 것이다. 그래서 이성에게는 단순히 일반적으로 일어났던 것과 동일선상에 있지 않은 내용—본질적으로 정신과 마음의 관심을 불러일으키고 [36]이미 읽기만 해도 우리를 비애와 경탄이나 환희로 끌어당기는 목적들이 모습을 드러낸다.

그러나 가장 가까이 놓여 있는 범주들인 추사유와 관점들의 다양한 방식들 및 이미 단순한 중요함과 중요하지 않음에 관한, 즉 우리 앞에 놓여 있는 헤아릴 수 없는 자료 가운데 우리가 강조점을 두는 것에 관한 판정의 다양한 방식들을 상세히 논의하는 것은 여기에 속하지 않는다.

[그에 반해 역사에 대한 견해가 보편적으로 사상에 나타나는 범주들이 짧게 제시되어야 한다.] 첫 번째 범주는 한동안 존재하며 우리의 관심을 자기에게로 끌어들이다가는 사라져 버리는 개인과 민족 그리고 국가들의 교체 광경에서 생겨난다. 그것은 **변화**Veränderung의 범주다.

우리는 사건과 행위들이, 즉 민족과 국가, 개인들의 무한히 다양한 형성물이 쉼 없이 계속해서 이어지는 하나의 엄청난 그림을 본다. 인간의 마음속으로 들어와 그의 관심을 사로잡을 수 있는 모든 것이, 즉 선과 미와 위대한 것에 대한 모든 감각이 요구되며, 어디에서나 우리가 인정하고 그 실행을 바라는 목적들이 포착되고 추구된다. 우리는 그 목적들에 희망을 걸거나 두려워한다. 이 모든 사건과 우연 속에서 우리는 인간의 행함과 수난이 드러나는 것을 보며, 어디에서나 우리의 것을, 그리고 그런 까닭에 어디에서나 그에 찬성하거나 반대하는 우리 관심의 경향을 본다. 때로는 미와 자유와 부가 우리를 끌어당기며, 때로는 악덕마저도 의미 있는 것으로 만들 수 있는 에너지가 우리의 호기심을 자극한다. 때때로 우리는 좀 더 포괄적인 규모의 보편적 관심이 좀 더 어렵게 앞으로 나아가고, 그것이 무한히 복잡한 사소한 관계들에 내맡겨짐으로써 산산이 흩어지며, 그 경우 힘들의 엄청난 투입에서 사소한 것이 산출되고 무의미해 보이는 것에서 거대한 것이 출현하는 것을 — 어디에서나 우리를 자기의 관심사로 끌어들이는, 쇄도해 들어오는 다채로운 것을, 그리고 하나가 벗어나면 곧바로 다른 것이 그 자리에 들어서는 것을 본다.

이러한 변화의 사상에 놓여 있는 부정적 측면은 우리의 비애를 일깨운다. 우리를 짓누를 수 있는 것은 다음의 점,

즉 역사에서 가장 풍부한 형성물, 가장 아름다운 삶이 몰락한다는 점, 우리가 거기서 [35]탁월한 것의 잔해 더미 아래에서 거닌다는 점이다. 역사는 우리가 관심을 기울이는 가장 고귀한 것, 가장 아름다운 것으로부터 우리를 떼어놓는다. 열정은 그러한 것을 파멸시킨다. 그것은 덧없다. 모든 것은 사라지고 아무것도 머물지 않는 것으로 보인다. 여행자라면 누구나 이러한 우수를 느꼈을 것이다. 그 누가 카르타고,[12] 팔미라,[13] 페르세폴리스,[14] 로마의 폐허 위에 서서 나라와 인간들의 무상함에 대한 성찰로, 이전의 강력하고 풍요로운 삶에 대한 비애로 자극받지 않겠는가? — 사랑하는 사람의 무덤에서처럼 개인적 상실과 자기 목적의 덧없음에 머무르는 것이 아니라 찬란하게 피어났던 인간 삶의 몰락에 대한 사심 없는 비애로 말이다.

그러나 이러한 변화의 범주에는 곧바로 죽음으로부터 새로운 삶이 소생한다는 다른 측면이 연결된다. 이것은 동양인이 파악한 사상이며, 아마도 그들의 가장 위대한 사상이자 분명 그들의 형이상학이 이룩한 최고의 사상이다. 이 사상은 개인적

・・
12. 고대 국가 카르타고. 현 튀니지의 수도 튀니스에서 가까운 도시.
13. 고대 시리아의 오아시스 도시.
14. 이란 남부의 파르스 지방에 자리한 고대 도시 유적. 아케메네스 왕조 페르시아의 수도였다.

인 것과 관련하여 윤회의 표상 속에 포함되어 있다. 그러나 좀 더 일반적으로는 불사조^{Phönix}의 비유도 알려져 있는데, 그것은 영원히 자기 스스로 자기의 장작더미를 마련하고 거기서 자기를 살라버림으로써 자기의 잿더미로부터 영원히 새롭고 젊어진 신선한 생명이 출현하는 자연 생명의 비유다. 그러나 이것은 단지 동양적 비유일 뿐이다. 그것은 정신이 아니라 육체에 들어맞는다. 서양적인 것은 정신이 단순히 젊어져 나타나는 것이 아니라 고양되고 변용[정화]되어^{verklärt} 등장한다는 것이다. 물론 정신은 자기 자신에 맞서 출현하며 자기가 형태화한 형식을 먹어 치움으로써 스스로 새로운 교양^{Bildung}으로 고양된다. 그러나 자기 실존의 덮개를 벗어던짐으로써 정신은 단순히 다른 덮개 속으로 옮겨가는 것이 아니라 좀 더 순수한 정신으로서 자기의 이전 형태의 잿더미로부터 출현한다. 이것이 정신의 두 번째 범주다. 정신의 **젊어짐**^{Verjüngung}은 같은 형태로의 단순한 복귀가 아니다. 그것은 자기 자신의 순화이자 가공이다. 정신은 자기의 과제를 해결함으로써 새로운 과제를 창조하며, 거기서 정신은 자기 노동의 소재를 증가시킨다. 그래서 우리는 역사 속에서 정신이 무진장한 양의 측면들에 따라 나타나며 거기서 자기를 향유하고 충족시키는 것을 본다. 그러나 정신의 노동은 자기의 활동을 새롭게 증대시키고 자기를 새롭게 먹어 치우는 하나의 결과만을 지닌다. [91]정신에게는 항상 자기가 그 속에서 자기를 충족시킨 자기의 각각의 모든 창조물이 자기에게 또다시 가공하도록 요구하는 새로운 소재로서 마주 다가온다. 정신의 교양인 것은 정신의 노동이 자기를 새로운 교양으로 고양할 때의 재료가 된다. 그래서 정신은 자기의 모든 힘을 모든 측면에 따라 알린다. 정신이 어떠한 힘을 소유하는지를 우리는 정신의 교양과 생산의 다양성으로부터 배운다. 이러한 자기 활동의 즐거움에서 정신은 오직 자기 자신과만 관계한다. 물론 정신은 내적이고 외적인 자연조건들에 얽혀 있으며, 그 자연조건들은 정신의 도정에 저항하거나 방해할 뿐만 아니라 또한 정신이 시도하는 것의 전적인 실패를 초래할 수도 있다. 그러나 그 경우 정신은 작품이 아니라 그 자신의 활동이 목적인 정신적 본질로서의 자기의 사명에서 몰락하며, 그래서 또한 그러한 활동으로서 자기를 증명했다고 하는 광경을 제공한다.

그러나 이제 이러한 매혹적인 고찰로부터 곧바로 얻어지는 결과는 우리가 다시금 개별적인 것에 지쳐 묻게 된다는 것이다. 이 모든 개별성의 끝은 무엇인가? 그것들의 특수한 목적에서 우리는 그것들을 다 남김없이 발견할 수 없다. 모든 것은 하나의 작품에 도움이 되어야만 한다. 정신적 내용의 이러한 엄청난 희생 근저에는 하나의 궁극 목적이 놓여 있어야만 한다. 우리에게는 과연 이 시끄러운 표면의 소음 배후에 모든 현상의 힘이 바로 그 속에 보존되는 내적이고 고요하며 비밀스러운 작품이 있는가 하는 물음이 떠오른다. 여기서 우리를 당혹스럽게 할 수 있는 것은 이러한 내용의 거대한 다양성, 심지어는 그 대립이다. 우리는 그 대립하는 것이 거룩한 것으로서 숭배되는 것을 보며, 시대와 민족들의 관심을 요구한 것으로서 그 대립하는 것을 바라본다. 그러한 몰락에 대한 정당화를 이념 속에서 찾고자 하는 욕구가 일어난다. 이러한 고찰은 세 번째 범주, 즉 자체적이고도 대자적인 궁극 목적에 대한 물음으로 이어진다. 그것은 **이성**Vernunft 자신의 범주다. 그것은 세계 속에서 지배하는 이성에 대한 믿음으로서 의식 안에 현존한다. 이 이성의 증명이 세계사 자신에 대한 논의다. 세계사는 이성의 상이며 행위다.

나는 이성이 세계 속에서[15], 따라서 마찬가지로 [37]세계사 속에서 지배해 왔고 지배하고 있다는 보편적 확신과 관련하여 다음 두 가지 형식만을[16] 상기시키고자 한다. 왜냐하면 그것들은 우리에게 어려움을 이루는 주요한 점을 좀 더 자세히 다룰 기회를 제공하는 동시에 우리가 계속해서 언급해야 할 점을 시사하기 때문이다.

그 하나는 그리스인 **아낙사고라스**[17]가 처음으로 누스νοῦς, 지성

• •
15. [편주] 난외에: ε) 두 가지 형식 — 아낙사고라스.
16. [편주] 초고에서는 이 대신에: ……에 관한 형식들을.
17. Anaxagoras (BC 500년경~BC 428년경). 고대 그리스의 철학자. 만물이 "씨앗"

Verstand 일반 또는 이성Vernunft이 세계를 통치한다고 이야기했다는 역사적인 것이다 — 여기서 그것은 자기 의식적인 이성으로서의 예지Intelligenz나 정신 그 자체가 아니다. 우리는 이 양자를 아주 분명히 서로 구별해야만 한다. 태양계의 운동은 불변적인 법칙들에 따라 일어난다. 이 법칙들은 태양계의 이성이다. 그러나 태양이나 이 법칙들을 따라 태양 주위를 도는 행성들은 모두 이에 관한 의식을 지니지 않는다. 인간은 이 법칙들을 실존으로부터 끌어내며 그것들을 안다. — 그래서 이성이 자연 안에 존재하며 자연이 보편적 법칙에 의해 변함없이 통치된다는 사상은 우리를 가령 놀라게 하지 못하며, 아무튼 그 사상은 아낙사고라스에게서도 우선은 자연에 제한된다. 우리는 그와 같은 사상에 익숙해 있으며, 그것을 대단한 것으로 여기지 않는다. 그런 까닭에도 나는 저 역사적 사정을 언급했는데, 그것은 우리에게 진부한 것으로 보일 수 있는 그와 같은 사상이 언제나 세계 속에 있었던 것은 아니며, 그러한 사상이 오히려 인간 정신의 역사에서 하나의 획기적인 것이었다는 점을 역사가 가르쳐준다는 것에 주목하게 하기 위해서다. **아리스토텔레스**는 이 사상의 창시자인 아낙사고라스에 대해 그는 술에 취한 자들 가운데 홀로 맑은 정신의 사람처럼 보인다고 말한다.

∙ ∙

> 으로 이루어지며, 모든 사물이 함께 있었고, 그다음에 "누스"의 작용을 통해 사물들에 질서가 부여되었다고 주장했다.

소크라테스는 아낙사고라스로부터 이 사상을 받아들였으며, 이 사상은 우선은 모든 사건을 **우연**에 귀속시킨 **에피쿠로스**[18]를 제외하고 철학에서 지배적인 것이 되었다— 더 나아가 어떤 종교나 민족들에게서 그랬는지는 나중에 보게 될 것이다. 그런데 **플라톤**(『파이돈』, 스테파누스판, 97, 98쪽)은 사상— 다시 말하면 의식적인 사상이 아니라 우선은 무규정적으로 의식적인 것도 아니고 무의식적인 것도 아닌 이성— 이 세계를 통치한다는 저 발견과 관련하여 소크라테스에게 다음과 같이 말하게 한다. "나는 그것에 기뻤고 내게 자연을 이성에 따라 해석하고 특수한 것에서는 그것의 특수한 목적을, 전체에서는 [38]보편적 목적, 궁극 목적, 선을 제시해 줄 선생을 발견했기를 희망했네. 나는 이 희망을 그 무엇을 위해서도 포기하지 않았을 것이네. 그러나," 소크라테스는 말을 이어 나간다, "이제 내가 아낙사고라스 자신의 글들을 열심히 읽었을 때 나는 얼마나 실망했던가! 나는 그가 이성 대신에 공기, 에테르, 물 등과 같은 외면적 원인만을 거론한다는 것을 발견했네."— 우리가 보는 것은 소크라테스가 아낙사고라스의 원리에서 발견한 불충분한 것이 원리 자신이 아니라 그 원리를 구체적

- -
18. Epicuros (BC 341년경~BC 271년경). 헬레니즘 시대, 에피쿠로스학파의 창시자로 쾌락주의 철학을 펼쳤다. 에피쿠로스는 데모크리토스의 원자론을 받아들여 궁극적으로 존재하는 것은 원자와 공허뿐이라고 한다. 그러나 그는 데모크리토스의 기계적, 필연적 유물론을 그대로 따르지 않고 원자의 운동에 일종의 자유인 편차를 인정한다.

자연에 적용하는 데서 오는 결함에 관계된다는 것, 이 자연이 저 원리로부터 이해되거나 개념 파악되고 있지 않다는 것 — 일반적으로 저 원리가 **추상적으로** 견지되고 있다는 것, 좀 더 규정적으로는 자연이 바로 그와 같은 원리의 발전으로서, 그 원리로부터, 원인으로서의 이성으로부터 산출된 하나의 조직으로서 파악되고 있지 않다는 것이다. — 나는 여기서 처음부터 곧바로 다음의 구별, 즉 하나의 규정, 원칙, 진리가 단지 추상적으로만 견지되는가 아니면 좀 더 자세한 규정으로 그리고 구체적 전개로 전진하는가 하는 구별에 주목하고자 한다. 이 구별은 결정적이며, 특히 우리는 우리 세계사의 마지막에서, 즉 최근의 정치적 상태에 대한 파악에서 주로 이러한 사정과 만나게 될 것이다.

그러나 내가 우선 이성이 세계를 통치한다는 사상의 이러한 첫 번째 현상과 그것의 결함을[19] 제시한 까닭은 이 사상이, 우리에게 잘 알려져 있고[20] **우리가 그 속에서 그 사상에 대한 확신을** 지니는 그 사상의 다른 형태에 대한 그것의 완전한 적용을 — 요컨대 세계가 우연과 외면적이고 우연적인 원인에 내맡겨져 있는 것이 아니라 하나의 **섭리가 세계를 통치한다**는 종교적 진리의 형식을 갖고 있기 때문이다. 앞에서 나는 제시된 원리에 대한 여러분들의 **믿음**을 요구하고자 하지 않는다고 밝혔다. 그렇지만

· ·
19. [편주] 초고에서는 이 대신에: 첫 번째 현상의 이러한 상론을.
20. [편주] 난외에: ζ) 섭리.

일반적으로 철학이라는 학문의 특유성이 전제들이 통용되는 것을 허용하지 않는다면, 나는 이러한 종교적 형식으로 이루어진 그 원리에의 믿음에 호소할 수 있을 것이다. 또는 다른 측면에서 그 까닭에 대해 말하자면, [39]우리가 논의하고자 하는 학문은 그 자신이 비로소 그러한 바의 저 원칙의 비록 **진리**는 아니라 하더라도 **올바름**을 제공하고 비로소 구체적인 것을 제시해야 하기 때문이다. 이제 섭리가, 그것도 신적 섭리가 세계의 사건을 주재한다는 **진리**는 제시된 원리에 상응한다. 왜냐하면 신적 섭리란 자기의 목적, 다시 말하면 세계의 절대적이고도 이성적인 궁극 목적을 현실화하는 무한한 위력에 따른 지혜이기 때문이다. 이성은 전적으로 자유롭게 자기 자신을 규정하는 **사유**, 누스다.

[21]그러나 더 나아가 이제 아낙사고라스의 원칙에서 그 원칙과 소크라테스가 그에 대해 제기하는 요구 사이에서와 똑같은 방식으로 이 믿음과 우리의 원리와의 상이성, 아니 대립도 드러난다. 요컨대 저 믿음도 마찬가지로 무규정적이고 **섭리 일반에 대한 믿음**이며, 규정된 것에까지, 즉 전체나 세계 사건의 포괄적인 진행 과정에 대한 적용에까지 나아가지 못한다. 사람들은 이러한 적용 대신에 역사를 자연적으로 설명하는 것에 우쭐한다. 사람들

• •
21. [편주] 난외에: η) 이행: 섭리의 계획.

은 인간의 열정, 좀 더 강력한 군대, 이 개인의 재능, 천재성을, 또는 국가 내에는 바로 그러한 것이 없었다는 것을— 즉 소크라테스가 아낙사고라스에게서 꾸짖었던 바의 이른바 자연적이고 우연적인 원인을 견지한다. 사람들은 추상에 머물고 섭리의 사상을 규정된 것으로 이끌어 들이려고 하지 않고서 그저 그렇듯 보편적인 것에서 끝내려고 한다. 그런데 섭리에서의 이러한 규정된 것, 즉 섭리가 이러저러하게 행위한다는 것은 섭리의 **계획**(이러한 운명, 이러한 계획들을 위한 목적과 수단)이라고 불린다. 그러나 이 계획은 우리의 눈에는 숨겨진 것, 아니 그것을 인식하려고 하는 것이야말로 불손함이라고 해야 할 그러한 것이다. 지성이 현실 속에 자기를 어떻게 계시하는가에 대한 아낙사고라스의 무지는 순진무구했다. 사유, 사상의 의식은 아낙사고라스에게서나 일반적으로 그리스에서 아직 더 멀리 나가지 못했다. 그는 아직 자기의 보편적 원리를 구체적인 것에 [40]적용하여 후자를 전자로부터 인식할 수 없었다. 물론 단지 주관적 일면성에서일 뿐이지만 구체적인 것과 보편적인 것의 합일 형태를 포착하는 데서 한 걸음을 소크라테스가 내디뎠다. 그리하여 그는 그러한 적용에 논쟁적이지 않았다. 그러나 저 믿음은 적어도 대규모의 적용에 대해, 바로 섭리의 계획에 대한 인식에 대해 반대한다. 왜냐하면 사람들은 특수한 것에서 그 계획을 여기저기서 분명히 승인하며, 경건한 마음의 소유자는 다른 사람들이 단지 우연성만을 보는 많은 개별적인 사건에서 신의 뜻뿐만 아니라 신의 섭리, 요컨대 섭리가 그러한 뜻에서 지니는 목적까지도 보기 때문이다. 하지만 이러한 것은 단지 개별적인 것에서만 발생하곤 한다. 예를 들어 당혹스러운 큰 곤경에 처한 한 개인에게 기대하지 않은 도움이 다가왔다고 해서 그가 그 점에 감사하는 동시에 신을 우러를 때 우리는 그가 옳지 않다고 말해서는 안 된다. 그러나 그 목적 자신은 제한된 종류다. 그 목적의 내용은 단지 이 개인의 특수한 목적일 뿐이다. 그러나 우리는 세계사에서 민족이라고 하는 개체, 국가라고 하는 전체와 관계한다. 그러므로 우리는 섭리에 대한 믿음의 이른바 저 소매상에 머무를 수 없으며, 그와 마찬가지로 단순히 세계를 통치하는 섭리가 존재한다는 보편적인 것에만 머물러 규정된 것으로 전진하고자 하지 않는 단순히 추상적이고 무규정적인 믿음에 머무를 수도 없다. 오히려 우리는 규정된 것으로 나아가는 것을 진지하게 생각해야 한다. 구체적인 것, 섭리의 **도정들**은 우리 앞에 열려 놓여 있는 역사에서의 수단들, 현상들이다. 그리고 우리는 그것들을 저 보편적 원리에 관계시키기만 하면 된다.

 그러나 나는 신적 섭리의 계획 일반에 대한 인식을 언급함으로써 우리 시대에 그 중요성에서 선두에 서 있는 물음, 요컨대 신을 인식할 가능성에 관한 물음을—또는 오히려 그것이 물음이기를 그쳤다는 점에서 신을 인식하는 것이 불가능하다는 선입견이

된 교설을 상기시켰지만, 그 선입견에는 성서에서 최고의 의무로서 제시된 것, 즉 신을 사랑할 뿐만 아니라 인식해야 한다는 것이 대립한다.[22] 부인되는 것은 바로 거기서 말해지는 것, 즉 정신이야말로 진리로 이끄는 바로 그것이라는 것, [41]정신이야말로 모든 사물을 인식하며 심지어 신성의 심오한 것까지도 꿰뚫고 들어간다는 것이다.

순진무구한unbefangen 믿음은 자세한 통찰을 포기하고 신적 세계 통치라는 보편적 표상에 머무를 수 있다. 이렇게 하는 자들의 믿음이 논쟁적으로 되지 않는 한에서 그들이 비난받아서는 안 된다. 그러나 사람들은 또한 무언가에 사로잡혀서befangen 그러한 표상을 견지할 수 있으며, 보편적 명제는 바로 그 보편성 때문에 또한 특수한 부정적 의미도 지닐 수 있고, 그리하여 신적 본질은 멀리 견지된 채 인간적인 것들과 인간적 인식의 저편에 놓이게 된다. 그래서 사람들은 다른 측면에서는 참되고 이성적인 것에 대한 요구를 멀리할 수 있는 자유를 얻으며, 그 자신의 표상에 몰입할 수 있는 안락함을 획득한다. 이러한 의미에서 신에 관한 저 표상은 공허한 쓸데없는 이야기가 된다. 신이 우리의 이성적 의식 저편에 놓이면, 우리는 신의 본성에 마음 쓰거나 세계사 속에서 이성을 발견하는

---

22. 『요한복음』 7장 25절 이하를 참조. 38절은 다음과 같다. "나를 믿는 사람은, 성경에 이른 것과 같이, 그의 배에서 생수가 강처럼 흘러나올 것이다."

것으로부터 해방된다. 그 경우 자유로운 가설들이 활동 여지를 지닌다. 경건한 겸손은 이렇게 포기함으로써 자신들이 무엇을 얻는지 잘 안다.

나는 신의 인식 가능성에 관한 저 물음을 상기시키지 않기 위해 이성이 세계를 통치하며 통치해 왔다는 우리의 명제가 종교적 형식으로 섭리가 세계를 지배한다는 식으로 언명된다는 언급을 단념할 수도 있었을 것이다. 그렇지만 나는 단념하고자 하지 않았는데, 그것은 한편으로는 그러한 재료가 더 나아가 무엇과 연관되는지에 관해 주의를 환기하기 위해서이지만, 다른 한편으로는 마치 철학이 종교적 진리를 상기하기를 꺼리거나 꺼려야 하며, 철학이 종교적 진리에 대해서는 이를테면 양심에 꺼림칙한 까닭에 그것을 비켜 가야 한다는 듯한 의혹을 피하기 위해서도 그에 대해 침묵하지 않았다. 오히려 근래에는 철학이야말로 이런저런 종류의 신학에 맞서서 종교적 내용을 받아들여야 할 만큼의 상황에 이르렀다.

앞에서 이야기했듯이 우리는 섭리의 계획을 통찰하려고 하는 것은 불손함이라는 말을 자주 들을 수 있다. 그것에서는 이제는 거의 보편적으로 공리가 된 표상, 즉 우리는 신을 인식할 수 없다는 표상의 결과를 볼 수 있다. [42]그리고 신학 자신이 바로 이러한 절망에 도달해 있는 것이라면, 신을 인식하고자 할 때 우리는 바로 철학 안으로 피해 들어와야만 한다.

이성에 대해서는 실로 신에 관해 무언가를 알고자 하는 것이야말로 오만함으로 평가된다. 그러나 오히려 우리는 참다운 겸손이란 바로 모든 것에서 신을 인식하고 모든 것에서 신에게 영광을 돌리며 특히 세계사의 극장에서 그렇게 하는 데 존립한다고 말해야만 한다. 사람들은 신의 지혜가 자연 안에서 인식될 수 있다고 하는 것을 하나의 전통으로 끌고 가고 있다. 그래서 한동안은 동물과 식물에서 신의 지혜를 경탄하는 것이 유행이었다. 사람들은 인간의 운명이나 자연의 산물에 대해 놀라워함으로써 신을 알게 된다고 제시한다. 섭리가 그러한 대상과 소재들에서 계시된다는 것이 인정된다면, 왜 세계사에서는 아니겠는가? 이 소재는 가령 너무 커다란 것으로 나타나지 않을 수 없다는 말인가? 실제로 사람들은 보통 섭리를 단지 사소한 것에서만 작용한다고 표상하며, 섭리를 마치 사람들에게 자선을 베풀거나 그들에게 동냥을 주는 부자처럼 생각한다. 그러나 세계사의 소재가 섭리에 대해서는 너무 커다랗다고 생각한다면 그것은 잘못이다. 왜냐하면 신적 지혜는 커다란 것에서나 작은 것에서나 하나의 같은 것이기 때문이다. 식물과 곤충에서 신적 지혜는 민족 전체나 나라의 운명에서와 똑같은 것이며, 우리는 신을 그의 지혜를 커다란 것에 적용하기에는 너무 허약한 것으로 간주해서는 안 된다. 만약 우리가 신의 지혜를 어디에서나 작용하는 것으로 간주하지 않는다면, 이것은 오히려 신의 지혜가 아니라 그 소재에만 관계하는 겸손임이 틀림없을 것이다. 어차피 자연이란 세계사보다 하위의 무대다. 자연은 신적 이념이 몰개념성의 터전 속에 있는 영역이다. 신적 이념은 정신적인 것에서 자기의 특유한 지반에 있으며, 그것은 바로 거기서 인식될 수 있어야만 한다. 이성의 개념으로 무장한 우리는 그 어떤 소재도 두려워해서는 안 된다.

신을 인식하려고 해서는 안 된다는 주장에 대해서는 실로 여기서 이루어질 수 있는 것보다 더 상세한 논의가 필요하다. 그러나 이 재료가 우리의 목적과 아주 가까운 부류이기 때문에, 필요한 것은 우선 관건이 되는 보편적 관점을 제시하는 것이다. 요컨대 신이 인식되어서는 안 된다면, [43]정신의 관심을 끌 수 있는 것으로서 그에게 남는 것은 오직 신적이지 않은 것, 제한된 것 또는 유한한 것뿐이다. 물론 인간은 필연적으로 유한한 것에 관여해야만 한다. 그러나 인간이 노동일의 과업에서 벗어나 참다운 것에 관여하고 이를 의식화하는 삶의 일요일을 갖는 것은 좀 더 고차적인 필연성이다.

신이라는 이름이 공허한 어떤 것이 아니어야 한다면, 우리는 신을 자비롭거나 자기를 나누어주는 자로서 인정해야만 한다. 그리스인들의 좀 더 오랜 관념에서 신은 질투하는 자로서 생각되며, 신들의 질투에 대해서는 신적인 것이 위대한 것에 적대적이고, 신들의 뜻은 위대한 것을 격하시키는 것이라고 말해졌다. **아리스토텔레스**는 시인들이 거짓말을 많이 한다고 말한다. 신에게는 질투가 돌려질 수 없다는 것이다. 그런데 만약 우리가 신은 자기를 나누어주지 않는다고 주장한다면, 그것은 신에게 질투를 덮어씌우는 것으로 귀착할 것이다. 나누어줌으로써 신이 상실될 수 없는 것은 촛불에서 다른 것이 불붙여진다고 해서 그것이 상실되지 않는 것과 마찬가지다.

그런데 사람들은 신이 자기를 나누어주기도 하지만, 한편으로는 자연에서, 다른 한편으로는 인간의 심정과 감정에서만 그리한다고 말한다. 우리 시대에 주장되는 것은 우리가 주로 바로 거기에 머물러야만 한다는 것이다. 신은 우리에 대해 직접적 의식 속에, 직관 속에 존재한다는 것이다. 직관과 감정은 반성하지 않은 의식이라는 점에서 하나다. 그에 맞서 강조되어야만 하는 것은 인간이 사유하고 있다는 것, 이 사유를 통해 동물과 구별된다는 것이다. 인간은 비록 그 점을 의식하지 못할지라도 사유하는 태도를 취한다. 만약 신이 자기를 인간에게 계시한다면, 그는 본질적으로 사유하는 자로서의 인간에게 자기를 계시한다. 신이 자기를 인간에게 본질적으로 감정 속에서 계시한다면, 그는 인간을 반성의 능력이 주어져 있지 않은 동물과 똑같이 생각할 것이다 — 그러나 우리는 동물에게 종교를 돌리지 않는다. 실제로 인간만이 종교를 지닌다.

왜냐하면 인간은 동물이 아니라 사유하고 있기 때문이다. 인간이 사유에 의해 동물과 구별된다는 것은 너무도 진부한 것이지만, 그것은 잊혀 있다.

신은 자체적이고도 대자적으로 영원한 본질이다. 그리고 자체적이고도 대자적으로 보편적인 것은 사유의 대상이지 감정의 대상이 아니다. [44]분명 모든 정신적인 것, 의식의 각각의 모든 내용, 사유의 산물과 대상인 것, 무엇보다도 종교와 인륜은 인간에게서 감정의 방식에서도 존재하며, 우선은 감정이다. 그러나 감정은 이러한 내용이 그로부터 인간에게 흘러드는 원천이 아니라 다만 그 내용이 인간에게서 존재하는 바의 방식일 뿐이며, 가장 나쁜 형식, 즉 인간이 동물과 공통으로 지니는 형식이다. 실체적인 것은 감정의 형식 속에도 있어야만 한다. 그러나 그것은 다른 좀 더 고차적이고 가치 있는 형식 속에도 존재한다. 그러나 만약 우리가 인륜적인 것, 참된 것, 정신적 내용을 필연적으로 감정 안으로 옮겨놓고 그것을 일반적으로 그 속에 붙들어 두고자 한다면, 우리는 그것을 본질적으로 동물적 형식에 돌리게 될 것이다. 그러나 동물적 형식은 정신적 내용을 전혀 감당할 수 없다. 감정은 어떤 하나의 내용이 그 속에 존재할 수 있는 가장 저급한 형식이다. 그 내용은 감정에서는 가능한 한 적게 현존한다. 내용은 그것이 단순히 감정 속에 머무르는 한에서는 아직은 감추어져 있고 전적으로 무규정적이다. 우리가 감정 속에서 지니는 어떤 것은 아직은 전적으로 주관적이며 주관적 방식으로 현존한다. 누군가가 나는 그렇게 느낀다고 말한다면, 그는 자기 안에 폐쇄되어 있다. 다른 누구나 "그러나 나는 그렇게 느끼지 않는다"라고 말할 수 있는 똑같은 권리를 지닌다. 그리고 그들은 공동의 지반에서 물러서 있다. 전적으로 특수하고 개별적인 사태에서 감정은 전적으로 권리를 지닌다. 그러나 어떤 하나의 내용에 대해 모든 사람이 그것을 자기의 감정 속에 지닌다고 확언하려고 하는 것은 그렇게 말하는 자가 서 있는 감정의 입장, 즉 각자의 특수한 주관성의 입장에 모순된다. 어떤 내용이 감정에 들어오자마자 각각의 모든 사람은 자기의 주관적 입장으로 환원된다. 누군가가 단지 자기의 감정에 따라서만 행동하는 사람에게 이런저런 별명을 붙이고자 한다면, 이 사람도 그것을 되돌려줄 권리를 지닐 것이다. 그리고 양자는 자기의 입장으로부터 서로 비방할 권한을 가질 것이다. 누군가가 자기는 감정 속에서 종교를 지닌다고 하고, 다른 사람은 감정에서 신을 발견하지 못한다고 이야기한다면, 각자 모두가 권리를 지닌다. 만약 이러한 방식으로 신적인 내용 — 신의 계시, 신에 대한 인간의 관계, 인간에 대한 신의 존재 — 을 단순한 감정으로 환원한다면, 우리는 그것을 특수한 주관성, 자의, 임의성의 입장으로 제한한다.

실제로 우리는 그렇게 함으로써 자체적이고도 대자적으로 [45]존재하는 진리를 제거했다. 만약 그저 감정의 무규정적인 방식만이 현존재하고 신과 그 내용에 관한 앎은 없다면, 나의 임의성 이외에 아무것도 남지 않는다. 유한한 것이 효력을 지니는 것이자 지배하는 것이다. 나는 신에 관해 아무것도 알지 못한다. 그러므로 관계에서 무엇이 제한하고 있어야 하는지도 전혀 진지한 것일 수 없다.

참된 것은 자기 내에서 보편적인 것, 본질적인 것, 실체적인 것이다. 그리고 그러한 것은 오로지 사상 속에서와 사상에 대해서만 존재한다. 그러나 정신적인 것, 즉 우리가 신이라고 부르는 것은 바로 참으로 실체적이고 자기 내에서 본질적으로 개체적인 주관적 진리다. 그것은 사유하는 것이며, 사유하는 것은 자기 내에서 창조하고 있다. 창조하는 것으로서의 그것을 우리는 세계사에서 발견한다. 우리가 또한 참된 것이라고 부르는 다른 모든 것은 다만 이 영원한 진리의 특수한 형식일 뿐이며, 오직 이 진리 속에서만 자기의 버팀목을 지니고, 단지 이 진리의 빛줄기일 뿐이다. 이 진리에 대해 아무것도 알지 못한다면, 우리는 참된 것, 옳은 것, 인륜적인 것에 대해 아무것도 알지 못한다. ―

그러면 세계사에서 섭리의 계획이란 무엇인가? 그것을 통찰할 수 있는 시간이 다가왔을까? 여기서 나는 다음과 같은 일반적인 것에 대해서만 언급하고자 한다.

그리스도교에서 신은 자기를 계시했다. 다시 말하면 신은 인간에게 자기가 무엇인지를 인식하도록 했으며, 그리하여 그는 더는 감추어진 것, 비밀스러운 것이 아니다. 신을 인식하는 이러한 가능성과 더불어 우리에게는 그 인식에 대한 의무가 부과되며, 이러한 기초로부터, 즉 신적 본질의 계시로부터 출발하는 사유하는 정신의 발전은 우선은 느끼고 표상하는 정신 앞에 놓인 것을 마침내 사상을 가지고서도 포착하는 데까지 나아가야만 한다. 과연 그것을 인식할 수 있는 시점에 다다랐는지는 세계의 궁극목적인 것이 마침내 보편타당하고 의식적인 방식으로 현실에 들어섰는지에 달려 있을 수밖에 없다.[23]

그런데 그리스도교의 두드러진 점은 이 종교와 함께 이 시대가 다가왔다는 것이다. 이것이야말로 세계사에서 절대적 시기를 이룬다. 신의 본성이 무엇인가 하는 것이 명백해졌다. 만약 사람들이 우리는 신에 대해 아무것도 모른다고 말한다면, 그리스도교는 무언가 불필요한 것, 너무 늦게 온 것, 타락한 것이다. 그리스도교에서 우리는 신이 무엇인지 알고 있다. 물론 그 내용은 우리의 감정에 대해서도 존재한다. 그러나 그 감정은 정신적 감정이기 때문에, 그 내용은 적어도 표상에

..
23. [편주] 난외에: 이러한 것 — 우리 시대의 이해.

대해서도, 즉 단순히 감성적 표상에 대해서만이 아니라 또한 사유하는 표상에 대해서도, 요컨대 신이 인간에 대해 존재하는 본래적인 기관에 대해서도 존재한다. 그리스도교는 인간에게 신의 본성과 본질을 나타내준 종교다. 그래서 그리스도교도로서의 우리는 신이 무엇인지 알고 있다. 이제 신은 더는 알려지지 않은 것이 아니다. 우리가 아직도 그렇게 주장한다면, 우리는 그리스도교도가 아니다. 그리스도교는 우리가 이미 이야기한 겸손, 즉 자기로부터가 아니라 신적인 앎과 인식으로부터 신을 인식하고자 하는 겸손을 요구한다. 그러므로 그리스도교도는 신의 신비 안에 봉헌되어 있으며, 그래서 우리에게는 세계사에 대한 열쇠도 주어져 있다. 여기에는 섭리와 그 계획에 대한 규정된 인식이 존재한다. 그리스도교에서 핵심 교설은 섭리가 세계를 지배해 왔고 지배하고 있다는 것, 세계에서 발생하는 것은 신적인 통치 속에서 규정되고 그에 따른다는 것이다. 이 교설은 제한된 목적, 예를 들어 유대 민족의 보존과 같은 우연의 표상에 반대한다. 그것은 자체적이고도 대자적으로 존재하는 전적으로 보편적인 궁극 목적이다. 종교에서는 이러한 보편적 표상을 넘어서지 않는다. 종교는 보편성에 머문다. 그러나 이러한 보편적 믿음은 우리가 바로 그로부터 우선은 철학으로 그리고 또한 세계사의 철학으로 다가서야만 하는 그러한 것, 즉 세계사는 영원한 이성의 산물이며 이성이 세계사의 위대한 혁명들을 규정해 왔다는 믿음이다.

그런 까닭에 이야기할 수 있는 것은 또한 이러한 확신, 확실성이 단지 표상의 방식에 머무를 수 있는 것이 아니라 오히려 그것이 사유되고 전개되고 인식되는 — 요컨대 규정된 앎으로 되는 시대가 절대적으로 다가왔다고 하는 것이다. 믿음은 내용의 전개, 필연의 통찰에 관여하지 않는다 — 그것은 인식이 비로소 제공한다. 정신은 멈추지 않는다는 것에는 그러한 시대가 다가와야만 한다는 것이 놓여 있다. 정신의 최고 정점, 즉 사상, 개념은 자기의 권리를 요구하며, 사상과 개념의 가장 보편적이고 본질적인 본질성은 정신의 본래적인 본성이다.

[47]믿음과 앎의 구별은 잘 알려진 대립이 되었다. 그것들이 서로 다르다는 것과 그러한 까닭에 우리가 신에 관해 아무것도 알지 못한다는 것은 확실한 것으로서 여겨진다. 만약 우리가 사람들에게 우리는 신을 인식하고 알며 이 인식을 제시하고자 한다고 말한다면, 우리는 그렇게 함으로써 그 사람들을 쫓아버릴 수 있다. 그러나 그 본질적 규정에서 이 구별은 사실상 공허한 어떤 것이다. 왜냐하면 내가 믿는 것을 나는 알기도 하며 확신하기도 하기 때문이다. 종교에서 우리는 신과 이 신의 본성을 자세히 해명하는 교설들을 믿는다. 그러나 우리는

그것을 알기도 하며 확신하기도 한다. 안다는 것은 어떤 것을 자기의 의식 앞에 대상으로서 지니고 그것을 확신한다는 것을 의미한다. 그리고 정확히 그와 같은 것이 또한 믿음이기도 하다. 그에 반해 인식은 직접적인 것인 교회나 감정의 권위를 도외시하고서 알려진 내용과 또한 신앙 내용의 근거, 즉 필연성을 알아보며, 다른 한편으로는 그 내용을 그것의 좀 더 자세한 규정들로 전개한다. 이러한 좀 더 자세한 규정들은 우리가 그것들을 올바르게 인식하고 그것들을 개념 내부에서의 그 구체적 통일에서 획득하기 위해서는 우선은 사유되어야만 한다. 그렇다면 여기서 만약 인식의 불손함에 관해 이야기한다면, 이에 대해서는 인식이란 오직 필연성만을 주시하여 내용의 자기 자신 내에서의 발전을 자기 앞에서 전개한다는 점에서 결코 지양될 수 없다는 반론이 행해질 수 있을 것이다. 우리는 또한 인식이란 우리가 믿음이라고 부르는 것과는 오직 특수한 것의 앎에 의해서만 구별되는 까닭에 이러한 인식이 불손함으로 치부되어서는 안 된다고 말할 수도 있을 것이다. 그러나 이 반론은 자기 자신 내에서 어긋나고 잘못일 것이다. 왜냐하면 정신적인 것의 본성은 추상물이라는 점이 아니라 살아 있는 것, 하나의 보편적인 개체, 주체적으로 자기를 자기 자신 안에서 규정하고 완결하고 있는 것이라는 점이기 때문이다. 그런 까닭에 신의 본성은 오직 우리가 그 규정들을 알

때만 참되게 알려진다. 그래서 그리스도교 역시 신에 대해 이야기하고 신을 정신으로서 인식하는바, 그리스도교는 추상적인 것이 아니라 바로 그 그리스도교가 사람들에게 잘 알도록 해온 절대적 구별들을 정립하는 자기 자신 안에서의 과정이다.

신은 편협한 마음이나 공허한 머리를 지닌 자들을 자기의 아이들로 삼고자 하지 않는다. 오히려 그는 사람들이 자기를 인식하기를 요구한다. [86]그는 그 정신이 자기에서는 가난하지만, 신의 인식에서는 풍부하고 이 신의 인식에 모든 가치를 정립하는 아이들을 갖고자 한다. 역사는 신의 본성이 특수하고 규정된 터전에서 전개되는 것이며, 그래서 여기서는 규정된 인식 이외의 다른 어떤 것도 충분하거나 발생할 수 없다.

마침내 세계사라고 하는 창조적 이성의 이토록 풍부한 산물도 개념적으로 파악할 시점에 다다랐음이 틀림없다. — 우리의 인식은 영원한 지혜가 목적으로 한 것이 자연의 지반에서와 마찬가지로 세계 속에서 현실적이며 활동적인 정신의 지반에서도 출현했다는 통찰을 획득하는 것으로 귀착된다. 그런 한에서 우리의 고찰은 신정론Theodizee, 즉 라이프니츠가 형이상학적으로 자기 나름의 방식으로 아직은 추상적이고 무규정적인 범주들에서 시도한 신의 정당화다. 죄악das Böse을 포함하여 세계 속에서의 해악das Übel 일반이 개념적으로 파악되어야 하고, 사유하는 정신은 부정적인 것과 화해해야 한다. 그리고 구체적 해악 전체가 우리 눈앞에 놓이는 것은 세계사에서다. (실제로 세계사에서보다 그러한 화해하는 인식에 대한 더 커다란 요구는 어디에도 놓여 있지 않으며, 바로 여기에 우리는 한동안 눈길을 두고자 한다.)

이러한 화해는 오직 저 부정적인 것이 그 속에서 종속되고 극복된 것으로 사라지는 긍정적인 것의 인식을 통해— 한편으로는 참으로 세계의 궁극 목적인 것에 대한, 다른 한편으로는 이 궁극 목적이 세계 속에서 현실화했고 악은 그 옆에서 그것과 마찬가지로 함께 관철되지 않았다는 것에 대한 의식을 통해— 성취될 수 있다.

그 정당화는 해악을 이성의 절대적 위력에 맞서 개념적으로 파악될 수 있게 하는 것으로 귀착된다. 문제가 되는 것은 앞에서 이야기한 부정적인 것의 범주인바, 이 범주는 우리에게 세계사 속에서 가장 고귀하고 가장 아름다운 것이 어떻게 그 세계사의 제단에 희생으로 바쳐졌는지 보게 해준다.[24] 개별적 개인들이 상처와 욕됨을 당했다는 것에 이성은 머무를 수 없다. 특수한 [49]목적들은 보편적인 것 안에서 상실된다. 이성은 발생과 소멸 속에서 인류의 보편적 노동을 통해 창출된 작품, 우리가 그에 속해 있는 세계 속에 현실적으로 존재하는

---

24. [편주] 라손은 여기에 다음과 같은 (명백히 해독 불가능한) 문장을 삽입하고 있다: 이 부정적인 것은 그 대신에 오히려 긍정적 목적을 의지하는 사유하는 이성에 의해 파기된다.

작품을 본다. 현상하는 것은 우리의 관여 없이 현실적인 것으로 형태화되었다. 필요한 것은 다만 그것을 파악하는 의식, 게다가 사유하는 의식뿐이다. 왜냐하면 저 긍정적인 것은 바로 그저 감정이나 상상의 향유 속에 있는 것이 아니라 오히려 현실에 속하고 우리에게 속하거나 우리가 그에 속하는 어떤 것이기 때문이다.

세계를 통치한다고 말해져 온 이성은 섭리와 마찬가지로 무규정적인 말이다― 우리는 언제나 바로 이성의 규정, 이성의 내용이 무엇인지, 무엇이 우리가 어떤 것이 이성적이라거나 비이성적이라고 판정할 수 있게 해주는 기준인지 제시할 수 없는 채 이성에 관해 이야기한다. 그 **규정**에서 파악된 이성, 이것이야말로 비로소 **사태**다. 다른 것은 만약 우리가 바로 그렇게 이성 일반에 머문다면 한갓 말일 뿐이다. 이러한 주의와 더불어 우리는 앞에서 제시했듯이 우리가 이 서론에서 고찰하고자 하는 두 번째 관점으로 이행하고자 한다.

[50]B.

[역사에서 정신의 현실화]

 그 자신에서의 이성의 규정에 관련되는 한에서 그리고 이성이[1] 세계와의 관계에서 취해지는 한에서 문제가 되는 것은 세계의 궁극 목적이 무엇인가 하는 것이다. 문제가 되는 것은 좀 더 자세하게는 그 궁극 목적이 실현되고 현실화하여야 한다는 표현 속에 놓여 있다. 거기서 고려되어야 할 것은 두 가지, 즉 이 궁극 목적의 내용, 그 규정 그 자체 — 그리고 그 규정의 현실화다.

 무엇보다도 우선 우리가 주목해야만 하는 것은 우리의 대상인 세계사가 **정신적 지반** 위에서 진행된다는 점이다. 세계는 물리적 자연과 심리적 자연을 자기 안에 포괄한다. 물리적 자연도 마찬가지로 세계사에 개입하며, 우리는 처음부터 곧바로 자연 규정의 이러한 근본 관계에 주목하게 될 것이다. 그러나 정신과 그 정신의

..
1. [편주] 초고에서는 이 대신: 그것이.

발전 과정이야말로 실체적인 것이다. 우리는 여기서 자연을 그 자신에서 그리고 특수하고도 특유한 터전에서 마찬가지로 이성의 체계인 바대로 고찰하는 것이 아니라 정신에 대한 관계에서만 고찰해야 한다.[2]

인간은 자연의 창조 뒤에 출현하며, 자연적 세계에 대한 대립을 형성한다. 인간은 자기를 제2의 세계로 들어 올리는 본질이다. 우리는 우리의 일반적 의식 속에 두 나라, 자연의 나라와 정신의 나라를 지닌다. 정신의 나라는 인간에 의해 산출된 나라. 우리는 신의 나라에 대한 온갖 표상을 형성할 수 있으며, 그래서 그 나라는 언제나 인간에게서 실현되고 인간에 의해 실존으로 정립되어야 하는 정신의 나라다.

정신의 지반은 모든 것을 포괄하는 것이다. 그것은 일찍이 인간의 관심을 끌어왔고 여전히 관심을 끌고 있는 모든 것을 자기 안에 포함한다. [51]인간은 그 속에서 작용하고 있다. 인간은 자기가 원하는 것을 할 수 있으며, 그래서 인간은 그 안에서 정신이 활동하는 그러한 자이다. 그래서 관심사일 수 있는 것은 역사의 진행 과정에서 정신적 본성을 그 실존에서, 다시 말하면 정신이 어떻게 자연과 합일되어 있는지를, 그러므로 인간적 본성[자연]을 인식하는 것이다. 인간적 본성에 관해

..
2. [편주] 난외에: 정신은 자연보다 더 고차적.

이야기할 때 우리는 무엇보다도 무언가 지속하는 것을 표상해 왔다. 인간적 본성의 서술은 모든 인간에, 이전 시대와 지금 시대에 적합해야 한다. 이 보편적 표상은 무한히 많은 변형을 겪을 수 있다. 그러나 실제로 보편적인 것은 너무도 다양한 변형들에서 하나의 같은 본질이다. 그런데 사유하는 반성은 구별을 도외시하고, 모든 상황에서 같은 방식으로 작용하고 같은 관심에서 나타나야 할 보편적인 것을 견지하는 그러한 것이다. 보편적 유형은 너무도 뚜렷하게 그 보편적인 것에서 떨어져 있는 것으로 보이는 것에서도 제시될 수 있다. 가장 일그러진 형태에서도 우리는 인간적인 것을 감지할 수 있다. 그와 같은 것에도 여전히 인간성의 특징이 남아 있다는 것을 통해 일종의 위안과 화해가 주어질 수 있다. 그 경우 이러한 관심에서 세계사의 고찰에서는 인간은 계속해서 똑같았으며, 서로 다른 모든 상황에서 악덕과 덕이 같은 것들이었다는 것이 강조된다. 그러므로 우리는 솔로몬의 말을 빌려 적절히 다음과 같이 말할 수 있을 것이다. 해 아래 새것은 없다.[3]

만약 우리가 예를 들어 어떤 사람이 우상 앞에 무릎 꿇고 기도하는 것을 보고, 이러한 그의 내용이 무언가 이성 앞에서 물리쳐져야 할 것이라고 하더라도, 우리는 거기서 살아 있는

..
3. 『전도서』 1장 9절.

그의 감정을 확인할 수 있으며, 이 감정이 진리의 빛남을 기리는 그리스도교도의 그것이나 사유하는 이성을 가지고서 영원한 진리 속으로 침잠하는 철학자의 그것과 같은 가치를 지닌다고 말할 수 있을 것이다. 다만 대상들만은 서로 다르다. 그러나 주관적 감정은 하나의 같은 것이다. 그래서 우리는 만약 아사신파[4]의 역사를 사람들이 그들의 주인인 산상의 노인에 대한 그들의 관계에 대해 말하는 이야기에 따라 표상하게 되면, 이들이 주인의 파렴치한 행위로 인해 그에게 어떻게 희생으로 바쳐졌는지 보게 된다. 주관적인 의미에서 그것은 마치 쿠르티우스[5]가 [52]자기의 조국을 구하기 위해 심연 속으로 뛰어든 것과 똑같은 희생이다. 이러한 점을 일반적으로 확인한다면, 우리는 세계사라는 거대한 극장으로 향할 필요가 없다고 말할 수 있을 것이다. 카이사르가 로마에서의 큰 무대에서 보았던 것과 같은 야심과 활동을 작은 도시에서 마주쳤다는 것은 잘 알려진 그의 일화다. 똑같은 충동과 노력이 거대한

..
4. 11~13세기 이슬람의 종교적, 정치적 분파인 니자리 이스마일파의 신봉자들. 그들은 적을 살해하는 것을 종교적 의무로 여겼다.
5. Marcus Curtius. 고대 로마의 전설적인 영웅. 전설에 따르면 BC 362년에 로마의 공공 광장에 깊은 틈이 패이고, 예언자들이 그 구덩이 안에 로마에서 가장 귀한 것을 집어넣어야 메워질 거라고 말했을 때, 그는 용감한 시민보다 귀한 것은 없다고 부르짖으면서 완전무장을 한 다음 말에 올라타고 구덩이 속으로 뛰어들었다.

세계 극장에서와 마찬가지로 작은 도시에서도 발견된다.

  우리는 이러한 종류의 고찰에서 내용, 즉 인간적 활동의 목적이 도외시되는 것을 본다. 객관성에 대한 이러한 고상한 무관심성[아무래도 상관없음]을 우리는 특히 프랑스인과 영국인에게서 발견할 수 있다. 거기서는 그와 같은 것이 철학적 역사 서술이라고 불린다. 그러나 교양 있는 인간적 감각은 사사로운 범위에서 나타나는 바와 세계사의 이해관계 투쟁에서 제시되는 바의 경향과 충동을 서로 구별하지 않을 수 없다. 보편적 목적에 따라서 뿐만 아니라 그것을 대변하는 개인에 따라서도 우리에게 작용하는 이러한 객관적 관심은 역사를 매혹적으로 만드는 바로 그것이다. 이와 같은 목적과 개인들은 우리가 그 상실과 몰락을 비통해하는 바로 그것이다. 페르시아인에 대항한 그리스인의 전쟁이나 알렉산드로스의 강력한 지배를 우리 앞에 지닐 때, 우리에게 아주 분명히 의식되는 것은 무엇이 우리의 관심을 사로잡는가 하는 것, 요컨대 그리스인들이 야만으로부터 해방되는 것을 본다는 것, 그리고 우리가 아테나이 국가의 보존이나 그리스인의 선두에서 아시아를 정복한 지배자에 대해 관심을 지닌다고 하는 것이다. 알렉산드로스가 그의 기도에서 실패했다고 생각하더라도, 만약 여기서 단순히 인간적 열정만이 문제가 된다면, 우리는 확실히 아무것도 잃지 않을 것이다. 거기서 우리는 열정의 유희를 보지 못할 수 없을 것이다. 그러나 우리는 그것에 만족을 느끼지 못할 것이다. 우리는 여기서 소재적인 종류의 객관적 관심을 지닌다.

그러면 정신이 그 안에서 그러한 본질적 내용에 이르는 실체적 목적은 어떤 종류의 것일까? 그 관심은 실체적이고 특정한 종류의 것, 특정한 종교, 학문, 예술이다. 정신은 어떻게 그러한 내용에 다다르며, 그러한 내용은 어디에서 오는가? 현대에 각각의 모든 개인은 [53]그러한 본질적 관심에 쏠려 있는 자신을 발견한다. 그들은 하나의 특정한 조국, 특정한 종교, 특정한 범위의 앎과 옳고 인륜적인 것에 관한 표상들에서 자기를 발견한다. 그에게 맡겨져 있는 것은 다만 거기서 자기가 연결되고자 하는 특수한 범위를 골라내는 것뿐이다. 그러나 우리가 민족들이 그러한 내용에 몰두하거나 그러한 관심으로 채워져 있음을 발견하는 것은 이미 우리가 바로 그 내용을 묻고 있는 세계사다. 우리는 경험적 방식에 만족할 수 있는 것이 아니라 도대체 정신, 즉 정신 그 자체, 우리 또는 개인들이나 민족들이 어떻게 그러한 내용에 다다르는가 하는 좀 더 자세한 물음을 제기해야만 한다. 우리는 그 내용을 다른 것이 아닌 특수한 개념들로부터 포착해야 한다. 지금까지의 것은 우리의 일상적 의식에서 발견된다. 이제부터 거론되어야 할 개념은 다른 것이다 — 지금은 그 개념이 학문적으로 분석될 시간은 아니다. 철학은 분명 일상적 표상을 알고 있지만, 거기서 벗어날 자기의 근거를 지닌다.

우리는 세계사를 그 궁극 목적에 따라 고찰해야 한다. 이 궁극 목적은 세계 속에서 의욕되는 바로 그것이다. 신에 관해 우리는 그가 가장 완전한 자임을 알고 있다. 그러므로 그는 오직 자기 자신 및 자기와 동등한 것만을 의지할 수 있다. 신과 그 의지의 본성은 한 가지다. 이것을 우리는 철학적으로 이념이라고 부른다. 그래서 우리가 고찰해야 하는 것은 이념 일반이지만, 인간 정신의 이러한 터전 안에서의 이념이다. 좀 더 규정적으로 하자면, 그것은 인간적 자유의 이념이다. 이념이 자기를 드러내는 가장 순수한 형식은 사상 자신이다. 그래서 이념은 논리학에서 고찰된다. 다른 하나의 형식은 물리적 자연의 형식이고, 마지막으로 세 번째 형식은 정신 일반의 형식이다.

그러나 정신은 우리가 그것을 고찰하는 무대, 즉 세계사에서 그것의 가장 구체적인 현실 속에 존재한다. 그러나 그럼에도 불구하고 또는 오히려 정신의 구체적 현실 자신의 이러한 방식으로부터 또한 보편적인 것을 파악하기 위해 우리는 무엇보다도 우선 정신의 본성에 관한 몇 가지 추상적 규정을 앞세워야만 한다. 그리고 동시에 여기는 어차피 정신의 이념을 사변적으로 개진하는 것이 아니라 [54]오히려 말해져야 할 것을 청강자들에게서 전제되는 보통의 교양에 맞춰 그들의 표상 방식에 적절하게 받아들여질 수 있게 하는 장소와 시간인 만큼 그저 주장의 방식으로만 그에 관해 이야기할 수 있다. 서론에서 말할 수 있는 것은 일반적으로 역사학적인 것으로서, 즉 이미 주의해 두었듯이 다른 곳에서 그에 대한 상세한 논의와 증명을 획득했거나 이후에 이 학문의 논의에서 적어도 그 신빙성을 획득해야 할 하나의 전제로서 받아들여져야 한다.

a) [정신의 규정]

그러므로 우리가 제시해야 할 첫 번째 것은 **정신의 추상적 규정**이다.[6] 그런데 우리는 정신에 대해 그것은 추상물이 아니고 그렇듯 인간 본성을 도외시한 것이 아니라 오히려 단연코 개체적이고 활동적이며 단적으로 살아 있다고 이야기한다. 의식, 그러나 또한 의식의 대상 — 그리고 이러한 것이 자기 자신을 대상으로 지니는 정신의 현존재다. 그러므로 정신은 사유하고 있으며 존재하는 그러한 것의 사유이고, 그것이 있다는 것과 어떻게 있는가 하는 사유다. 정신은 알고 있다.

. .
6. [편주] 난외에: α) 일반적 규정, β) 이 규정을 성취하는 현상하는 수단, γ) 완성된 실재성, 국가.

그러나 앎이란 이성적 대상의 의식이다. 더 나아가 정신은 오직 그것이 자기의식인 한에서만 의식을 지닌다. 다시 말하면, 내가 대상에 대해 아는 것은 오직 내가 대상에 대해 아는 가운데 또한 나 자신에 대해서도 알고, 그러한 가운데 나의 규정을 알며, 나인 것이 또한 나에게 대상이기도 하고, 내가 단순히 이것이나 저것이 아니라 내가 그에 대해 아는 바로 그것인 한에서만 가능한 것이다. 나는 나의 대상에 대해 알며, 나에 대해 안다. 이 둘은 분리될 수 없다. 그러므로 정신은 자기에 대해, 즉 자기가 본질적으로 무엇이며 자기의 본성은 무엇인지에 대해 일정한 표상을 만들어 낸다. 정신은 오직 정신적 내용만을 지닐 수 있다. 그리고 정신적인 것이 바로 그의 내용, 그의 관심사다. 그래서 정신의 관심사란 정신이 내용에 도달하는 것이다. 정신은 자기의 내용을 앞에서 발견하는 것이 아니라 자기를 자기의 대상으로, 자기 자신의 내용으로 삼는다. 앎은 정신의 형식이자 정신의 행태이지만, 내용은 바로 정신적인 것 자신이다. 그래서 정신은 그 본성에 따라서 자기 자신 곁에 있으며, 또는 정신은 자유롭다.

[55]정신의 본성은 그것과 완전히 대립하는 것에서 인식될 수 있다. 정신을 물질에 대립시켜 보자. 우리는 중력이 물질의 실체인 것과 마찬가지로 자유가 정신의 실체라고 말해야만 한다. 정신이 다른 특성들 외에도 자유를 소유한다는 것은

누구에게나 직접적으로 믿을 만하다. 그러나 철학이 우리에게 가르치는 것은 정신의 모든 특성이 오직 자유를 통해서만 존립하며, 모든 것은 자유를 위한 수단일 뿐이고, 모든 것이 오직 자유만을 추구하고 산출한다는 것이다. 이처럼 자유가 정신의 유일한 참다운 것이라고 하는 것은 사변 철학의 인식이다. 물질은 그 속에 중심을 향한 충동이 있는 한에서 무게를 지닌다. 물질은 본질적으로 합성되어 있으며, 그 모두가 중심을 향해 나아가는 순전한 개별적 부분들로 이루어진다. 그러므로 물질 속에는 통일이 존재하지 않는다. 물질은 상호 외재로서 존립하며 자기의 통일을 추구한다. 그러므로 물질은 자기 자신을 지양할 것을 지향하며, 자기의 반대를 추구한다. 물질이 이것을 달성할 때 그것은 더는 물질이 아니라 그러한 것으로서는 몰락할 것이다. 물질은 관념성idealität을 추구한다. 왜냐하면 통일에서 그것은 관념적이기 때문이다. 정신은 반대로 바로 자기 안에 중심을 지니는 그런 것이다. 정신도 중심을 추구한다. 그러나 그 중심은 자기 내의 정신 자신이다. 정신은 자기 밖에서 통일을 지니지 않는다. 정신은 통일을 끊임없이 자기 안에서 발견한다. 정신은 자기 자신 내에서 그리고 자기 자신 곁에 있다. 물질은 자기의 실체를 자기 밖에서 지닌다. 그에 반해 정신은 자기 자신 곁에 있음이며, 이러한 것이 바로 자유다. 왜냐하면 내가 의존적일 때 나는 내가 아닌 타자에 관계하며, 그러한 외적인 것이 없이는 의존적일 수 없기 때문이다. 나는 나 자신 곁에 있을 때 자유롭다.

정신이 자기의 중심을 추구할 때 그것은 자기의 자유를 완성할 것을 추구한다. 그리고 이러한 추구는 정신에 본질적이다. 요컨대 우리가 정신이 있다고 말한다면, 그것은 우선은 정신이 무언가 완성된 것이라는 의미를 지닌다. 그러나 정신은 활동하는 어떤 것이다. 활동이야말로 정신의 본질이다. 정신은 자기의 산물이며, 그래서 정신은 자기의 시원이자 또한 자기의 종결이다. 정신의 자유는 정지해 있는 존재가 아니라 자유를 지양하려고 위협하는 것에 대한 끊임없는 부정에 존립한다. 자기를 산출하는 것, 자기를 자기 자신의 대상으로 삼는 것, 자기에 대해 아는 것이야말로 정신의 과업이다. 그래서 정신은 자기 자신에 대해 존재한다. 자연적 사물들은 자기 자신에 대해 있지 않다. 그런 까닭에 그것들은 자유롭지 않다. 정신은 산출하고, [56]자기에 관한 자기의 앎에 따라서 자기를 실현한다. 정신은 자기에 관해 자기가 아는 것이 또한 실현되도록 작용한다. 그래서 모든 것은 자기에 관한 정신의 의식에 달려 있다. 만약 정신이 자기가 자유롭다는 것을 안다면, 이것은 그가 그것을 알지 못할 때와는 전혀 다른 어떤 것이다. 왜냐하면 정신이 자기가 자유롭다는 것을 알지 못한다면, 그는 노예이고 노예 신분에 만족하며 그것이 자기에게 어울리지 않는다는 것을 알지 못하기 때문이다. 정신이 자체적이고도 대자적으로 언제나 자유로움에도 불구하고 정신을 비로소 자유롭게 만드는 것은 자유의 감각이다.

정신이 인간적 개체로서 형태화하는 가운데 자기에 관해 지니는 가장 가까운 앎은 정신이 **느끼고 있다**는 것이다. 여기에는 아직 대상성이 현존하지 않는다. 우리는 그렇고 그렇게 규정되어 있는 우리를 발견한다. 그런데 나는 이러한 규정성을 나로부터 분리하려고 하고 결국 나를 나 자신과 분열시키는 데로 나아간다. 그래서 나의 감정은 외적 세계와 내적 세계가 된다. 동시에 나의 규정성에 고유한 방식이 들어서는바, 요컨대 나는 나를 결함이 있는 것으로서, 부정적인 것으로서 느끼며, 내 속에서 나를 해소하려고 위협하는 어떤 모순을 발견한다. 그러나 나는 있다. 나는 그것을 알고 있고 이것을 부정, 즉 결함에 대립시킨다. 나는 나를 보존하고 결함을 지양하려고 시도하며, 그래서 나는 **충동**이다. 이 경우 충동이 지향하는 대상은 나의 충족 대상, 나의 통일을 회복하는 대상이다. 모든 살아 있는 것은 충동을 지닌다. 그래서 우리는 자연 본질이며, 충동은 감성적인 것 일반이다. 대상들은 내가 그것들을 향한 충동을 지니고서 그것들에 관계하는 한에서 통합의 수단이다. 이러한 것이 일반적으로 이론적인 것과 실천적인 것의 기초를 이룬다. 그러나 우리는 충동이 향하는 대상들에 대한 이러한 직관들에서 직접적으로 외면적인 것 속에 있으며, 우리 자신이 외면적이다. 직관들은 개별적인 것, 감성적인 것이다. 그와 마찬가지로 충동도 그 내용이 무엇이든지 간에 개별적인 것, 감성적인 것이다. 이러한 규정에 따르면 인간은 동물과 한가지일 것이다. 왜냐하면 충동에는 자기의식이 없기 때문이다. 그러나 인간은 자기 자신을 두루 알며, 이 점이 인간을 동물과 구별해 준다. 그는 **사유**하고 있다. 그러나 사유는 보편적인 것에 대한 앎이다. 사유를 통해 내용은 단순한 것으로 정립되며, 그래서 인간 자신이 단순화되는바, 다시 말하면 내적인 것, 관념적인 것이 된다. 그러나 오히려 나는 내적인 것, 단순한 것이며, [57]오직 내가 내용을 이러한 단순한 것 속으로 정립함으로써만 내용은 보편적이고 관념적으로 된다.

관념적으로도 인간은 실재적으로 그것인 것으로 되어야만 한다. 실재적인 것을 관념적인 것으로서 알면서 그는 단순한 자연적인 것이기를 그치는바, 단순히 자기의 직접적인 직관과 충동, 그것들의 충족과 산출에 내맡겨져 있기를 그친다. 인간이 이 점을 안다는 것은 그가 자기의 충동을 억제한다는 것으로 나타난다. 그는 관념적인 것, 사상을 충동의 쇄도와 그 충족 사이에 놓는다. 동물에게서는 이 두 가지가 일치한다. 동물은 이러한 연관을 자기 자신으로부터 단절시키지 않는다 — 이 연관은 고통이나 두려움에 의해서만 단절될 수 있다. 인간에게서 충동은 그가 그것을 충족시키기 이전이나 충족시키지 못한 채로 현존한다. 인간은 자기의 충동을 억제하거나 달려가게 한다는 점에서 **목적**에 따라 행동하며, 자기를 보편적인 것에 따라 규정한다. 그는 자기에게 어떤 목적이 타당해야 하는지를 규정해야 한다. 그는 전적으로 보편적인 것 자신을 자기의 목적으로 정립할 수 있다. 여기서 그를 결정하는 것은 자기가 무엇이며 자기가 무엇을 의지하는지에 대한 표상들이다. 여기에 인간의 자립성이 놓여 있다. 그는 무엇이 자기를 결정하는지 알고 있다. 그래서 인간은 단순한 개념, 예를 들어 자기의 적극적 자유를 자기의 목적으로 삼을 수 있다. 동물은 자기의 표상을 관념적인 것, 현실적인 것으로서 지니지 않는다. 그런 까닭에 동물에게는 이러한 내적 자립성이 없다. 동물도 살아 있는 것으로서 자기의 운동 원천을 자기 자신 안에 지닌다. 그러나 동물은 자기 안에 이미 자극이 놓여 있지 않을 때는 외적인 것에 의해 자극되지 않는다. 그의 내적인 것에 상응하지 않는 것은 동물에 대해서도 현존하지 않는다. 동물은 자기 자신 안에서 자기 자신을 자기 자신으로부터 양분한다. 동물은 자기의 충동과 그 충동의 충족 사이에 아무것도 끼워 넣을 수 없다. 동물은 의지를 지니지 않으며, 억제를 기도할 수 없다. 동물에게서 자극하는 것은 내적인 것에서 시작되며, 내재적 실행을 전제한다. 그러나 인간이 자립적인 까닭은 운동이 인간 안에서 시작되기 때문이 아니라 오히려 그가 운동을 억제할 수 있고 그러므로 자기의 직접성과 자연성을 깨뜨리기 때문이다.

사유, 즉 그가 자아라는 것이 인간 본성의 뿌리를 이룬다. 정신으로서 인간은 직접적인 것이 아니라 본질적으로 자기 내로 복귀한 것이다. 이러한 매개의 운동이야말로 정신의 본질적인 계기다. 정신의 활동은 직접성을 넘어서는 것, [58]직접성을 부정하는 것, 따라서 자기 내 복귀다. 그러므로 정신은 자기의 활동을 통해 자기를 그것으로 만들어 내는 바로 그것이다. 자기 내로 복귀한 것이 비로소 주체, 실재적 현실이다. 정신은 오직 자기의 결과로서만 존재한다. 씨앗의 표상이 해명에 이바지할 수 있다. 씨앗과 함께 식물이 시작된다. 그러나 씨앗은 동시에 식물의 전체 생명의 결과다. 그런 까닭에 식물은 씨앗을 산출하기 위해 자기를 전개한다. 그러나 다음과 같은 것, 즉 씨앗이 개체의 시작인 동시에 결과이되, 출발점으로서와 결과로서 서로 다르면서도 같은바, 한 개체의 산물이자 다른 개체의 시작이라는 것은 생명의 무력함이다. 두 측면은 종자 속에서의 단순성의 형식과 식물에서의 전개 과정과 마찬가지로 개체에서 서로 나누어져 떨어진다.

좀 더 가까운 예를 각각의 모든 개인이 자기 자신에서 지닌다. 인간은 오직 교육과 도야에 의해서만 마땅히 그래야 할 존재가 된다. 직접적으로 그것인 인간은 단지 그럴 수 있다는, 다시 말하면 이성적이고 자유로울 수 있다는 가능성일 뿐이며, 사명[규정], 당위일 뿐이다. 동물은 곧바로 자기의 형성을 마무리한다. 그러나 이것을 우리는 동물에 대한 자연의 은총으로 여겨서는 안 된다. 동물의 성장은 양적인 강화일 뿐이다. 그에 반해 인간은 자기 자신을 마땅히 그래야 할 존재로 만들어야만 한다. 그는 모든 것을 스스로 비로소 획득해야만 하는데, 왜냐하면 그는 정신이기 때문이다. 그는 자연적인 것을 뿌리쳐 버려야만 한다. 그러므로 정신은 그 자신의 결과다.

신 자신의 본성이 가장 숭고한 예를 제공한다. 본래 신의 본성은 하나의 예^{Beispiel}(Bei-her-spiel)가 아니라 다른 모든 것이 그의 예인 보편적인 것, 참된 것 자신이다. 실로 좀 더 오랜 종교들도 신을 정신이라고 불렀다. 하지만 그것은 아직 단순히 이름일 뿐이었고 정신의 본성이 해명되도록 파악되지는 않았다. 유대교에서도 정신은 비로소 다만 보편적으로 표상되었을 뿐이다. 그러나 그리스도교에서 신은 정신으로서 계시되었으며, 실로 신은 첫째로 아버지, 위력, 아직은 감추어져 있는 추상적으로 보편적인 것이고, 둘째로 신은 자기에게 대상으로서 있는바, 자기 자신의 타자, 자기를 양분하는 것, 아들이다. 그러나 이러한 자기 자신의 타자란 그와 마찬가지로 직접적으로 신 자신이기도 하다. 신은 거기서 자기를 알며 거기서 자기를 직관한다 — 그리고 바로 이러한 자기 앎과 자기 직관이야말로 셋째로 정신 자신이다. 다시 말하면 전체가 정신인바, [59]그 자체로 홀로 있는 하나나 다른 것이 아니다. 감각의 방식으로 언명한다면 신이란 영원한 사랑, 즉 타자를 그 자신의 것으로서 지니는 그러한 것이다. 이러한 삼위일체야 말로 그리스도교를 다른 종교들보다 더 높이 서게 하는 바로 그것이다. 그리스도교가 삼위일체를 지니지 않는다면, 그 사상이 다른 종교들에서 더 많이 발견되는 일도 있을 수 있을 것이다. 그리스도교는 그 점에서 사변적인 것이며, 이것이야말로 또한 철학이 그리스도교에서 이성의 이념을 발견하도록 해주는 것이다. —

바로 그다음 것은 우리가 본질적으로 자기에 대한 의식으로서 파악하는 정신을 좀 더 자세하게 그 형태화에서 개별적인 인간적 개체로서 고찰하지 않는다는 점이다. 정신은 본질적으로 개체. 그러나 세계사의 터전에서 우리는 개별자와 관계하거나 특수한 개체성으로의 제한과 환원에 관계하는 것이 아니다. 역사에서의 정신은 개체, 보편적 본성이지만, 거기서 규정된 개체는 다시 말하면 민족 일반이다. 그리고 우리가 관계하는 정신은 **민족정신**이다. 그러나 민족정신들은 또다시 그들이 자기 스스로에 대해 형성하는 표상에 따라서, 즉 그들이 정신인 것을 포착하고 규명한 피상성 또는 깊이에 따라서 구별된다.

민족들에게서 인륜적인 것의 법[권리]은 정신의 자신에 관한 의식이다. 그들은 정신이 자기에 관해 지니는 개념이다. 그러므로 정신의 표상은 역사 속에서 자기를 실현하는 바로 그것이다. 정신이 자기에 관해 아는 것에 민족의 의식이 달려 있다. 그리고 모든 것의 관건이 되는 최종적 의식은 바로 인간이 자유롭다는 것이다. 정신의 의식은 세계 속에서 자기를 형태화해야만 한다. 이러한 실현의 재료, 그 지반은 보편적 의식, 한 민족의 의식 이외에 다른 것이 아니다. 이 의식은 민족의 모든 목적과 관심을 포함하며, 그 모든 목적과 관심은 그 의식에 따른다. 이 의식은 민족의 법과 관습, 종교를 이루어낸다. 그것은 비록 개인들이 그것을 알지 못하고 그것이 전제로서 완결되어 거기 있을지라도 민족정신의 실체적인 것이다. 그것은 하나의 필연성과도 같다. 개인은 이 분위기 속에서 교육되며, 다른 아무것에 대해서도 알지 못한다. 하지만 개인은 단순히 교육이나 교육의 결과가 아니다. 오히려 이 의식이 개인 자신으로부터 발전되며, 그에게 가르쳐지지 않는다. 개인은 이러한 실체 속에 있다. [60]이 보편적 실체는 현세적인 것이 아니다. 현세적인 것은 그것에 무기력하게 항거한다. 그 어떤 개인도 이 실체를 넘어설 수 없다. 개인은 분명 다른 개별적인 개인들과 구별될 수 있지만, 민족정신과는 구별될 수 없다. 개인은 다른 많은 개인보다 더 총명할 수 있다. 그러나 그는 민족정신을 능가할 수 없다. 총명한 자들은 오직 민족의 정신에 관해 알고 그에 따를 줄 아는 자들뿐이다. 이들이 민족의 위인들이다. 그들은 민족을 보편적 정신에 따라 이끈다. 그러므로 개체성들은 우리에 대해 사라지고, 그들은 우리에게 민족정신이 원하는 것을 현실 속에 정립하는 자들로서만 여겨진다. 역사의 철학적 고찰에서 우리는 만약 한 사람이 있었더라면 국가는 몰락하지 않았을 것이라는 등등과 같은 표현을 도외시해야만 한다. 개인들은 보편적인 실체적인 것 앞에서 사라지며, 이 실체적인 것이 자기의 목적에 필요한 자기의 개인들 자신을 형성한다. 그러나 개인들은 일어나야만 하는 것이 일어나는 것을 저지하지 못한다.

민족정신은 동시에 본질적으로 하나의 특수한 정신이며, 동시에 절대적인 보편적 정신 이외에 다른 것이 아니다—왜냐하면 그것은 하나이기 때문이다. 세계정신은 인간의 의식 속에서 자기를 해명하는 세계의 정신이다. 인간들은 이 세계정신에 대해 자기의 실체인 전체에 대한 개별자로서 관계한다. 그리고 이 세계정신은 절대정신인 신적 정신에 상응한다. 신이 편재하는 한에서 그는 각각의 모든 인간 곁에 있으며, 각각의 모든 인간의 의식 속에 나타난다. 그리고 이것이야말로 세계정신이다. 특수한 민족의 특수한 정신은 몰락할 수 있다. 그러나 그것은 세계정신이 걸어가는 도정의 연쇄에서 한 마디이며, 이 보편적 정신은 몰락할 수 없다. 민족정신은 그렇듯 특수하게 형태화된 보편적 정신이며, 이 보편적 정신은 그 자체에서 그 특수한 형태화보다 숭고하지만, 그 정신이 실존하는 한에서 그 형태화를 지닌다. 현존재와 더불어, 실존과 더불어 특수성이 들어선다. 민족정신의 특수성은 민족정신이 정신에 관해 형성하는 의식의 종류와 방식 속에 존립한다. 그래서 우리는 일상적 삶에서 이 민족은 신에 관한 이러한 표상, 이러한 종교, 이러한 법을 지녀왔다고, 이 민족은 인륜에 관해 그러한 표상을 형성했다고 말한다. 우리는 그 모든 것을 가령 [61]한 민족이 지녀온 외면적 대상처럼 바라본다. 그러나 피상적인 고찰에서도 이미 우리는 이러한 것들이 정신적인 종류의 것들이자 정신이 정신에 관한 정신의 의식이라는 것 이외에 다른 종류의 현실을 지닐 수 없다는 것을 알아챈다.

그러나 이 의식은 앞에서 이야기했듯이 동시에 자기의식이다. 여기서 우리는 내가 자기의식에서 시간적인 개체로서의 나에 관한 표상을 지닌다는 오해에 빠질 수 있다. 그 오해는 철학적 측면의 어려움, 즉 대부분 사람이 거기서 그것이 개인의 특수한 경험적 실존만을 포함한다고 생각한다는 것이다. 그러나 정신은 정신의 의식에서 자유롭다. 그 의식에서 정신은 시간적이고 제한된 실존을 지양했으며, 동시에 자기의 본질이기도 한 순수한 본질과 관계한다. 만약 신적 본질이 인간과 자연의 본질이 아니라면, 그것은 바로 아무것도 아닌 본질일 것이다. 그러므로 자기의식은 오직 철학적 서술에서만 자기의 완전한 규정성을 획득할 수 있는 철학적 개념이다. 우리가 이것을 그렇게 확정함으로써 나타나는 또 다른 것은 특정한 민족의식이 그 민족의 본질에 관한 의식이라는 것이다. 정신은 자기에게 우선은 대상이다. 정신이 분명 우리에 대한 것이지만 그 속에서 아직은 자기 자신을 인식하지 않는 한에서 정신은 그의 참다운 방식에 따라서는 아직 자기의 대상이 아니다. 그러나 목표는 정신이 자체적이고도 대자적으로 어떠한 존재인지를 스스로 아는 것을 향해서만 나아간다는 것, 정신이 그 진리에서 자기 자신에 대해 현상하게 된다는 것 — 정신은 자기 자신의 개념에 적합한 정신적 세계를 산출하고, 자기의 진리를 성취하고 현실화한다는 것, 종교와 국가가 정신의 개념에 적합하고 진리 속에 존재하거나 정신 자신의 이념일 수 있도록 정신에 의해 산출된다는 것 — 이념은 오직 개념의 거울이자 그 표현일 뿐인 실재성이다 — 이 알려지는 것이다. 정신과 역사의 보편적 목표는 그렇게 파악된다. 그리고 마치 배아가 나무의 전체 본성, 열매의 맛이나 형식을 자기 안에 담지하듯이, 또한 이미 정신의 최초 발자국도 잠재적으로 전체 역사를 내포한다.

이러한 추상적 규정에 따라 세계사에 관해 이야기할 수 있는 것은 세계사란 [62]정신이 **자기가 그 자체에서 무엇인지에 대한 앎**에 도달하기 위해 절차탁마해 나가는 정신의 서술이라는 것이다. 동양인은 정신이나 인간 그 자체가 그 자체에서 자유롭다는 것을 알지 못한다. 그들은 이것을 알지 못하는 까닭에 자유롭지 않다. 그들은 다만 한 사람이 자유롭다는 것을 알 뿐이다. 그러나 바로 그러한 까닭에 그러한 자유는 단지 열정의 자의, 난폭함, 몽롱함이거나 또한 그 자신이 단지 자연적 우연이나 자의일 뿐인 열정의 온후함이나 온순함일 뿐이다. 그런 까닭에 이 **한 사람**은 전제군주일 뿐, 자유인, 인간이 아니다. — **그리스인**에게서 비로소 자유의 의식이 나타났으며, 그런 까닭에 그들은 자유로웠다. 그러나 그들 및 또한 로마인도 인간 그 자체가 아니라 **몇몇 사람**이 자유롭다는 것을 알 뿐이었다. 인간 그 자체가 자유롭다는 것을 플라톤과 아리스토텔레스는 알지 못했다. 그런 까닭에 그리스인은 노예를 가졌고 그들의 삶과 그들의 아름다운 자유의 존립이 노예에 매여 있었을 뿐만 아니라 또한 그들의 자유 자신도 한편으로는 단지 우연적이고 다듬어지지 않았으며 무상하고 제한된 꽃이었을 뿐인 동시에 다른 한편으로는 인간적인 것, 인도적인 것의 가혹한 예속이었다. — **게르만** 민족이 비로소 그리스도교에서 인간은 인간으로서 자유로우며 정신의 자유야말로 그의 가장 고유한 본성을 이룬다는 의식에 도달했다. 이 의식은 처음에는 종교에서, 정신의 가장 내적인 영역에서 출현했다. 그러나 이 원리를 현세적인 본질 속으로 형성해 들이는 것, 이것은 그 해결과 실행이 도야[교양]의 힘겹고도 오랜 노동을 요구하는 또 다른 과제였다. 그리스도교를 받아들임으로써 예를 들어 즉각적으로 노예 제도가 끝난 것은 아니며, 더욱이 그와 더불어 곧바로 국가들에서 자유가 지배적이고 정부와 헌법이 이성적 방식으로 조직되고 자유의 원리에 근거하게 된 것도 아니다. 현세성에 대한 이러한 원리의 **적용**, 그 원리가 현세적 상태에 삼투하여 그것을 완전히 형성하는 것은 역사 자신을 이루는 오랜 과정이다. **원리** 그 자체와 그 원리의 적용, 다시 말하면 원리를 정신과 삶의 현실 속으로 **도입하고 실행하는** 것의 이러한 **구별**에 대해 나는 이미 주의를 환기한 바 있다. 우리는 곧바로 또다시 그것으로 되돌아올 것이다. 그것은 ⁽⁶⁰⁾우리 학문에서의 근본 규정이며, 그 규정[7]은 본질적으로 사상에서 견지되어야 한다. 그런데 이 구별이 **그리스도교적** 원리, 즉 자유의 자기의식과 관련하여 여기서 잠정적으로 강조되었듯이, 이 구별은 또한 본질적으로 **자유** 일반의 원리와 관련해서도 발생한다. 세계사는 자유의 의식에서의 진보— 우리가 그 필연성에서 인식해야 하는 진보다.

내가 일반적으로 자유에 대한 앎의 구별에 관해 이야기한 것,

..
7. [편주] 초고: 그 구별.

그것도 우선은 동양인은 **한 사람**이 자유롭다는 것을 알았을 뿐이고, 그러나 그리스와 로마 세계는 **몇몇 사람**이 자유롭다는 것을 알았을 뿐이지만, **우리**는 **모든** 인간이 그 자체에서 자유롭다는 것을, 즉 **인간**이 **인간**으로서 자유롭다는 것을 알고 있다는 형식으로 이야기한 것과 더불어 우리가 세계사에서 행하고 그에 따라 세계사를 다루게 될 구분이 앞에 놓여 있다. 하지만 이것은 지나치는 김에 잠정적으로 언급될 뿐이다. 우리는 먼저 몇 가지 개념을 해명해야 한다.

그러므로 그 규정성에서 정신의 이성인 것, 따라서 정신적 세계의 규정인 것으로서, 그리고 ― 이 정신적 세계야말로 실체적 세계이고 물리적 세계는 그것에 종속되어 있거나 사변적으로 표현하자면 전자에 대항해 아무런 진리도 가지지 않는다는 점에서 ― 세계의 궁극 목적으로서 자기의 자유에 관한 정신의 의식과 바로 그러한 까닭에 비로소 정신의 **자유** 일반의 현실성이 제시되었다. 그러나 제시된 바의 이 자유 자신이 아직 무규정적이거나 무한히 다의적인 용어라는 것, 그것이 최고의 것이라는 점에서 무한히 많은 오해와 혼란 그리고 오류를 수반하며 가능한 모든 방종을 자기 내에 포함한다는 것, 이것은 우리가 현시대에서보다 더 잘 알고 경험한 적이 전혀 없었던 바로 그것이다. 그러나 우리는 여기서 우선은 저 보편적 규정에 만족하고자 한다. 더 나아가 원리, 즉 처음에 **그 자체에서** 존재할 뿐인 것과 현실적으로 존재하는 것 사이의 무한한 구별의 중요성에 대해서는 주의를 환기한 바 있다. 동시에 바로 자기를 의식하고 — [64]왜냐하면 자유는 그 개념에 따라서 자기에 관한 앎이기 때문이다—그리하여 자기를 현실화하는 무한한 필연성을 자기 안에 담고 있는 것은 자기 자신 안에 있는 자유다. 자유는 이 자유가 수행하는 자기의 목적이자 정신의 유일한 목적이다.[8]

정신의 실체는 자유다. 이로써 역사적 과정에서의 정신의 목적, 주체의 자유가 제시되었다. 주체의 자유란 주체가 자기의 양심과 자기의 도덕성을 지닌다는 것, 주체가 자기가 관철하는 보편적 목적을 대자적으로 지닌다는 것, 주체가 무한한 가치를 지니며 또한 이러한 극단성의 의식에 도달한다는 것이다. 세계정신의 목적이 지니는 이러한 실체적인 것은 각각의 모든 이의 자유를 통해 성취된다.

민족정신들은 정신이 자기 자신에 대한 자유로운 인식에 도달하는 과정에서 마디들이다. 그러나 민족들은 대자적 실존들이며 — 우리는 여기서 정신 자체와 관계하지 않는다—, 그러한 실존들로서 민족들은 자연적 현존재를 지닌다. 그들은 민족들^{Nationen}이며, 그런 한에서 그들의 원리는 자연적 원리다. 그리고 원리들이 구별된 까닭에 민족들 역시 자연적으로 구별

· ·

8. [편주] 난외에: 인류의 교육 — 무엇을 위해? — 자유를 위해 — 자유를 위해 인간을 교육했다 — 직접적으로가 아니다 — 결과.

되어 있다. 각 민족은 저마다 자기의 목적으로서 추구하는 자기의 고유한 원리를 지닌다. 한 민족이 이 목적을 달성하면, 그는 세계에서 해야 할 일을 더는 지니지 않는다.

그러므로 한 민족의 정신은 공들여 자기를 만들어 객관화하려고 노력하는 어떤 현묘한 충동의 형식에 감싸여 있는 원리의 발전으로서 여겨져야만 한다. 그러한 민족정신은 규정된 정신, 구체적 전체다. 그것은 그 규정성에서 인식되어야만 한다. 민족정신은 정신인 까닭에 오직 정신적으로만, 사상을 통해서만 파악될 수 있으며, 그 사상을 포착하는 것은 바로 우리다. 그 경우 그 이상의 것은 민족정신 자신도 자기를 사유하며 포착한다는 점이다. 그러므로 우리는 규정된 개념, 이 정신의 원리를 고찰해야 한다. 이 원리는 자기 내에서 아주 풍부하며 자기를 다면적으로 전개한다. 왜냐하면 정신은 살아 있고 작용하고 있으며, 그에게 문제가 되는 것은 그 자신의 산물이기 때문이다. 오로지 정신만이 민족의 모든 행위와 방향 속에서 자기를 발양시키고, 자기를 현실화하고 자기를 향유하며 자기를 파악하는 바로 그것이다. [66]종교, 학문, 예술, 운명, 사건들은 정신이 펼쳐진 것들이다. ("natio"라는 말이 "nasci 태어나다"에서 유래했다는 것이 암시할 수 있듯이) 민족의 자연 규정성이 아니라 위와 같은 것이 민족에게 그의 성격을 부여한다. 민족정신은 그 작용에서 우선은 자기의 규정된 현실의 목적에 대해서만 알며, 아직은 자기 자신에 대해 알지 못한다. 그러나 민족정신 자신은 자기의 사상을 파악하려는 충동을 지닌다. 그의 최고 활동은 사유이며, 그래서 그는 자기의 최고 작용 속에서 자기 자신을 파악하려고 활동한다. 정신에 대해 최고의 것은 자기를 아는 것, 자기 자신에 대한 직관뿐만 아니라 또한 사상에도 도달하는 것이다. 민족정신도 이를 성취해야만 하고 성취할 것이다. 그러나 이러한 성취는 동시에 그의 몰락이며, 이러한 몰락은 다른 단계, 다른 정신의 출현이다. 개별적 민족정신은 다른 민족의 원리로 이행함으로써 자기를 성취하며, 그래서 민족 원리들의 전진, 발생, 교체가 생겨난다. 이러한 운동의 연관이 어디에 존립하는지를 제시하는 것이 철학적 세계사의 과제다.

민족정신이 전진하는 추상적 방식은 시간의 전적으로 감성적인 전진, 최초의 활동이다. 좀 더 구체적인 운동은 정신적 활동이다. 한 민족은 자기 자신 안에서 진보를 이룬다. 그것은 전진과 몰락을 체험한다. 여기서 바로 그다음 것은 **교양[도야]**, 즉 지나친 교양과 잘못된 교양이라는 범주다. 이 마지막 것은 그 민족에 대해 그의 퇴폐의 산물 또는 원천이다. 그렇지만 교양이라는 말을 가지고서는 아직 민족정신의 실체적 내용에 관해 아무것도 규정되어 있지 않다. 교양은 형식적이며 일반적으로 보편성의 형식에 의해 구성된다. 교양을 갖춘 인간은 자기의 모든 행위에 보편성의 낙인을 찍을 줄 알고 자기의 특수성을 내던졌으며 보편적 원칙에 따라서 행동하는 자이다. 교양은 사유의 형식이다. 좀 더 자세히 하자면 여기에는 인간이 자기를 억제할 줄 알고 단순히 자기의 경향과 욕망에 따라 행동하는 것이 아니라 자기를 가다듬는다는 것이 놓여 있다. 이에 의해 인간은 대상, 즉 객체에 자유로운 지위를 부여하며, 스스로 이론적 태도를 취하는 데 익숙해 있다. 이것에는 개별적 측면을 그것의 개별화에서 파악하고 상황을 [66]찢어발기며 각 측면을 고립화하고 이 측면들 각각에 직접적으로 보편성의 형식을 부여함으로써 추상화하는 습관이 결합한다. 교양이 있는 인간은 대상들에서 서로 다른 측면들을 인지한다. 그 측면들은 그에 대해 현존하며, 교양을 갖춘 그의 반성이 그것들에 보편성의 형식을 부여했다. 그러고 나서 그는 또한 자기의 행동에서도 각각의 모든 개별적 측면을 그대로 내버려 둘 수 있다. 그에 반해 교양을 갖추지 못한 사람은 주요 사태를 파악함으로써 선의로 다른 많은 것을 훼손할 수 있다. 교양이 있는 인간은 서로 다른 면들을 견지함으로써 구체적으로 행동한다. 그는 보편적 관점이나 목적에 따라 행동하는 데 익숙해 있다. 그러므로 교양은 어떤 내용에 보편적인 것의 성격이 각인된다고 하는 단순한 규정을 표현한다.

그렇지만 정신의 발전은 그로부터 교양이 출현한 운동으로서 좀 더 구체적으로 파악되어야만 한다. 정신의 보편적인 것, 정신이 그 자체에서 지니는 규정들이 정립되어야 한다. 이것은 다른 한편으로는 주관적 의미에서 이해될 수 있다. 그 경우 사람들은 그 자체에서 정신인 것을 소질이라 부르며, 정신이 정립되는 한에서 사람들은 그것을 특성, 숙련된 솜씨라고 부른다. 그 경우 산출된 것 자신도 단지 주관적 형식에서만 파악된다. 그에 반해 역사에서는 산출된 것이 대상, 행위, 작품으로서 정신에 의해 산출된 형식 속에 존재한다. 민족정신은 앎이며, 민족정신의 실재성에 대한 사상의 활동은 민족정신이 자기의 작품을 더는 단순히 주관적인 것이 아닌 객관적인 것으로서 안다고 하는 것이다. 이러한 규정들과 관련하여 주의해야 하는 것은 종종 인간이 내면적으로 그것인 것과 그의 행위들 사이에 구별이 이루어진다는 점이다. 역사에서 이것은 참되지 않다. 그의 일련의 행위들이 인간 자신이다. 사람들은 분명 비록 행위가 아무 쓸모가 없을지라도 지향과 의도는 무언가 탁월한 것일 수 있다고 상상한다. 물론 개별적인 것에서는 인간이 그렇게 꾸미는 일이 있을 수 있다. 그러나 그것은 전적으로 부분적인 어떤 것이다. 참된 것은 외적인 것이 내적인 것과 서로 다르지 않다는 것이다. 특히 역사에서는 그와 같이 일시적 분리를 생각해 내는 것은 떨어져 나간다. 민족의 행위인 것이 그 민족이다. 행위들은 그들의 목적이다.

[67]정신은 본질적으로 행동한다. 그는 자기를 그 자체에서 자기인 것으로, 자기의 행위로, 자기의 작품으로 만든다. 그래서 정신은 자기에게 대상이 되고, 그래서 그는 자기를 자기 앞에서 현존재로서 지닌다. 한 민족의 정신도 마찬가지다. 그의 행위는 자기를 공간 안에도 존립하는 현존하는 세계로 만드는 것이다. 그의 종교, 제식, 풍속, 관습, 예술, 헌법, 정치적 법률, 그의 제도들의 범위 전체, 그의 사건들과 행위들, 그것은 그의 작품이다 — 그것이 이 민족이다. 이러한 감각을 각각의 모든 민족이 지닌다. 그 경우 개인은 민족의 존재를 스스로 동화해야 할 이미 완성되고 확고한 세계로서 자기 앞에서 발견한다. 개인은 자기 구실을 하기 위해서는 이러한 실체적 존재를 전유하여 이 실체적 존재가 자기의 성향 및 숙련된 솜씨가 되도록 해야만 한다. 작품은 현존하며, 개인들은 이것을 배워 익혀야 하고 그것에 적합하게 되어야 한다. 이러한 산출의 시기들을 바라볼 때 우리는 여기서 민족이 자기 정신의 목적을 위해 행동한다는 것을 발견하며, 그 민족을 인륜적이고 덕이 있으며 힘차다고 부른다. 왜냐하면 그 민족은 자기 정신의 내적 의지인 것을 산출하고, 자기 객관화의 노동 속에서 자기의 작품을 또한 외적인 폭력에 대항하여 방어하기 때문이다. 여기서는 아직 전체로부터 개인의 분리가 일어나지 않는다. 그 분리는 나중에야 비로소 반성의 시기에 등장한다. 민족이

그렇듯 자기를 자기의 작품으로 만들면, 그 본질에서 그 민족인 자체적인 것과 현실 사이의 분열이 지양되며, 민족은 자기를 충족시킨다. 민족은 그 자체에서 자기인 것을 자기의 세계로서 세워 놓았다. 이러한 자기의 작품, 자기의 세계 속에서 이제 정신은 자기를 향유한다.

이제 바로 그다음 것은 정신이 자기가 원하는 것을 가질 때 무엇이 들어서는가 하는 것이다. 정신의 활동은 더는 자극되지 않으며, 그의 실체적인 영혼도 더는 활동 속에 있지 않다. 정신의 행위는 이제부터 자기의 최고 관심사와의 좀 더 멀리 떨어진 연관 속에 서 있을 뿐이다. 나는 어떤 것이 내게 여전히 숨겨져 있거나 내 목적을 위해 필요하되 이 목적이 아직 성취되지 않은 한에서만 그것에 대해 관심을 지닌다. 그러므로 그 민족이 자기의 형태를 완성하고 자기의 목적을 달성함으로써 그의 좀 더 심오한 관심은 사라져 버린다. 민족정신은 하나의 자연적 개체다. 그러한 것으로서 민족정신은 활짝 피어나고 강하며 쇠퇴하고 죽는다. 유한성의 본성에는 제한된 정신이 무상하다는 점이 놓여 있다. 정신은 살아 있으며 그런 한에서 본질적으로 활동이다. [68]그는 자기 자신의 산출, 자기 자신의 생산과 현실화에 몰두한다. 현실이 정신의 개념에 아직 적합하지 않은 한에서 또는 그 정신의 내적 개념이 아직 자기의식으로 되어 있지 않은 한에서 대립이 현존한다. 그러나 정신이 자기에게 자기의 생명 속에서 자기의 객관성을 부여하자마자, 즉 정신이 자기의 개념을 완전하게 다듬어 내 그것을 완전하게 실행하자마자, 이 정신은 앞에서 이야기했듯이 자기 자신의 향유에 도달하며, 그는 더는 활동이 아니라 자기 자신에 의한 자기의 저항 없는 지냄이다. 정신이 아직 활동적인 시기에는 한 민족의 가장 아름다운 시간, 그의 청년기가 속한다. 그때 개인들은 자기의 조국을 보존하고 자기 민족의 목적을 관철하려는 열망을 지닌다. 그것이 성취되면 삶의 타성이 들어선다. 그리고 마치 인간이 삶의 타성에서 사멸하듯이, 민족정신도 자기 자신의 향유에서 사멸한다. 민족의 정신이 자기활동을 완수했을 때 활기와 관심도 그친다. 그 민족은 장년기에서 노년기로의 이행에서, 즉 달성한 것의 향유에서 살아간다. 이전에는 욕구, 절박함이 등장했다. 그것은 어떤 하나의 제도를 통해 충족되었고 더는 현존하지 않는다. 그러고 나서 그 제도도 지양되어야 하고, 욕구 없는 현재가 들어선다. 또한 아마도 그 민족은 자기 목적의 많은 측면을 포기하면서 좀 더 적은 범위에 만족했을 것이다. 비록 그 민족의 상상이 그러한 더 적은 범위를 넘어섰다고 하더라도, 그 민족은 현실이 그러한 상상에 부합하지 않는다면 목적으로서의 그 상상을 포기했고, 목적을 이 현실에 따라 제한했다. 이제 그 민족은 달성된 목적의 만족 속에서 살아가며, 더는 아무런 생동성도 존재하지 않는 관습 속으로 빠져들고, 그래서 자기의 자연적 죽음을 향해 나아간다. 그 민족은 여전히 전쟁과 평화에서, 내적인 것과 외적인 것에서 많은 일을 할 수 있다. 민족은 여전히 오랫동안 계속 연명할 수 있다. 그 민족은 활기를 띤다. 그러나 이 활기는 단순히 개인들의 특수한 관심의 활기일 뿐이지 더는 민족 자신의 관심이 아니다. 가장 위대한 최고의 관심사는 삶으로부터 사라졌다. 왜냐하면 관심이란 오직 대립이 있는 곳에서만 현존하기 때문이다.

민족정신의 자연적 죽음은 정치적으로 무가치한 것으로서 나타날 수 있다. 그것은 우리가 관습이라고 부르는 것이다. [69]시계는 태엽이 감기면 저절로 움직인다. 관습이란 그것에 형식적 지속만이 남아 있을 수 있고 그 속에 더는 목적의 충만함과 깊이가 언명될 필요가 없는 대립 없는 행위―더는 사태 속으로 침잠하지 못하는 이를테면 외면적이고 감성적인 실존이다. 개인들은 그렇게 사멸하며, 자연적 죽음의 민족들도 그렇게 사멸한다. 민족들이 지속한다고 하더라도 그것은 바로 욕구가 충족된 까닭에 자기의 제도들에 대한 욕구 없이 존재하는 무관심하고 생동하지 않는 실존― 정치적 무가치와 지루함일 뿐이다. 그 경우 부정적인 것은 분열, 투쟁으로서 나타나지 않는다. 예를 들어 자기에게 어떤 일이 일어나는지 알지 못한 채 자기 내에서 순진무구하게 끝나버린 오랜 제국

도시들에서 그러했다. 그러한 죽음에서 어떤 민족은 비록 이념의 생명에서 벗어났다고 하더라도 아주 좋은 상태에 있을 수 있다. 그 경우 그 민족은 더 고차적인 원리의 재료로서 이바지하고, 더 고차적인 원리가 적용되는 다른 민족의 지방 Provinz이 된다. 그러나 한 민족이 도달한 원리는 현실적인 것이다. 비록 관습 속에서 자기의 죽음을 발견한다고 하더라도 그것은 정신적인 것으로서 사멸할 수 없다. 오히려 그것은 더 고차적인 것으로 밀치고 나아간다. 무상함, 그것은 우리를 뒤흔들 수 있지만, 우리는 그것을 더 깊이 정신의 더 고차적인 이념 속에서 필연적인 것으로서 인식한다. 왜냐하면 정신은 바로 그 무상함을 통해 자기의 절대적 궁극 목적을 성취하도록 정립되어 있기 때문이다. 그래서 우리는 민족의 무상함과 화해해야만 한다.

특수한 민족정신은 무상함에 종속해 있고 몰락하며 세계사를 위한 의의도 상실하고 정신이 자기에 관해 포착한 최고 개념의 담지자이기를 그친다. 왜냐하면 언제나 민족은 시간에 매여 있고, 정신의 최고 개념을 포착한 것은 지배하는 민족이기 때문이다. 그렇게 높은 개념들을 지니지 못한 민족들이 지속하는 일이 있을 수 있다. 그러나 그들은 세계사에서 가장자리로 밀려난다.

그러나 민족이 보편적인 것, 유인 까닭에 또 다른 규정이 들어선다. 민족정신은 유로서 대자적으로 실존하고 있다. 여기에는 이러한 실존하고 있는 것 안에서 그 속에 있는 보편적인 것이 대립하는 것으로서 나타날 가능성이 놓여 있다. 민족정신의 부정적인 것이 [70]그 정신 속에서 현상하게 된다. 사유는 직접적인 작용 너머로 고양된다. 그리하여 민족정신의 자연적 죽음도 자기 자신의 죽임으로서 나타난다. 그래서 우리는 한편으로는 민족정신 자신이 준비하는 몰락을 관찰한다. 사라짐의 현상은 그 다양한 형태를 지니는바, 내부로부터 퇴폐가 터져 나오고 욕망이 분출하며 개별성이 자기의 만족을 추구함으로써 실체적 정신이 등한시되고 분쇄된다. 개별적 이해관계가 이전에 전체에 바쳐진 그 자체에서의 힘, 능력을 찢어발긴다. 그래서 부정적인 것은 자기를 특수화하려는 내부로부터의 퇴폐로서 나타난다. 때로는 그 민족에게서 지배의 소유를 박탈하여 그 민족이 일등 민족이기를 그치게 하는 외적 폭력이 결부되곤 한다. 그러나 이러한 외적 폭력은 현상에 속할 뿐이다. 어떠한 위력도 민족정신이 그 자신 속에서 생명을 잃고 사멸하지 않는다면 민족정신에 반하거나 그 내부에서 파괴적으로 자기를 관철할 수 없다.

그러나 무상함의 계기에 따른 또 다른 것은 틀림없이 죽음 뒤에 삶이 따른다는 것이다. 우리는 꽃봉오리가 떨어져 나가고 다른 꽃봉오리가 등장하는 자연에서의 생명을 떠올릴 수 있다. 그러나 정신적 삶에서는 사정이 다르다. 나무는 여러 해를 살고 가지와 잎과 꽃을 자라게 하며 열매를 맺고, 그래서 언제나 또다시 처음부터 시작한다. 한해살이 식물은 자기의 열매 이상을 살지 못한다. 나무는 그 자체에서 수십 년을 지낼 수 있지만, 그것 역시 죽는다. 자연에서의 소생은 하나의 같은 것의 반복일 뿐이다. 그것은 언제나 똑같은 순환을 지니는 지루한 역사다. 해[태양] 아래 새로운 것은 생겨나지 않는다. 그러나 정신의 태양에서는 사정이 다르다. 그것의 발걸음, 운동은 자기 반복이 아니다. 오히려 정신이 자기를 언제나 다른 형상으로 만들어 나가는 변전하는 모습은 본질적으로 진보다. 이 진보는 민족정신의 사유가 지닌 부정성을 통한 그 정신의 이러한 해소에서 존재의 인식, 즉 사유하는 파악이 새로운 형태의, 그것도 한편으로는 보존하고 다른 한편으로는 변용하는 원리를 지닌 좀 더 고차적인 형태의 원천이자 탄생지라는 모습으로 나타난다. 왜냐하면 사상이란 보편적인 것, 즉 사멸하지 않고 자기 스스로 동등하게 머무는 유이기 때문이다. 정신의 규정된 형태는 단순히 [7]자연적으로 시간 속에서 지나쳐 가는 것이 아니라 자기의식의 스스로 작용하고 자기를 의식하는 활동 속에서 지양된다. 이러한 지양 작용은 사상의 활동인 까닭에 보존인 동시에 변용Verklären[정화]이다. ― 그리하여 정신은 한편으로는 정신인 것의 실재성, 존립을 지양함으로써 동시에 정신이 단지 그것이었을 뿐인 것의 본질, 사상, 보편적인 것을 획득한다. 정신의 원리는 더는 정신이 그랬던 바의 이러한 직접적인 내용과 목적이 아니라 바로 정신의 본질이다.

우리가 하나의 민족정신이 다른 민족정신으로 이행하는 것을 입증해야 한다는 점에서 주의해야 할 것은 보편적 정신 일반은 사멸하지 않지만, 세계사에 속하는 민족정신으로서는 자기의 작품이 무엇인지에 대한 앎에, 즉 자기를 사유하는 데 다다라야만 한다는 것이다. 그 경우 이러한 사유, 이러한 반성은 그것이 하나의 특수한 원리로서 인식하는 직접적인 것에 대해 더는 어떠한 존경도 품지 않는다. 보편적 정신으로부터 주관적 정신의 분리가 발생한다. 개인들은 자기 내로 물러서서 자신의 목적을 추구한다. 우리는 이미 이것이 민족의 퇴폐라는 점에 주목한 바 있다. 각각의 모두는 자기의 열정에 따라서 자기 자신의 목적을 스스로 정립한다. 그러나 동시에 정신의 이러한 자기 내로의 물러섬에서 이제 특수한 현실로서의 사유가 출현하며 학문들이 발생한다. 그래서 학문들과 한 민족의 퇴폐, 몰락은 언제나 서로 함께 짝을 이룬다.

그러나 거기에는 좀 더 고차적인 원리의 시작이 놓여 있다. 양분화는 정신이 하나인 까닭에 합일의 욕구를 내포하고 수반한다. 정신은 통일을 충분히 산출할 만큼 살아 있고 강하다. 저차적인 원리를 지닌 정신이 들어서는 대립, 즉 모순은 좀 더 고차적인 원리로 나아간다. 가령 그리스인은 그들의 번영하는 시기에, 즉 그들의 명랑한 인륜 속에서 보편적 자유의 개념을 지니지 못했다. 그들은 분명 카테콘^{καθῆκον}, 즉 적합한 것을 가졌지만, 도덕성이나 양심을 갖지는 못했다. 도덕성, 즉 정신의 자기 내로의 복귀, 반성, 정신의 자기 내로의 도피인 것은 거기 없었다. 그것은 **소크라테스**와 더불어 비로소 시작되었다. 그런데 반성이 들어서고 개인이 자기 내로 물러서며 자기 내에서 그리고 자신의 규정들에 따라 살기 위해 자기를 관습으로부터 분리하자마자 거기서는 [72]퇴폐와 모순이 발생했다. 그러나 정신은 대립 속에 머물 수 없다. 정신은 합일을 추구하며 합일 속에 좀 더 고차적인 원리가 놓여 있다. 정신이 그 자신에, 자기의 개념에 도달하도록 하는 이러한 과정이 역사다. 그러므로 양분화는 의식의 더 고차적인 것을 내포한다. 그러나 이 더 고차적인 것은 그와 마찬가지로 의식 안으로 들어가지 않는 또 하나의 측면을 지닌다. 대립은 인격적 자유의 원리가 이미 현존재할 때라야 비로소 의식 안으로 받아들여질 수 있다.

그러므로 이러한 발걸음의 결과는 정신이 자기를 객관화하고 이러한 자기의 존재를 사유하며, 한편으로는 자기 존재의 규정성을 파괴하고 다른 한편으로는 그 존재의 보편적인 것을 포착함으로써 자기의 원리에 새로운 규정을 부여한다는 것이다. 이와 더불어 이러한 민족정신의 실체적 규정도 변화했던 바, 다시 말하면 그의 원리는 다른 원리로, 게다가 더 고차적인 원리로 올라갔다.

역사를 철학적으로 파악하고 개념적으로 파악하는 데서 가장 중요한 것, 영혼과 탁월한 것은 이러한 이행의 사상을 지니고 아는 것이다. 개인은 한 개인으로서 다양한 교양 단계를 관통하며 같은 개인으로 머문다. 그와 마찬가지로 하나의 민족도 민족정신의 보편적 단계인 그 단계에 이르기까지 같은 민족으로 머문다. 바로 이 점에 변화의 내적 필연성, 개념 필연성이 놓여 있다. 그러나 생명의 무력함은 — 이에 대해서는 이미 우리가 지적했다 — 시작하는 것과 결과인 것이 서로에게서 떨어진다는 데서 나타난다. 개인과 민족의 삶에서도 마찬가지다. 특정한 민족정신은 세계사의 발걸음에서는 하나의 개체일 뿐이다. 한 민족의 삶은 하나의 열매를 무르익게 한다. 왜냐하면 그의 활동은 자기의 원리를 완수하는 데로 나아가기 때문이다. 그러나 이 열매는 그것을 낳은 그 민족의 품속으로 되돌려지지 않는다. 그 민족은 그것을 향유하지 못한다. 반대로 그에게는 이 열매가 쓰디쓴 잔이 된다. 그 민족은 이 쓴잔을 멀리할 수 없다. 왜냐하면 그는 그 잔에 대해 무한한 갈증을 느끼기 때문이다. 그러나 그 잔의 대가는 민족의 파멸이다. 하지만 그것은 동시에 새로운 원리의 출현이기도 하다. 그 열매는 또다시 씨앗이 되지만, 그것은 어떤 다른 민족을 성숙시키기 위해 바로 그 민족의 씨앗이 된다.

정신은 본질적으로 자기 활동의 결과다. 정신의 [73]활동은 직접성을 넘어감, 직접성의 부정과 자기 내 복귀다.

정신은 자유롭다. 그리고 이러한 자기의 본질을 현실화하는 것, 이러한 장점을 달성하는 것이야말로 세계사 속에서 세계정신의 노력이다. 자기를 알고 인식하는 것은 세계정신의 행위다. 그러나 이 행위는 한 번이 아니라 단계적 발걸음에서 완성된다. 각각의 모든 개별적인 새로운 민족정신은 세계정신이 자기의 의식과 자기의 자유를 획득하기 위해 벌이는 정복에서의 새로운 단계다. 한 민족정신의 죽음은 삶으로의 이행이며, 게다가 하나의 죽음이 다른 동등한 것을 현존재로 불러내는 자연에서와 같은 식이 아니다. 오히려 세계정신은 저차적인 규정들로부터 자기 자신의 더 고차적인 원리들, 개념들로, 자기 이념의 더욱 발전된 표현들로 전진한다.

그러므로 여기서 문제가 되는 것은 인류가 지니고 정신이 세계 속에서 달성하려고 시도하며 정신이 그 현실화를 향해 무한히 절대적 강제력을 가지고서 추동되는 궁극 목적이다.

이 궁극 목적을 고려하여 좀 더 규정된 것은 앞에서 민족정신과 관련하여 상기되었던 것에 연결된다. 이야기된 것은 정신에 문제가 되는 것이란 정신 자신 이외에 다른 것일 수 없다는 것이었다. 정신보다 더 고차적인 것은 아무것도 존재하지 않으며, 그의 대상이기에 더 어울리는 것은 아무것도 없다. 정신은 자기가 무엇인지 알게 될 때까지 정지할 수 없으며 다른 어떤 것에도 몰두할 수 없다. 물론 이것은 하나의 보편적이고 추상적인 사상인바, 우리가 정신이야말로 정신의 가장 고귀하고 유일한 관심사라고 이야기하도록 해주는 이 사상과 우리가 역사 속에서 어떤 관심이 민족과 개인들의 관심을 이룬다는 것을 보도록 하는 사상 사이에는 커다란 틈이 존재한다. 경험적 견지에서 우리는 민족들을 수백 년 동안 사로잡은 특수한 목적, 개별적 관심을 보게 된다. 예를 들어 로마와 카르타고 사이의 대립을 생각해 볼 수 있을 것이다. 그리고 역사의 현상들에서 우리가 본질적 관심사로서 제시한 사상을 인식하는 데 이르기까지에는 커다란 틈이 존재한다. 우선 나타나는 관심들과 정신의 절대적 관심으로서 제시되었던 것 사이의 대립이 나중에 비로소 [74]논의되게 될 때, 적어도 개념의 보편적 사상, 즉 자유로운 정신은 바로 자유로운 정신인 까닭에 필연적으로 자기 자신과 관계한다고 하는 것이 쉽게 파악될 수 있을 것이다. 그렇지 않다면 정신은 의존적이고 자유롭지 않을 것이다. 그렇게 목표가 정신이 자기 자신의 의식에 도달하는 것으로나 세계를 자기에 적합하게 만드는 것으로— 왜냐하면 이 두 가지는 같은 것이기 때문이다— 규정됨으로써 우리는 정신이 대상성을 자기의 것으로 만든다거나 역으로 정신이 자기의 개념을 자기로부터 산출하고 그것을 객관화함으로써 자기의 존재가 된다고 말할 수 있다. 정신은 대상성 속에서 자기를 의식하게 됨으로써 축복받게 된다. 왜냐하면 내적인 요구가 대상성에 상응하는 곳에 바로 자유가 존재하기 때문이다— 그러므로 정신이 목표를 규정함으로써 진보는 그 자세한 규정을, 요컨대 그것이 단순한 양적 증대로서 파악되지 않는다는 측면에 따른 규정을 얻는다. 우리는 곧바로 다음과 같은 것을, 즉 우리는 우리의 일상적 의식에서도 의식이 자기의 본질을 알기 위해서는 교양의 단계들을 거쳐 가야 한다는 것을 시인한다는 점을 실마리로 삼을 수 있을 것이다.

그러므로 세계사의 목표는 정신이 참으로 자기인 것에 대한 앎에 다다르고 이러한 앎을 대상화하며 그것을 현존하는 세계로 현실화하고 자기를 객관적인 것으로서 산출하는 것이다. 본질적인 것은 이러한 목표가 산출된 것이라는 점이다. 정신은 동물과 같은 자연물이 아니다. 동물은 있는 그대로, 직접적으로 존재한다. 정신은 다음과 같은 것, 즉 스스로 자기를 산출하고 자기를 자기인 바로 그것으로 만들어 나가는 것이다. 그런 까닭에 정신의 가장 가까운 형태화, 즉 정신이 현실적으로 있는 바는 오직 자기 활동일 뿐이다. 정신의 존재는 활동성인바, 정지된 현존재가 아니라 다음과 같은 것, 즉 자기를 산출했다는 것, 대자적으로 되었다는 것, 자기 자신을 통해 자기를 만들었다는 것이다. 정신이 참으로 있는 바에는 그가 자기를 산출했다는 것이 속한다. 그의 존재는 절대적 과정이다. 타자를 통해서가 아니라 자기를 통해 자기를 자기 자신과 매개하는 이러한 과정 안에는 정신이 구별되는 계기들을 지니며 운동과 변화를 자기 안에 포함하고 때로는 그렇게 때로는 다르게 규정되어 있다는 점이 놓여 있다. 그러므로 이러한 과정 안에는 본질적으로 단계들이 포함되어 있는바, 세계사는 신적 과정의 서술, 즉 정신이 자기 자신, 자기의 진리를 알고 현실화하는 단계적 발걸음의 서술이다. 그것들 모두는 [75]자기 인식의 단계들이다. 정신의 지상 명령, 본질은 자기 자신을 인식하는 것, 자기를 자기인 것으로서 알고 산출하는 것이다. 정신은 그것을 세계사에서 성취한다. 그는 자기를 규정된 형태들로서 산출하며, 이 형태들이 세계사적인 민족들이다. 그들은 그 각각이 특수한 단계를 표현하고 그래서 세계사에서의 시기들을 표시하는 형상들이다. 좀 더 깊이 개념적으로 파악하자면, 그들은 정신이 자기에 관해 발견하여 실현하도록 추동되는 원리들이다. 그러므로 그들에는 바로 정신의 본성을 표현하는 본질적인 연관이 존재한다.

세계사는 그 최고의 형태들에서 정신의 신적이고 절대적인 과정을 서술하는 것, 정신이 자기의 진리, 자기에 관한 자기의식을 획득해 나가는 이러한 단계적 발걸음을 서술하는 것이다. 이 단계들의 형태화들은 세계사적인 민족정신들, 그들의 인륜적 삶과 그들의 헌법, 그들의 예술과 종교와 학문의 규정성들이다. 이 단계들을 실현하는 것은 세계정신의 무한한 충동, 그의 저항할 수 없는 열망이다. 왜냐하면 이러한 분절화Gliederung 내지는 그 현실화가 세계정신의 개념이기 때문이다. — 세계사는 오직 정신이 어떻게 점진적으로 진리의 의식과 의욕에 도달하는지 보여줄 뿐이다. 정신은 차츰차츰 밝아지며, 주요한 점들을 발견하고, 마침내 완전한 의식에 다다른다. 이러한 전진의 궁극 목적에 대해 우리는 위에서 설명했다. 필연적인 단계적 계열에 놓여 있는 민족정신들의 원리들은 그 자신이 하나의 보편적 정신의 계기들일 뿐인바, 그 하나의 보편적 정신은 그 계기들을 통해 역사 속에서 자기를 파악하는 총체성으로 고양되고 완결된다. —

정신이 역사 속에서 자기의 목표를 현실화해 나가는 과정에 대한 이러한 직관에는 이상이란 무엇이며 이상은 현실에 대해 어떤 관계를 지니는지에 대한 매우 널리 퍼져 있는 표상이 대립한다. 요컨대 이상이란 현실에서 실현될 수 없다는—

언제나 요구를 내세우는 것은 상상의 이상이거나 이성의 이상이다―, 특히 젊은이의 이상이란 냉혹한 현실에 의해 꿈으로 격하된다는 한탄보다 더 자주 그리고 더 친숙하게 들을 수 있는 것은 아무것도 없는 것이다. 가혹한 현실의 낭떠러지에 부딪혀 삶의 행로에서 난파하여 몰락하는 이 이상들은 [76]우선은 주관적인 것에 지나지 않을 수 있고, 자기를 가장 고귀하고 영리하다고 여기는 개별자의 개성에 속할 수 있다. 그것들은 본래 여기에 속하지 않는다. 왜냐하면 개인이 홀로 자기의 개별성에서 자아내는 것은 보편적 현실에 대해 법칙일 수 없고, 그와 마찬가지로 세계 법칙이란 거기서 아주 등한시될 수 있는 개별적 개인들을 위해서만 존재하는 것이 아니기 때문이다. 물론 일어날 수 있는 일은 그와 같은 것은 실현되지 않는다는 것이다. 개인은 종종 자기 자신에 대해, 자기가 실행하고자 하는 고귀한 의도나 훌륭한 행위에 대해, 그 자신이 지니고 정당하게 요구할 수 있으며 세계의 구제에 이바지하는 중요성에 대해 자기의 표상들을 형성한다. 그러한 표상들과 관련해 이야기하자면, 그것들은 제자리에 놓여 있어야만 한다. 사람들은 자기에 관해 자신의 가치에 대한 과도한 표상 이외에 아무것도 아닌 많은 것을 꿈꿀 수 있다. 개인에게는 부당한 일이 벌어질 수도 있다. 그러나 그것은 개인들이 그 진보의 수단으로서 이바지하는 세계사와는 아무런 관계도 없다.

그러나 우리가 이상에서 이해하는 것은 또한 이성의 이상들, 즉 그 충족을 참되게 요구하는 세계 내의 좋은 것과 참된 것과 가장 좋은 것에 관한 이념들이다. 이러한 요구가 충족되지 않는 것을 사람들은 객관적인 부당한 일로 바라본다. 실러와 같은 시인들은 이에 대한 슬픔을 감상적이고도 감동적으로 표현했다. 그런데 만약 우리가 그에 맞서 보편적 이성은 자기를 완수한다고 말한다면, 물론 문제가 되는 것은 경험적으로 개별적인 것이 아니다. 왜냐하면 여기서는 우연과 특수성이 엄청난 권리를 행사하는 힘을 개념으로부터 얻는 까닭에 경험적으로 개별적인 것은 더 좋을 수도 더 나쁠 수도 있기 때문이다. 물론 우리는 특수한 것들과 관련하여 세계 속의 많은 것이 부당하다고 생각할 수 있다. 그래서 현상의 개별적인 일들에 대해서는 많은 것을 비난할 수도 있을 것이다. 그러나 여기서 문제가 되는 것은 경험적으로 특수한 것이 아니다. 그것은 우연에 내맡겨져 있으며, 그것이 관건이 되는 것은 아니다. 또한 비난하고 비난을 통해 자기가 더 잘 알고 있고 좋은 의도를 가졌다고 생각하게 만드는 것보다 더 쉬운 일은 아무것도 없다. 단지 개별적인 것과 그것의 결함만을 앞에 두고서 그 속에서 보편적 이성을 인식하지 못하는 이러한 주관적 비난은 손쉬우며, 스스로 전체의 복지를 위한 좋은 의도를 확언하고 [77]좋은 심정의 모습을 내세움으로써 아주 많이 젠체하고 뽐낼 수 있다. 개인과 국가, 세상살이에서 결함을 그것들의 참다운 내실로서 들여다보기는 더 쉽다. 왜냐하면 부정적 비난에서 우리는 사태 내로 침투하지 못하고서, 다시 말하면 사태 자신, 사태의 긍정적인 것을 파악하지 못한 채 고귀하고도 고상한 표정으로 사태 위에 서기 때문이다. 확실히 비난에는 그 나름의 근거가 있을 수 있다. (예를 들어 예술 작품들에서) 결점을 실체적인 것으로 찾아내기는 훨씬 더 쉬울 뿐이다. 사람들은 종종 당연히 비난할 만한 것을 찾아냈을 때 일이 다 끝났다고 생각한다. 물론 그들은 옳지만, 또한 사태에서 긍정적인 것을 부인한다는 점에서 부당하다. 어디서나 나쁜 것을 발견하고 거기서 긍정적이고 참다운 것은 아무것도 보지 못하는 것은 너무도 커다란 피상성의 징표다. 나이가 들어가면 일반적으로 더 온후해지며, 젊은이들은 언제나 불만이다. 노년에는 판단이 성숙해져 그렇게 되는데, 이것은 그저 무관심에서 나쁜 것도 용인하는 것이 아니라 오히려 삶의 진지함을 통해 더 깊은 가르침을 받아 사태의 실체적인 것, 옹골찬 것으로 나아간 것이다. 그것은 진부한 공정성이 아니라 정의다. —

그러나 참다운 이상, 이성 자신의 이념에 관해 이야기하자면, 철학이 마련해 주어야 할 통찰은 현실 세계란 그것이 존재해야 하는 대로 존재한다는 것, 이성적 의지, 즉 구체적으로 좋은 것은 실제로 가장 강력한 것, 자기를 완수하는 절대적 위력이라는 것이다. 참다운 선, 보편적인 신적 이성은 또한 자기 자신을 완전히 성취하는 위력이다. 이러한 선, 이러한 이성의 가장 구체적인 표상이 신이다. 단순히 이념 일반이 아니라 하나의 작용으로서의 선은 우리가 신이라고 부르는 바로 그것이다. 철학의 통찰은 신이 자기를 관철하려는 것을 가로막는 힘이 선, 즉 신의 위력을 넘어서지 못한다는 것, 신은 정당함을 보유한다는 것, 세계사는 섭리의 계획 이외에 다른 것을 나타내지 않는다는 것이다. 신은 세계를 통치한다. 신의 통치 내용, 그의 계획의 완수야말로 세계사이며, 이것을 포착하는 것이 세계사의 철학의 과제이고, 그것의 전제는 이상이 자기를 성취한다는 것, 오직 이념에 적합한 것만이 현실성을 지닌다는 것이다. 단순한 이상이 아닌 이러한 신적 이념의 순수한 빛 앞에서는 [78]세계가 마치 하나의 제대로 되지 않은 어리석은 사건인 것처럼 나타나는 가상은 사라져 버린다. 철학은 내용, 즉 신적 이념의 현실성을 인식하고 배척당하는 현실을 정당화하고자 한다. 왜냐하면 이성이란 신적인 작업의 지각이기 때문이다.

평소 현실이라고 불리는 것을 철학은 분명 현실적인 것처럼 보일 수 있지만, 자체적이고도 대자적으로는 현실적이지 않은,

신통치 않은 것으로 간주할 것이다. 이러한 통찰은 생겨난 것의 절대적 불행, 즉 그것이 제대로 된 것이 아니라는 표상에 대한 이를테면 위안이라고 할 수 있는 것을 포함한다. 그럼에도 위안은 생겨나서는 안 되었을 해악에 대한 보상일 뿐이며, 유한한 것 속에 거주한다. 그러므로 철학은 위안이 아니다. 철학은 그 이상의 것이다. 철학은 부당해 보이는 현실적인 것을 이성적인 것과 화해시키고 그것으로 변용시킨다. 철학은 그 현실적인 것을 이념 자신 안에 근거 지어져 있고 이성을 만족시켜야 할 그러한 것으로서 드러낸다. 왜냐하면 이성 안에는 신적인 것이 있기 때문이다. 이성의 근저에 놓여 있는 내용은 신적 이념이며 본질적으로 신의 계획이다. 세계사로서 파악할 때는 주관의 의지 속의 이성이 이념과 동등한 것이 아니라 오로지 신의 작용만이 이념과 동등하다. 그러나 표상에서 이성Vernunft은 이념의 지각Vernehmen인바, 이미 어원상으로 언명된 것(Logos)의 — 게다가 참된 것의 지각이다. 참된 것의 진리 — 그것은 창조된 세계다. 신은 말한다. 그는 오직 자기 자신만을 언명한다. 신은 자기를 언명하고 자기를 지각될 수 있도록 하는 위력이다. 그리고 신의 진리, 신의 모사는 이성 속에서 지각되는 바로 그것이다. 그래서 철학은 공허한 것이 이상이 아니라 오직 현실적인 것만이 이상이라는 것 — 이념은 자기를 지각될 수 있도록 한다는 것으로 나아간다.

이제 직접적으로 제기될 수 있는 물음은 이념이 어떤 수단을 사용하는가 하는 물음이다. 이것이야말로 여기서 고찰되어야 할 두 번째 것이다.

b) [현실화의 수단]

자유가 자기를 하나의 세계로 산출하는 **수단**에 관한 이 물음은 우리를 역사 자신의 현상 속으로 이끈다. 만약 자유 그 자체가 우선은 내적인 개념이라면 그에 반해 그 수단은 [께우리의 눈앞에 직접적으로 드러나는 바의 역사 속에서 나타나는 외면적인 것, 현상하는 것이다. 그러나 **역사의** 가장 가까운 **정경**은 우리에게 자기의 욕구, 열정, 관심과 그에 따라 형성되는 표상과 목적 그리고 자기의 성격과 재능에서 출발하는 인간의 행동을 보여주며, 그래서 더 나아가 활동의 이러한 광경에서는 오직 이러한 욕구, 열정, 관심 등등만이 **추동력**으로서 현상한다는 것을 보여준다. 개인들은 한편으로는 분명 좀 더 보편적인 목적, 즉 **선**을 의욕하지만, 그래서 이 선 자신은 제한된 종류의 것인바, 예를 들어 숭고한 조국애이긴 하지만 가령 세계나 세계의 보편적 목적에 대해 하찮은 관계 속에 서 있는 하나의 나라에 대한 사랑 또는 자기의 가족이나 친구에 대한 사랑 — 즉 올바름 일반 — 을 의욕한다.

간단히 말하자면 모든 덕이 여기에 속한다. 오로지 이 덕들에서만 우리는 분명 이성 규정이 이러한 주관들 자신 속에서 그리고 또 이 주관들의 작용권 안에서 현실화하는 것을 볼 수 있다. 그러나 이들은 인류 전체와는 중요치 않은 관계를 지니는 개별적 개인들이며 ― 왜냐하면 우리는 개별자로서의 그들을 그 밖의 개인들과 비교해야만 하기 때문이다 ―, 그와 마찬가지로 그들의 덕이 지니는 현존재의 범위도 비교적 적은 넓이를 지닌다. 그러나 다른 한편으로는 특수한 관심의 열정과 목적, 이기심의 충족이야말로 가장 강력한 것이다. 그것들이 위력을 지니는 것은 그것들이 법과 도덕이 그것들에 정립하고자 하는 어떠한 제한도 존중하지 않고, 인간에게는 열정의 자연력이 질서와 절제, 법과 도덕을 향한 인위적이고 지루한 도야보다 직접적으로 더 가까이[9] 놓여 있다는 점에서다.

만약 우리가 열정의 이러한 광경을 바라보고, 열정의 폭력적 활동의 결과들, 즉 열정에뿐만 아니라 선한 의도나 정당한 목적인 것에도, 아니 심지어 주로 그것에 덧붙여지는 무분별의 결과들, 즉 해악과 죄악 또는 인간 정신이 산출한 가장 영화롭던 제국들의 몰락을 역사 속에서 우리 눈앞에 두게 되면,[10] 그리고 만약 우리가 그 [80]개인들을 그들의 형언할 수 없는 참상에 대한 너무도 깊은

・・
9. [편주] 초고: 가까이.
10. [편주] 초고: 나타나게 되면.

연민을 지니고서 바라보게 되면, 우리는 다만 이러한 무상함 일반에 대해 비애를, 그리고 이러한 몰락이 단지 자연[11]의 작품이 아니라 인간 의지의 작품이라는 점에서, 더 나아가 그러한 광경에 대해 도덕적 비애와, 만약 그러한 것이 우리 안에 존재한다면, 선한 정신의 분노를 금할 수 없는 것이다. 우리는 저 결과를 과장된 웅변을 사용하지 않고도 단순히 민족들과 국가들의 형태화 및 적어도 개인적 덕들이나 순진무구함에서의 가장 훌륭한 것이 감수한 불행을 올바르게 모아놓음으로써 너무도 끔찍한 그림으로 그려낼 수 있고 그와 마찬가지로 그에 얽힌 감정을 그 어떤 화해시키는 결과도 그에 대해 균형을 이룰 수 없는 너무도 깊고 너무도 어찌할 수 없는 비애로 높일 수 있다. 우리는 그 비애에 맞서 가령 다음과 같이 생각함으로써 스스로 안정되거나 거기서 벗어난다. 요컨대 그것은 바로 그랬었고, 운명이었다, 거기서는 아무것도 변할 수 없다, 그렇다면 우리는 저 비애의 반성이 우리에게 안겨줄 수 있는 지루함에서 다시 우리의 생활 감정으로, 즉 과거에 대한 비애가 아니라 우리의 적극적 작용을 요구하는 우리의 목적과 관심으로 채워진 현재 속으로, — 또한 고요한 물가에 서서 저 멀리 어지럽게 뒤얽힌 폐허 더미를 향유하듯이 내다보는 이기심으로 되돌아올 수 있다고 생각하는 것이다. 그러나 우리가 역사를

..
11. [편주] 초고: 자연만의.

민족의 행복과 국가의 지혜 그리고 개인의 덕이 희생으로 바쳐지는 도살대로서 바라본다고 하더라도, 이러한 생각에서는 또한 필연적으로 이러한 너무도 엄청난 희생이 **무엇을 위하여, 어떤 궁극 목적을 위하여** 바쳐졌는가 하는 물음이 떠오른다. 바로 여기서부터 이 물음은 대개 우리가 우리 고찰의 일반적 시원으로 삼은 것으로 향한다. 그 시원으로부터 우리는 저 그림이 우리에게 우울한 감정을 위해 그리고 그에 관해 곰곰이 생각하는 반성을 위해 제시하는 사건들을 곧바로 우리가 이것이야말로 세계사의 실체적 규정, 절대적 궁극 목적, 또는 같은 말이지만 참다운 **결과**라고 주장하는 것을 위한 **수단**만을 보고자 하는 영역으로서 규정했다. 우리는 일반적으로 [81]처음부터 반성의 길로 접어들거나 저 특수한 것의 상으로부터 일반적인 상으로 올라가기를 배척해 왔다. 아무튼 저 감상적인 반성 자신의 관심은 본래 저 광경이나 그에 대한 감정을 참으로 넘어서고 저 고찰에서[12] 우리에게 부과된 섭리의 수수께끼를 실제로 해결하는 것이 아니라 오히려 저 부정적 결과의 공허하고도 열매를 맺지 못하는 숭고함을 애처로운 심정으로 받아들이는 것이다. 그러므로 우리는 우리가 취했던 입장으로 되돌아간다. 그리고 우리가 그 입장에 관해 제시하고자 하는 계기들은 또한 저 그림으로부터 생겨날 수 있는 물음들에

..
12. [편주] 초고: 고찰에 의해.

대답하기 위한 본질적 규정들도 포함할 것이다.

우리가 주의하는 첫 번째 계기는[13] 우리가 원리, 궁극 목적, 규정 또는 **그 자체에서** 정신인 것, 정신의 본성, 정신의 개념이라고 불러온 것은— 다만 **보편적인** 것, **추상적인** 것일 뿐이라는 점이다. 원리, 그래서 또한 원칙이나 법칙도 일반적인 것, 내적인 것, 그 자체의 것이며, 그 자체에서 아무리 참일지라도 완전하게 현실적이지는 않다. 목적, 원칙 등등은 우리의 사상 속에서 처음에는 우리의 내적인 의도나 책 속에 있을 뿐 아직은 현실 속에 있지 않다. 또는 처음에 **그 자체에서** 있는 것은 하나의 가능성, 하나의 능력이며, [14]아직은 자기의 내적인 것으로부터 실존에 다다르지 못했다. 그것들의 현실성을 위해서는 두 번째 계기가 더해져야만 하는바, 이것이 활동이자 현실화이며, 그것의 원리는 의지,[15] 즉 세계 일반에서 인간의 활동이다. 저 개념들, 그 자체에서 존재하는 규정들이 실현되고 현실화하는 것은 오직 이러한 활동을 통해서만 가능하다.[16]

법칙이나 원리들은 직접적으로 자기 자신을 통해 살아가거나 유효한 것이 아니다. 법칙이나 원리들을 실행하고 현존재로 옮기

---

13. [편주] 난외에: 저 수단이 그에 의해 생성되는 특수성과 보편성의 결합.
14. [편주] 난외에: 일면적으로(철학).
15. [편주] 난외에: 개별적 의지.
16. [편주] 난외에: 개인의 의지와 목적.

는 활동은 인간의 욕구, 충동, 나아가서는 인간의 경향과 열정이다. 내가 어떤 것을 실행하고 [82]현존재하게 하기 위해서는 그것이 내게 소중한 것이어야만 한다. 나는 그 일에 직접 참여해야만 하며 그것을 완수함으로써 나는 충족되게 될 것이다 — 그것은 나의 관심이어야만 한다. "관심Interesse"이라고 하는 것은 그 속에 있고 그에 참여한다는 것을 뜻한다. 내가 그것을 위해 활동해야 할 목적은 어떤 방식으로든지 간에 또한 나의 목적이어야만 한다. 비록 내가 그것을 위해 활동하는 목적이 나와 아무런 관계도 없는 그러한 다른 많은 측면을 지닌다고 할지라도, 나는 거기서 동시에 나의 목적을 충족시켜야만 한다. 다음과 같은 것, 즉 주관이 활동과 노동 속에서 자기 자신이 충족되어 있음을 발견한다는 것은 주관의 무한한 권리, 자유의 두 번째 본질적인 계기다. 그리고 만약 인간이 어떤 것에 관심을 가져야 한다면, 그들은 바로 거기에 참여해 활동할 수 있어야만 한다. 다시 말하면 그들은 어떤 관심에서 자기의 고유한 관심을 요구하고, 그 속에서 자기 자신을 가지고자 하며 그 속에서 자기의 고유한 자기감정을 발견하려고 한다. 우리는 여기서 하나의 오해를 피해야만 한다. 사람들은 한 개인에 대해 그가 일반적으로 관심[이해관계]을 지닌다고 비난하며, 당연히 나쁜 의미에서 그렇게 말한다 — 관심을 가진다는 것은 자기를 위한 것으로 말해진다 —. 요컨대 그는 자기의 사익만을, 다시 말하면 이 사익을 고립시켜 보편적 목적에 대해서는 마음 쓰지 않은 채 오직 자기의 사태만을 추구하고, 보편적 목적이 문제가 되는 기회에 다른 한편으로는 그것에 맞서 그것을 위축시키고 불리하게 하며 희생시키면서 사익을 추구한다는 것이다. 그러나 어떤 일을 위해 활동하는 자는 단지 일반적으로 관심을 지니는 것이 아니라 **바로 그 사태에**[17] 관심을 지닌다 — 언어는 이러한 구별을 올바르게 표현한다. 따라서 그 일에서 활동하는 개인이 또한 자기를 충족시키지 않고서는 아무것도 생겨나지 않으며 아무것도 성취되지 않는다 — 자기를 말이다. 그들은 특수한 존재들이다. 다시 말하면 그들은 비록 타자의 것과 공통적일지라도 — 다시 말하면 타자의 것을 다른 것으로서 구별하지만, 그 내용에 따라서는 타자의 것과 구별되지 않을지라도 — 특수한, 즉 그들에게 특유한 욕구와 충동 — 관심 일반을 갖는다. 이러한 관심들에는[18/19] 자신의 욕구와 의지의 관심뿐만 아니라 또한 자신의 통찰, 확신 또는 적어도 견해, 의견의 관심도 속한다. 만약 이미 이치 추론Räsonnement, [83]지성, 이성의 욕구가 깨어나 있지 않다면 말이다. 그 경우 인간은 또한 자기가 어떤 사태를 위해 활동해야 할 때 그 일이 자기의 마음에 들기를 요구하며, 일반적으로 그 일이

. .
17. [편주] 난외에: 대가를 치르고 — 나의 정신을 충족시킨다 — 그 일에서 집요하게.
18. [편주] 초고에는 이 대신에: 욕구들.
19. [편주] 난외에: 오늘날 사적 관심은 보편적 관심과 결합해 있다.

자기에 대해 좋고 정당하며 유용하고 장점을 가진다는 등등에 대해 스스로의 의견과 확신을 지니고서 그 일에 참여하기를 바란다. 이것은 특히 인간이 신뢰와 권위에 따라 어떤 것으로 이끌리기보다는 오히려 자기 자신의 지성, 자립적인 확신과 견해를 지니고서 자기 활동의 몫을 그 사태에 바치고자 하는 우리 시대의 본질적인 계기다. ―

우리가 세계사에서 관계해야 하는 것은 인간적 의지의 터전에서, 즉 인간적 자유의 터전에서 나타나되, 그리하여 의지가 자유의 추상적 토대가 되지만, 그 산물은 한 민족의 인륜적 현존재 전체가 되도록 나타나는 이념이다. 이러한 형식 속에서 이념의 첫 번째 원리는 앞에서 이야기했듯이 추상적으로는 이 이념 자신이며, 또 다른 원리는 인간적 열정이다. 이 둘은 세계사라는 양탄자의 씨실과 날실을 형성한다. 이념 그 자체는 현실이다. 열정은 이 현실이 그것을 가지고서 자기를 펼치는 팔이다. 이것들은 양극단이다. 이 두 극이 그 속에서 경합하는, 그 둘을 결합하는 중심은 인륜적 자유다. 객관적으로 고찰하면 이념과 특수한 개별성은 필연성과 자유라는 거대한 대립 속에 자리 잡고 있다. 그것은 숙명에 맞선 인간의 투쟁이다. 그러나 우리는 필연성을 운명의 외적 필연성으로서가 아니라 신적 이념의 필연성으로서 받아들이며, 그래서 다음과 같은 물음이 생겨난다. 이 고귀한 이념은 어떻게 인간적 자유와 통합될 수 있는가? 개별자의 의지는 만약 그가 원하는 것을 추상적으로, 절대적으로 그리고 자체적이고도 대자적으로 정립할 수 있다면 자유롭다. 그렇다면 보편적인 것, 이성적인 것 일반은 어떻게 역사 속에서 규정적일 수 있을까? 여기서는 이러한 모순이 전적으로 개별적인 것에 이르기까지는 해명될 수 없다. 그러나 다음과 같은 점에 대해서는 생각해 볼 수 있을 것이다.

불꽃은 공기를 먹어 치운다. 불꽃은 땔감으로부터 자양분을 얻는다. 공기는 나무의 성장을 위한 유일한 조건이다. 땔감이 불을 통해 공기를 먹어 치우도록 작용함으로써 그것은 자기 자신과 자기의 고유한 원천에 대항해 투쟁한다. 그럼에도 산소는 공기 속에 존속하며, 나무들은 다시 푸르러지기를 중단하지 않는다. 그래서 누군가가 집을 짓고자 할 때도, 이는 그의 자의 속에 자리 잡고 있다. [84]그러나 이를 위해서는 원소[자연의 힘] 모두가 그를 도와야만 한다. 하지만 그 집은 인간을 그 원소들에 대해 보호하기 위해 거기 존재한다. 그러므로 여기서 그 원소들은 자기 자신에 대항해 사용된다. 그러나 보편적 자연법칙이 그로 인해 방해받는 것은 아니다. 집짓기는 우선은 하나의 내적 목적과 의도다. 그에는 특수한 원소들이 수단으로서, 철, 목재, 돌이 재료로서 맞서 있다. 원소들은 재료를 가공하는 데 사용된다. 불은 철을 녹이기 위해, 공기는 불을 피우기 위해, 물은 바퀴를 움직이고 목재를 자르는 등등을 위해 사용된다. 그 결과는 도움을 주었던 공기가 집에 의해 차단된다는 것, 그와 마찬가지로 비에 의한 홍수나 그것이 불에 견디는 한에서 불에 의한 손상도 저지된다는 것이다. 돌과 들보는 중력에 따르며 땅속 깊이 들어가고, 그것들에 의해 높은 벽들이 쌓아 올려진다. 그래서 원소들은 그것들의 본성에 적합하게 이용되고 함께 작용함으로써 하나의 산물이 되지만, 그 산물에 의해 그것들이 제한된다. 열정도 비슷한 방식으로 자기를 충족시킨다. 열정은 자기의 자연 규정에 따라서 자기 자신과 자기의 목적을 실행하여 인간 사회라는 건축물을 산출하는바, 열정은 인간 사회 속에서 법과 질서에 자기에 대항한 강제력을 마련해 주었다. 일상적 삶에서 우리는 우리를 안전하게 해주는 법이 현존한다는 점을 본다. 그리고 이 법은 자연스레 존재하며, 인간의 실체적 행동 방식, 그것은 종종 자기의 특수한 관심이나 목적에 부딪힌다. 개별적 경우에 인간은 보편적인 법에 맞서 자기의 특수한 목적을 쟁취하기 위해 싸운다. 그들은 자유롭게 행동한다. 그러나 그로 인해 보편적 지반, 실체적인 것, 법이 흐려지는 것은 아니다. 세계 질서에서도 사정은 마찬가지다. 여기서는 열정이 하나의 요소이고, 이성적인 것은 다른 요소다. 열정은 활동하는 것이다. 열정은 결코 언제나 인류에 대립하는 것이 아니라 오히려 보편적인 것을 현실화한다. 열정의 도덕적인 것에 관해 이야기하자면, 물론 열정은 자신의 관심을 추구한다. 그래서 열정은 한편으로는 나쁘고 이기적으로 나타난다. 하지만 활동하는 것은 언제나 개체적이다. 나는 행동 속에 존재한다. 내가 성취하고자 하는 것은 나의 목적이다. 그러나 이 목적은 좋은 것이자 또한 보편적인 것일 수 있다. 관심은 실로 전적으로 특수한 것일 수 있다. [85]그러나 그로부터 관심이 보편적인 것에 대립한다는 것이 따라 나오는 것은 아니다. 보편적인 것은 특수한 것을 통해 현실 속에 들어서야만 한다.

열정은 올바르지 않은 것, 다소간에 나쁜 것으로서 여겨진다. 인간은 열정을 지녀서는 안 된다는 것이다. 열정은 또한 내가 표현하고자 하는 것에 전적으로 합당한 말도 아니다. 요컨대 여기서 내가 이해하는 것은 일반적으로 특수한 관심이나 특별한 목적 또는 그렇게 말하고자 한다면 이기적인 의도에서 나오는 인간의 활동인바, 그래서 실로 그들은 이 목적에 자기의 의욕과 성격에서 오는 에너지 전체를 쏟아 넣으며, 그 목적에 또 하나의 목적일 수 있는 다른 것을, 또는 오히려 다른 모든 것을 희생한다. 이러한 특수한 내용은 인간의 의지와 하나이며, 그리하여 그 내용은 그 의지의 규정성 전체를 이루고 그와 분리될 수 없다. 그는 바로 그에 의해 그 자신이 된다. 왜냐하면 개인이란 바로 거기 있는 그러한 존재이지 인간 일반이 아니기 때문이다. 다시 말하면 실존하는 것은 인간 일반이 아니라 규정된 인간이기 때문이다. 성격도 마찬가지로 이러한 의지와 예지의 규정성을 표현한다. 그러나 성격은 일반적으로 모든 특수성, 즉 사적 관계에서의 행동 방식 등등을 자기 내에 포괄하며, 작용성과 활동성으로 정립된 것으로서의 이러한 규정성이 아니다. 그러므로 나는 열정을 말하게 될 것이며 그리하여 그것을 성격의 특수한 규정성으로 이해하게 될 것이다. 의욕의 이러한 규정성이 사적인 내용만을 지니는 것이 아니라 오히려 일반적 행위를 추동하고 작용하게 하는 것인 한에서 말이다, 여기서 이야기하는 것은 약한 성격의 소유자가 빈둥대며 둘러대는 무기력하고 꾸며진 내적인 것으로서의 의도가 아니다.

그러므로 우리는 일반적으로 그들의 활동이 함께 작용한 사람들의 관심이 없이는 아무것도 이루어지지 않았다고 이야기한다. 그리고 우리가 관심을 열정이라고 부른다는 점에서, 전체적 개성이 사람들이 지니거나 지닐 수 있는 다른 많은 관심과 목적을 모두 뒤로 미뤄놓은 채, 자기에게 내재하는 의욕의 혈맥을 하나의 대상 속에 투입하고 이러한 목적 속에 자기의 모든 욕구와 힘을 집중하는 한에서, 우리는 일반적으로 세계 속의 **그 어떤 위대한 것도 열정이 없이는** 성취되지 **않았다**고 이야기해야만 한다. 열정이란 [186]고유한 확신에서와 마찬가지로 고유한 통찰과 양심에서도 의욕과 활동 에너지의 주관적인, 그런 한에서 형식적인 측면이다

— 여기서 그 내용과 목적은 아직 무규정적이다. 그 경우 관건이 되는 것은 이러한 나의 확신이 어떤 내용을 지니며, 그와 마찬가지로 열정이 어떤 목적을 지니고, 이런저런 목적이 과연 참다운 본성의 것인가 하는 것이다. 그러나 역으로 만약 그 목적이 참다운 것이라면, 그 목적이 실존에 들어서고 현실적이라는 것에는 이 모든 것, 즉 욕구, 충동, 열정과 마찬가지로 또한 고유한 통찰, 의견, 확신을 포괄하는 주관적 의지의 계기가 속한다.

목적 일반이라는 역사적 현실의 두 번째 본질적 계기에 관한 이러한 해명으로부터 출현하는 것은, 우리가 지나치는 김에 국가를 고려한다는 점에서, 이러한 측면에 따라 한 국가는 그의 보편적 목적과 시민의 사적 관심이 합일되고 하나가 다른 것 속에서 자기의 충족과 현실화를 발견할 때 — 이는 그 자체로도 극히 중요한 명제다 — 자기 자신 속에서 잘 갖추어지고 강력하다는 것이다. 그러나 국가에서는 무엇이 합목적적인지를 국가가 의식하기까지 지성의 오랜 투쟁을 통한 합목적적인 제도들의 수많은 행사와 고안이 필요하며, 더 나아가 저 합일이 이루어지기까지는 특수한 관심 및 열정과의 투쟁 그리고 어렵고도 지루한 도야 등등이 필요하다. 그러한 합일의 시점은 그 국가의 역사에서 번영하고 덕을 갖추며 힘과 행복을 이루는 시기다. 그러나 **세계사는** — 인간의 **특수한** 권역에서처럼 — **어떤 하나의 의식적인 목적을**

가지고서 시작되지 않는다. 인간의 특수한 권역에서는 인간의 공동생활에 대한 단순한 충동이 이미 자신의 생명과 재산의 보전과 같은 의식적인 목적을 지니며, 그리고 나서 그러한 공동생활이 이루어짐으로써 그러한 목적은 곧바로 더 나아가 아테나이나 로마와 같은 도시를 보존하는 것으로 규정되며, 그러한 도시에서 발생하는 그 모든 곤경이나 욕구와 더불어 과제도 그와 마찬가지로 더 자세히 규정되어 나타난다. 세계사는 정신의 **개념**이 충족된다고 하는 자기의 **보편적 목적**과 더불어, [87]그러나 다만 **그 자체에서**, 다시 말하면 **자연**으로서 시작된다.[20] — 이러한 목적은 내적인, 그중에서도 가장 내적인 무의식적 충동이며, — 이미 일반적으로 상기했듯이 세계사의 과업 전체는 그것을 의식화하는 노동이다. 그렇듯 **자연적 존재, 자연적 의지**의 형태로 등장하면서 주관적 측면이라고 불려 온 것, 즉 욕구, 충동, 열정, 특수한 관심 및 의견과 주관적 표상은 곧바로 대자적으로 현존한다. 이러한 헤아릴 수 없이 많은 양의 의욕, 관심, 활동은 자기의 목적을 완수하고 — 그 목적을 의식화하고 현실화하는 세계정신의 **도구**이자 수단이다. 그리고 이 세계정신은 오직 자기를 발견하고 자기 자신에 도달하며 자기를 현실로서 직관하는 것일 뿐이다. 그러나 개인이나 민족들의 저 생동성이란 그들이 **그들 자신**의 것을 추구하고

- -
20. [편주] 난외에: 현실은 처음에는 다만 자연으로서.

충족시키는 동시에 **좀 더 고차적이고** 더 나아간 것의 **수단**이자 **도구**라는 것, 그들이 무의식적으로 성취하는 것에 대해 아무것도 알지 못한다는 것, 바로 이것은 문제가 될 수 있고 되어 온 것이자 그와 마찬가지로 다면적으로 부인되고 몽상으로서, 철학으로서 비방당하고 경멸받아 온 바로 그것이다. 그러나 이 점에 관해 나는 처음부터 설명해 왔고 다음과 같은 우리의 전제나 믿음 ― 그러면서도 이는 다만 결과이어야 한다고 말해져 왔고 여기서는 아직은 더 이상의 요구를 내세우지 않는다―, 즉 **이성이 세계를 통치**하며 그래서 또한 세계사도 통치해 왔고 통치하고 있다는 것을 언명해 왔다. 이러한 자체적이고도 대자적으로 보편적이고 실체적인 것에 대해 다른 모든 것은 종속되어 있고 그것에 봉사하며 그것을 위한 수단이다. 그러나 더 나아가 이러한 이성은 역사적인 현존재에 내재하고 그 속에서 그리고 그것을 통해 자기를 성취한다. 보편적인 것, 자체적이고도 대자적으로 존재하는 것 일반과 개별성, 주관적인 것과의 **합일** ― 오로지 그것만이 진리인 바, 이러한 것은 **사변적** 본성의 것이자 이러한 보편적 형식으로 논리학에서 논의된다. 그러나 여전히 진보에 붙들려 있는 발걸음으로서의 세계사 자신의 **발걸음**에서 주관적 측면, 의식은 아직 역사의 순수한 최종 목적, 즉 정신의 개념이 무엇인지를 소유하지 못하고 알지 못하고 있다. 바로 그러한 까닭에도 역사의 최종 목적, 즉 정신의 개념은 의식의 욕구와 관심의 내용이 아니다.

그리고 의식이 그에 관해 무의식적임에도 불구하고 보편적인 것은 특수한 목적들 속에 있으면서 그것들을 통해 자기를 성취한다. 앞에서 이야기했듯이 이 연관이 지닌 사변적 측면이 논리학에 속하는 까닭에, 나는 여기서 그 연관의 개념을 제시하고 전개할 수 없는바, 다시 말하면 그것을 흔히 말하듯이 **개념적으로 파악될 수 있게 할 수 없다. 그러나 몇 가지 예를 통해 그것을 이를테면 알아듣기 쉽고 더 분명하게 하려고 할 수 있다.**

요컨대 저 연관은 다음과 같은 것, 즉 세계사 속에서는 인간의 행동에 의해 그가 목적으로 하고 달성하고자 하는 것, 그가 직접 알고 의욕하는 것과는 다른 어떤 것 일반이 결과한다는 것을 포함한다. 인간은 자기의 관심을 성취한다. 그러나 그와 더불어 또한 그 속에 내면적으로 놓여 있지만, 그들의 의식과 그들의 의도 속에 놓여 있지는 않았던 더 먼 것이 이루어진다. 유비적인 예로서 우리는 아마도 정당한 복수심에서, 다시 말하면 부당하게 침해당한 데서 다른 사람의 집에 방화하는 어떤 사람을 제시하고자 한다. 여기서는 이미 직접적인 행위와 전적으로 그 자체로 직접적으로 받아들여진 저 행위에 속하지 않는 그 이상의, 그렇지만 외면적인 사정과의 연관이 두드러진다. 이 직접적 행위 그 자체는 이를테면 들보의 한 귀퉁이에 조그만 불길을 댕긴 것이다. 그것으로 아직은 행해지지 않은 것이 계속해서 자기 자신을 통해 만들어진다. 들보의 불이 붙은 그 자리는 들보의 멀리 떨어진 자리와 연관되고, 그것은 그 집 전체의 뼈대와 연관되며, 이 집은 다른 집들과 연관되고, 복수가 향해 있었던 자와는 다른 많은 사람의 재산을 살라버리며, 심지어 많은 사람의 생명까지도 앗아가는 광범위한 큰불이 발생하는 것이다. 이러한 것은 그러한 일을 시작한 사람의 직접적 행위나 의도 속에 놓여 있지 않았다. 그러나 더 나아가 그 행동은 그 이상의[21] 보편적 규정도 포함한다. 행동하는 자의 목적 속에서 그 행동은 오직 한 개인의 재산을 파괴함으로써 그에게 복수하는 것일 뿐이었다. 그러나 그것은 그 이상으로 범죄이고, 이 범죄는 더 나아가 그에 대한 형벌을 포함한다. 이러한 것은 그 행위자의 의식이나 더욱이 그의 의지 속에 놓여 있지 않았다. 그러나 이러한 것은 그의 행위 자체이며, 그 행위 자신에 의해 성취되는 그 행위의 보편적인 것, 실체적인 것이다. ― 이러한 예에서는 바로 다음과 같은 것이, 즉 직접적인 행동 속에는 그 행위자의 의지와 의식 속에 포함된 그 이상의 어떤 것이 놓여 있을 수 있다는 것이 밝혀질 수 있을 뿐이다. 그렇지만 이러한 예는 더 나아가 자기에게서 다음과 같은 것을 지닌다. 즉, 행동의 실체와 따라서 일반적으로 행동 자신은 바로 그 행동을 수행한 자에게 반대하도록 전환된다. 행동은 행동하는 자에게 반격하여 그를 파괴하며, 그 행동이 범죄인 한에서 그 행동을 무효로 하고

---

21. [편주] 초고: 더 나아간.

법의 효력을 회복한다. 우리는 이 예의 이러한 측면에 우선은 무게를 두어서는 안 된다. 그 측면은 특수한 경우에 속한다 — 나는 단지 유비적인 예를 제시하고자 할 뿐이라고 말하기도 했다.

하지만 나는 나중에 제자리에서 출현하게 될 한 가지를 조심스럽게 언급하고자 한다. 그것 자신은 역사적인 것으로서 보편적인 것과 특수한 것의 저 합일, 즉 대자적으로 필연적인 규정과 우연적인 것으로서 현상하는 목적의 합일을 우리에게 본질적으로 관계된 특유한 형식에서 포함한다. **카이사르**는 비록 국가의 정점에 서 있던 다른 사람들보다 더 우세한 것은 아니었을지라도 적어도 그들 옆에 올라설 수 있었던 자기의 대등한 지위를 상실하고 그들에게 굴복할 위험에 직면했다. 그들은 그의 적이 되려는 순간에 있었지만,[22] 그들은 동시에 그들의 개인적 목적의 측면에서 형식적인 국가 체제와 더불어 합법적 가상의 권력을 그 자체로 지니고 있었다. 그는 자기와 자기의 지위, 명예와 안전을 보존하려는 관심에서 이들과 싸웠다. 그리고 그들에 대한 승리는 그들의 권력이 로마 제국의 모든 속주에 대한 지배였다는 점에서 동시에 이 제국 전체에 대한 정복이었다. 그래서 그는 국가 체제를 그대로 둔 채로 국가의 개인적 권력자가 되었다. 그래서 그의 우선은 부정적인 목적의 실행이 그에게 마련해 준 것, 즉 로마의 독재정은

..
22. [편주] 초고: 그들에게 굴복할 순간에 있었지만, 그들은.

그러나 동시에 그 자체에서 로마와 세계 역사에서의 필연적 규정이었으며, 그리하여 독재정은 단지 그의 개인적인 획득물이 아니었다. 오히려 그의 [90]일은 자체적이고도 대자적으로 해야 할 시점에 있었던 것을 성취한 본능이었다. 이러한 것은 그들 자신의 특수한 목적이 세계정신의 의지인 실체적인 것을 포함하는 역사 속의 위대한 인물들이다. 이러한 내실은 그들의 참다운 힘이다. 그 내실은 사람들의 보편적인 무의식적 본능 속에 있다. 그들은 내면적으로 그것을 향해 추동되며, 그러한 목적의 실행을 자기의 관심 속에 받아들인 자에 대항해 그에게 맞서고자 하는 그 이상의 태도를 지니지 않는다. 오히려 민족이 그의 기치 주위에 모여든다. 그는 그들에게 그들 자신의 내재적 충동인 것을 제시하고 실행한다.

하나의 민족인 것, 그 민족 속에서 구별되는 그의 계기들은 보편적 현상에 속한다. 이 보편적 현상에 대해 또 다른 원리는 개체성이며, 이 두 원리는 다 같이 이념의 현실성에 속한다. 민족에서, 국가에서 문제가 되는 것은 두 측면의 본질, 즉 그것들의 구별과 합일의 방식이다. 이 방식은 바로 그에 의해 이념이 생동하는 살아 있는 과정이다. 이념은 우선은 내적인 것, 비활동적인 것, 현실적이지 않은 것, 생각된 것, 표상된 것, 즉 민족 속의 내적인 것이다. 이러한 보편적인 것을 활동시키고 그것이 현실적일 수 있도록 외부로 정립하는 것은 개체성의 활동인바, 개체성의 활동이야말로 내적인 것을 현실 속으로 정립하고 우리가 잘못되게도 현실이라고 부르는 것, 즉 단순한 외면성을 이념에 합치하도록 만든다.

개체성이 아직 정신적이지 못하거나 아직 조야한 한에서 그것 자신도 이러한 단순한 외면성으로 여겨질 수 있다. 개인은 자기의 총체성에 따라 더욱더 힘차게 실체적인 것 속으로 형성되고 이념이 그 개인 속으로 형성되어 있으면 있을수록 더욱더 참다운 존재다. 보편적인 것과 주관성의 이러한 관계야말로 관건이 되는 바로 그것인바, 요컨대 내적인 것이 민족의 의식 속으로 분명히 정립되고 영원히 자체적이고도 대자적인 존재로서의, 본질적인 것으로서의 참된 것에 관한 의식을 지니는 것이다. 자체적이고도 대자적인 존재가 알려지도록 매개해 주는 살아 있는 의식으로의 이러한 발양은 의식의 올바른 방식인 보편성의 형식 속에 현존하지 않는다. 만약 의지가 단지 내적인 것, 잠재해 있는 것일 뿐이라면 그것은 자연적 의지일 뿐이며 아직은 이성적인 것을 발견하지 못했다. 옳은 것, [1]옳은 것 그 자체에 대한 마음가짐은 그러한 의지에 아직은 현존하지 않는다. 자기의 목적에 관한 개인들의 앎이야말로 비로소 참으로 인륜적인 것이다. 움직이지 않는 것, **아리스토텔레스**가 말하는 대로 하자면 부동의 원동자가 알려져야만 하는데, 그것이야말로 개인들 속에서 원동자다.

움직이지 않는 것이 그렇듯 원동자라는 것에는 주관이 그 자체로 자유로운 특유성으로 분명히 형성되어 있다는 것이 속한다. 그러므로 이러한 영원히 움직이지 않는 것이 의식화되어야만 하며, 더 나아가 개체적인 주관들이 자유롭고 대자적으로 자립적이어야만 한다. 우리가 세계사 속에서 자기를 자립적으로 형성한 민족들을 고찰해야 하듯이 여기서는 개인들을 그들의 민족 속에서 고찰한다.

이념은 그 자신 속에 자기 앎, 즉 활동의 규정[사명]을 갖는다. 그래서 이념은 신의 자기 자신 속에서의 영원한 생명으로서 이를테면 세계의 창조 이전의 논리적 연관이다. 거기서 이 이념에는 아직 직접성에서의 존재 형식이 결여해 있다. 이념은 우선은 일반적인 것, 내적인 것, 표상된 것이다. 그런데 두 번째 것은 이념이 우선은 단지 관념적으로만 이념 속에 존재하는 대립에 그 권리를 부여하는 것으로, 다시 말하면 구별을 정립하는 것으로 나아가야만 한다는 것이다. 그것은 이념이 자기 자신 곁에 머무르는 자유로운 보편적 방식에서의 이념과 순수하게 추상적인 자기 내 반성으로서의 이념의 구별이다. 보편적 이념이 그렇게 한편에 들어선다는 점에서, 그 이념은 다른 편을 형식적 대자존재, 형식적 자유, 자기의식의 추상적 통일, 무한한 자기 내 반성, 무한한 부정성으로서 규정한다. 자기를 원자로서 모든 충만함에 대립시키는 자아는 대립의 최고 극단, 이념의 전체적 충만함의 반대다. 그래서 보편적 이념은 한편으로는 실체적 충만함으로, 다른 한편으로는 자유로운 자의의 추상물로서 존재한다. 신과 모든 것이 따로따로 분리되며, 각각은 타자로서 정립된다. 그러나 아는 자, 자아는 타자도 그에 대해 존재하는 식으로 서 있다. 우리가 그것을 더욱더 전개하면 거기에는 자유로운 정신이나 세계 등등의 창조가 포함되어 있다. 이러한 타자, 즉 동시에 다수성이기도 한 원자는 유한성 일반이다. 그것은 대자적으로 오직 타자를 배제하는 것으로서만 존재하는바, 따라서 그것은 자기에게서 자기의 한계, 자기의 제한을 지니며, 그리하여 그 자신이 유한성이다. 이러한 자기 내 반성, [102]개별적 자기의식은 이념 일반에 대한 타자이며, 따라서 절대적 유한성 속에 있다.

그러나 이러한 유한한 것, 자유의 정점, 이러한 형식적 앎은 마땅히 있어야 하는 것을 인식하는 절대적 이념으로서의 신의 영광에 대한 관계에서는 앎 그 자체의 정신적 계기가 속하는 지반이며, 그러므로 또한 절대자의 측면, 즉 비록 형식적일 뿐일지라도 절대자의 실재성 측면이다. 이러한 대립의 절대적 연관을 파악하는 것이야말로 형이상학의 심오한 과제다. 자아에 대해 타자는 신적인 것으로서 존재하며, 그래서 종교가 현존하지만, 더 나아가 타자의 형태에서는 또한 세계 일반, 유한성의 전 우주적 범위로서도 존재한다. 자아는 그 점에서도 자기의 고유한 유한성이다. 자아는 이러한 측면에 따라서 자기를 유한한 것으로 파악하며, 그래서 유한한 목적, 즉 현상의 입장이다. 일반적으로 자기 내 반성, 이러한 자유는 추상적으로 절대적 이념의 활동이라는 형식적 계기다. 이러한 자기를 아는 자는 첫째로 일반적으로 자기를 의욕하며, 모든 것 속에서 자기를 의욕한다. 모든 객관성 속에는 자기를 아는 이러한 그의 주관성이 있어야 한다. 이러한 것이 자기 자신의 확신이다. 그리고 주관성이 그 이상 아무런 내용도 지니지 않는다는 점에서 이것은 이성의 충동이라고 불릴 수 있다 — 이는 경건함에서도 오직 주관이 구원받는다는 것만이 관건이 되는 것과 마찬가지다. 그래서 자아는 자기 자신을 처음에는 아는 자로서가 아니라 자기의 직접성에 따라 유한한 자로서 의욕하며, 이러한 것이 그의 현상 영역이다. 자아는 자기의 특수성에 따라서 자기를 의욕한다. 이러한 것은 열정이 그에 속하고 개인성이 자기의 특수성을 현실화하는 바로 그 지점이다. 개인성이 자기의 유한성을 현실화하는 데 다다르면 그것은 자기를 이중화했다. 그리고 원자와 그의 타자가 이러한 방식으로 서로 화해함으로써 개인은 **행복**이라고 불리는 것을 지닌다. 왜냐하면 우리는 자기와 조화를 이루는 사람을 행복하다고 부르기 때문이다. 우리는 역사를 고찰하는 데서도 행복을 관점으로 지닐 수 있다. 그러나 역사는 행복을 위한 지반이 아니다. 행복의 시대는 역사 속에서 비어 있는 장이다. 세계사에도 분명 충족이 존재한다. 그러나 이 충족은 행복이라고 불리는 것이 아니다. 왜냐하면 행복이란 특수한 관심 위에 자리하는 그러한 목적의 충족이기 때문이다. 세계사에서 의미를 지니는 목적은 추상적 의욕을 통해 정력적으로 [193]견지되어야만 한다. 그러한 목적을 추구해 온 세계사적 개인은 분명 자기를 충족시켰지만, 그들이 행복해지기를 원했던 것은 아니다.

이러한 추상적 활동의 계기는 정신의 내적 수직갱에 자리 잡은 보편적 이념과 외적인 것 사이에서 묶어주는 것으로서, 매개념$^{medius\ terminus}$으로서, 이념을 그 내면성으로부터 외면성으로 정립하는 것으로서 고찰되어야 한다. 보편성은 밖으로 정립됨으로써 동시에 개별화된다. 내적인 것은 그 자체로는 죽은 것, 추상적인 것이다. 활동을 통해 그것은 현존재하는 것이 된다. 역으로 활동은 공허한 객관성을 자체적이고도 대자적으로 존재하는 본질의 현상으로 고양한다. 지금까지 우리는 이념의 분열에서 한 측면, 즉 이념이 자기를 이념과 원자로, 그러나 자기를 사유하는 원자로 분리한다는 것을 고찰해 왔다. 이 원자는 하나의 타자를 위해 존재하며, 그 타자는 이 원자를 위해 존재한다. 그런 까닭에 이 원자는 활동으로서, 자기 내에서 무한한 불안으로서 파악되어야 한다. 바로 이러한 원자로서 그것은 한편에, 정점에 놓인다. 그러나 그것은 동시에 모든 것을 질료 속으로, 보편적인 것 속으로 집어넣고 그로부터 모든 것을 끌어내고자 함으로써 절대적 의지가 알려지고 성취되도록 하는 과제를 부여받은 직접적인 것이기도 하다. 통일을 향한, 즉 분리를 되돌리려고 하는 이러한 무한한 충동은 분열의 또 다른 측면이다. 유한성 일반의 입장은 보편적인 것이 자기의 규정을 현실화함으로써 보편적인 것을 현존재하게 하는 개체적 활동 속에 존립한다. 여기서 하나의 측면은 개인이 그의 현실적인 유한한 의욕을 수행함으로써 자기의 특수성을 향유하고자 하는 활동 그 자체다. 그러나 다른 측면은 여기에 곧바로 보편적 목적, 선, 권리, 의무가 비쳐 들어온다는 것이다. 그것이 사실이 아닌 곳에서 우리는 조야함과 자의의 입장을 지닌다. 그러나 여기서 우리는 그러한 입장을 넘어서 있다. 개별적인 것의 보편화는 바로 그 속에 주관이 인륜적인 것으로 교육되는 것이 놓여 있는 것이며, 바로 이를 통해 인륜이 유효하게 된다. 특수성 속의 이러한 보편적인 것은 특수한 선 일반, 인륜적인 것으로서 현존하는 바로 그것이다. 그와 같은 것의 산출은 오직 보존일 뿐이지만, 보존이란 언제나 생산이지 단순히 죽은 지속이 아닌 한에서의 보존이다. [94]이러한 보존, 관습, 유효한 법은 규정된 것이지

선 일반, 추상적인 것이 아니다. 의무는 임의의 나라가 아니라 이 특정한 조국을 지킬 것을 요구한다. 바로 여기에 개인의 인륜적 활동 일반을 위한 원칙이 놓여 있다. 여기에는 잘 알려진 의무와 각각의 개인에게 잘 알려진 법률, 즉 각각의 개인의 지위가 지니는 객관적인 것이 놓여 있다. 왜냐하면 선을 위한 선과 같은 공허한 어떤 것은 살아 있는 현실 속에서는 일반적으로 자리를 지니지 않기 때문이다. 우리는 행동하고자 한다면 단지 선을 의욕해야만 하는 것이 아니다. 오히려 우리는 과연 이런저런 것이 선인지를 알아야만 한다. 그러나 어떤 내용이 선인지 선이 아닌지, 정당한지 정당하지 않은지 하는 것은 사적인 삶의 일상적 경우에 대해서는 국가의 법률과 관습 속에 주어져 있다. 그것을 아는 데는 커다란 어려움이 없다.

개인의 가치는 그들이 민족의 정신에 적합하다는 것, 그들이 민족정신의 대표자이고 전체의 과업을 떠맡은 신분에 배속되어 있다는 것에 기반한다. 그리고 이러한 것이 개인의 자의에 달려 있다는 것과 개인이 어떤 과업에 헌신하고자 하는 것이 신분적인 방식으로 배분되지 않는다는 것은 국가에서의 자유에 속한다. 그 경우 개인의 **도덕성**은 그가 자기 신분의 의무를 이행하는 데 존립한다. 그리고 이러한 것은 무언가 쉽게 알 수 있는 것이다. 의무가 어떤 것인지는 신분에 의해 규정되어 있다. 그러한 관계의 실체적인 것, 즉 이성적인 것은 잘 알려져 있다. 그것은 바로 의무라고 불리는 것 속에서 언명되어 있다. 의무가 무엇인지를 탐구하는 것은 쓸데없는 궁리다. 도덕적인 것을 어떤 어려운 것으로 간주하려는 경향 속에서는 오히려 자기의 의무에서 벗어나려는 병적 욕망Sucht을 알아볼 수 있다. 각각의 모든 개인은 자기의 신분을 지닌다. 그는 일반적으로 무엇이 올바르고 성실한 행동 방식인지를 알고 있다. 만약 누군가가 일상적인 사적 상황에서 옳고 선한 것을 선택하기가 매우 어렵다고 설명한다면, 그리고 그가 거기서 많은 어려움을 발견하고 양심의 가책을 느끼는 것을 탁월한 도덕성으로 여긴다면, 이러한 것은 오히려 알아채기에 그다지 어렵지 않은 자기의 의무에서 빠져나갈 구실을 마련하려는 나쁘거나 악한 의지에 돌려져야 하며, 또는 적어도 편협한 의지가 [95]그리 문제가 되지 않는 까닭에 보통 자기 내에 몰두하면서 도덕적 만족감에 탐닉하는 반성하는 마음의 빈둥거림으로 여겨져야 한다. 도덕적인 것이 규정적인 관계의 본성은 실체적인 것이자 의무를 제시하는 것 속에 놓여 있다. 그래서 부모에 대한 아이의 관계가 지니는 본성은 단적으로 그 관계에 적합하게 행동해야 한다는 의무를 낳는다. 또는 법적인 관계에서 내가 누군가에게 돈을 빚지고 있다면 나는 법에 따라서 사태의 본성에 따라 행동하고 돈을 상환해야만 한다. 여기서 어려운 것은 아무것도 없다. 시민적 생활이 의무의 지반을 형성한다. 개인은 그에게 지정된 소명을 지니며, 그러므로 또한 그에게 지정된 의무도 지닌다. 그리고 그들의 도덕성은 바로 이 의무에 따라 행동하는 데 존립한다. —

그러므로 두 극단의 합일, 즉 보편적 이념을 직접적 현실로 실현하는 것과 개별성을 보편적 진리로 고양하는 것은 실로 우선은 두 측면의 서로에 대한 상이성과 무관심성의 전제 아래서 이루어진다. 행동하는 자는 그의 활동에서 유한한 목적, 특수한 관심을 지닌다. 그러나 그는 또한 아는 자, 사유하는 자이기도 하다. 그런 까닭에 그들의 목적 내용은 옳음, 선, 의무 등등과 같은 보편적이며 본질적인 규정들로 관통되어 있다. 왜냐하면 단순한 욕망, 의욕의 난폭함과 조야함은 세계사의 무대와 그 영역 외부에 속하기 때문이다. 목적과 행동을 위한 지침이기도 한 이러한 보편적 규정들은 규정된 내용의 것이다. 모든 개인은 그의 민족이 발전해 가는 특정한 단계에 있는 그 민족의 아들이다. 아무도 자기의 대지를 뛰어넘을 수 없듯이 자기 민족의 정신도 뛰어넘을 수 없다. 대지는 중력의 중심이다. 만약 어떤 물체가 그의 중심을 떠나고 있는 것으로서 표상된다면 그 물체는 공중으로 날아 흩어지고 있는 것으로서 표상되고 있다. 개인에게서도 사정은 마찬가지다. 그러나 개인이 그의 실체에 적합하다고 하는 것은 자기 자신에 의해 이루어진다. 개인은 이 민족이 요구하는 의지를 자기 안에서 의식화하고 언명해야만 한다. 개인은 자기의 내용을 고안하는 것이 아니다. 오히려 개인은 다만 실체적 내용을 자기 안에서 활동하게 하는 것일 뿐이다.

[96]그러나 각각의 모두가 활동시켜야 하고 그 경우 바로 그 활동을 통해 인류 전체가 유지되는 이러한 보편적인 것에 맞서 두 번째 보편적인 것이 현존한다. 이 두 번째 것은 거대한 역사 속에서 자기를 언명하며, 바로 그에 의해 인류에 적합하게 행동해야 한다는 어려움이 초래된다. 이러한 보편적인 것이 어디서 유래하는지에 대해서는 앞에서 이념의 전진에 대해 말할 때 언급한 바 있다. 이 보편적인 것은 인륜적 공동체 내부에 속할 수 없다. 거기서는 이념의 규정된 보편적인 것에 반하는 개별적인 것, 즉 악덕이나 사기 등이 생겨날 수 있지만, 그것은 억압된다. 그에 반해 인륜적 전체가 제한된 것이라는 점에서 그것은 자기보다 더 고차적인 보편적인 것을 지닌다. 이러한 더 고차적인 보편적인 것을 통해 인륜적 전체는 자기 내에서 부서진다. 하나의 정신적 형태로부터 다른 정신적 형태로의 이행은 바로 다음과 같은 것, 즉 선행하는 보편적인 것이 그에 대한 사유를 통해 하나의 특수한 것으로서 지양된다는 것이다. 이러한 나중의 좀 더 고차적인 것, 이른바 앞선 종의 최근류는 내면적으로 현존하지만, 아직은 유효하게 되지

못했다. 그리고 이것이 실존하는 현실을 동요시키고 분쇄한다.

역사의 발걸음에서 하나의 본질적 계기는 민족, 국가의 보존과 그 삶의 질서 있는 영역의 보존이다. 그리고 개인이 공동 작업에 참여하여 그것의 특수한 종류들이 산출되도록 돕는 것은 개인의 활동이다. 그것은 인륜적 삶의 보존이다. 그러나 다른 계기는 있는 그대로의 민족정신의 존립이 분쇄된다는 점이다. 왜냐하면 민족정신이 자기를 소진하고 일을 마무리함으로써 세계사, 즉 세계정신이 전진하기 때문이다. 우리는 여기서 인륜적 전체 내부에서의 개인의 지위와 그들의 도덕적 행태, 그들의 의무를 언급하는 것이 아니다. 오히려 문제가 되는 것은 다만 자기 자신의 더욱 고차적인 개념을 향한 정신의 지속적 형성, 전진, 자기 고양일 뿐이다. 그러나 이것은 정신의 개념이 스스로 완성해 놓은 현실의 선행하는 방식을 격하, 분쇄, 파괴하는 것과 결부된다. 이것은 한편으로는 이념의 내적 발전에서 이루어진다. 다른 한편으로 이 이념의 발전은 그 자신이 만들어진 것이며, 그 이념의 행위자이자 그 현실화를 가져오는 것은 개인들이다. 바로 여기서 ⁾⁾기존의 인정된 의무, 법률, 권리들과 이 체계에 대립하고 이를 침해하며 심지어 그 기초와 현실을 파괴하는 동시에 또한 좋고 유리하며 본질적이고 필연적인 것으로도 보일 수 있는 내용을 지닌 가능성 사이에서 커다란 충돌이 발생한다. 이러한 가능성은 이제 역사적으로 된다. 그것은 자기 안에 다른 종류의 보편적인 것을 하나의 민족이나 국가의 존립에서 토대를 이루는 보편적인 것으로서 포함한다. 이러한 보편적인 것은 생산적인 이념의 한 계기, 자기 자신을 추구하며 추동하는 진리의 한 계기다.

그런데 그러한 더 고차적인 보편적인 것을 포착하여 자기의 목적으로 삼고, 정신의 좀 더 고차적인 개념에 적합한 목적을 현실화하는 자는 위대한 세계사적 개인이다. 그런 한에서 그들은 **영웅**이라고 불려야 한다. 그들은 자기의 목적과 사명을 평온하고 정돈된 체계나 사물의 신성화된 진행으로부터 얻어내지 않는다. 그들의 정당화는 현존하는 상태 안에 놓여 있지 않다. 오히려 그들은 정당화를 다른 원천에서 길러낸다. 현재의 문을 두드리면서도 아직 지하에 있고 아직은 현재의 현존재로까지 성장해 있지 않으면서 밖으로 모습을 드러내려고 하는 것은 숨겨진 정신이다. 그 숨겨진 정신에 대해 현재의 세계는 하나의 껍데기일 뿐인바, 현재의 세계는 껍데기에 속하는 것과는 다른 하나의 핵심을 자기 내에 포함한다. 그러나 똑같은 방식으로 이제 기존의 것에서 벗어나는 모든 것, 즉 의도, 목적, 의견, 이른바 이상은 현존하는 것과는 서로 다르다. 모든 종류의 모험가들은 그러한 이상을 지니며, 그들의 활동은 현존하는 관계들에 거슬리는 그러한 표상들로 나아간다. 그러나 그러한 표상, 훌륭한 근거, 보편적 원리들이 기존의 것들과 서로 다르다는 것이 그것들을 정당화하는 것은 아니다. 참다운 목적이란 오로지 내적 정신이 자기의 절대적 힘 자신을 통해 상승적으로 형성해 낸 그러한 내용일 뿐이다. 그리고 세계사적 개인이란 바로 상상된 것, 잘못 생각된 것이 아니라 올바르고 필연적인 것을 의욕하고 성취한 사람들인바, 그들은 무엇이 때가 되었고 필연적인지를 알고 자기의 내면에서 현현시킨 것이다.

[98]우리는 또한 이것과 그러한 형태화가 보편적 이념 속의 계기일 뿐이라는 개념 파악과 구별할 수 있다. 이러한 개념은 철학에 특유하다. 세계사적 인간은 그 개념을 지니지 않는다. 왜냐하면 그들은 실천적이기 때문이다. 그러나 그들은 자기의 일을 알고 의욕하는데, 왜냐하면 그것이 때가 되었기 때문이다. 그것은 내면에 이미 현존하는 바로 그것이다. 그들의 사태는 이 보편적인 것, 그들 세계의 필연적인 최고의 단계를 알고 이것을 자기의 목적으로 삼아 모든 에너지를 그 속에 쏟아붓는 것이었다. 그들은 스스로 성취한 보편적인 것을 자기 자신으로부터 끌어냈다. 그러나 그 보편적인 것은 그들이 고안한 것이 아니다. 오히려 그것은 영원히 현존하며 그들에 의해 정립되고 그들과 더불어 숭상된다. 그들이 그 보편적인 것을 내면으로부터, 즉 이전에는 아직 현존하지 않았던 원천으로부터 끌어낸 까닭에 그들은 그 보편적인 것을 단적으로

자기 자신으로부터 끌어내는 것으로 보인다. 그리고 그들이 산출하는 새로운 세계 관계와 행위는 그들의 산출물, 그들의 관심, 그들의 작품으로서 나타난다. 그러나 그들은 자기 편에 권리[옳음]를 지니는데, 왜냐하면 그들은 통찰을 지니는 자들이기 때문이다. 그들은 자기의 세계와 자기 시대의 진리가 무엇인지, 개념, 즉 바로 그다음에 출현하게 될 보편적인 것이 무엇인지 알고 있고, 앞에서 말했듯이 때가 된 것이 무엇인지 언명하는 까닭에 다른 사람들이 그들의 기치 주위에 모여든다. 그들은 그들의 세계에서 가장 통찰이 풍부한 자이고 무엇이 문제가 되는지를 가장 잘 알고 있다. 그리고 그들이 행하는 것은 옳은 것이다. 다른 사람들은 이 점을 느끼는 까닭에 그들에게 복종해야만 한다. 그들의 연설, 그들의 행동은 말해지고 행해질 수 있었던 가장 좋은 것이다. 그래서 역사적으로 위대한 개인들은 오직 그들의 자리에서만 이해되어야 한다. 그리고 그들에게서 경탄할 만한 것은 다만 그들이 자기를 이러한 실체적 정신의 기관으로서 형성해 냈다는 점이다. 이것이야말로 자기의 보편적 실체에 대한 개인의 참된 관계다. 이 보편적 실체는 모든 것이 그로부터 출발하는 것, 유일한 목적, 유일한 힘, 그러한 개인들이 의욕하는 유일한 것, 그들 속에서 자기의 충족을 추구하고 자기를 완수하는 것이다. 바로 이를 통해 그들은 세계 속에서 힘을 지니며, 오로지 그들이 자체적이고도 대자적으로 존재하는 정신의 목적에 부합하는 그러한 목적을 지닌다는 점에서 그들 편에는 절대적 권리가 존재하지만, 전적으로 특유한 양식의 권리가 존재한다.

세계의 상태는 아직 알려지지 않았다. 목적은 세계의 상태를 산출하는 것이다. 이것이야말로 세계사적 [99]인간의 목표이며, 거기서 그들은 자기의 만족을 발견한다. 그들은 여전히 현재하고 여전히 빛을 내고 있지만 단지 현실인 것처럼 보일 뿐인 그러한 것의 무력함을 의식하고 있다. 내면에서 계속해서 자기를 형성하고 세계가 더는 감당할 수 없을 만큼 성장하여 이제 그 세계를 넘어서려고 하며 스스로에 관한 자기의 의식이 그 세계에서 더는 충족될 수 없다고 발견하는 정신은 이러한 종류의 불만을 통해 아직은 자기가 의욕하는 것을 발견하지 못했다— 그가 의욕하는 것은 아직 긍정적으로 현존하지 않는다— 그런 까닭에 그 정신은 부정적인 측면에 서 있다. 세계사적 개인들은 사람들에게 그들이 의욕하는 것을 처음으로 말해준 사람이다. 사람들이 무엇을 의욕하는지 알기는 어렵다. 사람들은 실제로 무언가를 의욕할 수 있지만, 부정적인 입장에 서 있고, 충족되어 있지 않다. 긍정적인 것의 의식이 너무도 분명히 결여할 수 있는 것이다. 그러나 세계사적 개인들은 또한 그들이 의욕한 것 그 자신이 긍정적인 것이라는 점을 잘 알고 있었다. 이 개인들은 우선은 자기를 만족시킨다. 그들은 결코 다른 사람들을 만족시키기 위해 행동하지 않는다. 만약 그들이 그렇게 하고자 했다면, 그들은 많은 것을 해야 했을 것이다. 왜냐하면 다른 사람들은 시대가 요구하는 것이 무엇이고, 자기 자신이 의욕하는 것이 무엇인지를 알지 못하기 때문이다. 그러나 저 세계사적 개인들에 항거하는 것은 무력한 시도다. 그들은 저항하기 어렵게 자기의 일을 성취하도록 추동된다. 그 경우 그 일은 올바른 것이며, 다른 사람들은 비록 이러한 것이 자기가 원하는 것이라고 생각하지 않는다고 할지라도 그에 의지하고 그것을 받아들인다. 그것은 비록 그들에게 외면적이고 낯선 것으로 나타나고 그들이 생각하는 의욕의 의식에 반한다고 할지라도 그들 내에서 그들 자신 위에 있는 하나의 힘이다. 왜냐하면 더 멀리 나아간 정신은 모든 개인의 내면적 영혼이지만, 위대한 사람들이 그들에게 의식하게 하는 무의식적 내면성이기 때문이다. 하지만 그것은 그들 자신이 참으로 원하는 것이며, 그런 까닭에 그것은 그들이 자기의 의식된 의욕과 모순되더라도 자기를 내맡기는 힘을 행사한다. 그런 까닭에 그들은 이러한 영혼의 지도자들을 따르는데, 왜냐하면 그들은 자기에게 맞서 있는 자기의 고유한 내적 정신의 저항할 수 없는 힘을 느끼기 때문이다.

우리가 계속해서 이러한 세계사적 개인의 운명에 눈길을 돌리면,

그들은 [100]보편적 정신의 진보 과정 속의 한 단계를 형성하는[23] 목적의 담당자라고 하는 행운을 누렸다. 그러나 그들은 이러한 그들의 실체와도 구별되는 주체로서 일반적으로 행복하다고 불리는 사람이 아니었다. 그들이 원한 것은 행복한 사람이 되는 것이 아니라 자기의 목적을 달성하는 것이었다. 그리고 그들의 목적 달성은 그들의 수고스러운 노동을 통해 성취되었다. 그들은 자기를 만족시키고 자기의 목적, 즉 보편적 목적을 산출할 줄 알았다. 그토록 위대한 목적을 지닌 그들은 사람들의 온갖 의견에 맞서 대담하게도 그것을 앞장서 받아들였다. 그래서 그들이 선택하는 것은 행복이 아니라 자기의 목적을 위한 수고, 투쟁, 노동이다. 그들은 자기의 목표를 달성했을 때 안정된 향유로 이행하지 못했고, 행복해지지 못했다. 그들의 본질은 바로 그들의 행위였다. 이러한 그들의 열정은 그들의 본성과 그들의 성격이 차지하는 범위를 이루었다. 목적이 달성되면 그들은 떨어져 나가는 빈껍데기와 비슷하다. 자기의 일을 수행하는 것은 그들에게 아마도 괴로운 일이 되었을 것이다. 그리고 자기의 일을 수행하게 된 순간에 그들은 알렉산드로스처럼 일찍 죽거나 카이사르처럼 살해당하거나 나폴레옹처럼 유형에 처했다. 우리는 그들이 자기를 위해 무엇을

⋅⋅
23. [편주] 초고에서는 이 대신에: 단계인.

획득했는지 물을 수 있다. 그들이 획득한 것은 그들의 개념, 그들의 목적, 그들이 성취한 것이다. 그들은 종류가 다른 획득물, 즉 안정된 향유를 달성하지 못했다. 역사적 인간들이 사람들이 행복하다고 부르는 존재가 아니었고 대단히 서로 다르고 외면적인 상황에서 생겨날 수 있는 사적인 삶만이 행복할 수 있다고 하는 전율할 만한 위안 — 바로 이러한 위안이 필요한 사람은 역사로부터 그것을 얻을 수 있을 것이다. 그러나 위대하고 출중한 인물을 불쾌하게 바라보고 그를 헐뜯고 그에게서 흠을 찾아내며, 탁월한 이가 행복해지지 않았다고 하는 까닭에만 그러한 탁월한 이가 거기 있었다는 것을 견딜 만하다고 생각하는 질투심은 그러한 위안이 필요하다. 그 질투심은 바로 그에 의해 자기와 그 탁월한 인물 사이에 평형을 이루고자 한다. 그래서 근간에도 군주들은 일반적으로 그들의 왕좌에서 행복하지 않다는 것이 충분히 증명되었으며, 따라서 사람들은 왕좌를 군주들에게 기꺼이 주고 자신들이 아니라 군주들이 왕좌에 앉아 있는 것을 견딜 만하다고 생각한다. [101]그에 반해 자유로운 인간은 질투하지 않는다. 그는 위대한 개인을 기꺼이 인정하며 그들을 기뻐한다.

그러나 그러한 위대한 인간들에게는 질투심에 사로잡힌 수많은 천민이 몰려들어 그들 위인에게 그들의 열정을 잘못이라고 제시한다. 실제로 그들이 내보인 모습에 열정이라는 형식이 적용되어 그들의 열정이 그들을 추동했다고 말함으로써 특별히 판정의 도덕적 측면이 강조될 수 있다. 그러나 그들은 열정의 사람들이었다. 다시 말하면 그들은 바로 자기의 목적에 대한 열정을 지녔고 자기의 성격, 천재, 천성 전체를 이 목적에 쏟아부었다. 그러므로 여기서는 자체적이고도 대자적으로 필연적인 것이 열정의 형식으로 나타난다. 저 위대한 사람들은 실로 자기의 열정, 자기의 자의에만 따르는 것으로 보인다. 그러나 그들이 의욕하는 것은 보편적인 것이다. 이것이야말로 그들의 파토스다. 열정은 바로 그들의 자아가 지닌 에너지였다. 이 에너지가 없었다면 그들은 전혀 아무것도 이루어 낼 수 없었을 것이다.

열정과 이념의 목적은 이러한 방식으로 하나의 같은 것이다. 열정은 성격과 보편적인 것의 절대적 통일이다. 그 주관적 특수성 속에 있는 정신이 여기서 이념과 동일화되어 있는 상태는 이를테면 무언가 동물적인 것이다.

무언가 쓸모 있는 일을 해내는 인간은 자기의 에너지 전체를 쏟아 넣는다. 그는 이것 또는 저것을 의욕하는 것에 대해 심사숙고할 냉정함을 지니지 않는다. 그는 그렇고 그런 많은 목적으로 산산이 흩어지는 것이 아니라 자기의 참다운 위대한 목적에 전적으로 헌신한다. 열정은 이러한 목적의 에너지이며 이러한 의욕의 규정성이다. 인간이 자기의 에너지를 그렇게 한 가지 사태에 집어넣는다는 것은 일종의 충동이며 거의 동물적이다. 이러한 열정은 우리가 감격이나 열광으로 부르기도 하는 것이다. 하지만 우리는 그 목적이 좀 더 이상적이고 보편적인 본성을 지니는 곳에서만 열광이란 표현을 사용한다. 정치적 인간은 열광주의자가 아니다. 그는 열광주의자에게는 대개 돌려지지 않는 분명한 신중함을 지녀야만 한다. 열정은 그 인간에게서 무언가 쓸모 있는 것이 나오는 조건이다. 그러므로 열정은 전혀 비도덕적인 것이 아니다. 만약 이러한 감격이 참다운 본성을 지니는 것이라면 그것은 동시에 냉정한 감격이다. 이론은 이러한 참다운 진실한 목적이 산출되게 하는 것에 관한 개관을 지닌다.

[102]더 나아가 주목해야 할 것은 세계사적 인간들이 보편적 정신에 필연적인 자기의 위대한 목적을 달성함으로써 자기 자신을 만족시킬 뿐만 아니라 또한 이에 대한 다른 외면적인 것들도 획득했다는 점이다. 그들은 자기의 목적을 동시에 자기의 것으로서 이루어 냈다. 그것은 이러한 분리될 수 없는 것이다. 사태와 대자적 영웅, 이 둘이 충족된다. 우리는 이러한 자기 충족의 측면을 달성된 사태의 측면과 분리할 수 있고, 위대한 인간들에게 그들이 자기의 것을 추구했다고 입증할 수 있으며, 그들이 다만 자기의 것만을 추구했다고 주장하는 데로까지 나아갈 수 있다. 실제로 이러한 인간들은 명성과

명예를 획득했고, 동시대와 후세의 사람들이 비판의 병적 욕망, 특히 질투의 질병에 빠져 있지 않은 한에서 그들에 의해 인정받았다. 그러나 우리가 거기서 자기를 충족시키려고 하지 않고서 어떤 것을 할 수 있다고 생각하는 것은 불합리하다. 물론 단순히 유한하고 개별적인 목적만을 지니는 단순히 특수한 것으로서의 주관적인 것은 보편적인 것에 종속되어야만 한다. 그러나 이 주관적인 것은 이념을 활동하게 하는 것인 한에서 그 자신은 실체적인 것인 바로 그것을 보존하는 것이다.

이러한 분리를 시도하는 것은 심리학적 잔재주다. 그러한 잔재주는 열정에 병적 욕망이라는 이름을 부여함으로써 저 인간들의 도덕을 의심스럽게 만드는 동시에 그들이 행한 것의 결과를 그들의 목적으로서 내세우고 행위 자신을 수단으로 격하한다. 그들은 오직 명예욕이나 정복욕에서만 행동했다는 것이다. 그래서 예를 들어 알렉산드로스의 분투도 정복욕으로서 무언가 주관적인 것으로 생각되며, 그런 까닭에 좋은 것이 아니다. 이러한 이른바 심리학적 고찰은 모든 행동을 심정 속으로 집어넣어 주관적 형태로 가져옴으로써 그 행동하는 자가 모든 것을 어떤 하나의 크고 작은 열정이나 병적 욕망에서 행했으며, 이러한 열정이나 병적 욕구로 인해 도덕적 인간이 아니었다고 설명할 수 있다. 마케도니아의 알렉산드로스는 한편으로는 그리스를, 그러고 나서는 아시아를 정복했고, 그러므로 그는 정복욕에 불타는 사람이었다. 그는 명예욕과 정복욕에서 행동했으며, 명예욕과 정복욕이 그를 추동했다는 증거는 그가 명성을 가져온 그러한 일을 했다는 것이다. 그 어떤 교사가 알렉산드로스 대왕과 율리우스 [103]카이사르에 대해 이 사람들이 그러한 열정에 추동되었고 따라서 비도덕적인 인간이었다고 가르치지 않았을까? 그로부터 곧바로 따라 나오는 것은 바로 그 교사가 저들보다도 더 뛰어난 사람이라는 점인데, 왜냐하면 그는 그러한 열정을 소유하지 않으며, 그 점을 자기가 아시아를 정복하지 않고 다레이오스[24]나 포로스[25]를 격파하지도 않으며, 그런데도 말할 것도 없이 잘 살고 또한 살게 한다는 것에 의해 증명하기 때문이다. — 그 경우 이 심리학자들은 주로 사적 인격으로서의 위대한 역사적 인물에게 속하는 특수성에 대한 고찰에 주로 매달린다. 인간은 먹고 마셔야만 하며 친구나 지인과 교제하고 순간적인 감정과 격앙을 지닌다. 저 위대한 사람들도 그러한 특수한 것들을 지녔고 먹고 마셨으며, 이 요리를 즐겼고 이 포도주를 다른

..
24. 다레이오스 3세. 페르시아 아케메네스 왕조의 마지막 왕(BC 336-330 재위). 그라니코스강 전투와 이수스 전투에서 알렉산드로스에게 패배했다.
25. 포로스 또는 포루스는 고대 인도의 파우라바 왕국의 왕이다. 또한 포로스는 이 부족의 왕 칭호이기도 하다. 펀자브 동부를 지배한 실력자였지만, 기원전 326년, 히다스페스 전투에서 알렉산드로스 대왕에게 패한다.

포도주나 물보다도 더 즐겨 마셨다. 시종에게는 영웅이 존재하지 않는다는 잘 알려진 격언이 있다. 나는 여기에 덧붙여, 그러나 그것은 영웅이 영웅이 아니기 때문이 아니라 시종이 시종이기 때문이라고 말했다 — 괴테도 2년 후에 그것을 되풀이했다.[26] 시종은 영웅의 장화를 벗겨주고 잠자리도 챙기며 그가 샴페인을 즐겨 마신다는 등의 사실도 알고 있다. 영웅은 시종을 위해 존재하지 않는다. 영웅은 세계, 현실, 역사를 위해 있다. — 그러한 심리학적 시종들이 역사 서술에서 시중드는 역사적 인물들은 열등하게 된다. 그들은 시종에 의해 평준화되며, 그렇듯 인간사에 대해 섬세하게 아는 자의 도덕과 동일선상에, 아니 오히려 그보다도 몇 단계 아래에 놓인다. 왕들을 비난하는 호메로스의 테르시테스[27]는 모든 시대에 등장하는 인물이다. 실로 그가 호메로스 시대에서처럼 모든 시대에 구타, 다시 말하면 단단한 몽둥이 매질을 당하는 것은 아니다. 그러나 그의 질투, 그의 아집은 그가 몸속에 박혀 있는 말뚝이다. 그리고 그의 훌륭한 의도와 비난이 세계 속에서

∙ ∙
26. [편주] Hegel, *Phänomenologie des Geistes*(『정신현상학』), hg. Joh. Hoffmeister, 1952, S. 468을 참조.
27. 테르시테스는 그리스 신화에 나오는 인물로 트로이 전쟁에 참여한 그리스 병사였다. 그는 계급이 낮은 평민으로 지독한 독설가이자 수다쟁이였다. 호메로스는 『일리아스』 제2권에서 테르시테스의 못생긴 모습을 자세히 묘사하고 있다.

전혀 효과가 없는 것으로 남는다는 고통은 그를 갉아먹는 불사의 벌레다. 우리는 테르시테스의 운명에서 고소해하는 마음마저 지닐 수 있다.

[104]그 밖에 그러한 심리학적 잔재주에는 모순도 존재한다. 명예나 명성은 마치 이것이 그 사람들의 목적이었다는 것처럼 그들의 결점으로 헤아려진다. 다른 한편으로 주장되는 것은 그러한 사람들이 하려고 하는 것이 다른 사람들의 동의를 얻어야만 한다는, 다시 말하면 그들의 주관적 의지가 다른 사람들에 의해 존중받아야 한다는 것이다. 그런데 바로 이 명예와 명성 그리고 요구되는 이러한 동의는 저 사람들이 의욕한 것이 올바른 것이었다는 인정을 포함한다. 세계사적 개인들은 실제로는 그 사람들의 내적 의지였던 목표를 내걸었다. 그럼에도 사람들은 자기가 요구하는 이러한 다른 사람들의 동의가 이루어진 후에는 그것을 그 세계사적 개인들의 결점으로 삼으면서 명예와 명성을 바랐다고 그들을 책망한다. 그러나 그에 대해서는 저들에게는 명예나 명성이 전혀 문제가 되지 않았다고 항변할 수 있다. 왜냐하면 그들은 표면 위를 떠도는 일상적인 것, 지금까지 존경받아 온 것을 경멸했을 것이기 때문이다. 그리고 오로지 이를 통해서만 그들은 자기의 업적을 성취했다. 그렇지 않았다면 그들은 사람들의 일상적인 방식에 머물렀을 것이며, 정신이 의욕한 것은 다른 사람이 성취했을

것이다.

 그러나 그 경우 사람들은 그들이 사람들의 인정을 추구하지 않았다고 해서, 즉 그들이 다른 사람들의 의견을 경멸했다고 해서 책망한다. 물론 그들의 명예는 사람들의 동의를 받는 것을 경멸하는 데서 생겨났다. 그들이 세계에 가져오는 새로운 것이 그들 자신의 목표라는 점에서 그들은 그에 관한 표상을 자기로부터 길어냈으며, 그들이 달성하는 것은 그들의 목적이다. 그래서 그들이 충족된다. 그들은 다른 사람들의 반대에 맞서 그것을 의욕했고, 그 속에서 그들은 자기의 충족을 발견한다. 위대한 인간들은 다른 사람들의 호의적인 의도가 아니라 자기를 충족시키려고 의욕했다. 그들은 다른 사람들의 호의적인 의도에 관해 아무것도 알지 못했다. 그들이 다른 사람들의 말에 귀 기울였다면 그것은 더 편협한 것, 더 왜곡된 것이었을 것이다. 그들은 의욕해야 할 것을 가장 잘 알았다. **카이사르는** 로마 공화정이 뜻하는 것, 요컨대 존재해야 할 법률들이 그 아욱토리타스auctoritas, 권위와 디그니타스dignitas, 존엄에 의해 억압되고 있다는 것과 특수한 자의로서의 이것을 끝내는 것이 합당하다는 것에 관한 가장 올바른 표상을 가졌다. 그가 이러한 일을 수행할 수 있었던 것은 바로 그것이 올바르기 때문이었다. 그가 키케로의 말에 귀 기울였다면, 그는 아무것도 되지 못했을 것이다. [105]카이사르는 공화정이 허구라는 것, 키케로가 공허한 것을 말한다는 것, 알맹이 없는 이것 대신에 다른 형태가 정립되어야만 한다는 것, 자기가 산출한 형태가 필연적인 것이라는 점을 알았다. 그래서 그러한 세계사적 개인들은 물론 자기의 커다란 관심사들에서 그 자체로 존중할 만한 다른 관심사나 신성한 권리를 경솔하고 덧없이 그리고 순간적이고 무분별하게 다루었던바, 이것은 도덕적 비난에 노출되는 행동 방식이다. 그러나 그들의 위치 일반은 다른 것으로서 파악되어야 한다. 거기에 등장하는 위대한 인물은 수많은 순결한 꽃들을 짓밟고 자기가 걸어가는 길에서 수많은 것을 파괴하지 않을 수 없다.

그러므로 열정의 특수한 관심은 보편적인 것의 활동과 분리될 수 없다. 왜냐하면 특수한 것과 규정된 것으로부터 그리고 그것의 부정으로부터 보편적인 것이 결과하기 때문이다. 특수한 것은 세계사 속에서 자기의 고유한 관심을 지닌다. 그것은 유한한 어떤 것이며, 그러한 것으로서 몰락해야만 한다. 특수한 것은 서로 투쟁하여 지치며, 그 가운데 한편은 몰락하게 된다. 그러나 바로 투쟁에서, 특수한 것의 몰락에서 보편적인 것이 결과한다. 보편적인 것은 저지되지 않는다. 대립과 투쟁에 직면하고 위험에 빠지는 것은 보편적 이념이 아니다. 그것은 배후에 도사린 채 지치지 않고 침해당하지 않으며, 열정이라는 특수한 것을 투쟁하게 하여 스스로 닳아 없어지도록 한다.

이성이 자기를 위하여 열정이 활동하게 하고 그렇게 함으로써 이성을 실존하게 하는 바로 그것이 스스로 대가를 치르고 해를 당하는 것, 바로 이것을 우리는 **이성의 책략**List der Vernunft이라고 부를 수 있다. 왜냐하면 그 한 부분이 허무하고 다른 한 부분은 긍정적인 것은 현상이기 때문이다. 특수한 것은 대개 보편적인 것에 비해 너무 보잘것없다. 개인들은 희생되고 포기된다. 이념은 현존재와 무상함의 공물을 스스로 치르는 것이 아니라 개인의 열정을 통해 바친다. 카이사르는 시들어 가는 자유를 무너뜨리기 위해 필연적인 것을 성취해야만 했다. 그 자신은 이 투쟁 속에서 목숨을 잃었지만, 필연적인 것은 그대로 남았다. 자유는 이념에 따라 외적인 사건 아래 놓여 있었다.

그런데 비록 우리가 개체성과 [106]그의 목적 그리고 이 목적의 충족이 희생되고 그의 행복 일반이 자연력과 더불어 그것이 속하는 우연성의 나라에 내맡겨지는 것을 보는 것과 개인 일반을 수단의 범주 아래 고찰하는 것을 받아들인다고 하더라도, 개인 속에는 우리가 또한 최고의 것에 맞서 단지 이러한 관점에서만 파악하기를 주저하는 측면이 존재한다. 왜냐하면 최고의 것은 단적으로 종속된 것이 아니라 오히려 개인 속의 자기 자신에서 영원한 것, 신적인 것이기 때문이다. 이것이 바로 도덕성, 인륜,

종교성이다. 이미 개인 일반에 의한 이성 목적의 활동에 관해 이야기되었다는 점에서 개인의 주관적 측면, 즉 그의 관심 일반, 그의 욕구와 충동의 관심, 그의 견해와 통찰의 관심이 실로 형식적 측면으로서 제시되었지만, 그 형식적 측면 자신은 충족되어야만 하는 무한한 권리를 지닌다. 수단에 관해 이야기할 때 우리는 그것을 우선은 목적에 참여하지 않는, 목적에 단지 외면적일 뿐인 것으로서 표상한다. 그러나 실제로는 이미 자연적 사물 일반이나 수단으로 사용되는 가장 평범한 생명 없는 것조차도 스스로 목적에 상응하거나 자기 속에 목적과 공통된 어떤 것을 지니는 성질이 있지 않으면 안 된다. 전적으로 외면적인 저 의미에서 인간은 결코 이성 목적에 대해 수단으로서 관계하지 않는다. 그는 이 이성 목적을 가지고서, 그리고 그 이성 목적을 기회로 하여 내용에 따라 이성 목적과는 다른 자기의 특수한 목적을 충족시킬 뿐만 아니라 또한 저 이성 목적 자신에 참여하며, 바로 그에 의해 자기 목적이다 ― 이것은 그 개체적 생명 자신이 그 내실에 따라 이미 인간적 생명에 종속된 것이자 당연히 수단으로서 사용되는 살아 있는 것 일반처럼 단지 형식적으로만 자기 목적이 아니라[28] ― 오히려 인간들, 즉 개인들이 목적의 내용에 따라서도 **자기 목적**이다. 이 규정에는 바로 우리가 수단의 범주에

- -
28. [편주] 난외에: 칸트를 참조.

서 끌어내기를 바라는 것, 즉 도덕성, 인륜, 종교성이 속한다. 인간이 그 자신 내에서 목적인 것은 오직 그의 안에 존재하는 신적인 것에 의해서만 ─ 즉 처음부터 이성인 것에 의해서만 그러하며, 이성이 자기 안에서 활동적이고 스스로 규정하고 있는 한에서 [107]자유가 언급되었다. 그리고 우리는 여기서 더 이상의 전개에 관여하지 않고서도 바로 종교성, 인륜 등등이 이 자유 속에 자기의 지반과 원천을 지니며 그리하여 그 자신이 외적 필연성과 우연성을 그 자체에서 넘어섰다고 말한다. 그러나 잊지 말아야 할 것은 우리가 여기서 종교성과 인륜 등에 관해 이야기하는 것은 다만 그것들이 개인 속에 실존하고 그리하여 그것들이 개인적 자유에 맡겨져 있는 한에서일 뿐이라는 점이다. 이러한 규정에서 종교적이고 인륜적인 쇠퇴와 퇴폐와 상실은 개인 자신의 **책임**으로 귀속된다.

이것은 인간의 고차적이고 절대적인 규정, 즉 인간이 무엇이 선이고 악인지를 **알고** 있다는 것, 그리고 바로 그의 의욕이 선이나 악에 대한 **의욕**이라고 하는 것의 인장[印章]이다 ─ 한마디로 그는 책임, 즉 단지 악한 것에 대한 책임뿐만 아니라 또한 선한 것에 대한 책임을, 그리고 이런저런 것과 그 속에서 그 자신인 것이자 그 자신 속에 있는 모든 것에 대한 책임이 아니라 그의 개인적 자유에 속하는 선과 악에 대한 책임을 짊어질 수 있는 것이다. 오로지 동물만이 참으로 철두철미하게 책임이 없다. 그러나 이에 관해 생겨나곤 하는 오해(예를 들어 곧바로 책임 없음^{Unschuld}[무죄, 순진무구]이라고 불리는 것 — 악에 대한 무지 자신 — 이 이와 더불어 격하되거나 경시되는 것)를 잘라내거나 제거하기 위해서는 광범위한 대결, 요컨대 자유 자신에 관해 철저하게 수행된 논의만큼 광범위한 대결이 요구된다.

그러나 일반적으로 덕과 인륜 그리고 또한 종교성이 역사 속에서 지니는 운명을 고찰하는 데서 우리는 세계 속에서 선하고 경건한 사람들은 종종 또는 거의 모두 잘 못 지내는 데 반해 악하고 나쁜 사람들은 잘 지낸다는 탄식을 읊어 대서는 안 된다. 잘 지낸다는 것에서는 부와 외면적 명예 등등과 같은 아주 여러 가지 것이 이해되곤 한다. 그러나 자체적이고도 대자적으로 존재하는 목적인 그러한 것에 관해 이야기할 때, 이런저런 개별적 개인의 그러한 이른바 잘 지내고 못 지내고 하는 것을 이성적 세계 질서의 한 계기로 삼아서는 안 된다. 그러나 단지 개인의 행복이나 행복한 사정일 뿐인 것보다 더 많은 권리를 지니고서 세계 목적에 대해서는 [108]그 세계 목적 아래 그리고 그 세계 목적 속에서 선하고 인륜적이며 정당한 목적들이 그 실행과 보증을 추구할 것이 요구된다. 사람들을 도덕적으로 **불만스럽게** 만드는 것은 — 그들은 그 불만을 무언가 자랑스러워한다 — 그들이 그 내용에 따라 정당하고 선한 것으로 간주하는 좀 더 보편적인 목적들, 특히 국가 제도와 관련한 오늘날의 이상들을 발견하거나 그 이상들을 고안하고 그것들에서 감격을 느끼는 취미에서 그에 관한 사상, 원칙, 통찰에 현재가 상응하지 못한다는 것을 발견하는 것이다. 그들은 그러한 현존재에 사태의 옳음이 무엇인지에 대한 자기의 **당위**를 대립시킨다. 여기서 충족을 요구하는 것은 특수한 관심이나 열정이 아니라 이성, 법, 자유다. 바로 이러한 명분으로 무장하고서 이러한 요구는 기고만장하여 쉽사리 세계 상태나 세계 사건들에 대해 불만스러워할 뿐만 아니라 오히려 그에 분노한다. 그러한 감정과 견해를 제대로 평가하기 위해서는 제기된 요구나 아주 단정적인 통찰이나 견해에 관한 연구가 이루어져야만 할 것이다. 이에 관해서는 어느 시대에도 우리 시대에서처럼 좀 더 일반적인 명제와 사상이 그리고 좀 더 커다란 오만불손함을 가지고서 내세워진 적은 없었다. 역사가 예전에는 주로 열정들의 투쟁으로서 제시되는 것으로 보인다면, 우리 시대에 역사는 비록 열정이 없는 것은 아닐지라도 한편으로는 주로 그 자체로 정당성을 내세우는 사상들 사이의 투쟁을, 다른 한편으로는 본질적으로 오직 그러한 좀 더 고차적인 정당성을 표방하는 가운데 열정들과 주관적 관심들의 투쟁을 보여준다. 바로 그런 까닭에 이성의 규정으로서, 절대적 목적으로서 제시된 것의 이름으로 자기 자신을 의식하는 자유로서 이루어진 이러한 권리 요구는 종교, 인륜, 도덕성과 마찬가지로 절대적 목적으로서 여겨진다.

　우리는 저 요구가 관계하는 국가에 곧바로 다다를 것이다.

그러나 종교적, 인륜적, 도덕적 목적과 상태 일반의 위축, 훼손, 몰락과 관련하여 이야기하자면, 단지 다음과 같은 것만이 말해져야만 한다— 우리는 [109]이에 대해서도 나중에 좀 더 자세한 통찰에 다다를 것이다—. 즉, 물론 저 정신적 위력들은 단적으로 정당화되어 있다. 그러나 그것들의 형태화들, 내용, 현실성을 향한 발전은 그것들의 내적이고 보편적인 것이 무한하다는 점에서 제한된 양식의 것이며, 따라서 외적인 자연 연관 속에 그리고 우연성 아래 서 있다. 그런 까닭에 일반적으로 그것들은 무상하기도 하며, 위축과 훼손에 노출되어 있다. 종교와 인륜은 바로 자기 내에서 보편적인 본질성으로서 비록 개체적 영혼 속에서 교양을 확장하거나 발전된 관계에 적용되지는 않는다고 하더라도 그들의 개념에 따라서, 그리하여 참답게 개체적 영혼 속에 현존한다고 하는 특성을 가진다. 삶의 얼마 안 되는 전적으로 단순한 관계로 집중된 내밀성과 제한성을 지니는 제한된 삶의— 목동이나 농부의— 종교성과 인륜은 무한한 가치를 그리고 형성·발양된 인식이나 관계와 행동의 범위에서 풍요로운 현존재의 종교성이나 인륜과 똑같은 가치를 지닌다.[29] 이러한 내적 중심, 주관적 자유의 권리가 놓여 있는 이러한 단순한 영역, 의욕과 결단과 행위의 용광로, 양심의 추상적 내용, 즉 그 속에 개인의 책임과 가치, 그 개인의

..
29. [편주] 난외에: 그 참다운 형태에서 인륜 — 국가에서.

영원한 심판이 담겨 있는 것은 계속해서 침해되지 않으며, 세계사의 시끄러운 소리로부터, 그리고 외면적이고 시간적인 변화뿐만 아니라 또한 자유 개념 자신의 절대적 필연성을 수반하는 것으로부터도 벗어나 있다. 그러나 도대체 일반적으로 견지되어야 할 것은 다음과 같은 것, 즉 세계 속에서 고귀하고 훌륭한 것으로 권한이 주어져 있는 것은 자기보다 더 고차적인 것을 지닌다는 점이다. 세계정신의 권리는 모든 특수한 권한을 넘어선다. 세계정신의 권리 자신이 그 권한을 나눠 갖지만, 그 권한이 세계정신의 내실에 속하면서도 동시에 특수성에 붙들려 있는 한에서 조건 지어져 있을 뿐이다.

세계정신이 자기의 개념을 실현하기 위해 사용하는 **수단**에 대한 관점과 관련해서는 이 정도로 충분할 수 있을 것이다. [III]단순하고도 추상적으로 하자면 그 속에서 이성이 그 자체에서 존재하는 자기의 실체적 본질로서 현존하지만, 이성의 우선은 아직 현묘하고도 주관에는 숨겨져 있는 근거가 존재하는 것은 주관의 활동이다. 그러나 그 대상은, 만약 우리가 개인들을 단순히 활동적인 것으로서가 아니라 그들의[30] 특수한, 즉 오직 이 개인에게만 제한된 목적뿐만 아니라 좀 더 구체적으로 그들의[31] 종교와 인륜의 좀 더 규정된 내용, 즉 이성과 따라서 이 이성의 절대적 권한에도

• •
30. [편주] 초고: 그의.
31. [편주] 초고: 그의.

참여하는 규정들을 갖춘 것으로 받아들인다면,[32] 더욱 복잡하고 어려워질 것이다. 여기서는 목적에 대한 단순한 수단의 관계가 떨어져 나가며, 그러한 가운데 정신의 절대적 목적의 관계에 관해 제기된 주요 관점들이 간단히 고찰되었다.

c) [정신의 현실화 재료]

그러나 이제 세 번째 것은 이러한 수단을 통해 **실행되어야 할 목적**이 어떤 것인가 하는 것, 다시 말하면 현실 속에서 그 목적의 형태다. 수단에 관해 이야기해 왔지만, 우리는 또한 주관적인 유한한 목적을 실행하는 데서 바로 그 목적의 현실화를 위해 현존하거나 마련되어야만 하는 **재료**라고 하는 계기도 지닌다. 그래서 물음은 다음과 같다. 이성적인 궁극 목적이 그 속에서 실행되는 재료는 어떤 것인가?

역사적 삶에서의 변화는 그 변화가 거기서 일어나는 어떤 것을 전제한다. 그러나 우리가 앞에서 보았듯이 그 변화는 주관적 의지를 통해 정립된다. 그래서 여기서도 한 측면은 우선은 또다시 주관 자신, 인간의 욕구들, 주관성 일반이다.

••
32. [편주] 초고: 받아들여진다면.

재료로서의 인간적 앎과 의욕에서 이성적인 것은 자기의 실존에 도달한다. 주관적 의지는 그것이 현실의 진리인 목적을 지니는 대로, 더욱이 그것이 하나의 거대한 세계사적 열정인 한에서 고찰되었다. 제한된 열정 속의 주관적 의지로서 그것은 의존적이며, 그것은 자기의 특수한 □□목적을 오직 이러한 의존성 내부에서만 충족할 수 있음을 발견한다. 그러나 우리가 앞에서 제시했듯이 주관적 의지는 또한 실체적 삶, 즉 그 속에서 주관적 의지가 본질적인 것에서 운동하고 이 본질적인 것을 자기 현존재의 목적으로 삼는 그러한 현실을 지닌다. 그런데 이 본질적인 것, 즉 주관적 의지와 보편적인 것의 통일은 인륜적 전체이자 그 구체적 형태에서는 **국가**다. 국가는 그 속에서 개인이 자기의 자유를 지니고 향유하지만, 개인이 보편적인 것에 대한 앎과 믿음과 의욕이라는 점에서 그러한 현실이다. 그래서 개인은 또 다른 구체적 측면, 즉 법, 예술, 관습, 삶의 안락함의 중심이다. 국가에서 자유는 스스로 대상적이며 그 속에서 적극적으로 실현되어 있다. 하지만 이것은 마치 개별자의 주관적 의지가 일반의지를 통해 자기의 실행과 자기의 향유에 다다르며 이 일반의지가 주관적 의지를 위한 하나의 수단이라는 듯이 받아들여져서는 안 된다. 국가는 또한 그 속에서 모든 개별자의 자유가 제한되어야만 하는 그러한 인간의 모임도 아니다. 만약 우리가 자유를 마치 다른 주체들과 나란히 있는 주체가 자기의 자유를 제한함으로써 이러한 공동의 제한과 모두의 서로에 대한 방해가 각자에게 그가 거닐 수 있는 자그마한 자리를 허락하는 것처럼 표상한다면, 자유는 소극적으로 파악되고 있다. 오히려 법·인륜·국가 그리고 오직 그것들만이 자유의 적극적 현실이자 충족이다. 개별자의 임의성은 바로 자유가 아니다. 제한되는 자유는 욕구들의 특수한 것에 관계되는 자의다.

오로지 국가에서만 인간은 이성적 실존을 지닌다. 모든 교육은 개인이 주관적인 것에 머물지 않고 국가 안에서 스스로 객관화되는 것을 지향한다. 분명 한 개인은 이러저러한 것을 달성하기 위해 국가를 자기의 수단으로 삼을 수 있다. 그러나 참다운 것은 각각의 모두가 사태 자신을 의욕하고 비본질적인 것을 버렸다는 점이다. 인간은 인간적인 모든 것을 국가에 힘입고 있다. 그는 오직 국가 안에서만 자기 본질을 지닌다. 인간은 자기가 지니는 모든 가치, 모든 정신적 현실을 오로지 국가를 통해서만 지닌다. 왜냐하면 그의 정신적 현실이란 아는 자로서의 그에게 그의 본질, 이성적인 것이 대상적이라는 것, 그 이성적인 것이 그에게 객관적이고 직접적인 현존재를 지닌다는 것이기 때문이다. 오직 그렇게 해서만 그는 의식이며, 오직 그렇게 해서만 그는 관습, 즉 법적이고 [112]인륜적인 국가 생활 속에 있다. 왜냐하면 참된 것은 일반의지와 주관적 의지의 통일이기 때문이다. 그리고 보편적인 것은 국가에서는 법률 속에, 즉 보편적이고 이성적인 규정들 속에 존재한다.

주관적 의지, 열정은 활동하는 것, 현실화하는 것이다. 이념은 내적인 것이다. 국가는 현존하는, 현실적으로 인륜적인 생명이다. 왜냐하면 국가는 보편적이고 본질적인 의욕과 주관적 의욕의 통일이며, 바로 그러한 것이 인륜이기 때문이다. 이러한 통일 속에서 살아가는 개인은 인륜적 삶을 지니며, 오로지 이러한 실체성 속에만 존립하는 어떤 가치를 지닌다. **소포클레스**에게서의 안티고네는 다음과 같이 말한다. 신적인 계명은 어제부터, 오늘부터 있는 것이 아니다, 오히려 그것은 끝없이 살아간다, 그것이 어디에서 비롯되었는지는 아무도 말할 수 없을 것이다. 인류의 법칙들은 우연적이 아니라 이성적인 것 자신이다. 이제 실체적인 것이 인간의 현실적 행위와 그의 마음가짐 속에서 타당화하고 현존하며 자기 자신을 보존한다는 것, 이것이야말로 국가의 목적이다. 바로 이러한 인륜적 전체가 현존한다는 것이 이성의 절대적 관심이다. 이성의 이러한 관심 속에는 국가를 창건하려는 영웅들의 권리와 공헌이 놓여 있다. 비록 그 국가가 완성되지 못했다고 하더라도 말이다. 국가는 시민들을 위해 현존재하는 것이 아니다. 우리는 국가야말로 목적이고 시민들은 그의 도구라고 말할 수 있을 것이다. 하지만 목적과 수단의 이러한 관계는 도대체 여기에 어울리지 않는다. 왜냐하면 국가는 시민들과 대립하는 추상적인 것이 아니기 때문이다. 오히려 시민들은 어느 마디도 목적이 아니고 수단도 아닌 유기체적 생명에서처럼 계기들이다. 국가의 신적인 것은 지상에 현존하는 바의 이념이다.

국가의 본질은 인륜적 생동성이다. 이 인륜적 생동성은 보편성의 의지와 주관적 의지의 합일 속에 존립한다. 의지는 활동성이며, 이 활동성은 주관적 의지 속에서는 외적 세계에서 자기의 대립을 지닌다. 의지의 원리는 대자존재다. 그러나 여기에는 배제와 유한성이 결합해 있다. 인간은 의지에서는 제한되어 있지 않고 사유에서는 제한되어 있다는 말에 관해서는 그 정반대가 참이다. 그에 반해 의지를 본질적으로 그리고 자체적이고도 대자적으로 존재하는 형태에서 파악하면, 그것은 [113]외계에 대한 대립에서 해방된 것으로서, 이러한 측면에 따라서도 단연코 보편적인 것으로서 생각될 수 있다. 그래서 의지는 그 자신에게서의 위력이자 보편적인 위력, 즉 자연과 정신의 본질이다. 이러한 본질은 가령 "주인"으로서, 즉 자연과 정신의 주인으로서 생각될 수 있다. 그러나 이러한 주체, 즉 주인은 그 자신이 다만 여전히 타자에 맞서 있는 어떤 것일 뿐이다. 그에 반해 절대적인 것으로서의 위력은 타자에 대한 주인이 아니라 자기 자신에 대한 주인, 자기 자신 내 반성, 인격성이다. 이러한 자기 내 반성은 자기에 대한 단순한 관계, 하나의 존재자다. 위력은 그렇게 자기 내로 반성했을 때 직접적 현실이다. 그러나 이 위력은 앎이자 좀 더 자세하게는 아는 자이며, 이 아는 자는 인간적 개체성이다. 보편적 정신은 본질적으로 인간적 의식으로서 현존한다. 인간은 이러한 앎의 현존재이자 대자존재다. 자기를 알고 스스로 주관으로서 존재하는 정신으로서의 정신은 다음과 같은 것, 즉 자기를 직접적인 것으로서, 존재하는 것으로서 정립하는 것이다. 그래서 정신은 인간적 의식이다.

일반의지에 따라 행동하고 국가 안에서 타당한 보편적인 것을 자기의 목적으로 삼는 것은 관습이다. 조야한 국가에서도 의지가 또 다른 의지에 굴복하는 일이 일어난다. 그러나 이것은 개인이 대자적 의지를 갖지 않는다는 것이 아니라 개인의 특수의지가 통용되지 않는다는 것을 의미한다. 순간적 착상과 애호는 효력을 지니지 않는다. 그러한 조야한 국가적 상태에서 이미 의지의 특수성은 포기되며, 일반의지가 본질적인 것이다. 그러므로 특수한 의지가 적어도 억압됨으로써 그 의지는 자기 속으로 되돌아간다. 이러한 것은 보편적인 것의 실존을 위해 필연적인 첫 번째 계기, 즉 바로 여기 국가에서 출현하는 앎 내지는 사유의 요소다. 오직 이러한 지반 위에서만, 다시 말하면 국가에서만 예술과 종교는 현존할 수 있다. 자기 안에서 이성적으로 조직된 민족들이 우리가 고찰하는 바로 그것이다.

세계사에서는 오직 국가를 형성하고 있는 민족들만이 논의될 수 있다. 우리는 바로 황량한 섬에서, 일반적으로는 격리된 상태에서 그러한 민족이 출현할 수 있으리라고 상상해서는 안 된다. 실로 모든 위대한 인간은 고독 속에서 형성되었지만, 그것은 다만 그들이 국가가 이미 창조한 것을 대자적으로 가공함으로써만 이루어졌다. 보편적인 것은 단순히 개별자에 의해 생각된 것이어서는 안 된다. 그것은 존재하는 것이어야만 한다. 그러한 것으로서 [114]보편적인 것은 바로 국가 안에 현존한다. 그것은 타당화하는 것이다. 여기서는 내면성이 동시에 현실이다. 물론 이 현실은 외적 다양성이다. 그러나 그 다양성은 여기서 보편성 속에서 포착되어 있다.

보편적 이념은 국가에서 현상하게 된다. 현상이라는 표현과 관련하여 주의해야 할 것은 이 표현이 여기서는 일상적 표상에서와 같은 의미를 지니지 않는다는 점이다. 일상적 표상에서 우리는 힘이 본질적인 것이고 현상은 비본질적인 것, 외면적인 것이라는 듯이 힘과 현상을 분리한다. 그러나 힘의 범주 자신 속에는 아직은 아무런 구체적 규정도 놓여 있지 않다. 그에 반해 정신, 즉 구체적 개념이 존재하는 곳에서는 현상 자신이 본질적인 것이다. 정신을 구별해 주는 것은 그 정신의 행위, 활동태Aktuosität다.[33] 인간인 것은 그의 행위이며, 일련의 그의 행위이고, 그가 자기를 형성해 놓은 바로 그것이다. 그래서 정신은 본질적으로 에너지이며, 우리는 정신에서 현상을 사상할 수 없다. 정신의 현상 작용은 정신의 자기 규정 작용이며, 그것은 정신의 구체적 본성의 터전이다. 자기를 규정하지 않는 정신은 지성의 추상물이다. 정신의 현상은 정신의 자기 규정이며, 우리는 이러한 현상을 국가와 개인의 형태 속에서 고찰해야 한다.

정신적 개체, 민족이 자기 내에서 분절되고 유기적 전체인 한에서 우리는 그것을 국가라고 부른다. 이러한 명명이 모호성을 드러내는 것은 우리가 국가와 국법을 가지고서 종교와 학문, 예술과 구별하여 통상적으로 정치적 측면만을 지칭하기 때문이다. 그러나 여기서 국가는 우리가 정신적인 것의 현상을 생각하는 곳에서 나라라는 표현도 사용하는 것과 마찬가지로 좀 더 포괄적인 의미에서 받아들여진다. 그러므로 우리는 민족을 정신적 개체로서 파악하며, 민족에서 우선은 외면적 측면을 강조하는 것이 아니라 이미 민족의 정신이라고도 불렀던 것, 다시 말하면 민족의 진리나 본질에 관한 민족의 자기의

∙ ∙
33. 헤겔은 이 이 'Aktuosität'라는 용어를 스콜라 철학자들에게 돌리고 있다. 하지만 그가 그것을 어디서 발견했는지는 명확하지 않다. 그러나 그것은 철학사로부터나 그가 바더와 뵈메 그리고 독일 신비주의를 읽은 것에서 유래했을 것이다. 헤겔은 그것을 1827년 『종교철학 강의』에서 단 한 번 사용했다. G. W. F. Hegel, *Vorlesungen über die Philosophie der Religion*. W. Jaeschke, ed. Hamburg: Meiner, 1983-85(*Vorlesungen*, Band 3-5), Band 5:196을 참조.

식 그리고 민족 자신에게 참된 것 일반으로 여겨지는 것, 즉 민족 속에서 살아 있으면서 민족을 통치하는 정신적 힘을 끄집어낸다. 국가에서 나타나고 알려지는 보편적인 것, 즉 존재하는 모든 것이 그 아래 놓이게 되는 형식은 한 민족의 **교양**을 이루는 바로 그것 일반이다. 그러나 [115]보편성의 이러한 형식을 받아들이고 국가가 형성하는 구체적 현실 속에 포함된 규정된 **내용**은 민족의 **정신** 자신이다. 현실적 국가는 그의 모든 특수한 관심사, 전쟁, 제도 등등에서 바로 이 정신에 의해 혼이 불어넣어져 있다. 이러한 정신적 내용은 자의, 개별적 특수성, 순간적 착상, 개성, 우연성에서 전적으로 벗어난 확고하고 옹골찬 것이다. 그러한 것들에 내맡겨진 것은 민족의 본성을 위해 아무것도 이루지 못한다. 그것은 마치 도시와 경작지를 휩쓸고 가지만 이를 본질적으로 변형시키지 못하는 먼지와 같다. 그 경우 이러한 정신적 내용은 민족의 정신인 만큼이나 개인의 본질을 이룬다. 그것은 인간들, 정신들을 한데 묶는 신성한 것이다. 모든 사적 행복, 모든 사적 자의가 의존하는 것은 하나의 같은 생명, 하나의 위대한 대상, 하나의 위대한 목적, 하나의 위대한 내용이다.

그래서 국가는 그 속에서 자유가 자기의 객관성을 획득하고 이러한 객관성의 향유 속에서 살아가는 세계사 일반의 좀 더 자세하게 규정된 대상이다. 왜냐하면 법률Gesetz은 정신의 객관성이자 그 진리에서의 의지이기 때문이다. 그리고 오직 법률에 복종하는 의지만이 자유롭다. 왜냐하면 그 의지는 자기 자신에게 복종하고 자기 자신 곁에 있으며 그러므로 자유롭기 때문이다. 국가, 조국이 현존재의 공동성을 이룬다는 점에서, 인간의 주관적 의지가 법률에 굴복한다는 점에서 자유와 필연성의 대립은 사라진다. 실체적인 것으로서의 이성적인 것은 필연적이며, 우리가 이 이성적인 것을 법률로서 인정하고 우리의 고유한 본질의 실체로서의 그 법률에 따름으로써 우리는 자유롭다. 그 경우 객관적 의지와 주관적 의지는 화해하며 하나의 똑같은 온전한 전체다. 왜냐하면 국가의 인륜은 고유한 확신이 주재하는 도덕적 내지는 반성적 인륜이 아니기 때문이다. 이러한 인륜이 오히려 근대적 세계에 접근할 수 있는 데 반해, 참된 고대의 인륜은 각자가 자기의 의무에 서 있다는 점에 뿌리박고 있다. 아테나이 시민은 자기에게 속하는 바로 그것을 이를테면 본능으로부터 행했다. 그러나 내가 나의 행위의 대상에 대해 반성한다면, 나는 나의 의지가 추가되었다는 의식을 지니지 않을 수 없다. 그러나 인륜은 의무, 실체적인 법, 사람들이 올바르게 그렇게 불러왔듯이 제2의 본성[자연]이다. [116]왜냐하면 인간의 제1의 본성은 그의 직접적이고 동물적인 존재이기 때문이다.

국가의 본성은 제시되었다. 동시에 여기서 상기된 것은 우리 시대의 이론들에서는 이미 확정된 진리로 여겨지고 선입견으로 된 국가에 관한 다양한 오류가 퍼져 있다는 점이다. 우리는 그 가운데 몇 가지 오류, 특히 우리가 추구하는 역사의 목적과 관련되는 문제를 제시하고자 한다.

우리가 제일 먼저 마주치는 것은 국가란 자유의 현실화라고 하는 우리 개념의 정반대, 요컨대 인간은 자연적으로 자유롭지만 동시에 그가 필연적으로 들어서게 되는 사회와 국가에서는 이러한 자연적 자유를 제한해야만 한다는 견해다. 인간이 자연적으로 자유롭다는 것은 인간이 그의 개념에 따라서, 그러나 바로 그와 더불어 오직 그의 규정에 따라서만, 다시 말하면 오직 **그 자체에서**만 그렇다는 의미에서는 전적으로 올바르다. 그러나 대상의 본성은 그의 개념만큼을 뜻한다. 그러나 동시에 그것에서는 인간이 그의 단지 자연적일 뿐인 직접적인 실존 속에 있는 방식이 이해되고 저 명제 속으로 받아들여진다. 이러한 의미에서 자연 상태는 일반적으로 그 속에서 인간이 자기의 자연적 권리를 소유하고 자기의 자유를 무제한으로 행사하고 향유한다고 표상되는 것으로 가정된다. 이러한 가정은 바로 무언가 역사적인 것이라고 여겨지지 않는다 ― 우리가 그러한 가정을 진지하게 대하고자 할 때도 그러한 상태에 대해 그것이 현재의 시대에 실존한다거나 과거에 어디엔가 실존했다고 입증하기는 어려울 것이다. 물론 우리는 야만성의 상태를 입증할 수 있지만, 그러한 상태는 조야하고 난폭한 열정과 결합해 있고 비록 미개한 상태라고 하더라도 그 자신이 곧바로 사회적인, 이른바 자유에 대해 제한하는 제도들과 결합해 있는 것으로 드러난다. 저 가정은 그 이론이 만들어 내는 것과 같은 흐릿한 형상들 가운데 하나, 그 이론으로부터 흘러나오는 필연적 표상인바, 그 경우 그 이론은 그러한 표상에 실존마저 슬쩍 밀어 넣으면서도 이를 역사적 방식으로 정당화하지는 못한다.

[117]사람들은 역사를 자연 상태, 즉 순진무구의 상태로부터 시작하곤 한다. 우리의 정신 개념에 따르면 정신의 이러한 최초의 상태는 그 속에서 정신 그 자체가 현실적이지 않은 부자유의 상태다. 다른 견해의 근저에는 하나의 오해가 놓여 있다. 자연Natur이라는 말이 어떤 사태의 본질이나 개념을 나타낸다면, 자연 상태, 자연권은 인간에게 그의 개념에 따라서, 즉 정신의 개념에 따라서 속해야 할 상태, 권리다. 그러나 이것은 그 자연적 상태에서의 정신인 것과 혼동되어서는 안 된다. 자연 상태는 부자유와 감성적 직관의 상태다. 자연 상태로부터는 벗어나야 한다Exeundum est e statu naturae(스피노자). 그런 까닭에도 우리는 예를 들어 모세의 전통과 같이 인간의 원초적 상태와 관계하는 전통들에서 시작하지 않는다. 오히려 우리는 거기에 놓여 있는 예언이 성취된 바로 그 시점에서의 인간을

다룬다. 거기서 비로소 그 예언은 역사적 실존을 지닌다. 이전에 그것은 아직은 전혀 민족의 교양으로 받아들여지지 않았다.

우리가 그러한 자연 상태를 실존에서 경험적으로 발견하듯이 그 상태는 또한 그 개념에 따라서도 존재한다. 직접적인 것과 자연적인 것의 관념성으로서의 자유는 직접적이고 자연적인 것으로서 있는 것이 아니라 오히려 취득되고 비로소 획득되어야만 하며, 그것도 앎과 의욕을 길들이는 무한한 매개를 통해 획득되어야만 한다. 따라서 자연 상태는 오히려 부정, 폭력, 제어되지 않은 자연 충동, 비인간적 행위와 감각의 상태다. 물론 사회와 국가에 의한 제한이 생겨나지만, 이것은 저 우둔한 감각과 조야한 충동에 대한, 더 나아가서는 또한 반성된 임의성과 교양을 통해 출현하는 욕구와 자의 그리고 열정에 대한 제한이다. 이러한 제한 작용은 참답게, 다시 말하면 이성적이고 자기의 개념에 따라 존재하는 자유의 의식과 의욕이 그에 의해 비로소 산출되는 매개에 속한다. 그 개념에 따라 자유에는 법과 인륜이 속하며, 이 법과 인륜이야말로 자체적이고도 대자적으로 보편적인 본질성, 대상, 목적이다. 이들은 오직 감성으로부터 구별되고 감성에 대립하여 [118]스스로 전개되는 사유의 활동에 의해서만 발견되며 또다시 우선은 감성적 의지에, 그것도 그 의지 자신에 반하여 상상되고 합체되어야만 한다. 자유를 오직 형식적이고 주관적인 의미에서만 알고, 그것의 단적으로 본질적인 저 대상과 목적을 사상해

버리는 것은 영원한 오해다. 그래서 단지 특수한 개인 그 자체에만 속하는 내용을 이룰 뿐인 충동, 욕망, 열정 그리고 자의와 임의성이 자유로, 그리고 그것들의 제한이 자유의 제한으로 받아들여진다. 오히려 그러한 제한은 단적으로 그로부터 해방이 출현하는 조건이다. 그리고 사회와 국가는 오히려 그 속에서 자유가 현실화하는 그러한 상태다.

두 번째로 언급해야 하는 것은 일반적으로 법을 법률적 형식으로 형성하는 데 대해 반대하는 또 다른 표상이다. **가부장적** 상태는 전체에 대해서나 적어도 몇몇 개별적 분야에 대해 법적인 요소와 동시에 인륜적이고 심정적인 요소도 충족되고, 정의 자신도 오직 그러한 요소들과 결합해서만 그 내용에 따라서도 참답게 행사되는 그러한 관계로서[34] 여겨진다. 가부장적 상태의 근저에는 가족 관계가 놓여 있는데, 가족 관계는 최초의 인륜을 나타내며, 그에 대해 국가의 인륜은 의식적으로 전개된 두 번째의 인륜이다. 가부장적 관계는 가족이 이미 하나의 부족이나 민족으로 성장하고, 따라서 유대가 이미 단지 사랑과 신뢰의 유대이기를 그치고 **봉사**의 연관이 된 이행의 상태다. — 우선은 **가족** 인륜이 제시되어야 한다. 가족은 단 하나의 인격이다. 가족의 성원은 서로에 대해 자기의 인격성(따라서 법률 관계 및 또한 그 밖의 특수한 관심과

· ·
34. [편주] 초고: 관계로.

이기심)을 포기하였거나(부모) 아직은 바로 그 인격성에까지 도달하지 못했다(우선은 아직은 앞서 논의한 자연 상태에 있는 아이들). 그리하여 가족의 성원은 [119]감정의 통일 속에, 서로에 대한 사랑과 신뢰와 믿음 속에 있다. 사랑에서는 개인이 타자의 의식 속에서 자기의 의식을 지니며 자기를 외화하고, 이러한 상호적인 외화 속에서 개인은 서로 타자를 획득한 만큼이나 자기 자신도 타자와 하나인 것으로서 획득했다. 그 밖에 욕구들과 삶의 외적 용무들에 대한 관심 및 자녀들을 고려한 가족 자신 내부에서의 교육은 하나의 공동 목적을 이룬다. 가족의 정신, 페나테스[35]는 국가 안에서 민족의 정신과 마찬가지로 **하나의** 실체적 본질이며, 인륜은 가족과 민족 양자 속에서 개체적 인격성과 관심이 아닌 감정과 의식, 의욕 속에 존립한다. 그러나 이러한 통일은 가족에서는 본질적으로 자연적 방식 내부에 머무는 감각된 통일이다. 가족의 공경심은 국가에 의해 최고도로 존중되어야 한다. 이 공경심을 통해 국가는 이미 그 자체로서 대자적으로 인륜적이고(왜냐하면 인격으로서의 개인들은 인륜적이지 않기 때문이다), 국가를 위해 자기를 전체와 하나로서 느끼는 옹골찬 기초를 가져오는 개인들을 자기의 소속원으로 지닌다. 그러나 가족의 가부장적 전체로의

..

35. 로마인을 비롯한 라틴 민족들이 섬기는 집안의 수호신들. 페나테스는 사적으로는 개인 집안의 보호자들로서, 공적으로는 로마 국가의 보호자로서 숭배되었다.

확대는 혈연의 유대, 즉 그 기초의 자연적 측면을 넘어가며, 개인들은 이러한 측면 저편에서 인격성의 입장으로 들어서야만 한다.

가부장적 관계를 그 이상의 범위에서 고찰하게 되면 특히 신정 체제의 형식을 검토하는 데 이를 것이다. 가부장적인 부족의 수장은 또한 그 부족의 사제이기도 하다. 가족이 아직은 일반적으로 사회와 국가로부터 나누어져 있지 않다면, 또한 가족으로부터 종교의 분리도 이루어지지 않았으며, 가족의 공경심 자신이 감정의 내면성인 만큼 더욱더 그럴 수 없었다.

물론 그러한 상태가 세계 속에서 발견된다. 국가도 역시 부분적으로는 가족의 결합으로부터 발생한다. 가족도 역시 하나의 인륜적 전체다. 그러나 여기서는 사랑 그 자체가 정신이 현존하는 방식이다. 여기서도 각각의 구성원Glied은 자기를 전체의 한 구성원으로서 안다. 그들은 이기적으로 자기를 위해서가 아니라 가족 전체를 위해 일한다. 그러나 국가의 정신은 이러한 인륜, 즉 [120]페나테스의 정신과는 서로 다르다. 국가의 정신은 사랑이나 감각의 형식이 아니라 의식과 의욕과 앎의 형식 속에 있는 정신이다. 국가는 이러한 보편적인 것을 자연 세계로서 자기 앞에 지닌다. 관습은 인륜적 존재의 직접적 방식으로서 나타난다. 그러나 국가에는 법률이 속하며, 이것은 관습이 단순히 직접적 형식 속에서가 아니라 알려진 것으로서 보편적인 것의 형식 속에서 거기 존재한다는 것을 뜻한다.

이러한 보편적인 것이 알려진다는 것이야말로 국가의 정신적인 것을 이룬다. 개인은 법률에 복종하며 바로 이러한 복종에서 자기의 자유를 지닌다는 것을 안다. 그러므로 개인은 거기서 자기의 고유한 의지와 관계한다. 그래서 여기에는 의욕하고 알려진 통일이 존재한다. 그러므로 국가에서는 개인의 자립성이 현존한다. 왜냐하면 그들은 아는 자인바, 다시 말하면 그들은 자기의 자아를 보편적인 것에 대립시키기 때문이다. 가족에서는 이러한 자립성이 현존하지 않는다. 가족의 성원들을 묶는 것은 자연 충동이다. 국가에서 비로소 그들은 자기 내 반성하는 것으로서 현존재한다. 국가에서는 다음과 같은 분리, 즉 개인에게 대상적인 것이 개인에게 대립해 있고 개인이 그에 맞서 자기의 자립성을 지닌다는 것이 들어선다. 이것이야말로 국가가 자기 내에서 구체적인 것이라고 하는 이성성 Vernünftigkeit의 계기다.

좀 더 자세히 고찰해야 할 것은 민족정신이 자기를 자기 내에서 구별하는 민족정신의 그 이상의 규정, 즉 현상이다. 그러나 이 현상은 그 안에서 정신이 바로 자기 활동하는 것으로서, 즉 자기 자신을 규정하는 것으로서 존재하는 본질적으로 필연적인 현상이다. 이 현상에 의해 정신은 정신 일반이다. 우리가 어떤 민족에 관해 이야기할 때 우리는 그 안에서 민족의 정신이 특수화되는 힘들을 설명해야 한다. 이러한 특수한 힘들은 종교, 헌법, 시민법이 부가된 법체계, 산업, 공업 제도, 예술과 학문 그리고 군사적 측면, 즉 하나의 민족이 그에 의해 다른 민족과 구별되는 용기의 측면이다. 우리의 일반적 고찰에는 무엇보다도 우선 이러한 구별되는 계기들의 연관이 속한다. 한 민족의 역사에서 등장하는 모든 측면은 너무나도 밀접하게 결합해 있다. 한 민족의 역사란 그 민족이 정신이 자기에 관해 지니는 개념을 바로 그 정신이 일반적으로 몰입하는 다양한 영역 속에 새겨놓는 것 이외에 다른 것이 아니다. [121]다시 말하면 그 민족의 국가, 종교, 예술, 그의 법, 다른 민족에 대한 그의 관계—이 모든 것은 그 속에서 바로 정신의 자기 자신에 관한 개념이 실현되는 측면들인바, 거기서 정신은 예술가가 자기의 본질을 자기 앞에 지니고 자기의 작품 속에서 자기 자신을 향유하려는 충동을 지니는 것과 마찬가지로 자기를 보고 자기를 현존하는 세계로서 알며 자기를 자기 앞에 지니는 데 이르는 그러한 측면들이다. 앞서 말했듯이 민족정신의 산물에는 그의 종교 등이 속한다. 거기에는 그 민족의 운명 자신과 그의 행위도 속한다. 그것들은 민족정신의 이러한 개념의 표현 이외에 다른 것이 아니다. 한 민족의 종교, 그의 법률, 그의 인륜, 학문과 예술과 법 관계의 상태, 그 민족의 물리적 욕구를 충족하기 위한 그의 그 밖의 숙련과 산업,

그 민족의 전체적 운명이나 전쟁과 평화에서 자기의 이웃들에 대한 관계, 이 모든 것은 너무나도 내밀한 연관 속에 서 있다. 이것은 특히 **몽테스키외**가 견지하고 재치 있는 방법으로 형성하고 서술하고자 한 바로 그 관점이다. 이 관점은 다면적인 관계에서 아주 중요한데, 그래서 예를 들어 인도 종교는 유럽인의 정신적 자유와 양립할 수 없으며, 종종 서로 멀리 떨어져 있는 국헌들 자신도 다른 종교와 양립할 수 없다. 다른 한편으로 그것은 아주 진부한 명제다. 사람들은 보통 아주 많은 표현을 이러한 방식으로 사용하며 그러한 표현들로 많은 책의 여러 지면을 채우지만, 그것들은 현실적인 내용을 지니지 않는다. 중국인이나 인도인과 같이 고도로 완성된 여러 기예가 발견되는 민족들이 존재한다. 중국인은 화약을 발명했지만, 그것을 사용할 줄 몰랐다. 인도인에게서는 시문이 찬란한 꽃을 피워냈지만, 그들은 기예, 자유, 법에서 더 전진하지 못했다. 그런데 우리가 피상적으로 저 특수한 산물들로부터 그들의 교양이 모든 부분에서 같았을 거라고 판단하고자 한다면, 저 보편적 명제가 얼마나 오해될 수 있는지가 드러날 것이다. 관건이 되는 것은 현실적으로 어떠한 연관이 현존하는가 하는 그 규정이다. 그렇지만 이 측면은 마치 그 다양한 규정들이 단지 일반적으로만 연관되어 있다는 듯이 주목받지 못했다. 그러나 그것들의 근저에 놓여 있는 것은 하나의 원리,

[122]즉 그 측면들을 채우는 규정적인 정신이다. 한 민족의 이러한 원리는 그 민족의 **자기의식**, 즉 민족들의 운명 속에서 작용하는 힘이다. 한 민족의 교양을 이루는 측면들은 정신의 자기 자신에 대한 관계들이다. 이 정신 자신이 민족들을 형태화하며, 우리는 그 정신을 인식함으로써 비로소 이 관계들을 알 수 있다. 그와 마찬가지로 민족정신의 실체적인 것은 저승의 영혼들을 이끌어 가는 헤르메스, 즉 민족의 모든 개인에 대한 지도자이자 영도자로서 여겨져야만 한다. 이러한 것이 개인들을 자기 앞에 지닌다는 것이 중요하다는 표상의 내용이다.

개인들에게서의 국가의 생동성은 인륜이라고 불리어 왔다. 국가, 국가의 법률, 국가의 제도는 그들의 것이다. 그것은 그들의 법[권리], 국가의 자연과 토지와 산악과 공기와 강에서의 그들의 외면적 재산, 즉 그들의 국토, 그들의 조국이다. 이 국가의 역사, 그들의 행위와 그들 조상의 행위는 그들의 것이며, 그들의 기억 속에서 살아가고, 지금 있는 것을 산출했고, 그들에게 속한다. 모든 것은 그들의 소유이며, 그와 마찬가지로 그들은 그 모든 것에 의해 소유되어 있다. 왜냐하면 그 모든 것은 그들의 실체, 그들의 존재를 이루기 때문이다. 그들의 표상은 그 모든 것으로 채워져 있으며, 그들의 의지는 이 법칙들과 이 조국의 의욕이다. 만약 우리가 영국인에게 묻는다면, 모두가 자기와 자기의 동료 시민들에 대해 자기들이 동인도와 대양을 지배하고 세계 무역을 장악하며 의회와 배심 재판을 가진다, 등등이라고 대답할 것이다. 이 행위들은 민족의 자기감정을 이룬다. 한 민족의 하나의 본질, 정신인 것은 이러한 정신적 총체성이다. 그것이 정신적이고 자기의 모든 규정을 하나의 단순한 본질성 속으로 총괄하고 있는 까닭에, 이것은 하나의 힘, 하나의 본질로서 확정되어야만 한다. 예를 들어 아테나이는 이중적 의미를 지닌다. [그것은 그 총체성에서의 그 도시 자신이자 이 총체성의 정신으로서의 여신이다.] 개인들은 이 본질에 속한다. 각각의 개별자는 그의 민족의 아들이자 동시에 자기의 국가가 발전하고 있는 한에서 자기 시대의 아들이기도 하다. 그 누구도 자기 시대에 뒤처져 있지 않으며, 하물며 자기의 시대를 뛰어넘지 못한다. 이러한 정신적 본질은 그의 것이다. 그는 이 본질의 대표자다. 이 본질은 그가 그로부터 출현하고 그 속에 서 있는 바로 그것이다. [123]이것이 각각의 모두에게서 객관성을 이룬다. 다른 모든 것은 형식적이다.

한 민족의 이러한 정신은 규정된 정신이며, 방금 이야기했듯이 그의 발전의 역사적 단계에 따라서도 규정되어 있다. 그 경우 이 정신은 앞에서 거론한 그의 의식이 지닌 다른 형식들에서 기초와 내용을 이룬다. 왜냐하면 자기에 관한 그 의식에서의 정신은 자기에게 대상적이어야만 하고, 객관성은 직접적으로 객관 정신 일반의 구별되는 영역들의 총체성으로서 존재하는 구별들의 출현을 포함하며, 그와 마찬가지로 그것이 자기의 단순한 통일 속으로 자기를 총괄하면서 영혼을 산출하는 자기 마디들의 체계로서 존재하는 한에서 오직 영혼일 뿐이다. 정신은 그 본질성에서 본질로서, 즉 종교에서는 신으로서 표상되고 숭앙받고 향유되며, — 예술에서는 형상과 직관으로서 표현되고, — 철학에서는 사상에서 인식되고 개념 파악되는 하나의 개체성이다. 그것들의 실체, 그것들의 내용과 대상의 근원적인 동일성으로 인해 그 형태화들은 국가의 정신과 분리될 수 없는 통일 속에 있다. 오직 이 종교와 더불어서만 이 국가 형식은 현존하며, 그와 마찬가지로 이 국가 안에는 오직 이 철학과 이 예술만이 현존한다.

이러한 언급은 국헌을 종교로부터 독립적으로 고안하고 실행해 나가고자 하는 우리 시대의 어리석음을 고려할 때 특히 중요하다. 가톨릭교는 비록 그리스도교 내부에서 프로테스탄티즘과 공통적임에도 불구하고 프로테스탄트 원리의 진의 속에 놓여 있는 국가의 내적 정의와 인륜을 허용하지 않는다. 국법적인 것, 헌법의 이러한 분리는 법과 인륜을 **그 자체에서** 존재하는 것으로, 실체적인 것으로서 인정하지 않는 저 종교의 특유성으로 인해 필연적이다. 그러나 그렇듯 내면성으로부터, 즉 양심의 마지막 성소, 곧 종교가 자기의 자리로 지니는 그 고요한 곳으로부터 분리된 국법의 원리나 제도들은 그것들이 추상과 무규정성에 머무는 것만큼이나 현실적인 중심에 이르지 못한다.

[124]우리는 두 계기를 제시했다. 그 하나는 절대적 궁극 목적으로서의 자유의 이념이며, 다른 하나는 그 이념의 수단, 즉 생동성과 운동, 활동성을 지닌 앎과 의욕이라는 주관적 측면이다. 우리는 국가를 인륜적 전체이자 자유의 실재로서, 따라서 이 두 계기의 객관적 통일로서 인식했다. 왜냐하면 비록 우리가 고찰을 위해 두 측면을 구별한다고 하더라도, 분명히 언급해야 하는 것은 이들이 엄밀하게 연관된다는 점, 우리가 그 양면을 따로따로 탐구할 때도 이러한 연관이 양 측면의 각각 모두에 놓여 있다는 점이기 때문이다. 한편으로 우리는 그 규정성에서의 이념을 오직 자기만을 목적으로 하는, 자기를 알고 자기를 의욕하는 자유로서 인식했다. 그것은 동시에 이성의 단순한 개념이자 그와 마찬가지로 우리가 주관이라고 부른 것, 자기의식, 세계 속에 실존하는 정신이기도 하다. 그런데 다른 한편으로 주관성을 살펴보면 우리는 주관적인 앎과 의욕이 사유임을 발견한다. 그러나 내가 사유하는 가운데 인식하고 의욕한다는 점에서 나는 보편적 대상, 즉 자체적이고도 대자적으로 이성적인 것의 실체적인 것을 의욕한다. 그리하여 우리는 객관적 측면, 즉 개념과 주관적 측면 사이에서 그 자체에서 존재하는 합일을 본다. 이러한 합일의 객관적 실존이 국가이며, 그리하여 국가는 민족 생활의 다른

구체적 측면들, 즉 예술, 법, 관습, 종교, 학문의 기초이자 중심이다. 모든 정신적 행위는 오직 이러한 합일을, 다시 말하면 자기의 자유를 의식하는 목적을 지닐 뿐이다. 이러한 알려진 합일의 형태들 가운데 **종교**가 그 첨단에 자리한다. 실존하는 정신, 즉 현세적 정신은 종교에서 절대정신을 의식하게 되며, 자체적이고도 대자적으로 존재하는 본질에 대한 이러한 의식 속에서 인간의 의지는 자기의 특수한 관심을 떨쳐버린다. 그는 자기에게 더는 개별적으로 특수한 것이 문제가 될 수 없는 기도에서 자기의 특수한 관심을 치워놓는다. 희생을 통해 인간은 자기의 재산, 자기의 의지, 자기의 특수한 감각을 포기한다는 것을 표현한다. 마음의 종교적 집중은 감정으로서 나타난다. 하지만 그것은 숙고로도 넘어간다. 제식은 숙고의 표현이다. 정신에서 객관적인 것과 주관적인 것이 합일되는 두 번째 형태가 [125]**예술**이다. 예술은 종교보다 더 현실과 감성 안으로 들어선다. 예술은 실로 신의 정신은 아니지만 신의 형태를, 더 나아가서는 신적인 것과 정신적인 것 일반을 자기에게 걸맞은 색조로 표현해야만 한다. 신적인 것은 예술을 통해 직관적으로 되어야 한다. 예술은 신적인 것을 상상과 직관에 나타낸다. — 그러나 참된 것은 종교에서와 같이 표상과 감정에, 그리고 예술에서와 같이 직관에 이를 뿐만 아니라 사유하는 정신에도 다다른다. 사유하는 정신에 의해 우리는 합일의 세 번째 형태 — 철학을 획득한다. 그런 한에서 철학이야말로 최고의 가장 자유롭고 가장 지혜로운 형태화다.

국가의 자체적이고도 대자적으로 존재하는 내용은 민족의 정신 자신이다. 현실적인 국가에는 이러한 정신의 혼이 불어넣어져 있다. 그러나 현실적인 국가에서는 규정된 관심, 특수한 관심사, 전쟁, 제도 등등이 문제가 된다. 하지만 인간은 단지 이러한 것들에 관해서뿐만 아니라 또한 그것들 속에서 자기 자신에 관해서도 알아야만 하며 근원적으로 현존하는 보편적 정신과의 통일에 대한 명료한 의식도 지녀야만 한다. 이러한 의식의 현실적 정신, 즉 이러한 앎의 중심은 **종교**다. 종교는 자기의식의 첫 번째 방식으로 민족의 정신 자신의, 보편적 정신의, 즉 정신이 민족의 정신 속에서 자기에게 부여하는 규정에 따라 자체적이고도 대자적으로 존재하는 정신의 정신적 의식이고, 참된 것이 무엇인지에 대한 그것의 가장 순수하고도 가장 분화되지 않은 규정에서의 의식이다. 그 밖에 참된 것으로서 규정되어 있는 것은 그것이 종교에서 참된 것의 원리에 적합한 한에서 내게 타당하다. 그런 한에서 종교, 즉 신에 관한 표상은 그 민족의 일반적 한계, 즉 그 기초를 이룬다. 종교는 한 민족이 자기가 참된 것으로 여기는 것에 대한 정의를 자기에게 부여하는 장소다. 하나의 대상, 법칙에 대한 정의는 그 대상의 자기 내 본질성에 따라서 그 대상에 속하는 모든 것을 포함한다. 정의란 하나의 단순한 사상 규정으로 환원된 그 대상의 전체, 그것의 본성이다. 사람들은 그 경우 개별적인 것이 그러한 사상 규정으로부터 설명될 수 있으며, 그리하여 정의는 모든 특수한 것의 영혼을 이룬다고 말한다. 그래서 우리는 천체 운동의 법칙으로부터 천체의 모든 특수한 위치를 추론한다.

[126]종교는 자기가 무엇인지에 관한, 즉 최고의 것의 본질에 관한 민족의 의식이다. 이러한 앎이야말로 보편적 본질이다. 하나의 민족은 신을 표상하는 것과 마찬가지로 신에 대한 자기의 관계도 표상하며 또는 그래서 자기 자신을 표상한다. 그래서 종교는 또한 자기에 관한 민족의 개념이기도 하다. 자연을 자기의 신으로 여기는 민족은 자유로운 민족일 수 없다. 신을 자연을 넘어서는 정신으로 여길 때 비로소 그 민족은 스스로 정신이 되고 자유롭다. 그렇다면 정신적 종교의 고찰에서 관건이 되는 것은 과연 이 종교가 참된 것, 즉 이념을 단지 그 분리에서 아는가 아니면 그것의 참된 통일에서 아는가 하는 것 — 요컨대 그 분리에서 신을 추상적으로 최고의 본질, 즉 저 위 저편에 있고 그로부터 인간적 현실은 배제된 하늘과 땅의 주인으로서 아는가, — 그 통일에서 신을 그 속에서는, 즉 인간화의 이념에서는 개별적인 것도 긍정적으로 직관된다

는 점에서 보편적인 것과 개별적인 것의 통일로서 아는가 하는 것이다. 신적 이념 속에는 정신의 보편성과 존재하는 의식의 통일이라는 존재가 있다. 이 통일의 존재는 유한한 것이 무한한 것과 합일해 있다는 데서 말해진다. 양자가 분리해 있는 곳에서는 지성의 무한성이 지배한다. 그리스도교에서는 신적 이념이 그렇게 신의 본성과 인간 본성의 통일로서 나타난다. 이것은 종교의 참다운 이념이다. 그에는 제식이 속한다. 이 제식은 개별적 의식이 자기와 신적인 것의 이러한 통일을 마련하는 것 이외에 다른 것이 아니다. 근대의 지성은 신을 하나의 추상물로, 인간적 자기의식의 저편으로, 인간이 그에 부딪혀 머리가 깨질 뿐인 매끄러운 철벽으로 만들었다. 그러나 이성은 지성의 추상들과는 전혀 다른 이념을 지닌다.

종교의 대상은 참된 것, 즉 주관적인 것과 객관적인 것의 통일이다. 그러나 규정된 종교에서는 절대적인 것이 아마도 이미 정신으로 불리는 곳에서도 자주 그 절대적인 것이 유한한 것으로부터 분리된다. 그러나 그 경우 절대적인 것은 공허한 이름에 머문다. 유대교와 이슬람교 그리고 이러한 관계에서 튀르키예적인 표상으로 이행해 있는 오늘날의 지성 종교에서 그러하다. 이러한 추상적인 보편적인 것은 실로 단순히 원시적인 방식으로 자연 작품으로서도, [127]예를 들어 불로서 표상될 수 있다. 그러나 그것은 또한 유대교에서와 같이 정신적인 보편적인 것으로서도 표상될 수 있다. 만약 인간이 보편적인 것을 자연으로서 표상한다면, 그것은 범신론이다. 그러나 범신론에는 아무런 내용도 없다. 신, 즉 주체가 사라지는데, 왜냐하면 주체가 더는 구별되지 않기 때문이다. 또 다른 방식은 신과 세계의 통일이다. 여기에 속하는 것이 인도인에게서의 화신과 그리스 예술 그리고 훨씬 더 순수한 의미에서는 신적 본성과 인간적 본성의 통일이 그리스도에게서 나타나는 그리스도교다. 이것이야말로 신인 동형설적인 방식으로 신성에 어울리지 않게 표현된 것이 아니라 신의 참된 이념으로 인도하는 식으로 제시된 육화[성육신]이다.

종교철학에서는 정신의 본질이 무엇인지에 대한 종교적 의식의 진전이라는 측면이 제시되어야 한다. 여기서 우리는 이에 관해서는 제한해야 한다. 왜냐하면 우리는 여기서 본질적으로 다른 측면, 즉 민족의 정신이 자기를 구별하는 또 다른 형식을 다루어야 하기 때문이다. 이러한 의식의 현실적 정신은 종교다. 예술과 학문은 현실적 정신의 측면들, 형식들로 여겨질 수 있다. 예술은 종교와 더불어 하나의 내용을 지닌다. 다만 예술의 요소는 감성적 직관이다. 탁월한 $\kappa\alpha\tau'\ \dot{\epsilon}\xi o\chi\dot{\eta}\nu$[36]

---

36. 성서에서 "탁월한"이라는 의미를 지닌 "카타 엑소켄"은 권능에 의지한 부활에 따라 그리스도 안에서 우리에게 계시된 은혜의 복된 메시지를 뜻한다.

학문, 즉 철학도 같은 대상을 다루지만 사상의 터전에서 다룬다. 다른 학문들은 절대적 내용을 지니지 않으며, 국가에 대해서는 욕구들과 관계하는 유한한 내용 아래 서 있다. 그러므로 종교에서는 한 민족의 원리가, 즉 그 민족의 전체적 실존이 어떻게 종교에 기반하는지가 가장 단순하게 언명된다.

이러한 측면에 따르면 종교는 국가 원리와 극히 밀접하게 연관된다. 종교는 무조건적 보편성에서의 국가 정신의 표상이지만, 그래서 현실적 정신, 즉 표상하는 정신은 그 속에서 모든 외면적 우연성을 자기로부터 내던져 버렸다. 의식된 자유란 오직 각각의 개성이 신적인 본질 속에서 긍정적인 것으로서 알려지고 주관성이 신적인 본질 자신 속에서 직관되는 곳에서만 존재한다. 이러한 알려진 자유는 그리스인에게서 존재하며, 그리스도교 세계에서 좀 더 발전적으로 존재한다. 이러한 관점에서 사람들이 국가는 종교에 기반한다고 말하는 것은 정당하다. 요컨대 그 연관은 다음과 같은 것, [128]즉 현세적 존재란 개별적 관심 속에서 움직이는 시간적인 존재이며 따라서 하나의 상대적이고 부당한 존재라는 것, 그것은 오직 그 존재의 보편적인 영혼, 즉 원리가 절대적으로 정당화되는 한에서만 정당화를 얻는다는 것이다. 그리고 이 정당화는 오직 그 원리가 신의 본질의 규정성과 현존재로서 알려짐으로써만 이루어진다. 그런 까닭에 국가는 종교에 기반하는 것이다. 국가의 원리는 직접적으로 정당한 것이어야만 한다. 그에 반해 유한한 이해 관심은 무언가 상대적인 것이다. 보편적 원리의 절대적 정당화는 그것이 신적 본성 자신의 계기이자 규정으로서 알려진다는 것이다. 그러므로 국가의 원리, 즉 그 국가가 요구하는 보편적인 것은 절대적인 것으로서, 신적 본질 자신의 규정으로서 알려진다. 국가가 종교에 기반한다는 이야기를 우리는 우리 시대에 종종 반복해서 들으며, 이 이야기로 생각되는 것은 대개 개인들은 신 앞에서 경건하면 할수록 그만큼 더 호의적이고도 기꺼이 자기의 의무를 수행한다는 것 그 이상이 아니다. 왜냐하면 군주와 법률에 대한 복종은 아주 쉽사리 경건과 결부될 수 있기 때문이다. 물론 경건은 보편적인 것을 특수한 것보다 위로 올려놓는 까닭에 특수한 것에 적대하고 광신적으로 되어 국가나 국가의 조직과 제도에 대해서도 모든 것을 불살라 버릴 듯이 파괴적으로 작용할 수 있다. 그런 까닭에 사람들은 경건도 사려 깊고 일정한 냉정 속에서 유지됨으로써 그에 의해 보호되고 보존되어야 하는 것으로 돌진하여 이를 쓸어 내버려서는 안 된다고 생각한다. 경건은 그에 대한 가능성을 적어도 자기 내에 지닌다.

그런데 국가가 종교에 기반한다는 올바른 확신을 획득함으로써 사람들은 종교에 마치 국가는 현존하고 종교는 그렇지 않은바, 이제부터 국가를 유지하기 위해서는 종교를 국가 안으로 들여놓아야 하고, 더더군다나 종교를 사람들의 마음에 새겨넣기 위해 그리 해야 할 것 같은 그러한 지위를 부여한다. 인간이 종교에 이르도록 교육되어야만 한다는 것은 전적으로 올바르지만, 그 종교가 아직은 존재하지 않는 어떤 것인 것은 아니다. 인간은 없는 것이 아니라 있는 것에 이르도록 교육된다. 왜냐하면 국가는 종교에 근거하며 자기의 뿌리를 종교에서 지닌다고 말해야 할 때 그것이 뜻하는 것은 본질적으로 국가란 종교로부터 출현했으며, 지금 그리고 언제나 종교로부터 출현한다는 것이다. 규정된 국가는 규정된 종교로부터 출현한다. [129]앞에서 이야기했듯이 국가의 원리들은 자체적이고도 대자적으로 타당한 것으로서 고찰되어야만 하며, 이렇게 되는 것은 다만 국가의 원리들이 신적 본성 자신의 규정들로서 알려지는 한에서일 뿐이다. 따라서 종교가 어떠한 성질인가에 따라서 국가와 그 헌법의 성질도 이루어진다. 국가는 실제로 종교로부터 출현했으며, 그래서 실로 아테나이와 로마 국가는 이들 민족의 특수한 이교 속에서만 가능했으며, 그와 마찬가지로 바로 가톨릭 국가는 프로테스탄트 국가와는 다른 정신과 헌법을 가지고 있다.

만약 종교를 사람들의 마음에 심기 위한 저 부르짖음, 저 다그침이 종종 그렇게 보이듯이 종교가 이미 국가로부터 사라졌거나 완전히 사라질 찰나에 있다는 위험을 표현하는 불안과

초조의 외침이라면, 그것은 좋지 않거나 저 불안의 외침이 생각하는 것보다 더 나쁠 것이다. 왜냐하면 이 불안의 외침은 자기가 종교를 깨우치고 가르치는 데서 해악에 맞설 수단을 지닌다고 생각하기 때문이다. 그러나 그렇게 만들어져야 하는 것은 종교 일반이 아니다. 종교의 자기 만듦은 훨씬 더 깊이 박혀 있다.

국가는 종교와 똑같은 공동의 원리를 지닌다. 종교는 결코 국가의 조직과 개인의 행동, 국가에 대한 개인의 관계를 안으로부터 규제하기 위해 밖으로부터 덧붙여지는 것이 아니다. 오히려 종교는 국가 안에서 스스로 규정하고 활동하는 최초의 내면성이다. 인간은 종교에 이르도록 교육되어야만 하며, 학문이나 예술이 가르쳐져야만 하는 것과 꼭 마찬가지로 종교도 계속해서 보존되어야만 한다. 그러나 우리는 이 관계를 마치 종교가 비로소 덧붙여져야 하는 것과 같은 방식으로 표상해서는 안 된다. 오히려 그 의미는 앞에서 이야기했듯이 국가란 이미 규정된 종교로부터 출현했다는 것, 국가는 종교와 똑같은 공동의 원리를 지닌다는 것, 그리고 국가는 바로 종교를 가지는 까닭에 정치적·예술적·학문적 생활을 가진다는 의미다.

이에 대해 사람들은 쉽사리 피상적인 반론을 제기할 수 있다. 그러나 사람들은 그들이 민족이라고 부르는 차선의 것을 앞에 놓고 그 안에서 과연 이러한 연관이 발견될 수 있는지를 살펴보아서는 안 된다. 오히려 취해야만 하는 것은 성숙에 도달한 국가와 완전히 형성·발양된 민족이어야지 [130] 예를 들어 너무나도 서로 다른 종교를 지녔으면서도 그 헌법이 똑같은 유목민족이어서는 안 된다. 그러한 발전되지 않은 상태에서는 한 민족의 정신 원리가 지닌 규정성이 현실적으로 이루어지고 그와 마찬가지로 규정적으로 인식될 수 있는 형성·발양이 현존하지 않는다. 그러한 형성·발양된 민족은 모든 영역과 삶의 방식을 자기 내에 통합했다. 그러나 그 경우 그러한 영역들과 삶의 방식은 하나의 민족이 아직 좀 더 단순한 상태에 처해 있고 또한 많은 민족이 자립성, 즉 독립성을 지니지 못하거나 적어도 자기의 헌법과 권력을 이러한 자립성에 힘입고 있지 않은 한에서는 개별적으로 존립할 수 있다. 한편으로 그러한 민족들은 자기 자신 내에서 풍부한 완성으로 진전하지 못했고, 다른 한편으로는 대자적 독립성을 지니지 못한다. 아테나이는 민주적 헌법을 가졌지만, 가령 함부르크도 역시 민주적 헌법을 가진다. 두 국가에서 종교는 극히 서로 다르며, 헌법은 같다. 여기에는 우리가 규정된 종교와 규정된 헌법의 본질적 연관이라고 부른 것에 반대하는 예가 놓여 있는 것으로 보인다. 그러나 이 현상은 함부르크에서는 상업적 요소가 우세하다는 것으로 설명된다. 그에 의해 이 도시는 독립적으로 존립하지만, 유럽의 큰 국가와 같이 그러한 것은 아니다. 그와 마찬가지로 우리는 외적인 능력을 지니지만 아직 자유로운 발전에 이르지 못한 민족들을 고찰할 필요는 없다. 북아메리카의 국가들은 대양에서 출발했고 상업에서 시작했다. 그 국가들은 내부로 확대되지만, 아직은 오직 오랜 유럽의 국가들에만 속하는 완성과 성숙을 지니지 못한다.

그러므로 종교는 필연적으로 헌법, 세속적 통치, 현세적 삶으로 이행하는 것으로서 고찰되어야만 한다. 보편적 원리는 세계 속에 있고, 그래서 또한 이 세계 속에서 실현되어야만 한다. 왜냐하면 이 보편적 원리는 세계에 대해 알기 때문이다. 정신적 원리가 자기 내로 더 깊이 내려가면 갈수록, 따라서 종교가 더 순수하면 할수록 그만큼 더 정신적 원리는 세계에 대해 마음 쓰지 않는다. 예를 들어 그리스도교에서의 정신적 원리가 그러하다. 그런 한에서 종교는 **세계 지혜**Weltweisheit와는 다르다. 전자는 명예와 용기, 재산에 대한 무관심성을 명령하지만, 후자는 오히려 세계에 참여하며 명예를 추구하고 용기와 용감함을 기린다. 이러한 것은 현세성이다. 종교는 [131]아주 비생산적일 수 있다. 그것은 잘 알려진 사태다. 그런 까닭에 사람들은 또한 종교란 인간의 머리뿐만 아니라 그의 심정 속에도 있어야만 한다고 말한다. 그러나 동시에 인간의 현실적 삶 전체가 종교를 표현해야만 한다. 인간은 본질적으로 인류와 합법성을 지녀야만 한다. 그렇지만 우리가 개인들에게서는 진리의 원리가 현실 속에 뚜렷이 드러나지 않을 수 있다는 표상을 지닌다고 할지라도 민족들에게서는 그럴 수 없다. 여기서는 진리의 보편적 원리가 삶의 특수한 영역들로 들어가 형성되며, 그리하여 종교적인 실천적 의식으로서의 이 삶이 진리에 의해 삼투된다. 그 경우 특수한 영역에서 진리의 현상은 그렇게 정치적 헌법으로서, 법 관계로서, 인륜 일반으로서, 예술과 학문으로서 나타나는 바로 그것이다. 정신은 — 이에 관해서는 우리가 이미 여러 차례 이야기했다 — 자기에 관한 자기의 의식을 실현해야만 한다. 정신은 자기에게 대상적이어야만 한다. 정신은 자기에 관해 알고 자기에게 객관적인 한에서만 정신이다. 그러나 객관성은 유한화를 포함하며, 따라서 조직의 특수한 마디들과 같이 정립된 구별들의 나타남을 포함한다. 정신은 자기의 대상에 대해 관계하며, 그리하여 구별이 정립된다. 그리고 정신은 스스로 자기에게 관계하고 자기를 펼쳐 놓으며 마디들 속에서 하나의 살아 있는 영혼인 까닭에 자기 안에서 자기를 의식한다. 정신은 자기 내에서 자기의 특수한 영역들에서의 자기의 특수한 부분들의 표현으로서 결과한다. 정신은 단순히 출발하는 것으로서만 파악될 수 없다. 오히려 정신은 자기 자신을 산출하는 가운데 자기의 목적, 자기의 결과이며, 그리하여 생겨나는 것은 시원을 이루는 것 이외에 아무것도 아니다. 그러나 객관화의 매개를 통해 정신은 자기에게 현실을 부여한다. 종교 그 자체는 자기를 본질적으로 현실화해야만 한다. 정신이 자기 자신을 의식하게 되고 정신이 현실적 정신인 그러한 하나의 세계가 형성되어야만 한다.

종교에서 본질적으로 관건이 되는 것은 정신이란 실제로 무엇인가에 관해 정신이 자기 내에서 지니는 의식이 종교 안에 현실적으로 어느 정도까지 포함되어 있는가이다. 만약 정신이 무엇인지에 대한 의식 속에 진리란 무엇이며 정신이 그 개념에 따라 무엇인지에 대한 의식이 포함되어 있다면, 정신의 실존을 위한 모든 측면이 참으로 [132]정립되어 있고, 따라서 참다운 것의 규정도 보존했다— 그러나 이것은 오직 참다운 종교에서만 사실일 수 있다. 다른 측면들은 종교적 측면을 자기의 기초로 지녀야만 하는데, 왜냐하면 그렇지 않으면 그 다른 측면들이 진리에 의해 규정되지 않은 까닭에 계속해서 열매를 맺을 수 없기 때문이다. 그러나 그 경우 자의에 맡겨지고 아직 진리의 단계에 다다르지 못한 야만성에 속하는 측면들도 존재한다. 우리의 고찰은 종교가 어떻게 특수한 영역들의 근본 특징인지를 분명히 하는 목적을 지녀야 한다.

이야기해 온 것은 종교 그 자체가 개인에게서는 종종 열매를 맺지 못하는 것으로 나타난다고 하는 것이다. 그에 반해 민족의 생동성의 체계는 종교에 따라서 형성되어야만 한다. 종교는 본질적으로 과연 그 원리가 정신의 개념에 속하는 모든 것이 그 종교적 원리 속에서 균형을 이루는 가운데 자기의 고유한 규정된 원리를 획득했는지에 따라서 구별된다. 정신이 그의 참다운 깊이에서 파악되지 않으면 앞에서 언급했듯이 민족의 삶 속에는 민족이 비이성적으로 그 자의에 내맡겨지거나 어떤 하나의 방식으로 부자유스러운 태도를 보이는 측면들이 존재한다. 그래서 그리스 종교나 그리스 정신의 원리 속에는, 또는 정신이 그리스적 정신으로서 자기에 관해 이루어 낸 개념 속에는 결함이 있어 그리스인들은 공적 업무 — 국가 계약의 체결 — 에서, 그리고 또한 사적 용무에서도 신탁에 도움을 청하지 않을 수 없었다. 이러한 것은 신탁이 정신에서의 하나의 본질적 측면과 관련되지만, 이 측면이 미처 종교의 실체적 원리 속에서 자기의 자리를 획득하기 전에 전도되고 부자유한 방식으로 충족되었다는 것으로 파악되어야 한다. 이슬람교에서도 마찬가지다. 이 종교의 광신성은 그 고백자에게 세계를 정복하도록 추동했지만, 국가가 자기를 분절되고 조직적인 국가적 삶으로, 즉 자유를 위한 법률적 질서로 형성하도록 할 수는 없다. 그런데 그리스도교와 같은 종교가 정신의 절대적 개념을 자기의 원리로 삼을 때 필요한 것은 종교의 세계가 개념을 통해 형성되는 것이다. 저 원리에 따라 현실을 일구어 나가는 것은 장구한 노동이며 직접적으로 이루어질 수 없었다. 우리는 그리스도교 시대의 초기에 곧바로 [133]그 원리와 초기에 그리스도교 민족들에게 있었던 조야함과 야만성 사이의 엄청난 모순을 발견하게 된다. —

예술은 욕구들을 위한 재료를 가공하려고 수고하는 한에서 뿐만 아니라 또한 아름다운 작품을 산출하는 것이 그것의 지향인 한에서도 종교의 규정성과 밀접하게 연관된다. 지성은 아무런 예술도 지닐 수 없거나 기껏해야 개체가 몰락할 정도로 형태가 발효되어버린 숭고성의 예술을 지닐 수 있을 뿐이다. 유대교도와 이슬람교도에게서처럼 정신이 인간에게 대립하여 형태 없는 것으로서 파악되는 곳에서는 조형예술을 위한 자리가 남지 않는다. 거기서는 참된 것으로 여겨지는 것이 어떠한 형태화도 겪지 않는다. 견지되어야 할 참된 것의 방식은 외면적 형태화이어서는 안 된다. 또한 여기서 상상력은 정신에 대해 참답게 가치를 지니는 것을 파악하기 위한 기관이 아니다. 그러나 예술은 본질적으로 아름다운 예술이다. 그런 까닭에 예술은 상상과 형태가 최고의 기관인 곳에서, 신이 보편적 정신으로서 알려지지 않는 곳에서 현존하지 않을 수 없었다. 그래서 예술은 신적인 보편성이 자연적 주관성의 형식에서 직관된 그리스인들에게서 발생할 수밖에 없었다. 그러한 민족에게서는 보편적인 것, 신적인 것을 감성적 직관에서 포착하고 제시하는 것이 필연적이다. 그와 마찬가지로 그리스도교도 본질적으로 예술인데, 왜냐하면 그 종교에서는 신적인 것이 지성의 추상적인 것이 아니기 때문이다. 하지만 우리에게서는 그리스인에게서처럼 예술이 그 속에서 참된 것이 표상되고 포착되는 최고의 방식일 수 없으며, 단지 종속적인 지위를 지닐 수 있을 뿐이다. 오직 예술을 통해서만 주어지는 형태화는 우리에 대해 어떠한 무조건적인 진리도 지니지 않으며, 절대적인 것이 현상한 형식도 아니다. 예술에서의 형태화는 오직 유한한 것, 제시되어야 할 무한한 내용에 부적합한 것이다.

학문이야말로 종교에 가장 접근한다. 학문은 실로 종종 지식의 모음을 형성할 뿐인 너무도 다양한 내용을 지닌다. 그러나 학문 일반에는 적어도 사유와 인식의 원리가 통용된다. 학문은 현실의 모든 측면에 유용하다. 그래서 종교, 국가, 법도 [134]유용하다 — 참된 것은 다른 목적에도 이바지한다. 그래서 우리는 또한 신은 유용하다고도 말할 수 있다. 이는 신성 모독적인 부적합한 표현이다. 신의 유용성이란 그가 타자를 자립적인 것으로 놓아주고 자기를 타자에게 내어주는 그의 자비로움이다. 그러나 본질적으로 학문은 유용성의 이러한 종속적인 측면에 따라서 고찰되어서는 안 된다. 학문은 종교와 마찬가지로 자체적이고도 대자적인 목적, 자기 자신에 대해 최종적인 목적이다. 학문과 특히 자유로운 사유의 학문, 즉 철학이 사유에 속한다는 점에서 그것들은 정신의 특유한 요소와 지반 속에 존재한다. 하나의 민족은 그가 자기와 진리에 관해 지니는 개념을 학문적인 형식에서의, 다시 말하면 정신 자신의 개념에 상응하는 형식에서의 사유를 통해 파악한다. 우리가 정신의 가장 심오한 것을 추상적으로 포착하면, 이것이야말로 사유다. 그러므로 여기서 대상적인 것은 정신의 본성에 부합한다. 그런 한에서 학문은 한 민족의 최고 정점을 이룬다. 한 민족의 최고 충동은 자기를 포착하고 이러한 자기의 개념을 어디에서나 실현하는 것이다. 가장 중요한 요소는 한 민족이 의욕하는 것이 무엇이든 육체적 욕구도 아니고 형식적 권리도 아니라 사유, 즉 예지 그 자체다. 민족의 정화는 자유로우며 이해 관심이 없고 욕망이 없는 의식이다. 이는 예술에서도 마찬가지다. 그러나 이러한 의식의 내용은 예술에서처럼 감성적 요소 속에 있지 않다. 오히려 그 의식이 자기의 개념을 표현하는 재료는 사유다. 한 민족에게 사유는 그것이 학문을 신장시킬 때 명예를 이룬다. 특히 종교에서 표상, 즉 감성적이고 정신적인 표상의 방식으로 존재하는 내용을 사유하고 개념 파악하는 것은 철학이라는 학문이다. 그리스도교에서 그것은 신이 자기의 아들을 낳았다고 말해지는 식으로 표현된다. 이로써는 사유 관계가 아니라 하나의 자연적 관계가 언명된다.

그런데 종교에서 생동성의 관계 속에서 표상적으로 포착된 것이 학문에서는 개념 파악하는 방식으로 포착되며, 그리하여 그 내용은 똑같지만, 그 내용의 가장 고차적이고 가장 살아 있으며 가장 품위 있는 형태 속에 존재한다. 그것은 하나의 민족이 진리의 의식에 다다르고 그 민족이 정신의 절대적 방식인 것을 성취하는 최고의 방식이다. 그런 까닭에 세계사 내부에서 철학의 사정은 [135]조형예술의 사정과 마찬가지다. 구체적인 철학은 오직 그리스인과 그리스도교도에게만 존재할 수 있다. 그러나 바로 유한한 것과 신적인 것의 통일에 다다르지 못하는 동양인에게서도 추상적인 철학이 발견된다. ㅡ

이러한 관념적 방식에 대립하여 국가는 또한 외적 현상의 내용에 따른 실존의 다른 측면도 지닌다. 이러한 내용 속으로도 그 내용이 아무리 특수한 종류의 것일 수 있을지라도 보편적인 것이 비춰 들어간다.

이러한 종류의 첫 번째 소재가 민족들의 풍속과 관습으로 받아들여지는 것이다. 여기에는 **자연적 인륜**, 즉 **가족 관계**가 속한다. 양자는 국가의 본성에 의해 규정되는데, 예를 들어 혼인이 어떤 방식인가, 즉 일부다처제인가 일처다부제인가 아니면 일부일처제인가는 국가의 본성에 의해 규정된다. 그리스도교 국가에서는 한 남자가 한 여자와 함께하는 혼인만이 존립할 수 있는데, 왜냐하면 오직 거기서만 양편 모두 자기의 완전한 권리를 보유하기 때문이다. 더 나아가 여기에는 부모에 대한 아이들의 관계가 속하는데, 그들이 노예인가 아니면 자유로운 소유권을 지닐 수 있는가 하는 한에서 말이다. 또 다른 인륜적 방식은 또한 예의로서 나타나는 것에 이르기까지 개인들의 서로에 대한 행동거지와 관련된다. 이에 대해서는 예를 들어 유럽인이 자기의 윗사람에 대해 어떻게 행동하고 아시아인은 어떻게 행동하는지 그 예의범절의 차이를 생각해 보는 것으로 충분할 것이다. 이러한 관습들은 실체적 관계로 환원되며, 인간이 그 관계에 대해 지니는 사상을 표현한다. 그 관습들은 무언가 상징적인 것이지만, 말할 것도 없이 많은 우연적인 것을 포함한다. 심지어 그 가운데 모든 것이 의미를 지니는 것도 아니다.

현상의 측면과 관련된 또 다른 점은 자연에 대한 관계에서 그리고 자기의 유한한 욕구를 충족하는 것과 관련하여 인간이 취하는 실천적 태도다. 여기에는 **산업 활동**Gewerbfleiß이 속한다. 이 산업 활동은 인간이 자연에 대한 자기의 의존성이나 관계에 따라 어떻게 행동하고, 이러한 측면에 따라 향유를 창출하기 위해 자기의 욕구를 이러한 방향에 따라 어떻게 충족하는지 그 양식을 인식할 수 있게 해준다. 여기서 문제가 되는 자연적 충동은 인간의 특수성과 관련된다. 그런 까닭에 본질적 측면 그 자체, 즉 종교나 국헌은 이러한 영역과 소원한 관계에 있다. 그러면서도 정신의 보편적 원리는 본질적으로 [136]민족의 감각이 산업 활동이나 상공업을 어떻게 대하는가 하는 그 방식에 따라서도 활동적이다. 이러한 활동은 개인이 자기 자신을 돌보고 그 밖에 개인이 무한히 다양화하고 세련화할 수 있는 자기의 욕구를 위해 필요한 자기의 근면성, 지성, 노력, 기예를 응용함을 목적으로 지닌다. 여기서 농경은 자연에 대한 필연적 의존성을 수반한다. 본래적인 의미에서 산업 활동이라 불리는 것은 원료를 받아들여 이를 가공하고, 지성과 추사유 및 공업에 의해 산출되는 것에서 자기의 생존 수단을 발견한다. 이 부문은 특수적인 것에 관련된다. 그러나 바로 특수적인 것에는 내재적 한계가 없다. 왜냐하면 부의 축적과 세련화는 무한정하게 전진할 수 있기 때문이다. 그런데 산업 활동이 제한되고 카스트적으로 매여 있으며 어떠한 확장도 발생할 수 없는지 아니면 개인이 완전히 무제한적으로 끝없이 자기를 확장해 나갈 수 있는지는 커다란 구별이다. 이러한 후자의 상태는 물론 근면도 필요하지만, 그 활동 영역이 영구적으로 완결된 상태와는 전혀 다른 민족의 정신, 그러므로 또한 전혀 다른 종교와 헌법을 전제한다. ― 동물에 대항하고 서로를 공격하기 위한 인간의 무기와 또한 배도 같은 분야에 속한다. 예를 들어 오랜 전설에 따르면 아시아인에게서 철이 발명되었다고 한다. 화약의 발명은 우연한 일로 여겨져서는 안 된다. 오히려 화약은 바로 이 시대에 그리고 이러한 교양 아래서만 발명되고 사용될 수 있었다. 그럼에도 무수히 많은 이와 같은 종류의 대상들, 예컨대 그 모든 시대에 그리고 그 모든 교양 아래에서 이를테면 똑같은 방식으로 출현할 수 있는 사치의 대상들은 민족정신의 규정된 양식과는 무관하다.

세 번째 점은 **사법**Privatrecht, 즉 바로 저 유한한 욕구와 관련된 법이다. 여기서는 인격적 자유의 발전, 그러므로 노예 제도는 시행될 수 없다거나 소유는 자유라는 것이 논의된다. 완전한 인격적 자유, 완전히 자유로운 소유는 전적으로 오직 규정된 원리를 지니는 국가에서만 행해질 수 있다. 법 원리는 바로 보편적 원리와 직접적으로 연관된다. 예를 들어 그리스도교에서 보편적 원리는 첫째로 [137]하나의 정신, 즉 진리가 존재한다는 것, 둘째로 개인은 무한한 가치를 지니며 신의 은총으로 절대적 정신성으로 받아들여져야 한다는 것이다. 그 결과는 개인이 그 인격성에서 무한하며, 자기의식 일반으로서, 자유로운 존재로서 인정받는다는 것이다. 동양 종교들에서는 인간이 인간으로서 무한한 가치를 지닌다고 하는 이 원리가 현존하지 않는다. 그런 까닭에 또한 그리스도교에서야말로 비로소 인간은 인격적으로 자유로우며, 다시 말하면 재산, 그것도 자유로운 재산을 소유할 수 있다.

마지막으로는 유한한 것의 학문이 언급되어야 한다. 수학, 자연사, 물리학도 교양의 일정한 입장을 요구한다. 개인은 내적 자유를 대자적으로 획득했을 때 비로소 객체의 존립을 허용하며, 객체에 대해 더는 단순히 욕망에 따라서가 아니라 이론적으로 관계한다. 여기서도 역시 고대 세계와 근대 세계가 구별된다. 왜냐하면 고대 세계는 자연과 그 법칙에 대한 이러한 관심을 그리 알지 못했기 때문이다. 대상들의 유한성에 따라 그것들에 몰두하기 위해서는 좀 더 고차적이고 구체적인 확신, 정신의 강함이 필요하다. 정신이 이러한 추상에 다다르기 위해서는 좀 더 고차적인 강도의 자기의식이 필요하다.

이러한 것들이 자기를 국가로 현실화하는 정신이 구별되는 주요 영역들이다. 이 측면들이 구별되고 각각 자신이 자기의 권리에 다다른 발양된 국가에서는 이 모든 측면이 서로 다른 신분으로 나누어져야만 한다. 개인은 한편으로는 이 모든 측면에 참여할 수 있으며, 다른 한편으로는 필연적으로 그 측면들에, 즉 종교, 법, 헌법, 학문에 적어도 간접적으로 참여한다. 이 영역들은 개인들이 그에 배정되는 특수한 신분들로 분리된다. 이 신분들이 개인의 천직이 무엇인지를 이룬다. 왜냐하면 이 측면들에서 발견되는 구별들은 특수한 영역들로, 그리고 특유한 과업으로 형태화되어야만 하기 때문이다. 조직된 국가 안에 존재하는 신분의 구별은 바로 이에 기반한다. 왜냐하면 유기적 전체는 국가이며, 국가 안에서 이러한 분절화는 유기체 안에서와 마찬가지로 필연적이기 때문이다. 그래서 국가는 인륜적 종류의 것인 하나의 유기적 전체다. [138]자유로운 것은 질투하지 않는다. 자유로운 것은 자기의 계기들이 스스로 구성되도록 용인한다. 하지만 보편적인 것은 이러한 규정들을 자기와의 통일 속에서 유지하는 힘을 보유한다.

d) [정신의 현실]

지금까지 언급된 점들은 국가의 개념에서 나타나는 추상적 계기들과 관련되었다. 그러나 실행과 제도들이야말로 국가 내부에서 벌어지는 것이 그 개념에 합치되도록 그 개념을 실현하는바, 이러한 일은 **헌법**을 통해 이루어진다. 사람들은 분명 한 민족이 헌법을 가지는 것을 불필요한 것으로 여기며, 그의 국가 형식은 자명하다고 생각한다. 이것은 다만 하나의 공이 형태로서 생각되는 것과 마찬가지로 헌법이 없는 상태도 헌정 체제로서 표상된다는 것을 뜻할 뿐이다.

만약 **개별적** 의지의 원리가 국가 자유의 유일한 규정으로서 근저에 놓이고, 국가에 의해 그리고 국가를 위해 행해지는 모든 것에 모든 개별자가 동의해야 한다면, 본래적으로는 전혀 헌법이 현존하지 않는다. 개별적 의지의 원리가 필요로 하는 유일한 제도는 오직 개별적 의지에 국가의 욕구인 것으로 보이는 것에 주목하고 그들이 자기 의견을 밝히게 하는 몰의지적인 중심일 것이며, 다음으로는 개인들을 소집하여 투표하게 하고 서로 다른 제안들에 대한 표수를 세고 비교함으로써 이미 결정을 내리는 산술적인 연산의 기계 장치일 것이다.

국가 자신은 자기의 단지 보편적일 뿐인 실재성을 시민들 속에서 지니는 하나의 추상물이다. 그러나 국가는 현실적이며, 단지 보편적일 뿐인 실존은 자기를 개체적인 의지와 활동으로 규정해야만 한다.[37] 정부와 국가 행정 일반에 대한 욕구, 즉 국가 업무의 많은 것을 관장하고 이에 관해 결정하며 그 실행 양식을 규정하고 그러한 것들을 실행에 옮겨야만 할 시민에게 명령을 내리는 그러한 사람들의 개별화와 선별의 욕구가 등장한다. 예를 들어 [136]민주정체에서도 역시 민중이 전쟁을 결정하면서도 그 전쟁을 지휘하는 장군이 그들의 진두에 서야만 한다. 국헌이야말로 그에 의해 비로소 국가라는 추상물이 생명과 현실성에 도달하는 바로 그것이다. 그러나 그와 더불어 또한 명령하는 자와 복종하는 자, 지배자와 피지배자의 구별도 들어선다. 그러나 복종한다는 것은 자유에

---

37. [편주] 난외에: 민족을 속인다 — 괴테 — 호메로스 — 전쟁을 치렀다.

합당하지 않은 것으로 보인다. 그리고 명령한다는 것도 국가의 기초, 즉 자유 개념에 상응하는[38] 것의 반대를 행하는 것으로 보인다. 그런데 그렇지 않으면 일이 진행될 수 없는 까닭에 명령과 복종의 구별이 실로 필연적이라면— 더 나아가 이것은 단지 하나의 어쩔 수 없는 궁핍함, 자유의 궁핍함, 그리고 이것이 추상적으로 견지될 때는 외면적이고 자유에 반하는 필연성인 것으로 보인다—, 사람들은 그 제도가 적어도 가능한 한 시민이 그에 단순하게 복종하지 않고, 가능한 한 명령이 자의적으로 내려지지 못하도록 만들어져야만 하며, 나아가 그에 대해 명령이 필요해지는 일의 내용은 그 자신이 그 요지에 따라 민족에 의해, 즉 다수의 개인이나 모든 개인의 의지에 의해 규정되고 결정될 수 있어야 하지만, 또다시 현실로서의, 즉 개체적 통일로서의 국가가 힘과 강함을 지니도록 만들어져야만 한다고 생각한다.

    최초의 규정은 일반적으로 지배자와 피지배자의 구별이다. 그리고 사람들은 당연히 헌법 일반을 군주 정체, 귀족 정체, 민주 정체로 구분했는데, 다만 여기서 주의해야만 할 것은 첫째로 군주 정체 자신이 전제 정체와 군주 정체 그 자체로 구별되어야만 한다는 점, 둘째로 개념으로부터 길어낸 모든 구분에서는 오직 근본 규정만이 강조되며, 따라서 이 근본 규정이 어떤 형태나

・・
38. [편주] 초고: 모순되는.

유 또는 종에 의해 그 구체적 실행 속에서 남김없이 다 논구된다고 생각되는 것은 아니라는 점, 그러나 셋째로 특히 개념이 또한 단지 저 일반적 질서 그 자체의 수많은 특수한 변형뿐만 아니라 또한 이러한 여러 가지 본질적 질서의 혼합이자 따라서 기형적이고 자기 내에서 견지될 수 없는 비일관적인 형태화들인 그러한 질서들의 수많은 변형도 허용한다는 점이다. 그러므로 최초의 규정은 [140]지배자와 피지배자의 구별이자 또한 그 이상의 편제가 과연 어떠한 의미나 어떠한 목적으로 이루어졌는가 하는 것이다. 따라서 이러한 충돌에서의 문제는 과연 어떤 것이 **최선의 헌법**인가, 다시 말하면 어떠한 제도와 조직 또는 국가 권력 기구에 의해 국가의 목적이 가장 확실하게 달성되는가 하는 것이다.

물론 이러한 목적은 다양한 방식으로, 예를 들어 시민적 삶의 평온한 향유로서나 보편적 행복으로서 파악될 수 있다 ― 그러한 목적들은 이른바 국가 통치의 **이상**을, 특히 그 가운데서도 군주(**페늘롱**)[39]나 지배자 일반, 즉 귀족(플라톤)의 교육에 관한 이상을 불러일으켰다. 왜냐하면 여기서는 주안점이 정점에 서 있는 주관의 성질에 놓였고 저 최초의 이상에서는 유기적인 국가 제도에 대해서는 전혀 생각하지 않았기 때문이다. 최선의 헌법에 관한 문제는 흔히 이에 관한 이론이 단지 주관적이고 자유로운 숙고의

----
39. [편주] François Fénelon (1651~1715): 캉브레의 대주교. 왕자의 가정교사: 『텔레마코스의 모험』(*Les aventures de Télémaque*, 1699).

사태일 뿐만 아니라 또한 이제 최선이나 더 좋은 것으로서 인정되는 헌법의 현실적인 도입도 그렇듯 전적으로 이론적으로 파악된 결단의 결과이며 — 헌법의 종류도 전적으로 자유롭고 오직 숙고에 의해서만 규정된 선택의 사태일 수 있다는 의미에서 제기된다. 페르시아 민족은 실로 이러한 전적으로 소박한 의미에서는 협의하지 않았지만, 가짜 스메르데스와 마기승의 전복을 기도한 페르시아의 권력자들은 그들의 기도가 성공한 뒤에, 그리고 거기에 피슈다디 가문의 어떠한 자손도 더는 남지 않았기 때문에 자신들이 어떤 헌법을 페르시아에 도입하고자 하는지 협의했다. **헤로도토스**도 마찬가지로 소박하게 이 협의에 관해 이야기한다.

오늘날 한 나라와 민족의 헌법은 그렇듯 전적으로 자유로운 선택에 맡겨지는 것으로 표상되지는 않는다. 근저에 놓여 있지만 추상적으로 유지되는 자유의 규정은 아주 일반적으로 이론에서는 **공화정**이 유일하게 정당하고 참다운 헌법으로 여겨지는 것을 결과로 지니며, 심지어 [141]군주제 헌법에서 국가 행정의 높은 자리를 차지하는 일군의 사람들, 예를 들어 라파예트[40]와 같은 사람도 그러한 견해에 반대하지 않거나 그에 호의적이다 — 다만 그들이 통찰하는 것은 아무리 그러한 헌법이 최선의 것이라고

..
40. [편주] Lafayette (1759~1834): 1789년 프랑스 국민방위군의 창설자. 프랑스 혁명 당시에는 푀양파의 지도자였으며, 1792년에서 1797년까지는 망명 생활. 그 후에는 파리에 거주하며, 1830년에는 루이 필립의 당원.

할지라도 그것이 현실 속에서 어디에서나 도입될 수 있는 것은 아니며, **사람들이 실로 그러하듯이** 우리는 아주 적은 자유에 만족해야만 하고, 그러한 만큼 이러한 주어진 상황이나 민족의 도덕적 상태 아래서는 군주제 헌법이 **가장 유용한** 헌법이리라는 것이다. 이러한 견해에서도 역시 특정한 국헌의 필연성은 단지 외적일 뿐인 우연성으로서의 상태에 의존하게 된다. 그러한 표상은 지성적 반성이 개념과 그 개념의 실재성 사이에서 행하는 분리에 근거한다. 왜냐하면 지성적 반성은 단지 추상적인, 따라서 참되지 않은 개념에만 집착하여 이념을 포착하지 못하거나, 비록 형식에 따라서는 아니지만 내용에 따라서는 똑같은 이야기인바, 한 민족과 국가에 관한 구체적 직관을 지니지 않기 때문이다. 이미 앞에서 언급했듯이 한 민족의 헌법은 그의 종교, 그의 예술과 철학 또는 비록 그의 기후와 이웃, 세계에서의 지위 일반에 관한 그 이상의 외면적 힘을 언급하지 않더라도 적어도 그 민족의 교양 일반의 표상 및 사상과 더불어 **하나의 실체, 하나의** 정신을 이룬다. 국가는 그로부터 국헌과 같이 비록 지극히 중요할지라도 하나의 특수한 측면이 그 자체만으로 따로 떼어져 그에 관해 오직 그것과만 관련된 고찰에 따라 고립적으로 협의되고 선택될 수 없는 하나의 개체적 총체성이다. 헌법은 그 밖의 저 정신적 힘들과도 아주 내밀하게 연관되고 그것들에 의존하는 것일 뿐만 아니라 오히려 그것들의 모든 힘을 총괄하는 전체적인 정신적 개체성이라는 규정성은 오직 전체의 역사와 그 전체의 발걸음 속에 미리 규정되어 있는 **하나의** 계기일 뿐인바, 이것이야말로 헌법에 대한 최고의 승인 및 헌법의 최고 필연성을 이룬다.

[142]이와 관련하여 주목해야만 할 것은 헌법에 관해 이야기 할 때 우리는 잘 알려진 이미 언급한 민주 정체, 귀족 정체, 군주 정체의 구별과 같은 추상적 구별에 머무르지 않는다는 점이다. 어차피 우리는 전혀 귀족정 원리를 지니지 않는 순수한 민주 정체란 존재하지 않는다는 것을 시인한다. 그 밖에 군주 정체는 그 속에 다른 계기들이 포괄되고 포함된 헌법이다. 헌법들, 즉 한 민족 내의 정치적이고 본질적인 상태를 고찰하는 데서 관건이 되는 것은 전혀 다른 규정들이다.

국가적 삶의 다양한 측면들에서 국헌의 본질적 규정은 최선의 국가란 그 안에서 최대의 **자유**가 지배하는 국가라는 명제로 언명된다. 그러나 여기서는 자유가 그 실재성을 어디에서 지니는가 하는 물음이 제기된다. 사람들은 자유를 모든 개별자의 주관적 의지가 가장 중요한 국가적 용무들에 참여하는 것으로 표상한다. 주관적 의지는 여기서 최종적인 것, 결정하는 것으로서 여겨진다. 그러나 국가의 본성은 객관적 의지와 일반의지의 통일이다. 주관적 의지는 자기의 특수성을 포기하는 데로 고양된다. 하나의 국가를 표상할 때 우리는 쉽사리 한편으로는 정부를, 다른 한편으로는 민족을, 즉 전자는 보편적인 것의 집중적 활동성으로, 후자는 많은 개별적인 주관적 의지로 정립한다. 여기서 사람들은 민족과 정부를 분리한다. 사람들은 양자가 서로에 맞서 확보되는 곳에서, 즉 한편으로 정부는 그의 보편적인 것의 작용에서, 다른 한편으로 민족은 그의 주관적 의지에서 확보되는 곳에서 좋은 국헌을 발견한다고 믿는다. 그 경우 양자는 상호적으로 제한되어야 한다. 이러한 형식은 분명 역사 속에서 그 자리를 지닌다. 그러나 국가의 개념에서는 이러한 대립이 지양되어 있다. 민족과 정부를 대립시키는 것에는 무언가 악의적인 것, 즉 마치 정부로부터 분리된 민족이 전체인 것처럼 생각하는 간악한 의지의 술책이 놓여 있다. 이에 관해 이야기하는 한에서 일반의지와 특수의지의 통일인 국가가 이미 현존한다고는 말할 수 없다. 거기서 문제가 되는 것은 여전히 국가의 실존을 창조하는 것이다. 국가의 이성적 개념은 그러한 추상적 대립을 겪는다. 그러나 그러한 대립을 필연적 대립으로 이야기하는 자는 [143]국가의 본성에 대해 전혀 아무것도 알지 못한다. 국가는 이러한 통일을 자기의 기초로 지닌다. 이러한 통일이야말로 국가의 존재, 국가의 실체다.

그러나 그리하여 국가가 자기 내에서 전개된 실체인 것은 아직 아니다. 그러한 실체로서의 국가는 자기 내에서 자립적인 기관들, 권역들, 특수한 보편성들의 체계다. 그러나 그것들의 작용성은 전체를 산출하는 것, 자기들의 자립성을 지양하는 것이다. 유기적 생명에서는 특수한 자립성들의 그러한 대립에 관해 이야기하지 않는다. 예를 들어 동물적인 것에서는 각각의 모든 작은 부분에 생명이라는 보편적인 것이 현존하며, 만약 각각의 부분으로부터 보편적인 것이 집어내어지게 되면 오직 무기적인 것만이 남는다. 그렇다면 국헌들의 구별은 이러한 총체성이 형태화되어 있는 형식과 관련된다. 국가는 현세적인 이성성이며, 그런 까닭에 서로 다른 헌법들이 그 원리들이 구별되는 가운데 순서대로 이어지는바, 언제나 다만 다음과 같은 일, 즉 이전의 헌법이 뒤따르는 헌법에 의해 지양되는 일이 일어날 뿐이다.

국가는 인간적 의지와 그의 자유라는 외면성에서의 정신적 이념이다. 따라서 일반적으로 국가에는 본질적으로 역사의 변화가 속하며, 이념의 계기들은 국가에서 서로 다른 원리들로서 존재한다. 세계사적 민족들이 그 속에서 자기의 번영에 다다른 헌법들은 그 민족들에 특유하며, 그러므로 그 상이성이 형성과 발전의 규정된 방식에 존립할 뿐인 하나의 일반적 기초가 아니다. 오히려 그 상이성은 원리들의 상이성에 존립한다. 그런 까닭에 역사로부터는 국헌의 현재적인 형태화를 위해 아무것도 배울 수 없다. 헌법의 최종적 원리, 즉 우리 시대의 원리는 이전의 세계사적 민족들의 헌법에 포함되어 있지 않다. 학문과 예술의 경우에는 사정이 전혀 다르다. 여기서는 이전의 원리들이 뒤따르는 원리의 절대적 기초다. 예를 들어 고대인들의 철학은 근세 철학의 기초이며, 그리하여 전자는 단적으로 후자 속에 포함되어 있을 수밖에 없고 후자의 지반을 이룬다. 여기서 그 관계는 그 주춧돌과 담장과 지붕이 여전히 같은 것으로 머물러 있는 그러한 건물의 중단없는 형성·발양으로서 나타난다. [144]예술에서는 심지어 존재하는 대로의 그리스 예술 자신이 최고의 모범이다. 그러나 헌법과 관련된 사정은 전혀 다르다. 여기서는 낡은 것과 새로운 것이 본질적 원리를 공유하지 않는다. 물론 통찰과 덕이 이끌어야만 한다는 정당한 통치에 관한 추상적 규정과 교설들은 공통적이다. 우리 시대의 헌법 제도를 위해 그리스인과 로마인 또는 동양인의 예를 받아들이려고 하는 것만큼 부적절한 것은 아무것도 없다. 동양으로부터는 가부장적 상태와 아버지의 지배 또는 민족의 순종에 관한 아름다운 그림을, 그리스인과 로마인으로부터는 민족의 자유에 관한 묘사를 가져올 수 있다. 왜냐하면 후자들에게서 우리는 자유로운 헌법의 개념이란 모든 시민이 일반적 관심사와 법률에 관한 협의와 결의에 참여해야 하는 것으로 파악되고 있다는 것을 발견하기 때문이다. 우리 시대에도 이것은 일반적인 의견이지만, 다만 다음과 같이 변형되어 있다. 즉, 우리의 국가는 아주 크고 많은 국가에는 아주 많은 사람이 있는 까닭에, 공적 업무에 관해 결의하는 데서도 그들은 직접적이 아니라 간접적으로 대리인을 통해 자기의 의지를 제시해야 한다는 것, 다시 말하면 입법을 위해서는 일반적으로 민중이 대의원을 통해 대표되어야 한다는 것이다. 이른바 대의제는 우리가 여기에 자유로운 헌법의 표상을 결부시킴으로써 그것이 확고한 선입견이 된 그러한 규정이다. — 가장 중요한 사태는 개념을 통해 규정되는 바의 자유란 주관적 의지와 자의가 아니라 일반의지의 통찰을 원리로 삼는다는 것과 자유의 체계는 그 계기들의 자유로운 발전이라는 것이다. 주관적 의지란 그 속에 그것이 **무엇을** 의지하는지가 전혀 놓여 있지 않은 전적으로 형식적인 규정이다. 오직 이성적인 의지만이 자기 자신 안에서 자기를 규정하고 발전시키며 자기의 계기들을 유기적인 마디들로서 펼쳐나가는 그러한 보편적인 것이다. 그러나 이러한 것이야말로 비로소 최종적인 것이자 이성적인 자유, 즉 자기의 재료로 보편적인 것을 지니는 고딕 건축이다. 고대인은 그러한 고딕식 돔 건축에 관해 아무것도 알지 못했다. 이것은 그리스도교 시대의 성과다. 보편적인 것이 무한한 구별에 도달하되, 그 구별이 개인들이 실체적인 것과의 통일 속에서 자기의 자유와 [145]자립성, 본질적 존재성을 지닌다고 알고, 그리하여 개인들이 이러한 실체적인 것을 위한 행위의 형식을 지닌다는 것, 바로 이렇게 실체적인 것이 완전히 형성·발양되는 것이야말로 관건이 되는 것이다. 민족들과 그들이 가진 헌법들의 좀 더 고차적인 구별은 바로 여기에 놓여 있다.

좀 더 고차적인 원리로부터는 보통 하나의 헌법에서 본질적인 것으로 여겨지는 것, 요컨대 개인들이 그 헌법에 대해 자기의 주관적 동의를 표시했는가 하지 않았는가 하는 것은 종속적이고 아무래도 상관없는 구별이 된다. 제일 먼저 살펴보아야 할 것은 과연 개인들이 인격으로서 파악되고 있는가, 과연 실체성이 정신으로서, 그들에 의해 알려진 본질로서 현존하는가 하는 것이다. 예를 들어 중국인에게는 그러한 동의의 방식이 현존하지 않는다. 만약 사람들이 그 점을 결함으로 보면서 왜 그러한지 묻는다면 중국인들은 그 물음을 마치 가족회의에는 모든 나이의 아이들이 참가해야 한다는 것과 마찬가지로 어리석은 것으로 생각할 것이다. 중국인들은 자기를 아직 자유로운 주체성으로서 알지 못한다. 그들에게 주체성 속에는 아직 인륜적이고 법적인 것의 본질적 존재성이 포함되어 있지 않으며, 인륜적이고 법적인 것은 그들에게 아직 그들의 목적, 작품, 대상으로서 현존하지 않는다. 다른 한편으로 우리는 튀르키예인에게서는 주관적 의지가 전혀 제어되지 않는 상태에 있음을 본다. 예를 들어 튀르키예의 근위병은 의지를 지니고 그것을 행사하며, 부분적으로는 종교에 의해 규정되지만, 그 욕망에서는 또한 제어되지 않는 야만적 의지를 지닌다. 여기서 인격적 의지는 잘못된 관념에 따라서 자유롭다. 그러나 그것은 이성적인 구체적 의지 속으로 형성되어 있지 않다. 그것은 이성적인 구체적 의지에 대해 아무것도 알지 못하고, 그러한 의지를 대상이나 관심 그리고 또한 운동하게 하는 것으로 지니지도 않으며, 그것이 보편성을 언급할 때 그 보편성은 추상적이고 비유기적인 것이자 순수하게 광신적이고 자기를 유기적으로 조직하는 모든 것, 즉 인류와 모든 종류의 법에 대해 파괴적이다. 유럽의 국가들에는 다른 관계가 존립한다. 거기서는 전체적으로 통찰이 무언가 보편적인 것이다. 학문적 교양 그리고 일반적 목적이나 일반적 원칙에 따른 규정 작용은 시민이 정부와 공유하고, 행정에 속하는 모든 영역이 개념으로 포착되는 한에서 정부가 시민과 공유하는 공유 재산이다. 그 경우 그러한 상태에서는 또다시 특수한 개인들의 동의는 다소간에 아무래도 상관없는데, 왜냐하면 그들은 아무런 특수한 지혜를 가져올 수 없고 오히려 반대로 [146]명확히 국사에 몰두하는 사람보다 덜 지혜롭기 때문이다. 그와 마찬가지로 또한 그들은 자기의 부분적인 관심을 가지고서는 좋은 지향성을 가져오지도 않을 것이다. 왜냐하면 그러한 부분적 관심이 그로부터 사라져야만 하는 공유 재산이 거기 존재한다는 것이야말로 규정적인 것이기 때문이다. 만약 모든 개인이 자기의 동의를 표시하는 곳에 자유가 정립된다고 한다면, 쉽게 파악할 수 있는 것은 모두가 일치하지 않고서는 어떠한 법률도 효력을 발휘할 수 없으리라는 점이다. 여기서 우리는 곧바로 소수가 다수에게 양보해야만 한다는 규정에 도달하게 된다. 그러므로 다수가 결정한다. 그러나 이미 장 자크 루소는 그 경우에는 소수의 의지가 더는 고려되지 않는 까닭에 자유가 더는 존재하지 않는다고 지적했다. 폴란드 제국의회에서는 모든 개인이 동의해야만 했고, 이러한 자유로 인해 그 국가는 멸망하고 말았다. 그 밖에도 오로지 민중만이 이성과 통찰을 지니며 옳은 것을 안다는 것은 위험하고도 잘못된 전제다. 왜냐하면 민족의 각 당파가 자기를 민중으로서 내세울 수 있고, 국가를 이루는 것은 교양이 뒷받침된 사태이지 민중의 사태가 아니기 때문이다.

국헌들의 구별은 국가적 삶의 총체성이 스스로 현상하는 형식과 관계된다. 그 첫 번째 형식은 이러한 총체성이 아직 감싸여져 있고 그 특수한 권역들이 아직 자기의 자립성에 다다르지 못한 형식이며, 두 번째 형식은 이 권력들과 따라서 개인들이 좀 더 자유로워지는 형식이고, 마지막으로 세 번째 형식은 그들이 자기의 자립성을 지니고 그 작용이 보편적인 것을 산출하는 것인 형식이다. 우리는 모든 나라와 세계사 전체가 이러한 형식들을 관통하는 것을 본다. 우선 우리는 각각의 모든 국가에서 평화적이거나 호전적인 일종의 가부장적 왕국을 보게 된다. 국가의 이러한 최초의 산물은 위압적이고 본능적이다. 그러나 또한 복종과 폭력 그리고 지배자에 대한 공포가 이미 의지의 연관이다. 이 위에서 특수성이 두각을 나타낸다. 즉 귀족주의자, 개별적 집단, 민주주의자, 개인이 지배한다. 이러한 개인들 속에서 하나의 우연한 귀족 정체가 결정되며, 그러고 나서 이것이 하나의 새로운 왕국, 군주 정체로 이행한다. 그러므로 종결을 이루는 것은 단적으로 그 외부에서 특수한 영역들이 자기의 자립성을 지니는 그러한 것 이외에 다른 것일 수 없는 하나의 권력 밑에 이러한 특수성이 굴복하는 것이며, [147]이것이 군주 정체다. 그래서 첫 번째 왕국과 두 번째 왕국은 구별되어야 한다. — 이것이야말로 참답게 자립적인 국가 발전에서의 추상적이지만 필연적인 발걸음이며, 그리하여 그 발걸음에서는 언제나 선택의 사태가 아니라 다만 바로 민족의 정신에 적합한 그러한 것일 뿐인 규정된 헌법이 나타나야만 한다.

헌법에서 관건이 되는 것은 자기 내에서 이성적인, 다시 말하면 정치적인 상태의 완성 또는 개념 계기들의 자유로운 발양, 즉 특수한 힘들이 서로 구별되고 대자적으로 완성되지만, 그와 마찬가지로 자기의 자유 속에서 하나의 목적을 위해 협력하고 그 목적에 의해 유지되는 것, 다시 말하면 하나의 유기적 전체가 형성되는 것이다. 그래서 국가는 이성적이고 자기를 객관적으로 알고 대자적으로 존재하는 자유다. 왜냐하면 자유의 객관성은 바로 다음과 같은 것, 즉 그 계기들이 관념적으로가 아니라 특유한 실재성 속에서 현존하고 자기 자신과 관계하는 자기의 작용성에서 단적으로 그에 의해 전체, 영혼, 개체적 통일이 산출되고 결과가 이루어지는 그러한 작용성으로 이행하는 것이기 때문이다.

좀 더 제시되어야 할 것은 국가는 **다른 국가들에 대한 관계를** 지닌다는 것, 국가는 독립적이며 자립성을 지닌다는 점이다. 한 민족이 자립적이라는 것은 그의 명예다. 이 점을 좀 더 자세히 규정하기 위해서는 이에 관한 많은 것이 이야기되어야만 하겠지만, 여기서는 그것이 결여될 수도 있는 까닭에 그에 대한 논의를 그만두고자 한다. 그러나 좀 더 자세히 우리에게 문제가 되는 것은 우리가 국가들의 관계에서 통용되는 원리들을 세계사 속에서 그들의 관계에서 통용되게 되는 원리로부터 구별한다는 점이다. 거기서는 오직 **절대정신의 권리**만이 타당하며, 오직 정신의 좀 더 고차적인 원리를 타당화하는 관계들만이 고찰될 수 있다. 그러나 어떠한 국가도 이러한 권리를 끌어낼 수 없다. 개별적 국가들은 독립적인 개체로서 서로를 상호적으로 전제하며, 한 국가의 독립은 오직 다른 국가들의 독립이 전제된다는 점에서만 존중된다. 그와 같은 관계는 조약에 의해 확정될 수 있으며, 그 경우 적어도 법적 근거가 결정해야 한다. 그러나 세계사에서는 좀 더 고차적인 법이 타당화된다. [148]이 점은 분명 야만족에 대한 개화된 민족의 관계가 문제가 되는 현실에서도 타당화될 수 있다. 종교 전쟁에서도 한편에 의해서는 신성한 원리가 주장되는 데 반해, 다른 민족들의 권리는 무언가 종속적인 것이자 동등한 권리를 지니지 않는다. 이슬람교도의 경우 사정이 이전에 그러했으며, 이론에 따라서는 지금도 마찬가지다. 그리스도교도들도 이교도 민족들을 개종시키기 위해 그들과 전쟁을 벌였다는 점에서 자기의 종교로부터 대자적인 더 고차적인 권리를 주장했다. 그러한 관계에서는 추상적 법 내지는 불법이 통용되지 않지만, 그러한 관계는 또한 아직 본래적인 법 상태가 들어서지 않은 곳에서만 생겨난다. 그러한 관계 아래 통용되는 것은 국가들의 서로에 대한 참다운 독립성의 상태에 적용될 수 없다. 역으로 법 상태를 전제로 하여 타당한 것은 아직 법 상태라고 불릴 수 없는 상태에 적용될 수 없다. 따라서 우리에게는 국가들의 원리들, 즉 국제법으로서 여겨지는 것이 전혀 문제가 되지 않는다. 우리는 국가들에 맞선 세계정신의 권리에 주목해야 한다.

[149] C.
세계사의 발걸음

a) [발전의 원리]

 역사 속에서 진행되는 추상적 변화 일반은 이미 오래전에 일반적 방식으로 그것이 동시에 더 좋은 것, 더 완전한 것으로의 전진을 포함한다는 식으로 파악되었다. 자연에서의 변화는 그것이 아무리 무한히 다양할지라도 언제나 되풀이되는 순환을 보여줄 뿐이다. 자연에서는 해 아래 새로운 것이 전혀 생겨나지 않으며, 그런 한에서 자연 형태가 드러내는 그토록 다형적인 유희는 지루함을 자아낸다. 오직 정신적 지반 위에서 진행되는 변화에서만 새로운 것이 출현한다. 정신적인 것에서의 이러한 현상은 인간에게서 단순히 자연적인 사물들에서와는 다른 규정 일반을 드러내는 바 ― 자연적 사물들에서는 단 하나의 똑같은 규정, 즉 모든 변화가 그것으로 환원되고 또 그 내부에 종속적인 것으로 포함되는 영구히 안정적인 성격이 알려진다 ―, 요컨대 인간에게서는 현실적 변화 능력이자 더 나아가 앞에서 이야기했듯이 더 좋은 것,

더 완전한 것을 향한 변화 능력— **완성 능력**_Perfektibilität_의 충동이 드러난다. 그런데 변화 자신을 합법적인 것으로 만드는 이러한 원리는 가톨릭교와 같은 종교들에 의해, 그리고 그와 마찬가지로 정체되어 있거나 적어도 안정적임을 자기의 참다운 옳음으로 여기는 국가들에 의해 나쁜 것으로 받아들여졌다. 일반적으로 국가와 같은 현세적 사물의 가변성이 인정될 때, 한편으로 진리의 종교로서의 종교는 이 가변성에서 제외되며, 다른 한편으로 정당하고 권리를 지닌 것의 변화와 변혁 및 파괴는 한편으로는 우연에, 다른 한편으로는 미숙함에, 그러나 주로 인간의 경솔함과 퇴폐성 및 사악한 열정에 돌려지곤 한다. 실제로 완성 능력은 가변성 일반과 마찬가지로 거의 몰규정적인 어떤 것이다. 그것은 목적과 목표를 지니지 않는다. [150]그것이 지향해야 할 더 좋은 것, 더 완전한 것은 전혀 규정되지 않은 것이다.

 본질적으로 언급해야 하는 것은 정신의 발걸음이 진보 Fortschreiten, 즉 지금껏 잘 알려진 표상이지만, 그 표상은 이미 말했듯이 마찬가지로 자주 공격받는다는 점이다. 왜냐하면 진보라는 표상은 평온한 존립을 바라는 마음가짐, 현존하는 헌법이나 입법에 대립하는 것으로 보일 수 있기 때문이다. 물론 이러한 존립은 최고의 존경을 요구하며, 모든 활동은 이 존립과 관련하여 보존에 협력해야 한다. 진보의 표상은 만족스럽지 못한데, 왜냐하면 그것은 주로 바로 인간이 완성 능력, 다시 말하면 더욱더 완전해질 수 있는 실재적 가능성과 또한 필연성도 지닌다는 형식으로 주장되기 때문이다. 여기서는 존립이 최고의 것으로서 여겨지지 않는다. 오히려 최고의 것은 변화한다는 것인 것으로 보인다. 이러한 표상에는 아주 무규정적이고 가변성 이외에 아무것도 허락하지 않는 완전화의 규정 이외의 다른 규정이 놓여 있지 않다. 변화를 위한 척도는 현존하지 않으며, 또한 현존하는 것에 대해서도 그것이 어느 정도로 옳은 것, 실체적인 것인지를 재는 척도도 없다. 그 속에는 배제의 어떠한 원리도 없고, 어떠한 목표, 어떠한 규정된 궁극 목적도 정립되어 있지 않다. 오히려 그 표상 속의 나머지인 변화가 존재하는데, 그것이 유일하게 규정성을 이룬다. ― 인류의 교육(레싱)[41]에 관한 표상은 재기발랄하긴 하지만, 여기서 이야기하고 있는 것을 그저 멀찍감치 언급할 뿐이다. 진보는 일반적으로 이러한 표상들에서는 양적인 것의 형식을 지닌다. 점점 더 많은 지식, 점점 더 세련된 교양 ― 오직 그러한 비교일 뿐이다. 거기서는 어떤 하나의 규정성이 제시되고 질적인 어떤 것이 언명되는 일 없이 오래 계속 이야기될 수 있다. 사태, 질적인 것이 이미 현존하지만, 달성되어야 할 목표는 언명되지 않는다. 이것은 전적으로 규정되지 않은

· ·
41. Gotthold Ephraim Lessing (1729~81). 『인류의 교육』(1780)은 인류의 완전성에 대한 레싱의 믿음을 보여주는 작품이다.

채 남아 있다. 그러나 우리가 규정적으로 진보에 관해 이야기하고자 할 때 양적인 것은 바로 몰사상적인 것이다. 달성되어야 할 목표가 알려져야만 한다. 정신은 그 활동 일반에서 그의 생산과 변화가 질적인 변화로서 표상되고 인식되어야만 하는 그러한 것이다.

[151]**발전**Entwicklung의 원리는 그 이상의 것, 요컨대 하나의 내적 규정, 즉 스스로 실존하게 되는 **그 자체에서** 현존하는 전제가 근저에 놓여 있다는 것을 포함한다. 이러한 형식적 규정은 본질적이다. 세계사를 자신의 활동 무대, 소유, 자기 현실화의 장으로 삼는 정신은 우연들의 외면적 유희 속에서 배회하는 그러한 것이 아니다. 오히려 정신은 그 자체에서 절대적으로 규정하는 자이다. 정신의 특유한 규정은 우연성에 단적으로 확고히 반대하며, 정신은 그 우연성을 스스로 사용하고 지배한다. 그러나 유기적 자연물에도 마찬가지로 발전[전개]이 속한다. 요컨대 그것의 실존은 단지 직접적일 뿐이고 단지 외부로부터 변화할 뿐인 것으로서가 아니라 자기로부터, 즉 하나의 내적인 불변의 원리로부터, 다시 말하면 그 실존이 싹으로서 우선은 마찬가지로 단순하고 그다음에는 구별들을 자기로부터 현존재하게 하는 단순한 본질성으로부터 출발하는 것으로서 나타난다. 이 경우 그 구별들은 다른 사물들에 관여하는 가운데 변화의 지속적인 과정을 살아가지만, 그와 마찬가지로 지속적으로 그 반대로 전환되는바, 요컨대 오히려 유기적

원리와 그 원리의 형태화를 보존하는 것으로 변경된다. 그래서 유기적 개체는 자기 자신을 산출한다. 유기적 개체는 그 자체에서 자기인 것으로 자기를 만들어 나간다. 마찬가지로 정신 역시 오로지 그가 자기 자신을 그것으로 만드는 그것일 뿐인바, 정신은 그 자체에서 자기인 것으로 자기를 만들어 나간다. 그러나 전자의 발전[전개]은 직접적이고 대립이 없으며 아무런 방해도 받지 않는 방식으로 이루어진다. 개념과 이 개념의 실현, 싹의 그 자체에서 규정된 본성과 그 본성에 대한 실존의 적합성 사이에는 아무것도 침투할 수 없다. 그러나 정신에서는 사정이 다르다. 정신의 규정이 그 현실화로 이행하는 것은 의식과 의지에 의해 매개되어 있다. 이 의식과 의지 자신은 우선은 자기들의 직접적이고 자연적인 생명 속으로 함몰해 있다. 그들에게 대상과 목적은 우선은 자연적 규정 자신 그 자체이지만, 이 자연적 규정은 그에 영혼을 불어넣는 것이 정신이라는 점으로 인해 그 자신이 무한한 요구와 강함 및 풍요로움을 지닌다. 그래서 정신은 그 자신 내에서 자기에게 대립해 있다. 정신은 자기 자신을 [152]자기 목적의 참다운 적대적 장애물로서 극복해야 한다. 그 자체로서는 평온한 출현인 발전이 — 왜냐하면 발전이란 발현에서 동시에 자기와 동등하고 자기 내에 머무름이기 때문이다 — 정신 속에서는 하나 속에서의 자기 자신에 대한 강고하고도 무한한 투쟁이다. 정신이 의욕하는 것은 자기의 고유한 개념을 성취하는 것이다. 그러나 정신 자신은 그 개념을 스스로 은폐하며, 자기 자신의 이러한 소외 속에서 의기양양하며 향유로 가득 차 있다.

발전은 이러한 방식으로는 유기적 생명의 발전과 같이 해가 없고도 투쟁 없는 단순한 출현이 아니라 자기 자신에게 맞선 강고하고도 꺼림칙한 노동이며, 더 나아가 이 발전은 단순히 발전이라는 형식적인 것 일반이 아니라 규정된 내용을 지닌 목적의 산출이다. 이러한 목적을 우리는 처음부터 확인했다. 그것은 정신이며, 더욱이 그의 본질, 즉 자유의 개념에 따른 정신이다. 이것이 근본 대상이며 그런 까닭에 이것은 또한 발전의 주도적인 원리, 즉 그에 의해 발전이 자기의 의미와 의의를 획득하게 되는 것도 지닌다. 가령 로마사에서는 로마가 대상이고 따라서 생기 사건의 고찰을 이끄는 것이고, 역으로 그 생기 사건은 오직 이러한 대상으로부터 출현한 것이자 이 대상과의 관계에서만 의미를 지니고 이 대상에서만 자기의 내실을 지닌다. 세계사 속에는 지속된 것으로 보이지 않고 지나가 버린 그러한 발전의 몇몇 위대한 시기들이 존재한다. 그러한 시기들에는[42] 오히려 교양의 엄청난 획득물 전체가 파괴되고 불행하게도 다시금 처음부터 시작하지 않을 수 없었다. 그리하여 가령 폐허에서 건져낸 저 보물 잔해의 어느 정도의 도움을 받아, 그리고 다시 한번 엄청난

---

42. [편주] 라손은 다음과 같이 변화시킨다: 그 시기들 이후에는.

힘과 시간을 들일 뿐만 아니라 또한 범죄와 고난을 겪고 나서 다시금 이미 오래전에 획득했던 저 교양의 영역을 달성할 수 있었다. 그와 마찬가지로 계속해서 존립하는 발전과 특유한 요소로 이루어지고 모든 측면으로 풍부하게 확장된 축조물과 교양의 체계도 존재한다. 발전 일반의 형식적 원리는 하나의 형태에 대해 다른 형태에 대한 우위를 말할 수도 없고 더 오랜 발전 시기의 저 몰락의 목적을 [153]개념적으로 파악할 수도 없으며, 오히려 그러한 진행 과정이나 특히 그 속에서의 퇴보를 외면적 우연성으로서 고찰하지 않을 수 없고, 그 우위를 바로 발전이 최종적인 것인 까닭에 다만 상대적일 뿐만 아니라 또한 절대적 목적은 아닌 무규정적인 관점에 따라서만 판정할 수 있다.

역사의 발전이 시간에 속한다는 것은 정신의 개념에 상응한다. 시간은 부정적인 것의 규정을 내포한다. 어떤 것, 하나의 사건은 우리에 대해 긍정적이다. 그러나 또한 그 반대도 거기에 있을 수 있다는 것, 즉 비존재에 대한 이러한 관계야말로 시간이며, 게다가 우리는 이러한 관계를 단지 사유할 뿐만 아니라 또한 직관하기도 한다. 시간이란 이렇듯 전적으로 추상적인 감성적인 것이다. 비존재가 어떤 것으로 침입하지 않는 경우 우리는 그 어떤 것이 지속한다고 말한다. 정신의 변화와 자연의 변화를 비교하면 우리는 자연에서는 개별자가 교체에 복종하고 있지만, 종은 그대로 지속하는 것을 본다.

그래서 행성은 그때마다 이 장소를 떠난다. 그러나 전체 궤도는 지속하고 있다. 동물의 종이 지니는 사정도 그와 마찬가지다. 변화는 하나의 순환, 같은 것의 반복이다. 모든 것은 그렇게 원환 속에 있으며, 오직 이 원환 속에서만 그리고 개별적인 것에서만 변화가 존재한다. 자연에서는 죽음으로부터 생겨나는 생명 그 자신이 또다시 개별적 생명일 뿐이다. 그리고 이러한 교체 속에서 종이 실체적인 것으로 여겨질 때, 개별자의 몰락은 바로 그 종이 개별성으로 또다시 함몰하는 것이다. 그래서 종의 보존은 똑같은 실존 방식을 같은 형식으로 반복하는 것으로서만 존재한다. 정신적 형태에서는 사정이 다르다. 여기서는 변화가 단순히 표면에서가 아니라 개념 속에서 진행된다. 개념 자신이 정정되는 바로 그것이다. 자연에서는 종이 아무런 진보도 이루지 않지만, 정신에서는 각각의 모든 변화가 진보다. 실로 자연적 형태들의 계열도 빛으로부터 인간에게 이르는 사다리를 형성하며, 그리하여 각각의 모든 뒤따르는 단계는 앞선 단계의 변형이자 앞선 원리의 지양과 몰락을 통해 출현한 더 고차적인 원리다. 그러나 자연에서는 이러한 것이 서로 분리되며, 모든 개별적인 새싹은 계속해서 서로 병렬하여 실존한다. 이행은 오직 이러한 연관을 개념 파악하는 사유하는 정신에만 현상한다. 자연은 [154]자기를 파악하지 못하며, 그런 까닭에 자연에 대해서는 그의 형태화의 부정적인 것이 현존하지 않는다. 그에 반해 정신적 영역에서는 좀 더 고차적인 형태화가 앞선 하위 형태화의 개조를 통해 산출되는 것이 현상하게 된다. 그런 까닭에 이러한 앞선 하위 형태화는 실존하기를 그쳤다. 요컨대 하나의 형태화가 앞선 형태화의 변용이라는 것이 현상하게 된다는 것, 바로 이것이야말로 정신적 형태화의 현상이 시간에 속하는 까닭이다. 그러므로 세계사란 일반적으로 자연으로서의 이념이 공간에서 자기를 내보이듯이 시간 속에서 정신이 내보이는 것이다.

그렇긴 하지만 정신적 형태화로서의 민족들은 한 측면에 따라서는 자연 본질이기도 하다. 따라서 서로 구별되는 형상들이 또한 서로 무관심하게 병렬하여 공간 속에 존립하는 것으로서도, 오랫동안 존속하는 것으로서도 나타난다. 그래서 세계를 둘러보면 우리는 구대륙에서 다음과 같은 세 개의 주요 형태를 알아보게 된다. 역사에서 최초의 원리이기도 한 후방 아시아적 원리(몽골적, 중국적, 인도적 원리)―, 추상적 정신의, 즉 유일신의 원리가 실로 현존하지만, 그에 고삐 풀린 자의가 맞서 있는 이슬람교 세계―, 그리고 그리스도교적인 서유럽 세계가 그것들이다. 후자에서는 최고의 원리, 즉 정신의 자기와 자기의 깊이에 대한 앎이 달성되어 있다. 이러한 보편적 계열은 여기서 오랫동안 존속하는 식으로 내보여진다. 세계사 속에서 우리는 순서대로 뒤따르는 단계들을 발견한다.

커다란 원리들이 오랫동안 존속하며 병렬적으로 존립한다고 해서 그 원리들이 시간 속에서 지나가는 모든 형태가 지속해야 한다고 요구하는 것은 아니다. 우리는 가령 아름다운 이교 정신 등등을 지닌 그리스 민족과 그와 마찬가지로 로마 민족이 현재하기를 바랄 수 있다. 그러나 이 민족들은 지나가 버렸다. 그와 마찬가지로 각각의 민족 내부에서도 민족이 존립하는 동안에 이미 지나가 버린 형태들이 존재한다. 그것들이 왜 사라지고 또한 공간에서도 오랫동안 존속하지 않는지는 오직 그것들의 특수한 본성에 의해서만 논의될 수 있으며, 이를 위한 자리는 오직 세계사 자신 내에만 존재한다. 여기서 동시에 밝혀지는 것은 오직 가장 보편적인 형태화들만이 계속 존립한다는 것과 규정된 형태화들은 그것들이 불안정한 생동성에서 나타날 때는 필연적으로 사라져야만 한다는 것이다.

[155]진보한다는 것은 일반적으로 의식의 단계적 연속이라고 규정된다. 인간은 세계와 자기 자신에 대한 몽롱한 의식을 지닌 어린이에게서 시작된다. 우리는 인간이 자체적이고도 대자적으로 존재하는 자기에 관한 앎에 도달할 때까지 경험적 의식의 여러 단계를 거쳐 나가야 한다는 것을 알고 있다. 어린이는 감성적 감각에서 시작한다. 그로부터 인간은 일반적 표상의 단계와 그다음으로는 더 나아가 개념 파악의 단계에 들어서고, 사물들의 영혼, 사물들의 참다운 본성을 인식하기

에 이른다. — 정신적인 것과 관련해서 이야기하자면, 어린이는 우선은 자기를 옳은 것으로 인도하려고 한다고 보는 자기의 부모와 자기의 환경에 대한 신뢰 속에서 살아간다. 이러한 것은 어린이에게 자의적으로 지시된 것으로 보인다. 또 다른 단계는 청소년의 단계다. 이 단계의 특징은 인간이 자기 내에서 자기의 자립성을 추구하며, 자기에게 의거하고, 무엇이 옳고 인륜적인지를, 본질적으로 무엇을 하고 성취해야 하는지를 자기의 의식 속에 있는 것으로서 인식한다는 것이다. 성인의 의식은 본질적인 것이 무엇인지에 대한 그 이상의 규정들을 포함한다. 진보가 의식의 도야인 것과 마찬가지로 거기에는 진보가 그저 양적인 것이 아니라 본질적인 것에 대한 서로 다른 관계들의 단계적 연속이라는 점이 놓여 있다.

[43]그런데 세계사는 자유의 의식이 그 내실인 원리가 발전해 가는 단계적 발걸음을 서술한다. 이러한 발전은 여기에 정신의 직접성이 아니라 일반적으로 매개, 그것도 정신의 자기 자신과의 매개가 존재하는 한에서만 단계들을 지니는 것이 아니다. 오히려 그 발전은 정신의 자기 자신 내에서의 분화와 구별로서 자기에게서 구별되어 있다. 이 단계들의 좀 더 자세한 규정은 그 일반적인

..
43. [편주] 여기서 시작되는 단락에 헤겔은 잘못되게도 "b"를 부여했다.

본성에서는 논리적으로 제시되어야 하지만, 좀 더 구체적인 본성에서는 정신 철학에서 제시되어야 한다. 이러한 추상적인 것에 관해 여기서는 다만 다음과 같은 것이 제시될 수 있을 뿐이다. 즉 직접적 단계로서의 첫 번째 단계는 앞에서 이미 지적되었듯이 정신이 자연성에 침잠해 있는 것 내부에 속하는바, 그 단계에서는 정신이 다만 [156]부자유한 개별성 속에 있을 뿐이다(한 사람만이 자유롭다). 그러나 두 번째 단계에서는 정신이 자연성에서 벗어나 자기의 자유에 대한 의식으로 들어선다. 그러나 이 최초의 분리는 간접적인 자연성에서 유래하고 따라서 이 자연성과 관계하며 여전히 하나의 계기로서의 자연성에 붙들려 있다는 점에서 불완전하고 부분적이다(몇몇 사람이 자유롭다). 세 번째 단계에서는 이러한 아직은 특수한 자유로부터 자유의 순수한 보편성으로 — 즉 정신성의 본질에 관한 자기의식과 자기감정으로 고양이 이루어진다(인간이 인간으로서 자유롭다).

그러므로 우리가 정신을 고찰하는 첫 번째 시대는 어린이의 정신과 비교할 수 있다. 거기서는 우리가 **동양적 세계**에서 발견하는 이른바 정신과 자연의 통일이 지배한다. 이러한 자연적 정신은 여전히 자연에 머무르고 자기 자신 곁에 있지 않은 정신이며, 그러므로 아직 자유롭지도 않고 자유의 과정을 아직 거치지도 않은 그러한 정신이다. 정신의 이러한 위치에서도 우리는 국가와 예술과 학문의 발단을 지닌다. 그러나 이 모든 것은 자연의 지반 위에 있다. 이러한 최초의 가부장적 세계에서 정신적인 것은 개인이 그에 단지 우유적 속성으로서만 덧붙여지는 하나의 실체적인 것이다. 한 사람의 의지에 타자들이 아이들로서, 예속된 자들로서 속한다.

정신의 두 번째 관계는 분리, 즉 정신의 자기 내 반성의 관계, 단순한 복종과 신뢰로부터의 벗어남이다. 이 관계는 둘로 분화된다. 첫째 관계는 정신의 청소년기다. 정신은 대자적 자유를 지니지만, 이 자유는 여전히 실체성과 결합해 있다. 자유는 아직 정신의 심연으로부터 다시 태어나지 않았다. 이것이 바로 그리스 세계다. 다른 관계는 정신의 성년기 관계인데, 거기서는 개인이 자기의 대자적 목적을 지니지만, 이 목적은 오직 하나의 보편자[보편적인 것], 즉 국가에 대한 봉사 속에서만 달성된다. 이것이 로마 세계다. 여기에는 개별자의 인격성과 보편자에 대한 봉사의 대립이 존재한다.

그러고 나서 네 번째로 게르만 시대, 즉 그리스도교 세계가 뒤따른다. 만약 여기서도 정신을 개인과 비교할 수 있다면, 이 시대는 정신의 노년기라고 불려야만 할 것이다. 노년기의 특유한 것은 [157]그것이 오직 회상과 과거 속에서 살아갈 뿐, 현재 속에서 살지 않는다는 것이다. 그래서 여기서는 비교가 불가능하다. 개인은 그의 부정성에 따라서 자연력에 속하며 사라진다. 그러나 정신은 자기의 개념들로 되돌아온다. 그리스도교 시대에는 신적 정신이 세계 속으로 들어왔으며, 이제 완전히 자유롭고 자기 내에 실체적 자유를 지니는 개인 속에서 자기의 자리를 차지했다. 이것이야말로 주관적 정신과 객관적 정신의 화해다. 정신은 그에 따라서 *스스로* 자기를 주관성으로 양분하고 그에 더하여 *스스로* 자연 상태에서 벗어나 태어난 자기의 개념과 화해하고 합일된다. — 이 모든 것은 이제 경험이 그에 상응해야만 할 역사의 선험적인 것이다.

이 단계들은 보편적 과정의 근본 원리들이다. 그러나 각각의 단계가 그 자신 내부에서 어떻게 다시금 그 단계의 형태화 과정을 이루며, 또한 그 단계 이행의 변증법은 어떠한가 하는 좀 더 자세한 것에 대해서는 상세한 논의를 유보해야 한다.

여기서 덧붙여 두어야 할 것은 다만 정신이 자기의 무한한 가능성으로부터, 그러나 자기의 절대적 내실을 **자체적인 것**으로서, 즉 정신이 비로소 자기의 현실성을 이루는 자기의 결과 속에서만 비로소 성취하는 목적과 목표로서 포함하는 가능성으로부터 **시작할** 뿐이라는 것이다. — 그래서 실존에서 전진은 불완전한 것으로부터 좀 더 완전한 것으로 진보하는 것으로서 나타나는데, 여기서 전자는 추상적으로 다만 불완전한 것으로서만 포착되는 것이 아니라 동시에 자기 자신의 반대, 즉 이른바 완전한 것을 싹으로서, 충동으로서 자기 내에 지니는 그러한 것으로서 파악되어야 한다. 이는 가능성이 적어도 반성된 방식으로는 현실적으로

되어야 할 그러한 것 자신을 가리키고, 좀 더 자세하게는 아리스토텔레스의 **뒤나미스**_{dynamis}가 또한 **포텐치아**_{potentia}, 힘과 위력이기도 한 것과 마찬가지다. 그렇듯 그 자신 안에서 자기의 대립물로서의 불완전한 것은 분명 실존하면서도 그와 마찬가지로 지양되고 해소되어야만 할 모순이며,[44] 자연성과 감성 및 자기 자신의 소원함의 껍데기를 부수고 나아가 의식의 빛으로, 다시 말하면 자기 자신에게로 다다르려는 정신적 삶의 자기 자신 내에서의 충동, 추진력이다.

[158][b) 역사의 시원]

일반적으로 정신의 역사의 시원이 개념에 따라 어떻게 파악되어야만 하는가 하는 언급은 이미 자유와 권리가 완전한 방식으로 현존하거나 현존했던 자연 상태의 표상과 관련하여 이루어져 왔다. 그렇지만 이것은 단지 가설을 내세우는 반성의 어스름한 빛 속에서 이루어진 역사적 실존의 가정일 뿐이었다. 전혀 다른 종류의 요구, 요컨대 사상으로부터 출현하는 가정이 아니라 역사적 사실과 동시에 이 사실의 좀 더 높은 신빙성에 대한 요구는 오늘날 일정한

..
44. [편주] 초고: 이에 따라: 속박으로부터.

측면으로부터 널리 유포된 다른 표상을 낳는다. 그 표상에서는 이미 이전에 신학자들에 의해 그들 나름의 방식으로 예를 들어 신은 아담과 히브리어로 이야기를 나눴다는 식으로 형성된 인간 최초의 낙원 상태가 다시 받아들여졌지만, 다른 필요에 상응하게 형태화되었다. 사람들은 모든 학문과 예술이 오로지 그로부터 우리에게 전승된 어떤 원시민족의 실존을 주장했다(**셸링**; **슐레겔의 인도인의 언어와 지혜**). 이 근원 민족은 본래적인 인류에게 선행하며, 오랜 전설에 의해 신들의 형상 아래 영원화되었다. 우리는 가장 오랜 민족들의 전설에서도 저 민족의 고도한 문화의 왜곡된 잔재를 발견할 것이다. 그 경우 역사가 제공하는 바의 가장 오랜 민족들의 상태는 저 고도한 문화 상태로부터의 퇴보 상태일 것이다. 이러한 것은 철학이 그것을 바라고 또한 역사학적 징후도 현존한다는 요구와 더불어 내세워진다. 여기에서 무엇보다도 우선 주장되는 고차적 권위는 성서의 이야기다. 그러나 이 성서 이야기는 원시적 상태를 한편으로는 소수의 잘 알려진 특징에서만 제시하지만, 다른 한편으로는 그 상태를 변화시켜서 인간 일반 ─ 이것은 일반적인 인간 본성일 것이다 ─ 에게서, 또는 아담이 개체적 존재로서, 따라서 하나의 사람이나 두 사람으로서 취해지는 한에서 이 한 사람에게서나 단 한 쌍의 인간에게서 현존하고 완성된 것으로 묘사한다. 이 이야기에는 어떤 한 민족이나 [159]저 원시적 형태에서 실존한 그 민족의 역사적 상태에 대한 표상의 정당화가 놓여 있지 않으며, 더더군다나 신과 자연에 대한 순수한 인식으로의 형성·발양에 대한 표상의 정당화는 놓여 있지 않다. 자연이 처음에는 마치 신의 창조를 비추는 밝은 거울처럼 인간의 밝은 눈앞에 훤히 투명하게 드러나고,[45] 신적 진리도 그와 마찬가지로 인간에게 훤히 드러났었다고 날조된다. 실로 이러한 최초의 상태가 종교적인, 그것도 신에 의해 직접 계시된 진리에 대한 이미 자기 내에서 확장된 규정된 인식을 소유하고 있었다고 시사되지만, 동시에 무규정적인 어둠 속에 방기된다. 그런데 모든 종교는 역사적 의미에서도 마찬가지로 이러한 상태로부터 출발했으며, 그리하여 종교는 동시에 저 최초의 진리를 오류와 도착의 산물을 가지고서 불순화하고 은폐해 왔다. 그러나 오류의 그 모든 신화 속에는 진리의 저 원천과 저 최초의 종교적 가르침의 흔적이 현존하며 인식될 수 있다. 따라서 고대 민족사 연구에는 본질적으로 그 속에서 최초의 계시된 의식의 그러한 단편들이 한층 더 순수하게 발견될 수 있는 바로 그 지점에 도달하기까지 올라가야 한다는 관심이 주어진다.[46] 우리

∙ ∙
45. [편주] Friedrich v. Schlegel, *Philosophie der Geschichte I*(『역사철학 I』)[초판], S. 44.
46. [편주] 우리는 이러한 관심 덕분에 동양 문헌에 관한 많은 발견과 그 문헌에 관한 새로운 연구에서 많은 가치 있는 것을 고대 아시아의 상태와 신화와 종교 및 그 역사에 관한 이미 이전부터 축적되어 온 귀중한 것들에서 거둘 수 있었다. 가톨릭 정부는 교양 있는 나라들에서 더는 사상의 요구와

는 이러한 연구의 관심 덕분에 대단히 많은 가치 있는 것을 얻을

더불어 학식이나 철학과 결합해야 할 필요를 떨쳐버릴 수 없었다. 성직자 라므네[1]는 참다운 종교의 기준들 가운데 하나로 그 종교가 보편적 종교, 다시 말하면 가톨릭적이고 가장 오랜 종교이어야만 한다는 것을 설득력 있고 위엄 있게 내세웠으며, 포교성성(Congrégation)[2]은 프랑스에서 그와 같은 주장이 더는 이전에 자주 충분했듯이 설교 단상에서의 장광설이나 권위적 단언으로 여겨져서는 안 된다는 것을 부지런하고도 열심히 다듬어 냈다. 특히 그야말로 엄청나게 확산한 붓다, 즉 신인(神人)의 종교는 자기에게로 주목을 끌어모았다. 인도의 삼신합일(Trimûrti)과 중국의 삼일성 (Dreiheit)의 추상은 그 내용에 따라서는 그 자체로 더 명확했다. 아벨 레뮈자[3] 씨나 생 마르탱[4] 씨와 같은 학자들은 중국 문헌에서와 이로부터 더 나아가 몽골 문헌에서, 그리고 가능한 경우에는 티베트 문헌에서도 너무도 훌륭한 연구를 시도했다. 그와 마찬가지로 엑슈타인 백작[5]과 같은 사람도 프리드리히 폰 슐레겔을 모방하면서도 그보다 더 기지에 찬 양식으로— 그럼에도 이는 프랑스에서는 전혀 흥미를 자아내지 못했다— 자기 나름대로, 다시 말하면 독일에서 길어낸 피상적인 자연 철학적 표상과 수법을 가지고서 그의 잡지인 『가톨릭교』에서 저 원시적 가톨릭주의를 밀고 나갔지만, 특히 포교성성의 학자들에게도 정부의 후원이 주어질 수 있게 했다. 정부는 동양에 대한 탐험이 착수되게 함으로써 바로 거기서 좀 더 심원한 교설, 특히 불교의 상고 시대와 그 원천에 대한 그 이상의 해명을 기대할 수 있는, 당시까지는 은폐되어 있던 보고를 마침내 발견할 수 있게 했고, 이러한 멀긴 하지만 학자들에게는 흥미진진한 우회로를 통해 가톨릭주의의 사태를 촉진했다.

1) Lamennais (1782~1854). 프랑스의 가톨릭 민주파의 지도자, 잡지 『미래』(*L'Avenir*, 1830~32)의 발행인.
2) 1622년 6월 21일에 그레고리오 15세 교황에 의해 설립된 포교성성(*Congregano de propaganda fide*)이 생각되고 있다. 보통 단순하게 프로파간다라고 불린다.
3) Jean Pierre Abel Rémusat (1788~1832). 콜레주 드 프랑스의 중국학 교수.
4) Marquis de Saint-Martin (1743~1803). 신지학자. 『욕망의 사람』(*L"homme de désir*, 1790), 『사물의 정신』(*De l"esprit des choses*, 1800).
5) Ferdinand Baron von Eckstein (1790~1861). 왕정 복고와 교황권 지상주의

수 있었지만, [160]이러한 연구는 곧바로 자기 자신을 반박한다. 왜냐하면 그러한 연구는 바로 자기에 의해 역사적인 것으로서 전제되는 것을 비로소 역사적으로 입증하는 것으로 귀착되기 때문이다. 더욱이 역사적 자료들은 처음에는 한데 용해되었다가는 결국 전적으로 사라져 버렸다. 신에 대한 인식이나 또한 그 밖의 학문적인, 예를 들어 (예컨대 바이이[47]와 같은 천문학자 자신에 의해 인도인에게 꾸며 씌워진) 천문학적인 지식의 저 상태도 없었으며, 또한 그러한 상태가 세계사의 정점에 서 있었던 것도 아니고, 또한 [161]그러한 상태로부터 민족들의 종교들이 전통적인 출발점을 취하고서는 (조야하게 파악된 이른바 유출 체계에서 표상되듯이) 퇴화와 악화를 통해 형성·발양으로 나아간 것도 아니었다 — 이 모든 것은 어떤 역사적 근거 짓기를 지닌 것도 아니고, 또한 우리가 그것의 임의의, 즉 주관적인 사념으로부터만 생겨난 원천에 개념을

의 추종자, 1830년까지 프랑스 외무부의 역사학자.
47. [편주] 바이이[Bailly, *Histoire de l'anstronomie ancienne*(「고대 천문학의 역사」), 1775]는 피상적인 지식을 가지고서 인도인의 천문학에 주의를 환기했다. 그러나 우리 시대에는 예를 들어 람베르트[Lambert, *Kosmologisdie Briefe über die Einrichtung des Weltbaus*(『세계 구조의 설립에 관한 우주론적 편지』), 1761]에게서 실로 인도인이 천문학적 지식을 소유했다는 것, 예를 들어 브라만이 전혀 몰사상적으로 사용된 정식들에 따라 일식을 계산해 냈다는 것이 제시된다. 그러나 물론 비록 단지 기계적인 방식으로이긴 하지만 이전에 이러한 정식들 속에 있던 정신은 오래전에 그들로부터 사라졌다. 일반적으로 인도인에게 전승된 방법은 일찍이 사람들이 그것에 돌려온 탁월한 것을 전혀 지니지 않는다.

맞세움으로써 그러한 근거 짓기를 획득할 수도 없는 전제들이다.

그렇다면 완전성의 원초적 상태라는 저 표상 속의 철학적인 것은 다음과 같은 것, 즉 인간이 동물적 몽롱함에서 시작할 수는 없었다는 것이다. 이것은 올바르다. 인간은 동물적 몽롱함으로부터가 아니라 분명 인간적 몽롱함으로부터 발전할 수 있었다. 동물적 인간성은 동물성과는 전혀 다른 어떤 것이다. 정신이 시원을 이룬다. 그러나 이 정신은 처음에는 자체적이다. 그 정신은 자연적 정신이다. 그렇지만 그 정신에는 단연코 인간성의 성격이 각인되어 있다. 어린이는 이성성Vernünftigkeit을 지니지 않지만, 이성적일 수 있는 실재적 가능성을 지닌다. 그에 반해 동물은 자기 자신을 의식할 가능성을 지니지 않는다. 어린이의 단순한 움직임 속에도 이미 어떤 인간적인 것이 놓여 있다. 그의 최초 움직임인 울음도 동물의 울부짖음과는 전혀 다른 어떤 것이다. 인간은 언제나 예지Intelligenz였다. 그러나 만약 우리가 바로 그런 까닭에 인간이 저 최초의 상태에서 신과 자연에 대한 순수한 의식 속에서, 이를테면 우리가 온갖 노력을 기울여서만 비로소 얻는 모든 것의 중심 속에서, 즉 모든 학문과 예술의 중심 속에서 살아갔어야 한다는 생각에 머무르고자 한다면, 우리는 예지가 무엇이고 사유가 무엇인지를 알지 못함이 틀림없다. 그 경우 우리는 정신이란 결코 쉼이 없는 이러한 무한한 운동, 즉 에네르게이아ἐνέργεια, 엔텔레케이아ἐντελέχεια(현실태, 활동성),[48] 최초의 것을 내던지고 더 나아가 다른 것으로 이끌리며, 이 다른 것을 가공하고 이러한 자기의 노동 속에서 자기 자신을 발견하는 것이라는 점을 알지 못함이 틀림없다. 이러한 노동을 통해 비로소 정신은 [162]보편적인 것, 즉 자기의 개념을 자기 앞에 펼쳐 놓으며 이제 비로소 현실적으로 된다. 그러므로 이러한 현실적 정신은 최초의 것이 아니라 최종적인 것이다. 고대 민족들의 관습, 법률, 제도, 상징은 그것들이 정신의 산물이라는 점에서 실로 사변적 이념의 외피들이다. 그러나 이념의 이러한 내적 현실성

- -
48. 에네르게이아와 엔텔레케이아는 아리스토텔레스 철학의 기본 개념이다. 아리스토텔레스는 자기 이전 철학자들의 원인에 관한 학설을 사물의 네 가지 원인, 즉 질료인, 형상인, 목적인, 작용인으로 정리하고 그것을 질료인과 형상인이라는 두 가지를 축으로 하여 이해하고자 했다. 이러한 관점에서 개별적 사물은 정적으로는 질료와 형상의 결합체로서, 동적으로는 가능태로서의 질료에 형상이 부여되어 현실화해 가는 과정으로서, 즉 뒤나미스(가능태)로부터 에네르게이아(현실태)로의 전화로서 파악된다. 또한 엔텔레케이아는 에네르게이아와 같은 뜻으로 사용되기도 하지만, 후자가 활동으로서의 현실태를 가리키는 데 반해 전자는 결과로서의 완성된 현실태, 온전한 활동성으로서의 현실태를 의미한다. 이와 관련하여 헤겔은 예를 들어 사물 발전의 두 계기에 관해 "첫 번째 상태는 소질, 능력, 나의 말로 하자면 자체존재(das Ansichsein, potentia, δύναμις)로서 알려진 것이다. 두 번째 상태는 대자존재(das Fürsichsein), 현실성(actus, ἐνάργεια)이다"(『철학사 강의』, Suhrkamp 18, S. 39)라고, 또한 에네르게이아에 대해서는 "자기를 자기와 관계짓는 부정성"(같은 책, Suhrkamp 19, S. 154), 엔텔레케이아에 대해서는 "자기에게로 귀환하는 이성의 원환"(같은 책, Suhrkamp 19, S. 161)이라고 말하고 있다.

은 그것과는 전혀 다른 어떤 것인바, 다음과 같은 것, 즉 이념이 자기 자신을 인식하고 이념의 형식으로 포착한다는 것이다. 알려진 사변적 이념은 앞세워질 수 없다. 오히려 이념은 정신의 가장 고차적이고 가장 추상적인 노고의 열매다.

역사를 이성성이 현세적인 실존 속으로 들어서기 시작하는 곳에서, 즉 이성성이 처음에 단지 **그 자체에서만** 가능성인 곳에서가 아니라 오히려 그것이 의식, 의지, 행위 속에서 모습을 드러내는 상태가 현존하는 곳에서 집어 드는 것만이 철학적 고찰에 적합하고 그에 걸맞은 가치를 지닌다. 정신의 비유기적 실존, 즉 자유, 다시 말하면 선과 악 및 따라서 법칙을 의식하지 못하는 야만적이거나 연약한 무딤 또는 그렇게 말하고자 한다면 탁월함은 그 자신이 역사의 대상이 아니다. 자연적이고 또한 동시에 종교적인 인류는 가족의 공경심이다. 이 사회에서 인류는 바로 구성원들이 서로에 대해 자유로운 의지를 지닌 개인, 즉 인격으로서 관계하지 않는다는 데 존립한다. 바로 그런 까닭에 이러한 자기 내의 가족은 역사가 그로부터 비로소 발생하는 이 발전에서 제외된다. 그러나 정신적 통일이 이러한 감정과 자연적 사랑의 영역을 넘어서서 인격의 의식에 다다르면, 어둡고도 다루기 어려운 중심이 현존하는바, 이 중심에서는 자연도 정신도 열려 있거나 투명하지 않으며, 그 중심에 대해 자연과 정신은 자기의식적으로 된 저 의지의 더 멀리 나아가고 시간에서도 장구한 도야의 노동을 통해서만 비로소 열려 있고 투명하게 될 수 있다. 오로지 의식만이 실로 열려 있는 것이자 그에 대해 신과 무언가 어떤 것이 계시될 수 있는 것인바, 그것은 자기의 진리와 자체적이고도 대자적으로 존재하는 자기의 보편성 속에서 오직 추사유하게 된 의식에게만 계시될 수 있다. 자유는 오직 법칙과 법·권리와 같은 보편적이고 실체적인 대상들을 알고 [163]의욕하며 그 대상들에 합치하는 현실 — 즉 국가를 산출하는 것일 뿐이다.

민족들은 그들이 이러한 자기의 사명을 달성하는 데 이르기 이전에 국가 없이 오랜 삶을 계속해 나갈 수 있었으며 — 그러한 가운데서도 일정한 방향으로 의미 있는 형성·발양을 이룰 수 있었다. 이러한 전사는 앞에서 제시한 것에 따르면 어차피 우리의 목적 바깥에 놓여 있다. 그에 이어 현실적 역사가 뒤따랐거나 민족들이 전혀 국가 형성에까지 이르지 못했다. 20여 년 전부터 산스크리트와 더 나아가 유럽어들과 이 산스크리트와의 연관에 관해 이루어진 것은 역사에서 신세계의 발견과 같은 위대한 발견인데, 이 발견은 게르만 민족과 특히 인도 민족의 역사적 결합에 관해 그러한 재료에서 그 이상 요구할 수 없을 정도로 커다란 확실성을 지니는 견해를 제공했다. 현재도 우리는 국가는 말할 것도 없고 사회도 거의 형성하지 못했지만 이미 오래전부터 존재하는 것으로서 알려진 민족들을 알고 있다. 그들의 교양 있는 상태가 특히 우리의 관심을 끌 수밖에 없는 다른 민족들에 대해 전통은 그들의 국가 창설의 역사를 넘어서며, 그들은 이러한 시기 저편에서 수많은 변화를 겪었다. 그토록 서로 멀리 떨어져 있고 단지 현재에서만이 아니라 이미 우리에게 알려진 고대에도 종교와 헌법, 인륜과 모든 정신적 및 또한 자연적 교양에서 그토록 서로 다른 민족들의 언어들이 지닌 앞에서 제시한 연관에서 우리는 아시아로부터 이 민족들의 확산과 동시에 태초의 혈족 관계가 그토록 이질적으로 형성된 것을 반대의 여지가 없는 사실로서 우리에게 제시하는 결과를 지닌다. 이 사실이란 역사를 사실로 제시되는 그토록 많은 허구로 풍부하게 해왔고 그와 마찬가지로 이런저런 상황들과 다른 상황들의 다른 조합이 가능한 까닭에 계속해서 풍부하게 할 바로 그러한 이런저런 상황들의 임의적인 이치 추론하는 조합에서 생겨난 것이 아니다. 그러나 자기 내에서 그토록 폭넓게 나타나는 저 생기 사건은 역사 외부에 속한다. 그것은 역사에 선행했다.

[164]우리말에서 **역사**_Geschichte_라는 말은 객관적 측면과 주관적 측면을 합일하며, **일어난 일의 탐구**_historiam rerum gestarum_뿐만 아니라 일어난 일_res gestas_ 자신도, 즉 본래적인 구별된 역사 이야기뿐만 아니라 생기 사건, 즉 행위와 사건 자신도 의미한다. 두 가지 의미의 합일을 우리는 외적인 우연성보다도 더 고차적인 종류로 간주해야만 한다. 그것은 역사 이야기가 본래적으로 역사적인 행위 및 사건과 동시에 나타났다는 것으로 여겨져야 한다.

그것들을 함께 출현시키는 것은 하나의 내면적인 공통의 기초다. 가족에 대한 회상, 가부장적 전통은 가족과 부족 내부에서 관심을 지닌다. 그들의 상태가 같은 형식으로 진행되는 것은 기억을 위한 대상이 아니다. 그러나 서로 구별되는 행위나 운명의 전환은 므네모쉬네가 그러한 상들을 파악하도록 자극한다. 마치 사랑과 종교적 감정이 상상력으로 하여금 형태 없이 시작되는 그러한 갈망을 형태화하도록 촉구하듯이 말이다. 그러나 국가가 비로소 역사의 산문에 적합할 뿐 아니라 그 산문 자신을 함께 만들어 내는 내용을 가져온다. 확고해지고 국가로 고양되는 공동체는 그저 주관적이고 순간의 욕구를 만족시킬 뿐인 통치 명령 대신에 계명과 법률 그리고 일반적이고 보편타당한 규정을 요구하며, 그와 더불어 자기 내에서 규정되고 그 자체로 그 결과 속에서 지속하는 지성적 행위와 사건의 진술뿐만 아니라 그에 관한 관심도 만들어 낸다. 므네모쉬네는 국가의 이러한 아직도 현재적인 형태화나 성질의 스스로 영구화하는 목적을 위해 그 행위와 사건에 회상의 지속을 덧붙이도록 추동된다. 사랑의 감정과 같은 좀 더 심오한 감정 일반과 종교적 직관 및 그 형성물은 그것들 자신에서 전적으로 현재적이고 충족시키고 있다. 그러나 그것들의 이성적인 법률과 관습에서 동시에 외면적인 국가의 실존은 불완전한 현재인바, 그 현재의 지성은 현재를 통합하기 위해 과거의 의식을 필요로 한다.

우리가 그 시기를 몇백 년으로 상상하건 아니면 몇천 년으로 상상하건 간에 모든 민족이 역사 서술 이전에 흘려보냈고 혁명이나 [165]민족 이동 또는 너무도 야만적인 변화로 채워져 있을 수도 있는 시기는 아무런 주관적 이야기, 아무런 역사 이야기도 제시하지 않는 까닭에 객관적 역사를 지니지 않는다. 그러한 시기에 관해서는 이 역사 이야기가 그저 우연히 사라진 것이 아니다. 오히려 그 역사 이야기가 현존할 수 없었기 때문에 우리는 그에 관한 아무런 이야기도 지니지 않는다. 법률에 대한 의식을 지니는 국가에서야 비로소 명확한 행위들이 현존하며, 그 행위들과 함께 바로 그것들을 보존하려는 능력과 욕구를 부여하는 그것들에 대한 의식의 명확함도 현존한다. 인도 문헌의 보고를 잘 알게 되기 시작하는 누구에게나 눈에 띄는 것은 정신적이고도 실로 가장 깊은 것으로 나아가는 그토록 풍부한 산물을 낳은 그 나라가 역사를 지니지 못했으며, 바로 그 점에서 태고 시대로 소급되는 그토록 탁월하면서도 상세한 역사 이야기를 지니는[49] 중국이라는 나라와 곧바로 너무도 뚜렷한 대조를 이룬다는 점이다. 인도는 오랜 종교 경전과 찬란한 문학 작품들뿐만 아니라 또한 앞에서 역사 형성의 조건으로서 요구된 오랜 법전도 가졌으면서도 역사를 지니지 않는다. 그러나 이 나라에서는 사회의 구별로 향하기

..
49. [편주] 초고: 관계하는.

시작하는 조직이 곧바로 (카스트들에서의) 자연 규정들로 화석화되었고, 그리하여 법률이 실로 민법과 관련되긴 하지만, 이 민법 자신이 자연 위에 세워진 저 구별에 의존하고 주로 이 신분들의 서로에 대한, 다시 말하면 오직 하층 신분에 대한 상층 신분만의 권한(법보다는 불법)을 규정한다. 그리하여 인도적 삶의 장려함과 그 삶의 분야들로부터 인륜의 요소가 추방된다. 자연과 같이 견고한 질서의 지속성이 지닌 저 부자유 위에서는 사회의 모든 연관이 야만적 자의와 무상한 추동 또는 오히려 진보와 발전의 궁극 목적을 지니지 않는 광란이다. 그래서 사유하는 회상이나 므네모쉬네를 위한 대상은 현존하지 않으며, 좀 더 심오할지라도 조야할 뿐인 상상이 — 아직 주관적이지는 않더라도 실체적인, 다시 말하면 그 자체에서 이성적인 자유의 현실성에 속하는 동시에 — 확고한 [166]목적을 자기 내에 지님으로써 역사를 감당할 수 있어야 하는 그러한 지반 위를 떠돌아다닌다.

그러한 역사의 조건으로 인해 또한 가족에서 부족으로의, 부족에서 민족으로의 증가와 이러한 확장으로 초래되는 민족의 확산, 즉 그 자신이 그토록 많은 분규, 전쟁, 전복, 몰락을 추정하게 하는 확산이라는 그토록 풍요롭고 심지어 헤아릴 수 없기까지 한 저 작품이 역사 없이 그저 일어나는 일이 벌어졌다. 더 나아가 이와 결부된 소리의 나라 그 자신의 확산과 발양도 계속해서 말이 없었고 소리 없이 슬그머니 일어났다. 언어가 그것을 말한 민족들의 미개한 상태에서 최고로 형성·발양되었다는 것, 지성이 의미 있게 발전하는 가운데 이러한 이론적 지반에서 상세하게 기투되었다는 것은 하나의 기념비적인 사실이다. — 광범위한 수미일관한 문법은 그 속에서 자기의 범주들을 알아볼 수 있게 만드는 사유의 작품이다. 더 나아가 사회와 국가의 진보하는 문명과 더불어 지성의 이러한 체계적 실행이 닳아 없어지고 여기서 언어가 더 빈곤해지고 미개해지는 것도 하나의 사실이다 — 이는 자기 내에서 더 정신적으로 되고 이성성을 밀고 나가며 형성하는 진보가 저 지성적 상세함과 정확함을 등한시하고 거추장스러운 것으로 발견하며 없어도 되는 것으로 만드는 하나의 특유한 현상이다. 언어는 본래적 의미에서의 이론적 **예지의 행위**인바, 왜냐하면 그것은 바로 이론적 예지의 외면적 표현이기 때문이다. 기억이나 상상은 언어 없이는 단지 내면적 표현일 뿐이다. 그러나 이러한 이론적 행위 일반이나 그 행위의 그 이상의 전개 그리고 이 전개와 결부된 민족들의 확산과 그들 상호 간의 분리와 분규 및 민족 이동이라는 좀 더 구체적인 것은 여전히 말 없는 과거의 몽롱함에 싸여 있다. 그것은 자기의식하게 되는 의지의 행위도, 다른 외면성, 즉 본래의 현실성을 마련하는 자유의 행위도 아니다. 이러한 참다운 요소에 속하지 않고서는 저 변화들은 그들의 형성·도야된 언어 발전에도 불구하고 역사에 다다르지 못했다. 언어의 성급함과 민족들의 내몲과 몰아댐은 한편으로는 국가들과의 접촉에서, 다른 한편으로는 [167]국가 형성의 고유한 시작을 통해 비로소 구체적 이성을 위한 의미와 관심을 획득했다.

c) 발전의 경과[50]

세계사의 시원 형식과 이 세계사로부터 제외되어야 할 전사와 관련된 이러한 언급 이후에는 세계사의 진행 양식이 좀 더 상세히 진술되어야 하겠지만, 여기서는 다만 형식적 측면에 대해서만 진술하고자 한다. 구체적 내용의 전진 규정은 구분의 과제[Aufgabe][51]다.

앞에서 규정되었듯이 세계사[52]는 자기의 자유에 관한 정신의 의식과 그러한 의식에 의해 산출된 현실화의 발전을 서술한다. 발전은 세계사가 하나의 **단계적 발걸음**인바, 자유의 일련의 더 나아간 규정들이라는 것을, 즉 사태의 개념, 다시 말하면 여기서는 자기를 의식화해 가는 자유의 본성의 개념을 통해 출현하는 자유의 규정들이라는 것을 수반한다. 개념 일반의 논리적이고 더 나아가서는 변증법적인 본성, 즉 개념이 자기 자신을 규정하고 자기

..
50. [편주] 초고에서는 이 대신에: b. 세계사의 발걸음.
51. [편주] 초고: 진술(Angabe).
52. [편주] 초고에서는 이 대신에: 그것.

안의 규정들을 정립하며 다시 이 규정들을 지양하고 이 지양 자신을 통해 하나의 긍정적인, 그것도 더욱더 풍부하고 구체적인 규정을 획득한다고 하는 것, — 이러한 필연성과 순수한 추상적 개념 규정들의 필연적 계열은 철학[53]에서 인식된다. 여기서 우리가 받아들여야 하는 것은 다만 다음과 같은 점, 즉 다른 단계와 서로 다른 것으로서의 각각의 단계가 자기의 규정된 특유의 원리를 지닌다는 점이다. 그러한 원리는 역사에서 한 민족의 정신의 규정성이다. 이 규정성 속에서 구체적인 것으로서의 민족정신은 자기의 의식과 의욕 그리고 자기의 현실 전체가 지니는 모든 측면을 표현한다. 그 규정성은 그 민족의 종교, 정치적 헌법, 인륜, 법체계, 관습, 그리고 또한 그 민족의 학문, 예술, 기술적 숙련 및 그 민족의 생업 활동 방향의 공통된 각인이다. 이러한 특수한 특유성들은 저 보편적 특유성, 즉 한 민족의 특수한 [168]원리로부터 이해되어야 하며, 또한 역으로 역사 속에서 드러나는 사실적인 세부 사항으로부터 특수성의 저 보편적인 것이 발견되어야 한다. 어떤 규정된 특수성이 실제로 한 민족의 특유한 원리를 이룬다는 것은 경험적으로 받아들여지고 역사적인 방식으로 입증되어야만 할 측면이다. 이를 수행하는 것은 숙달된 추상뿐만 아니라 또한 이미 이념에 대한 정통한 앎을 전제한다. 우리는 원리들이

· ·
53. [편주] 칼 헤겔은 다음과 같이 개선한다: 논리학.

속하는 것의 전 범위에 대해 선험적이라고 부를 수 있는 방식으로 정통해야만 한다. 이는 이러한 인식 방식에서 가장 위대한 인물을 언급하자면 **케플러**가 타원, 정육면체, 정사각형 및 그것들이 맺는 관계의 사상을 선험적으로, 즉 이미 이전에 잘 알고 있는 까닭에 경험적 자료로부터 저 표상들의 범위에서 나오는 규정들로 이루어지는 불멸의 법칙들을 발견할 수 있었던 것과 마찬가지다. 이러한 보편적인 기본 규정에 대한 지식에서 무지한 사람은 아무리 오랫동안 하늘과 천체의 운동을 쳐다본다고 하더라도 저 법칙을 발견할 수도 없고 이해할 수도 없다. 이른바 선험성 때문에 그리고 경험적이라고 자처하는 학문의 소재 속으로 이념을 들여보낸다고 해서 그 학문에 대한 철학적 고찰에 가해지는 비난 일부는 자기 전개하는 자유의 형태화라는 사상을 이렇듯 알지 못하는 데서 기인한다. 그 경우 그러한 사상 규정들은 어떤 낯선 것, 즉 대상 속에 놓여 있지 않은 것으로 나타난다. 사상들을 잘 알지 못하고 그에 익숙하지 않은 주관적 교양의 소유자에게 그 사상들은 분명 어떤 낯선 것이며, 또한 그러한 결여가 대상에 대해 형성하는 표상과 지성 속에는 놓여 있지 않다. 그로부터 철학은 그러한 학문들을 **이해하지 못한다**는 표현이 따라 나온다. 철학은 실제로 자기가 저 학문들에서 지배적인 지성을 지니지 않는다는 점, 다시 말하면 그러한 지성의 범주들에 따라 작업하는 것이 아니라 이성의 범주들에 따라 해나간다는 점, 그러한 가운데 이 이성은 저 지성을, 그러나 또한 지성의 가치와 지위를 알고 있다는 점을 인정해야만 한다. — 학문적 지성에 의한 그러한 방도에서는 마찬가지로 [169]**본질적인 것**이 이른바 비본질적인 것으로부터 분리되고 끄집어내어져야만 한다고 여겨진다. 그러나 이렇게 할 수 있기 위해 우리는 본질적인 것을 **알아야만** 하며, 만약 세계사 전체가 고찰되어야 한다면, 이 본질적인 것은 앞에서 제시되었듯이 자유의 의식이자 그 의식의 발전 속에서 바로 이 의식의 규정성들이다. 이러한 범주들에 대한 지향이야말로 참으로 본질적인 것에 대한 지향이다.

　그 보편성 속에서 파악된 규정성에 대한 좀 더 직접적인 종류의 반론 심급들 가운데 한 부분도 일반적으로 이념을 파악하고 이해하는 결함에서 비롯된다. 자연사에서 결정적으로 밝혀지는 종과 유에 맞서 기형적이고 손상된 표본이나 잡종이 사례로서 제시된다면, 우리는 당연히 종종 불명확하게 말해지는 것, 즉 예외야말로 규칙을 확증한다는 것, 다시 말하면 이 예외에서 그것이 발생할 수 있는 조건들이나 표준적인 것에서 벗어난 결함이 있는 것, 잡종적인 것이 드러난다는 것을 적용할 수 있다. 자연의 무력함은 다른 원소적인 요소나 작용력에 맞서 자기의 유와 종을 고수할 수 없다. 그러나 예를 들어 마치 인간의 신체 조직이 그 구체적 형태화에서 파악되고 인간의 유기적 생명에 뇌와 심장 등등이 본질적으로 속하는 것으로서 진술되는 것과 마찬가지로, 가령 일반적으로나 그 부분들에서 자기에게서 인간적 형태를 지니고 또한 인간적 신체로 산출되고 그 속에서 살아가며, 그 자신이 그 신체로부터 태어나서 호흡했지만, 그 속에 뇌나 심장이 없는 애처로운 잘못된 탄생이나 기형아가 제시될 수 있다. 그러한 표본이 현실적인 인간적 신체 조직을 위해 요구되는 성질에 대한 하나의 반대 사례로서 사용된다면, 인간이라는 추상적 명칭과 그것의 피상적 규정에 머무르게 될 것인바, 구체적이고 현실적인 인간의 표상은 말할 것도 없이 그와는 다른 어떤 것이다. 그러한 인간은 머리에 뇌를 그리고 가슴에 심장을 지녀야만 한다.

무수히 많은 그것의 예가 없을 수 없는 천재성, 재능, 도덕적 덕과 감각, [170]모든 영역에서의 경건성, 헌법과 정치적 상태가 발생할 수 있다고 올바르게 말해질 때도 비슷한 방식으로 처리해 나갈 것이다. 그리하여 만약 자유의 자기의식과 관계되는 구별[54]이 앞에서 제시된 성질들에 비해 중요하지 않거나 비본질적인 것으로서 여겨져야 한다면, 그 반성은 추상적 범주들에 머무르고 규정된 내용을 포기하지만, 그러한 범주들 속에는 그 규정된 내용을 위한 원리가 현존하지 않는다. 그러한 형식적 관점에서 움직이는 교양의 입장은 예리한 물음, 박학한 견해, 특이한 비교, 깊이 있어 보이는 반성과 장광설을 위한 무한정한 무대를 제공하

---

54. [편주] 초고: 구별들.

지만, 그것들은 무규정적인 것을 자기 마음대로 쓸 수 있으면 있을수록 더욱더 빛을 발할 수가 있고, 커다란 결과를 얻으려는 그 노력에서 확고하고도 이성적인 것에 더 적게 도달할 수 있으면 있을수록 그만큼 더 언제나 갱신되고 변화될 수 있다. 이러한 의미에서 잘 알려진 인도의 서사시는 우리가 하고자 한다면 호메로스의 서사시와 비교될 수 있고, 가령 상상력의 큼이야말로 바로 그에 의해 시적 천재가 증명되는 것인 까닭에 호메로스의 서사시보다 위에 놓일 수 있으며, 마찬가지로 사람들은 신의 형태들이 지니는 개별적인 상상적 특징이나 속성의 유사성으로 인해 그리스 신화 속의 형상들을 인도 신화 속에서 인식하는 것을 정당한 것으로 간주해 왔다. 이와 비슷한 의미에서 중국 철학은 그것이 **하나**를 근저에 놓는 한에서 그 후에 엘레아학파의 철학이나 스피노자주의 체계로서 현상한 것으로 여겨져 왔다. 그리고 중국 철학이 추상적인 수와 선으로도 표현되는 까닭에 그 속에서는 퓌타고라스의 철학과 또한 그리스도교적 교의도 발견되었다. 가장 난폭한 민족에게서나 허약한 마음의 민족에게서 발견되는 용기와 참고 견디는 마음의 예들, 의협심과 자기 부정과 자기 희생의 성향 등등은 바로 그 민족들에게서 가장 도야된 그리스도교적 국가들에서와 마찬가지의, 아니 쉽사리 그 이상의 인륜과 도덕성이 발견된다는 것으로 간주하기에 충분한 것으로 여겨진다. 이와 관련하여 과연 [17]역사의 진보에서 그리고 역사와 더불어 인간의 온갖 양식의 교양이 개선되었는가, 그리고 인간의 도덕성은 증대되었는가 하는 의문이 제기되었는데, 왜냐하면 이 도덕성은 오직 주관적인 의도와 통찰에 ― 다시 말하면 자체적이고도 대자적으로 또는 참다운 것으로 여겨지는 특수한 종교에서 옳고 좋은 것으로나 범죄와 나쁜 것으로 여겨지는 그러한 것이 아니라 행동하는 자가 정의나 범죄로, 좋은 것으로나 나쁜 것으로 여기는 그러한 것에 기반하기 때문이다.

우리는 여기서 그러한 고찰 방식의 형식주의와 오류를 밝혀내고 도덕성의 또는 오히려 그릇된 도덕성에 대립하는 인륜의 참다운 원칙들을 확립하는 것에서 벗어날 수 있다. 왜냐하면 세계사는 도덕성이 자기의 특유한 소재지로 지니는 것보다 더 높은 지반 위에서 움직이기 때문인바, 도덕의 특유한 소재지는 사사로운 마음가짐, 개인의 양심, 개인의 특유한 의지와 행동 방식이다. 이것들은 그 가치와 책임, 보상이나 처벌을 그 자체로 지닌다. 정신의 자체적이고도 대자적인 궁극 목적이 요구하고 성취하는 것, 섭리가 행하는 것은 개인의 인륜과 관련하여 개인에게 속하는 의무와 책임 능력 및 요구보다 위에 놓여 있다. 정신 이념의 진보가 필연적으로 만든 것에 인륜적 규정과 따라서 고결한 마음가짐에서 저항한 사람은 그의 범죄가 더 높은 질서에서 이 질서의 의지를 실행하는 수단으로 전도되었던 그러한 사람보다 도덕적 가치에서 더 높이 서 있다. 그러나 이러한 종류의 변혁에서는 일반적으로 두 당파가 다만 파멸의 같은 권역 내부에 서 있을 뿐이며, 따라서 법률적으로 정당화되어 등장하는 자가 옹호하는 것은 다만 살아 있는 정신에 의해서나 신에 의해 이미 버림받은 형식적인 법[권리]일 뿐이다. 그래서 세계사의 개인들인 위대한 인간들의 행위는 그들에게[55] 의식되지 않은 내적인 의미에서뿐만 아니라 또한 현세적인 입장에서도 정당한 것으로 나타난다. 그러나 이 현세적인 입장으로부터 세계사적 행위와 그 실행자에 맞서 그들이 속하지 않는 도덕적 권역이 요구를 제기해서는 안 된다. [172]그들에게 맞서 절제, 겸손, 인간애, 자선 등과 같은 사적인 덕에 관한 한탄이 제기되어서는 안 된다. 세계사가 일반적으로 도덕성과 또한 그토록 자주 잘못 논의되곤 하는 도덕과 정치의 분열이 그에 속하는 범위로부터 전적으로 벗어날 수 있는 것은 단지 세계사가 판단을 억제하기 때문만이 아니라— 그러나 세계사의 원리들과 이 원리들에 대한 행동의 필연적 관계는 이미 그 자체로 판단이다 — 세계사가 개인들을 전적으로 도외시하고 거론하지 않기 때문이다. 왜냐하면 세계사가 보고해야 하는 것은 민족들의 정신 행위들이고, 정신이[56] 현실이라는 외면적 지반 위에서 걸치고 있는 개체적 형태화들은 여전히 본래의 역사 서술에 맡겨질 수 있기 때문이다.

∙ ∙
55. [편주] 초고: 그들의.
56. [편주] 초고: 행위들에.

도덕적 형식주의와 같은 형식주의는 천재, 시적 정취, 또한 철학의 무규정성들을 가지고서 배회하며, 이것들을 어디에서나 똑같은 방식으로 발견한다. 이러한 것은 사유하는 반성의 산물들이며, ― 내용의 참다운 깊이로 파고 들어가지 못한 채 본질적 구별을 끄집어내고 표현하는 ― 그러한 일반성들에서 스스로 능란하게 움직이는 것이 **교양** 일반이다. 교양은 그 내용이 무엇이든지 간에 다만 이 내용을 구성 요소로 분해하고 이 구성 요소를 사유 규정과 사유 형태 속에서 파악하는 것으로 나아가는 한에서 형식적인 어떤 것이다. 교양 그 자체에 속하는 것은 대자적으로 의식이 대상이 되는 데 필요한 자유로운 보편성이 아니다. 사유 자신에 대한 그러한 의식과 소재로부터 고립된 그러한 의식의 형식들이 철학인바, 물론 철학은 교양 속에서 자기의 실존 조건을 지닌다. 그러나 이 교양은 다만 다음과 같은 것, 즉 그 밖에 현존하는 내용을 동시에 일반성의 형식으로 덮어 싸는 것일 뿐이며, 그리하여 교양의 소유물은 그 둘을 분리되지 않은 것으로, 그리고 교양이 표상의 분석을 통해 산정할 수 없을 정도로 풍부한 일군의 표상들로 확장되는 그러한 내용을 사유가 전혀 참여하지 않는 단순히 경험적일 뿐인 내용으로 받아들일 만큼이나 분리되지 않은 것으로 포함한다. 그러나 [173]자기 내에서 구체적이고 풍부한 내용인 어떤 대상을 (지구, 인간 등등, 또는 알렉산드로스, 카이사르와 같은) 하나의 단순한 표상으로 만들고 하나의 단어로 지칭하는 것과 마찬가지로 또한 그 표상을 해소하여 그 속에 포함된 규정들을 그 표상 속에서 고립시켜 그 규정들에 특수한 명칭을 부여하는 것은 사유의, 그것도 지성적 사유의 행위다. — 나는 교양에 관해 무규정적이고 공허한 것을 이야기하지 않기 위해 이 점을 언급하지 않을 수 없었다. 그러나 이 점을 언급하도록 한 동기가 된 견해와 관련하여 마찬가지로 밝혀지게 될 것은 마치 반성이 천재, 재능, 예술, 학문 등등과 같은 일반성들과 이들에 대한 바로 그러한 일반적 고찰들을 산출하듯이 형식적 교양도 정신적 형태화의 각각의 단계에서 나타나고 잘 자라나 그 전성기에 다다를 수 있을 뿐 아니라 또한 그러지 않을 수 없다는 것인데, 왜냐하면 각각의 그러한 단계가 하나의 국가로 형성되고 문명의 이러한 기초 속에서 지성 반성으로, 그래서 법률과 같이 모두를 위한 일반성의 형식으로 나아가기 때문이다. 국가 생활 그 자체 속에는 형식적 교양의 필연성과 더불어 학문들 및 도야된 시문과 예술 일반의 발생이 놓여 있다. 조형예술이라는 명칭 아래 포괄되는 것들은 더욱이 이미 기술적 측면에서 인간의 문명화된 공동생활을 요구한다. 외면적 욕구와 수단을 덜 필요로 하고 직접적으로 정신에 의해 생산된 현존재의 터전, 즉 목소리를 자기의 재료로 지니는 시문학은 법적인 삶으로 통합되지 않은 민족의 상태에서 이미 대단히 대담하게 그리고 고양을 지닌 표현을 지니고서 나타난다. 왜냐하면 앞에서 언급했듯이 언어란 그 자체로 문명의 저편에서 고도의 지성 형성에 도달하기 때문이다.
―

철학 역시 국가 생활 속에서 출현해야만 한다. 왜냐하면 하나의 내용을 도야된 내용이 되도록 하는 것은 방금 제시했듯이 사유에 속하는 형식이지만, 철학이란 다만 이러한 형식 자신의 의식, 즉 사유의 사유일 뿐인바, 이리하여 철학의 건축물을 위한 특유한 재료는 이미 일반적 교양 속에 마련되어 있고 국가 자신의 발전 속에서 다음과 같은 시기들이 등장하지 않을 수 없기 때문이다. 즉, 그 시기들을 통해 한편으로는 좀 더 고귀한 본성을 지닌 정신이 [174]자기 내에서 분열된 현실 속에서 더는 향유할 수 없는 자기와의 화해를 발견하기 위해 현재로부터 관념적 영역들로 도피하도록 추동되고, 다른 한편으로는 ― 반성하는 지성이 순진 무구한 방식으로 민족들의 종교, 법률, 관습 속에 놓여 있던 모든 신성하고 심오한 것을 공격하고 신 없는 추상적 일반성으로 천박화하고 증발시킨다는 점에서 ― 사유는 사유하는 이성이 되도록 추동되며, 자기의 고유한 터전에서 그 자신이 내몰린 퇴폐로부터의 회복을 추구하고 완수해야만 한다.

그러므로 말할 것도 없이 모든 세계사적 민족에게는 시문학, 조형예술, 학문, 그리고 또한 철학도 존재한다. 그러나 어조, 문체, 방향뿐만 아니라 오히려 또한 실질도 서로 다르며, 이 실질은 최고의 구별, 즉 이성성의 구별과 관계된다. 고답적인 미학적 비판이 소재적인 종류의 것, 즉 내용의 실체적인 것이 우리의 호감을 규정해야 하는 것이 아니라 미적 형식 그 자체, 환상이나 그와 같은 것의 위대함이야말로 아름다운 예술이 목적으로 하고 자유로운 마음과 도야된 정신에 의해서 유일하게 존중되고 향유되어야만 하는 것이기를 요구하는 것은 아무런 도움도 되지 않는다. 만약 실질 자신이 무의미하거나 터무니없고 환상적이라면, 상식은 스스로 그러한 작품을 향유하기 위해 그와 같은 실질을 추상하려고 하지 않는다. 그래서 비록 우리가 창작과 상상력의 웅대함, 심상과 감정의 생동성, 어법의 아름다움 등과 같은 일군의 저 형식적 특성을 이유로 인도의 서사시를 호메로스의 그것과 동일시하려고 할 수 있을지라도 실질의 구별과 따라서 실체적인 것과 단적으로 자유 개념에 대한 의식으로 귀착하고 이것을 개인 속에 각인시키고자 하는 이성의 관심은 여전히 무한하다. 고전적 형식뿐만 아니라 또한 **고전적** 내용도 존재하며, 더 나아가 예술 작품에서의 형식과 내용은 너무도 밀접하게 결합해 있는바, 형식은 내용이 고전적인 한에서만 고전적일 수 있다. 그리고 환상적이고 스스로 자기 내에 한정되지 않는 내용에서는— 그리고 이성적인 것은 자기 내에 절도와 목표를 지니는 것이다 — [175]형식도 동시에 절도가 없고 무형식적이거나 곤혹스럽고 자질구레하게 된다.

  이와 마찬가지로 중국 철학과 인도 철학 그리고 엘레아 철학과 퓌타고라스 철학, 더 나아가 스피노자 철학이나 심지어 모든 근대 형이상학은 물론 그 모두가 하나나 통일, 전적으로 추상적으로 보편적인 것을 근저에 놓는 한에서 나란히 놓일 수 있다. 그러나 그러한 비교나 심지어 동등하게 취급하는 것은 지극히 피상적이다. 그러한 비교나 취급에서는 바로 유일하게 관건이 되는 것, 그러한 통일의 규정성이 간과된다. 그리고 본질적인 구별을 이루는 것은 바로 다음과 같은 것, 즉 저 통일이 추상적으로 파악되는가 아니면 구체적으로 ― 그것도 정신인 바의 자기 내 통일에 이르기까지 구체적으로 ― 파악되는가 하는 것이다. 그러나 저 동등한 취급은 바로 그것이 오직 추상적 통일만을 알고 있으며, 그것이 철학에 관해 판단한다는 점에서 그와 같은 것에서는 철학의 관심을 이루는 것이 무엇인지에 대해 무지하다는 것을 증명한다.

그러나 또한 교양이 지니는 실체적 내용의 온갖 상이성 속에서 똑같은 것으로 머무는 범위들도 존재한다. 언급된 상이성은 사유하는 이성에 관계된다. 자유, 즉 그에 대한 자기의식이 사유하는 이성인 바의 자유는 사유와 똑같은 하나의 근원이다. 동물이 아니라 오직 인간만이 사유하듯이 또한 오직 인간만이, 그것도 오직 사유하고 있는 까닭에만 자유를 지닌다. 자유의 의식은 다음과 같은 것을, 즉 개인이 자기를 인격으로서, 다시 말하면 자기의 개별성 속에서 자기를 자기 내에서 보편자로서, 모든 특수한 것을 추상하고 포기할 수 있는 자로서, 그리하여 자기를 자기 내에서 무한자로서 파악한다는 것을 포함한다. 그리하여 이러한 파악 외부에 놓여 있는 범위들은 저 실체적 구별들의 공통적인 것이다. 자유의 의식과 그토록 가까이 연관되는 도덕조차도 자유의 의식을 여전히 갖추고 있지 못하더라도 그것이 요컨대 오직 일반적 의무나 권리만을 객관적 계명으로서 언명하는 한에서나 또한 그것이 단순히 부정적인 것으로서 형식적인 고양, 즉 감성적인 것과 모든 감성적 동기의 포기에 머무르는 한에서 아주 순수할 수 있다. **중국**의 도덕은 유럽인들이 그것과 **공자**의 저술들을 알게 된 이후로 그리스도교 도덕에 친숙한 사람들로부터 그 탁월함에 대한 최대의 찬사와 칭찬받을 만하다는 인정을 획득했고, 그와 마찬가지로 [176]**인도**의 종교와 시문(그렇지만 우리는 여기에 가령 좀 더 고차적인 시문이라는 단서를 붙여야만 한다) 그리고 특히 그 철학도 감성적인 것의 제거와 희생을 언명하고 요구하는 데서 보이는 숭고함이 인정되었다. 그렇지만 우리는 이들 두 민족이 자유 개념에 대한 본질적인 자기의식을 전적으로 결여한다고 말해야만 한다. 그러나 중국인에게 그들의 도덕적 규칙들은 자연법칙이나 외면적인 실정적 계명, 강제권과 강제 의무 또는 서로에 대한 예의의 규칙들과 마찬가지다. 실체적 이성 규정을 비로소 윤리적 마음가짐으로 되게 하는 자유는 부재한다. 도덕은 국가의 일이며, 정부 관리와 재판관이 관장한다. 국가의 법전이 아니라 오히려 주관적 의지나 마음가짐으로 향해 있는 도덕에 관한 그들의 작품은 마치 스토아학파의 도덕적 저술들과 같이 행복이라는 목표 달성에 필요한 일련의 계명으로서 읽으며, 그리하여 그들에게는 그러한 계명을 받아들이기로 작정하는 자의가 맞서 있는 것으로 나타나는바, 자의는 그 계명을 따를 수도 있고 그렇지 않을 수도 있다. 또한 중국의 도덕론자에게서는 스토아학파의 도덕론자에게서와 마찬가지로 추상적인 **주관**, 즉 현자의 표상이 그러한 교설의 정점을 이룬다.[57] — 감성과 욕망 그리고 지상의 관심을 포기하는 **인도**의 교설에서는 긍정적, 인륜적 자유가 아니라 의식의 무, 즉 정신적이고 심지어 육체적인 무생명성이 목표와 목적이다. —

한 민족은 일반적으로 그의 근본 요소에, 그의 근본 목적에 하나의 보편적 원리가 놓인 한에서만 세계사적이다. 오직 그런 한에서만 그러한 정신이 산출하는 작품은 인륜적, 정치적 조직이다. 만약 민족들을 추동하는 것이 단지 욕망일 뿐이라면, 그러한 추동은 흔적도 없이, 예를 들어 몽상으로서 사라져 버린다. 그러나 그것은 작품이 아니다. 그들의 흔적은 오히려 다만 파멸과 파괴일 뿐이다. 그래서 그리스인들은 자기의 자식, 자기가 낳는 행위를 다시 삼켜버리는 크로노스, 즉 시간

..
57. [편주] 난외에: 사랑.

의 지배에 관해 이야기한다 — 그것은 [177]인륜적 작품 없는 황금시대였다. 제우스, 즉 그의 머리로부터 팔라스 아테나가 태어났고 아폴론이 뮤즈들과 더불어 그 무리에 속하는 정치적 신이 비로소 인륜적인 지적 작품을 창조하고 국가를 창출함으로써 시간을 제압했다.

그러므로 작품에서 객관적인 것은 오직 다음의 것, 즉 그 작품이 알려진다는 것일 뿐이다. 작품의 요소에는 보편성, 즉 사유의 규정마저 포함되어 있다. 사상 없는 작품은 객관성을 지니지 않는다. 사상이 토대이다. 민족은 민족의 인륜이 그에 기반하고 그에 의해 특수한 개별적인 것이 사라지는 보편적인 것을 알아야만 하며, 그러므로 민족은 자기의 법, 자기의 종교의 규정들을 알아야만 한다. 정신은 어떤 질서, 어떤 제식이 존립한다는 데 만족할 수 없다. 정신이 의욕하는 것은 이러한 자기의 규정들에 대한 앎이다. 오로지 그렇게 해서만 정신은 스스로를 자기의 주관성과 자기 객관성의 보편적인 것의 통일로 정립한다. 실로 정신의 세계는 동시에 서로의 밖에 존재하는 그러한 세계이며, 정신은 외적 직관 등에서 세계와 관계하지만, 정신에 대해서는 또한 그의 가장 내적인 것과 이러한 그의 세계와의 통일도 현존해야 한다. 이것이야말로 정신의 최고 해방이다. 왜냐하면 사유야말로 정신의 가장 내적인 것이기 때문이다. 한 민족의 교양이 도달한 최고점은 다음의 지점, 즉 그 민족의 삶과 상태의 사상, 그 민족의 법률과 법에 관한 학문 그리고 인륜도 파악하는 지점이다. 왜냐하면 이 통일 속에야말로 정신이 자기와 함께 있을 수 있는 가장 내적인 통일이 놓여 있기 때문이다. 정신에 있어 그의 작품에서 문제가 되는 것은 자기를 대상으로서 지니는 것이다. 그러나 정신은 오직 자기를 사유함으로써만 자기를 대상으로서 그 본질성에서 지닌다. 그러므로 이 지점에서 정신은 자기의 원칙들, 자기의 현실적 세계의 보편적인 것을 안다. 그래서 우리가 만약 그리스가 어떠했는지를 알고자 한다면, 우리는 이를 소포클레스와 아리스토파네스에서, 투퀴디데스와 플라톤에게서 알게 된다. 그들에게서는 그리스의 삶이 무엇이었는지가 역사적으로 생성되었다. 이들 개인에게서 그리스의 정신은 자기 자신을 표상하고 사유하며 파악했다.

민족의 자기 자신에 관한 이러한 정신적 의식은 최고의 것이다. 그러나 처음에 그 의식은 다만 관념적일 뿐이기도 하다. 사유의 이러한 작품은 더 깊은 만족이다. 그러나 그 만족은 보편적인 것으로서 동시에 관념적이며, 그 형식에 따라서는 [178]이 작품을 성립시킨 실제적 작용, 현실적 작품이나 삶과 서로 다르다. 이제는 실재적 현존재와 관념적 현존재가 존재한다. 그래서 우리는 그러한 시대의 민족이 한편으로는 덕에 관해 변죽을 울리고 다른 한편으로는 덕을 호도하는 덕에 관한 표상과 이야기에서 만족하는 것을 본다. 정신은 이러한 덕을 창출했으며, 정신은 반성되지 않은 것, 단지 사실적일 뿐인 것이 자기에 대해 반성하도록 할 수 있다. 그리하여 그것은 한편으로는— 신앙, 신뢰, 관습과 같은— 그러한 규정성들의 제한성에 대한 의식을 획득하며, 그래서 그 의식은 그러한 규정성들, 그 법칙들로부터 결별을 선언할 수 있는 근거들을 획득한다. 일반적으로 그것은 근거들에 대한 요구 속에 놓여 있다. 그러한 근거들, 다시 말하면 무언가 전적으로 추상적으로 보편적인 것이 저 법칙들을 위한 토대로서 발견되지 않는다는 점에서 덕에 관한 표상은 동요하게 되고, 절대적인 것은 더는 그 자체로서가 아니라 오직 그것이 근거들에 기반함으로써만 타당하다. 그와 더불어 동시에 개인들의 서로로부터의 그리고 전체로부터의 고립화, 개인들의 침투해 들어오는 이기심과 허영심, 자신의 이익 추구와 전체를 희생한 그 이익의 충족이 모습을 드러낸다. 왜냐하면 의식은 주관성이고, 이 주관성은 자기를 개별화하고자 하는 자기 내 욕구를 지니기 때문이다. 그래서 더 나아가 허영심과 이기심이 나타난다. 그래서 열정, 독자적인 관심도 유리되어 퇴폐로서 등장한다. 그 경우 이러한 것은 민족정신의 자연적 죽음이 아니라 자기 내 분열이다.

    그래서 시간의 삼켜버림에 목표를 정립하고 이러한 덧없이 지나감을 정지시킨 제우스는 자기 내에서 확고한 것을 근거 지은 후 자기의 나라 전체와 더불어 삼켜져 버렸던바, 그것도 바로 사상의 원리에 의해, 즉 인식, 이치 추론, 근거들로부터의 통찰, 근거들의 요구를 산출하는 것에 의해 그리되었다. 시간이란 감성적인 것에서의 부정적인 것이다. 사상도 똑같은 부정성이지만, 가장 내적인 형식, 무한한 형식 자신이며, 따라서 모든 존재자 일반이, 우선은 유한한 존재, 규정된 형태가 그 형식 속으로 해소된다. 그러므로 분명 시간은 부정적인 것의 부식자이지만, 정신은 그 자신이 마찬가지로 모든 규정된 내용을 해소하는 바로 그것이다. 정신은 보편적인 것, 무제한적인 것, 가장 내적인 무한한 형식 자신이며, 모든 제한된 것을 마무리했다. 객관적인 것이 내용에 따라 [179]유한하고 제한된 것으로서 나타나지 않을지라도, 그것은 주어진 것, 직접적인 것, 권위로서, 그리하여 사상에 대해 아무런 제한도 가할 수 없고 사유하는 주체와 자기 내에서의 무한한 반성에 대한 제한으로서 세워져 있을 수 없는 그러한 것으로서 나타난다.

사상에 의한 이러한 해소는 이제 필연적으로 동시에 새로운 원리의 출현이기도 하다. 보편적인 것으로서의 사상은 해소하고 있다. 그러나 이러한 해소 작용에서는 선행하는 원리가 보존되어 있으며, 다만 더는 그것의 근원적인 규정에서 현존하지 않는다. 보편적 본질은 보존되어 있지만, 그것의 보편성이 그 자체로서 강조되었다. 선행하는 원리는 보편성을 통해 변용되었다. 동시에 지금의 방식은 앞선 방식과는 서로 다른 것으로서 여겨져야 하는데, 이 이전의 방식 속에서 지금의 방식은 오히려 다만 내적인 것에서만 현존했고, 외면적 현존재를 다만 다양한 관계의 뒤얽힘 속에서 지닐 뿐이었다. 이전에 단지 구체적 개별성 속에 존립했던 것이 보편성의 형식으로 가공된다. 그러나 또한 하나의 새로운 것, 하나의 또 다른 그 이상의 규정이 현존한다. 지금 자기 내에서 규정되어 있는 바의 정신은 또 다른 그 이상의 관심과 목적을 지닌다. 원리 형식의 변형은 또한 내용의 또 다른 그 이상의 규정들도 가져온다. 누구나 알고 있듯이 교양 있는 인간은 똑같은 종교와 인륜 속에서 살고 그 실체적 상태도 전적으로 똑같은 같은 민족의 교양이 없는 사람과는 전혀 다른 요구를 한다. 교양은 우선은 순수하게 형식적인 것으로 보이지만, 내용적인 차이도 산출한다. 교양 있는 그리스도교도와 교양 없는 그리스도교도는 한편으로는 전적으로 똑같은 그리스도교도로서 나타나지만, 그럼에도 양자는 전혀 다른 욕구를 지닌다. 소유의 관계에서도 상황은 마찬가지다. 농노도 소유를 지니지만, 세금과 결부되며, 그에 의해 다른 공유자가 생성된다. 이제 소유란 무엇인지 **생각할** 때 따라 나오는 것은 오직 한 사람만이 주인일 수 있다는 것이다. 사상은 보편적인 것을 두드러지게 하며, 그에 의해 다른 관심, 다른 욕구가 발생해 있다.

그러므로 이러한 변화에서 이행의 규정된 것은 현존하는 것이 사유됨으로써 보편성으로 고양된다는 것이다. 정신은 [180]보편적인 것, 즉 본질적인 바의 것을 파악하는 데 존립한다. 참답게 존재하는 대로 파악된 보편성이 실체, 본질성, 참답게 존재하는 것이다. 예를 들어 노예의 보편적인 것은 인간이다. 여기서는 특수성이 보편성 속으로 용해된다. 그러므로 한 민족에게서 예를 들어 아테네인들에게서처럼 사상을 통해 특수성이 지양될 때, 즉 사상이 이 민족의 특수한 원리가 더는 본질적이 아니라는 데로 전개될 때, 이 민족은 더는 존립할 수 없다. 하나의 다른 원리가 발생한 것이다. 그 경우 세계사는 다른 민족으로 이행한다. 역사에서 원리들은 민족정신으로서 현존한다. 그러나 이들 민족정신은 동시에 자연적 실존들이다. 정신이 도달한 단계는 민족의 **자연 원리**로서 또는 **민족**Nation으로서 현존재한다. 정신은 이러한 규정된 자연적 요소 속에서 펼쳐지는 양식에 따라 서로 다른 형태로 나타난다. 그래서 하나의 민족정신에서 정신의 그 이상의 좀 더 고차적인 규정은 실로 자기에 앞서 존립하는 것의 부정으로서, 그것의 퇴폐로서 출현하지만, 그 규정의 긍정적 측면은 하나의 새로운 민족으로서 나타난다. 하나의 민족은 여러 단계를 거쳐 갈 수 없다. 하나의 민족은 세계사에서 두 차례 신기원을 이룰 수 없다. 만약 참다운 관심이 그 민족에서 새로이 발생해야 한다면, 한 민족의 정신은 새로운 것을 의욕하는 데 도달해야만 할 것이다— 그러나 이 새로운 것은 어디서 와야 할까? 그 새로운 것은 오로지 자기 자신의 더 높고 더 보편적인 표상, 자기의 원리를 넘어서 있음, 좀 더 보편적인 것을 향한 노력일 수 있을 뿐이다— 그러나 바로 그와 더불어 그 이상으로 규정된 원리, 하나의 새로운 정신이 현존한다. 세계사적으로 하나의 민족은 오직 한 차례만 지배적인 민족일 수 있다. 왜냐하면 정신의 과정에서 한 민족에게는 오직 하나의 과업만이 떠맡겨질 수 있기 때문이다.

이러한 전진, 이러한 단계적 발걸음은 완성 능력이라는 표상에 따라 무한으로 나아가는 과정, 즉 영원히 목표에 다다르지 못하는 과정인 것으로 보인다. 그럼에도 하나의 새로운 원리를 향한 진보에서 앞선 원리의 내용이 좀 더 일반적으로 파악된다고 할지라도 그러한 만큼이나 이 새로운 형태도 또다시 하나의 규정된 형태라는 것은 확실하다. 아무튼 역사에서 문제가 되는 것은 그 속에서 보편적인 것이 규정된 방식으로 서술되어야만 하는 현실이다. 사상이나 개념에 맞서 [181]그 어떤 제한된 형태도 자기를 확고하게 지킬 수 없다. 개념이 소화할 수도 없고 해소할 수도 없는 그러한 어떤 것이 존재한다면 이것은 물론 극도의 분열, 불행으로서 거기 놓여 있을 것이다. 그러나 그러한 어떤 것이 존재한다면, 그것은 다만 자기 자신을 파악하는 바의 사상 자신일 뿐이다. 왜냐하면 오직 사상만이 자기 내에서 무제한적인 것이고, 모든 현실은 이 사상 속에서 규정되어 있기 때문이다. 그리하여 분열은 그쳤고, 사상은 자기 내에서 충족될 것이다. 여기에 세계의 궁극 목적이 있을 것이다. 이성은 참다운 것, 즉 아무런 제한도 지니지 않는 자체적이고도 대자적으로 존재하는 것을 인식한다. 정신의 개념은 자기를 대상화하는 자기 자신 내로의 복귀다. 그러므로 진보한다는 것은 무한을 향한 무규정적인 것이 아니다. 오히려 하나의 목적, 요컨대 자기 자신 내의 복귀가 현존재한다. 그러므로 또한 일정한 순환이 현존재한다. 정신은 자기 자신을 추구한다.

사람들은 궁극 목적이 선이라고 말한다. 이것은 우선은 무규정적인 표현이다. 우리는 거기에 머물러 종교적 형식을 상기할 수 있다. 일반적으로 우리는 철학에서 다른 존경할 만한 직관들을 어떤 꺼림칙함에서 방치하는 듯한 태도를 보여서는 안 된다. 종교적 직관에 따르면 인간이 거룩해지는 것이야말로 목적으로서 여겨진다. 이것은 종교적으로 개인의 측면에 따른 본래적인 목적이다. 주관은 그 자체로서 종교적 시설에서 자기를, 즉 자기 목적의 충족을 획득한다. 그러나 그렇게 파악하면 목적은 일반적 양식의 내용, 즉 그 안에서 영혼이 자기의 구제를 발견하는 것을 이미 전제한다. 사람들은 구제란 미래의, 즉 저편의 목적인 까닭에 이러한 구제 표상은 우리와 아무런 관계도 없다고 생각할 수 있을 것이다. 그러나 그 경우에도 이편의 현존재는 여전히 저편의 목적에 대한 준비로서 남을 것이다. 그러나 일반적으로 이러한 구별은 단지 주관적 측면에 따라서만 타당하다. 개인들에게는 그 구별을 통해 다만 그들을 구제로 이끄는 것, 단순히 수단으로서 여겨져야 하는 것만이 남아 있다. 그러나 그것은 결코 사실이 아니다. 오히려 그것은 단연코 절대적인 것으로서 파악되어야만 한다. 그런데 종교적 견해에 따르면 자연적 현존재의 목적 및 그래서 또한 정신적 활동의 목적도 신의 찬미다. 실제로 이것이야말로 정신과 역사에 가장 걸맞은 목적이다. 정신이란 자기를 대상화하고 자기를 파악하는 바로 그것이다. 그때에야 비로소 정신은 스스로 산출된 것으로서, 결과로서 현실적으로 현존한다. 자기를 파악한다는 것은 자기를 사유하며 파악한다는 것을 뜻한다. 그러나 그것은 [182]단순히 자의적이고 임의적이며 일시적인 규정을 아는 것이 아니라 절대적인 것 자신의 포착을 의미한다. 그러므로 정신의 목적은 자기에게 절대적인 것의 의식을 부여하는 것이자 그래서 이러한 정신의 의식이 단 하나의 유일하게 참된 것으로서 주어져 있는 것인바, 그리하여 절대적인 것이 현실적으로 세계사를 지배하고 있고 또 지배해 왔다는 것에 따라 모든 것이 정돈되어야만 하고 그에 따라 현실적으로 정돈되어 있는 것이다. 이것을 실제로 인식한다는 것은 신에게 영광을 돌린다거나 진리를 찬미한다는 것을 뜻한다. 이것이야말로 절대적 궁극 목적이며, 진리란 스스로 진리에 대한 찬미를 산출하는 힘이다. 신의 영광 속에서 개체적 정신도 자기의 영광을 지니지만, 이 영광은 그의 특수한 영광이 아니라 신의 영광을 위한 그의 행위가 절대적 행위라는 앎을 통한 영광이다. 여기서 개체적 정신은 진리 안에 있으며, 절대적인 것과 관계한다. 따라서 그는 자기 곁에 존재한다. 그렇다면 여기서는 자기의 본질을 단지 제한으로 알고 사상을 통해 그 너머로 고양되는 제한된 정신 속에서 발견되는 대립이 떨어져 나간다. 그렇다면 여기에는 또한 자연적 죽음이 들어설 수 없다.

세계사를 개념적으로 파악한다는 점에서 우리는 우선은 과거로서의 역사를 다루어야 한다. 그러나 그와 마찬가지로 우리는 단적으로 현재도 다루어야 한다. 참된 것은 영원히 자체적이고도 대자적이고, 어제와 내일이 아니라 단적으로 현재적이며, 절대적 현재라는 의미에서 "지금"이다. 이념 속에서는 지나가 버린 듯이 보이는 것도 영원히 상실되지 않는다. 이념은 현재적이며, 정신은 불멸이다. 정신이 있지 않았었거나 있지 않을 '언젠가'는 존재하지 않는다. 정신은 스쳐 지나간

것도 아니고 아직 없는 것도 아니다. 오히려 정신은 단적으로 지금 존재한다. 그래서 이것으로 이미 이야기되는 것은 현재적인 세계, 정신의 형태, 정신의 자기의식은 역사 속에서 이전의 것으로서 현상하는 모든 단계를 자기 속에 포괄한다는 점이다. 이 단계들은 실로 자립적인 것으로서 잇따라 형성되었다. 그러나 정신인 바의 정신은 언제나 그 자체에서 존재했으며, 구별은 오직 이러한 자체적인 것의 전개일 뿐이다. 현재적인 세계의 정신은 정신이 스스로 자기 자신에 관해 형성하는 개념이다. 그 개념은 세계를 유지하고 통치하는 것이며, 6천 년에 걸친 노력의 결과, 정신이 세계사의 노동을 통해 이루어 냈고 바로 이 노동을 통해 생겨나야만 했던 바로 그것이다. [183]그래서 우리는 정신이 자기가 무엇인지에 대한 인식에 도달하고 그 인식에 의해 제약된 다양한 영역 속에서 바로 자기인 바의 것을 성취해 낸 정신의 노동이 그 속에서 우리에게 제시되는 세계사를 파악해야 한다.

　이와 관련하여 상기될 수 있는 점은 각각의 개인이 자기의 교양에서 자기의 정신 개념 일반을 근거 짓고 앞서간 시대에 각각 그 자체로 자립적으로 자기를 형태화하고 완성한 형식을 지녔던 서로 다른 영역들을 거쳐 가야만 한다는 것이다. 그러나 정신은 언제나 지금 정신인 바의 것이었다. 정신은 지금 다만 좀 더 풍부한 의식, 자기 내에서 더 깊이 다듬어진 자기 자신의 개념일 뿐이다. 정신은 과거의 모든 단계를 여전히 자기에게서 지니며, 역사 속에서의 정신의 삶은 한편으로는 현재적이고 다른 한편으로는 지나간 형태화 속에 나타난 서로 다른 단계들의 순환이라는 것이다. 우리가 정신의 이념을 다루어야 하고 세계사 속에서의 모든 것을 오직 정신의 현상으로서 고찰한다는 점에서, 우리는 과거를 거쳐 갈 때 그 과거가 아무리 거대하다고 할지라도 오직 현재적인 것에 몰두할 뿐이다. 철학은 현재적인 것, 현실적인 것과 관계해야 한다. 정신이 자기 뒤에 지니는 것으로 보이는 계기들을 그는 자기의 현재적인 깊이 속에서 지닌다. 정신이 역사 속에서 자기의 계기들을 거쳐 나갔듯이, 그는 그 계기들을 현재 속에서 — 자기에 관한 개념 속에서 거쳐 나가야 한다.

부록

[187]1. 세계사의 자연 연관 또는 지리적 기초

a) 일반적 규정

우리는 세계사란 정신이 현실 속에서 어떻게 자기를 일련의 외면적인 형태화로서 드러내는가 하는 정신의 이념을 나타내는 것이라는 일반적인 것에서 출발한다. 자기에 관한 정신의 의식 단계는 세계사에서 한 민족의 실존하는 정신으로서, 현재적인 민족으로서 나타난다. 그리하여 이 단계는 일반적으로 시간과 공간에, 자연적 실존의 방식에 속한다. 우리가 병렬적으로 그리고 계기적으로 고찰해야 하는 특수한 정신들은 그 단계에 의해 규정된 특수한 원리다. 그리고 각각의 세계사적 민족에게는 하나의 원리의 과업이 할당되어 있다. 물론 그 세계사적 민족은 그의 원리가 성숙에 도달하기 위해서는 자기 속에서 여러 원리를 거쳐 가야만 한다. 그러나 세계사 속에서 그 민족은 언제나 오직 하나의 형태만을 지닌다. 세계사적 민족은 분명 역사적 관계에서 여러 개의 지위를 지닐 수 있다. 그러나 세계사 속에서 그 민족은 결코 여러 지위를 지니고서 정점에 서지 못한다. 그 민족은 그 경우 오히려 다른 원리 속으로 옮겨 형성되지만, 그 원리는 그 민족의 본원성에 따라서는 그 민족에 적합하지 않다. 그러나 그 민족의 저 특수한 원리는 동시에 그 민족의 자연 규정성, 자연적 원리로서 현존한다. 서로 다른 민족정신들은 공간과 시간에서 서로에게서 떨어져 있다. 그리고 이와 관련하여 자연 연관, 즉 정신적인 것과 자연적인 것, 즉 기질 등등 사이에서 성립하는 연관의 영향이 관철된다. 인륜적 전체의 보편성과 이러한 전체가 개별적으로 행동하는 개성에 대해 이러한 연관은 외면적인 것이다. 그러나 정신이 그 위에서 운동하는 지반으로서의 이 연관은 본질적이고 필연적으로 하나의 기초다.

정신이 현존재로 들어선다는 점에서 그것은 유한성의 방식으로, 따라서 자연성 일반의 방식으로 들어간다. 특수한 형태화들은 서로에게서 떨어진다. 왜냐하면 자연성의 형식은 상호 외재, [188]즉 특수한 규정성들이 **개별성**으로서 나타나는 것이기 때문이다. 이러한 추상적 규정은 정신 속에서 특수한 단계로서 나타나는 것이 특수하고 자연적이며 다른 것들을 배제하고 대자적으로 실존하는 **형태**로서 등장하는 필연성의 근거를 포함한다. 이러한 특수성은 자연에서 자기를 제시한다는 점에서 자연적 특수성인바, 다시 말하면 이 특수성은 특수한 자연적 규정성으로서의 자연적 원리로서 존재한다. 여기에는 정신 발전의 특수한 단계의 표현인 각각의 국민이 하나의 민족*Nation*이라는 점이 놓여 있다. 민족의 자연적 성질은 일련의 정신적 형태화 속의 정신적 원리인 것에 상응한다.

이러한 자연적 측면과 더불어 우리는 지리적 규정성에 들어선다. 이 지리적 규정성은 자연 단계에 속하는 것을 포함한다. 자연적 현존재에는 곧바로 이 규정성의 두 가지 측면이 포함되어 있다. 한편으로 이 규정성은 민족의 자연 의지 또는 민족들의 주관적 양식이다. 그러나 다른 한편으로 그 규정성은 특수한 외적 자연으로서도 현존한다. 인간이 부자유하고 자연적인 한에서 그는 감성적이라고 불린다 — 감성적인 것은 두 가지 측면, 즉 주관적 자연성과 외면적 자연성으로 나누어진다. 외면적 자연성은 지리적 측면인바, 이 측면은 가장 가까운 표상에 따라서 외적 자연 일반에 속한다. 그러므로 우리가 고찰해야 하는 것은 자연적 구별들이다. 그 구별들은 이제 무엇보다도 우선 정신이 그로부터 다그쳐지는 특수한 가능성으로서도 여겨져야만 하며, 그래서 그 구별들은 지리적 기초를 제공한다. 여기서 우리에게 문제가 되는 것은 외적인 지역으로서의 땅이 아니라 그러한 땅의 자식인 민족의 유형이나 성격과 밀접히 연관되는 지역성의 자연 유형을 알게 되는 것이다. 이러한 성격은 민족들이 세계사 속에 등장하여 그 안에서 위치와 자리를 차지하는 양식이다. 인간의 성격과 자연의 연관은 인간적 의지의 자유에 반하는 듯이 보인다. 우리는 이러한 것을 감성적인 것이라고 부르는데, 우리는 분명 인간이 자연으로부터 독립적으로 자기 내에 진리를 지닌다고 생각할 수 있을 것이다. 또한 민족들의 성격이 땅의 자연 규정성에 의해 비로소 형성된다는 식으로 의존성의 관계가 가정될 수도 없다. [189]정신은 사후에야 비로소 자연으로부터 자기의 내용을 획득하는 추상적인 것으로서 생각되어서는 안 된다. 오히려 역사 안에서 등장하는 것은 특수하고 규정된 정신들이다. 사변적 이념은 특수한 것이 보편적인 것 속에 어떻게 포함되어 있으며 이 보편적인 것이 그에 의해 흐려지지 않는다는 것을 보여준다. 민족들은 특수한 양식의 형태화를 지니는 정신들이라는 점에서, 그들의 규정성은 정신적 규정성이지만, 다른 한편으로 그 규정성에는 자연 규정성이 상응한다. 처음에 그 자체에서 존재하는 것은 자연적 방식으로 실존하는데, 이는 아이가 그 자체에서 인간이고 그가 아이라는 점에서는 처음에는 단지 자유로운 인간으로서의 자체적이고도 대자적인 존재를 위한 소질을 지니는 자연적 인간인 것과 마찬가지다.

이러한 고찰은 사람들이 상황에 대한 **기후**_{Klima}의 영향에 관해 말하는 것과 일치하는 것으로 보인다. 특수한 민족정신이 그 민족_{Nation}의 기후와 연관된다는 것은 널리 퍼져 있는 일반적 표상이다. 민족이란 타고난 것으로서의 국민이다. 이것은 아주 통상적인 말이다. 그러나 정신적 원리와 자연적 원리의 연관이 아무리 필연적이라고 할지라도 우리는 일반적인 말에 머물러서도 안 되고 기후에 지나치게 특수한 작용이나 영향을 돌려서도 안 된다. 가령 호메로스를 낳은 온화한 이오니아 지방의 풍토Himmel에 관해 아주 자주 그리고 많이 이야기된다. 확실히 그 풍토는 호메로스 시가의 우아함에 많이 공헌했다. 그러나 소아시아 연안은 언제나 똑같았고 오늘날에도 여전히 마찬가지다. 그럼에도 이오니아 민족에게서는 오직 단 하나의 호메로스만이 태어났다. 민족은 노래하지 않으며, 오직 한 사람, 한 개인만이 시가를 읊는다 — 그리고 호메로스의 노래를 창작한 사람들이 여럿이었다면, 그것은 언제나 개인들이었다 —. 온화한 풍토에도 불구하고 특히 튀르키예인의 지배 아래서는 어떠한 호메로스도 또다시 태어나지 않았다. 기후는 자그마한 특수성들에 따라서 규정된다. 우리는 이 특수성들을 다루지 않는다. 이것들은 아무런 영향도 끼치지 않는다.

그러나 **열대도 한대도** 인간의 자유를 위한, 세계사적 민족을 위한 지반이 아닌 한에서 기후는 영향을 지닌다. 인간은 그의 최초 깨어남에서 직접적으로 자연 일반과의 관계 속에 있는 자연적 의식이다. [190]여기에는 필연적으로 양자 사이의 관계가 현존한다. 모든 발전은 자연에 대한 정신적인 것의 자기 자신 내에서의 반성을 포함한다. 발전이란 바로 자연인 이러한 자기의 직접성에 대한 정신적인 것의 자기 내에서의 특수화다. 이러한 특수화에는 바로 그것이 특수화인 까닭에 자연성의 계기도 속한다. 외면적인 것에 대한 정신적인 것의 대립이 출현하는 것이다. 그래서 자연성은 인간이 그로부터 자기 내에서의 자유를 획득할 수 있는 최초의 입장이다. 요컨대 인간이 우선은 감성적인 한에서, 필요한 것은 그가 자연과의 감성적 연관 속에서 자기 내 반성을 통해 자유를 획득할 수 있어야 한다는 것이다. 그런데 자연이 너무 강력한 곳에서는 인간의 해방이 힘들어진다. 인간의 감성적 존재와 인간이 그 존재로부터 뒤로 물러섬은 그 자신이 인간의 자연적 방식이다. 이러한 자연적 방식 그 자체는 그 자체에서 양의 규정을 지닌다. 따라서 자연과의 연관은 본래 너무 강력해서는 안 된다.

자연 일반은 정신과 비교하여 그 위력이 유일하게 전능한 것으로서 정립될 정도로 커서는 안 되는 양적인 것이다. 극단들은 정신적 발전을 위해 유리하지 않다. 이미 **아리스토텔레스**는 다음과 같이 말한다. 욕구의 궁핍함이 충족되었을 때 인간은 보편적이고 좀 더 고귀한 것으로 향한다.[1] 그러나 열대도 한대

..
1. [편주] 『형이상학』 A, 2, 982 b.

도 인간에게 자유로운 운동에 나서도록 허락하지 않으며, 인간이 더 높은 정신적 관심에 따라 활동할 수 있게 하는 풍부한 수단을 마련해 주지 않는다. 인간은 너무 커다란 둔감함에 붙들린다. 인간은 자연에 의해 압도되며, 따라서 자연으로부터 분리될 수 없는데, 이는 좀 더 고차적인 정신적 문화의 첫 번째 조건이다. 자연력의 위력은 인간이 그 힘과의 싸움으로부터 빠져나오기에는, 즉 인간이 자연의 힘에 맞서 자기의 정신적 자유를 관철할 정도로 강력하기에는 너무 크다. 라플란드인[2]을 움츠러들게 하는 추위나 아프리카의 작열하는 더위는 인간에 대해 너무나 강력한 힘이어서 그것들 밑에서 정신은 자유로운 운동을 획득할 수 없으며, 형성된 현실의 형태화를 위해 [19]필요하고 그 형태화를 자기 내에 담고 있는 자기의 풍요로움에 도달할 수 없다. 그러한 지대에서 궁핍은 분명 전혀 그치지 않을 것이며 결코 제거될 수도 없을 것이다. 인간은 끊임없이 자연에 주목하지 않을 수 없었다. 인간은 자연을 자기의 목적을 위해 사용한다. 그러나 자연이 너무 강력한 곳에서 그것은 자기를 수단으로 제공하지 않는다. 열대와 한대 그 자체는 세계사의 무대가 아니다. 이러한 극단들은 이런 측면에서 자유로운 정신으로부터 배제되어 있다.

..
2. 라플란드는 스웨덴 북부의 지역이다. 그 기후는 작물 재배 기간이 짧은 전형적인 북극 기후이다.

그래서 전체적으로 세계사라는 드라마를 위한 극장을 제공해야만 하는 것은 **온대**다. 그러나 그렇게 할 수 있는 것은 또다시 온대 가운데서도 북쪽의 온대다. 여기서 대륙은 그리스인들이 말하듯이 넓은 가슴을, 여러 대륙의 연관을 형성한다. 이러한 구성에서는 지구가 북쪽으로는 광야를 형성하고 남쪽으로는 나누어져 아메리카, 아시아, 아프리카와 같은 지극히 다양한 첨단 지대로 분기된다고 하는 사상의 구별에 대한 연상이 부인되어서는 안 된다. 똑같은 계기가 자연 산물에서도 나타난다. 북쪽의 연관된 저 땅은 자연사적 견지에서 설명되듯이 일군의 자연 산물들을 공통으로 지닌다. 뻗어나가는 첨단 지대들에서는 그 이상의 특수화가 발견된다. 그래서 식물학과 동물학의 관점에서는 북방 지대가 가장 중요한 지대이다. 거기서는 동물과 식물 종류의 대부분이 발견된다. 그 땅이 첨단 지대들로 나누어지는 남방에서는 자연 형태들도 서로에 대해 개별화된다.

이제 우리가 그와 관련하여 민족정신들의 상이성에 대해 관건이 되는 것이 무엇인지가 제시될 수 있는 규정된 구별들을 고찰한다면, 주의해야 하는 것은 우리가 동시에 사상에 대해서도 필연적으로 생겨날 뿐 아니라 경험적이기도 한 본질적인 일반적 구별을 견지해야만 한다는 점이다. 그 규정성은 바로 다양성에 맞서 관철되는데, 그 다양성은 한편으로는 우연적이다. 이러한 결정하는 구별들을 끄집어내는 것이야말로 철학적 고찰의 사태이다. 우리는 형식이 없는 다양성에서 길을 잃지 않도록 조심해야만 한다. 이러한 다양성은 우리가 기후라는 무규정적인 용어에서 이해하는 것, 우리가 이미 마무리한 것과 관련하여 관철된다. 우리는 [192]이제 일반적인 자연 구별들의 좀 더 자세한 것을 제시해야 한다.

역사에서 관건이 되는 자연 규정성의 일반적 관계는 **바다와 육지의 관계**다. 육지와 관련해서는 세 개의 근본적인 구별이 생겨난다. 우리는 첫째로 관개가 되지 않는 고원 지대, 둘째로 하천에 의한 관개가 되는 협곡 지대, 그리고 셋째로 해안 지대를 발견한다. 이 세 가지 계기는 서로 구별되는 개념이자 우리가 그 이상의 규정 모두를 거기로 환원시킬 수 있는 가장 본질적인 계기들이다.

첫 번째 계기는 무차별하고 폐쇄적이며 미개하게 남아 있는 옹골찬 금속성의 계기, 즉 분명 충동을 발산할 수 있지만, 그 충동이 오히려 기계적이고 야만적인 종류의 것인 거대한 초원과 평원을 지닌 **고지**다. 물이 없는 이 평원들은 주로 몽골과 아라비아 민족들의 구세계에서 **유목민**의 체류지다. 유목민들은 그 자체로 온화한 성격을 지니지만, 부동하고 동요하는 원리를 지닌다. 그들은 토지에 묶여 있지 않으며, 농경을 지닌 공동생활이 곧바로 구속력 있게 만드는 옳은 것들에 대해 아무것도 알지 못한다. 이러한 불안정한 원리는 가부장적 체제를 지니지만, 서로들 사이의 전쟁과 약탈 행위로, 또한 다른 민족들에 대한 습격으로 터져 나오기도 한다. 이 다른 민족들은 처음에는 예속되지만, 그 후 침입자들은 그들과 융합된다. 유목민의 방랑은 형식적일 뿐인데, 왜냐하면 그것은 천편일률적인 범위로 제한되어 있기 때문이다. 그러나 이러한 제한은 다만 사실적일 뿐이다. 스스로 분리될 가능성이 현존하는 것이다. 토지는 개간되어 있지 않으며, 나는 토지를 어디서나 다시 발견할 수 있다. 따라서 외적이거나 내적인 종류의 충동이 민족들을 계속해서 몰아갈 수 있다. 하지만 불안정의 정신이 본래 그들 속에 놓여 있는 것은 아니다. 평온한 땅들에 의해 경계 지어져 있는 고원의 저지대에서는 그러한 민족들이 약탈로 추동되지만, 그 내부에 강력한 민족이 거주하는 더 높은 고원 지대는 높은 산맥에 의해 경계 지어진다. 그러나 저지대의 부족에게는 그들과 충돌하게 되는 적대적인 거주자들이 부딪히게 되며, 그리하여 이러한 유목민의 규정은 외부로 향한 전쟁 상태로 되며, 이 상태는 그들을 개별화한다. 이를 통해 인격성과 이러한 제어되지 않고 두려워하지 않는 [193]자립성이, 그러나 또한 추상적인 개별화도 초래된다. 산맥은 목자 생활의 고향이다. 하지만 다양한 토지는 또한 농경도 허용한다. 지극히 변화무쌍한 기후, 험악한 겨울과 뜨거운 여름, 여러 가지 위험이 용기를 일깨운다. 그러나 그 지역적 공간에 의해 자기 내에 폐쇄된 삶은 그대로 남는다. 그러한 민족에게 그 공간이 너무 좁아지면, 그들은 지도자를 요구하며 풍요로운 분지Talebenen로 달려간다. 그러나 이것은 쉼 없는 밖으로 벗어남이 아니라 어떤 규정된 목적에 의해 불러내어진다. 아시아적인 자연 충돌은 그러한 대립에 머문다.

그러므로 여기서 문제가 되는 것은 산맥의 띠로 둘러싸인 높이 놓여 있는 지대의 연관이다. 이제 거기서 두 번째 징표는 다음의 것, 즉 이들 산맥이 갈가리 찢어진다는 것, 즉 고지에서 발원하는 하천이 거기서 아래로 흘러내리면서 그 산악대를 분열시킨다는 것이다. 고지는 바로 규칙적으로 산맥들에 의해 둘러싸이며, 하천들이 이 산맥들을 꿰뚫고 나가고, 더 나아가 바다에까지 이르는 거리가 충분히 멀 때는 좀 더 완만한 경사를 이루는 협곡들을 형성할 수 있다. 그리고 나서 이 하천들은 바다에 흘러 들어가기 전에 다소간에 넓은 평지를 관류한다. 여기서 관건이 되는 것은 이 하천의 낙하지점이 바다에 가까이 놓여 있는가 아닌가, 그러므로 그 낙하지점 앞에 좁은 해변이 가로 놓여 있는가 아니면 폭넓은 저항에 부딪혀 긴 강줄기를 형성하지 않을 수 없게 되는가, 즉 그 하천을 적당한 구릉이 받아들이는가 광대한 분지가 받아들이는가 하는 것이다. 아프리카에서도 물론 산맥 지대가 하천들에 의해 꿰뚫리긴 하지만,

이 하천들은 곧바로 바다로 떨어지며, 해안 지대는 전체적으로 아주 좁다. 부분적으로는 남아메리카, 즉 칠레와 페루 및 실론[3]에서도 마찬가지다. 칠레와 페루는 좁은 해안 지대다. 그들은 경작지를 갖고 있지 않다. 브라질의 경우는 사정이 다르다. 그 밖에 또 다른 상황이, 요컨대 고지 자신이 전적으로 분명 평지를 갖기는 하지만 많이 갖지는 않는 산맥들로 이루어지는 상황이 들어설 수도 있다.

우리는 그러한 고지를 몽골인(이 말은 일반적 의미에서 취해진다)이 거주하는 중앙아시아에서 볼 수 있다. 그러한 초원 지대는 카스피해로부터 북쪽으로 흑해를 향해 뻗어 있다. 그와 마찬가지로 [194]여기서는 아라비아의 사막과 아프리카 바르바리[4]의 사막 그리고 남아메리카에서는 오리노코강 주변과 파라과이의 황야를 들 수 있다. 때때로 비나 (오리노코강의 평원과 같이) 강의 범람에 의해서만 물을 대는 그러한 고지 거주민에게 특유한 것은 가부장적 생활, 개별적인 가족들로 나누어져 있는 것이다. 그들이 거주하는 토지는 불모지이거나 아주 잠깐만 열매를 맺는다. 거주민은 자기의 재산을 아주 보잘것없는 수확물만을 끌어내는 전답이 아니라 그들과 함께

• •
3. 스리랑카의 옛 이름.
4. 북아프리카 해안 지역의 옛 이름. 지금의 모로코, 알제리, 튀니지, 리비아 등이 이에 속한다.

떠도는 동물들에서 지닌다. 그들은 한동안 평원에서 동물의 목초지를 발견하며, 이 목초지의 풀을 다 뜯어 먹고 나면 다른 지역으로 옮겨간다. 그들은 걱정이 없으며, 겨울을 대비해 비축하지도 않고, 그런 까닭에 겨울에 종종 가축 무리의 절반이 죽어 나간다. 이러한 고지 주민들 사이에는 법 관계가 존재하지 않으며, 따라서 그들에게서는 손님의 환대와 약탈이라고 하는 극단들이 나타나는데, 후자는 특히 아랍인과 같이 문화국들로 둘러싸여 있을 때 나타난다. 약탈에서 그들은 말과 낙타의 뒷받침을 받는다. 몽골인은 말의 젖에서 영양을 섭취하며, 그래서 그들에게 말은 식량인 동시에 무기이다. 이러한 것이 그들의 가부장적 삶의 형태이지만, 종종 그들은 대규모로 결속하여 어떤 하나의 충동에 이끌려 외적 운동에 휩쓸리는 일도 벌어진다. 그 경우 이전에 평화로운 기분에 젖어 있던 그들은 마치 황폐화하는 격류와도 같이 문화국들을 엄습하며, 이제 갑자기 들이닥치는 격변은 파괴와 황무지 이외에 다른 결과를 지니지 않는다. 칭기즈 칸과 티무르가 인솔하는 민족들이 그러한 운동에 휩쓸렸다. 그들은 모든 것을 짓밟고 나서 마치 황폐화하는 숲속의 격류처럼 다시 사라졌다. 왜냐하면 그러한 격류는 생명성의 고유한 원리를 지니지 않기 때문이다. 고원 지대에서는 아래로 계곡이 이어진다. 거기에는 평온한 산간 민족이나 그 밖에 스위스인과 같이 경작도 하는 목자들이 거주한다. 아시아에도 이런 민족이 있지만, 그들은 전체적으로 미미하다.

두 번째 계기는 이행의 땅, 분지다. 이것은 커다란 하천에 의해 형성된 협곡, 안정화된 협곡 지대의 하천 지역이다. 그 토지는 진흙의 퇴적으로 비옥해졌다. 그 땅은 [195]자기의 비옥함 전체를 그 땅을 형성한 하천에 빚지고 있다. 여기서는 자기 내에 자립성을 지니는 문화의 중심이 발생하지만, 이 자립성은 첫 번째 요소의 열려 있지 않은 자립성이 아니라 분화이다. 그러나 이 분화는 밖으로 나가는 것이 아니라 자기 자신 내부에서 스스로 형성된다. 그 땅은 가장 비옥한 땅이다. 거기서는 농경이 수립되며, 그와 더불어 공동생활의 법들이 확정된다. 비옥한 토지는 자연스레 농경으로의 이행을 가져온다. 그 경우 거기에 곧바로 놓여 있는 것은 지성, 사전 배려가 들어선다는 점이다. 농경은 계절에 맞추어져야만 한다. 그것은 욕구의 개별적이고 직접적인 충족이 아니다. 오히려 이 충족은 일반적인 방식으로 수행된다. 인간의 염려는 더는 단순히 하루를 위한 것이 아니라 오랜 시간을 위한 것이다. 도구들이 발명되어야만 한다. 발명에서 명민함과 또한 기예도 형성된다. 확고한 점유와 소유 그리고 권리[법]가 발생한다. 그리하여 신분에서의 분리도 발생한다. 도구에 대한 욕구, 보존의 필요는 정착으로, 이 토지에의 제한으로 이어진다.

이 토지가 형식에 따라 조직됨으로써 소유와 권리[법]의 규정들이 생겨난다. 자연적 고독은 이러한 상호 간에 규정되고 배타적이지만, 보편적인 자립성에 의해 돌파된다. 단순히 개별적일 뿐인 것을 배제하는 보편성의 상태가 들어선다. 그리하여 보편적 주인과 본질적으로 법률의 지배 가능성이 열린다. 이 나라들에서는 대제국이 발생하며, 강력한 국가의 설립이 시작된다. 그래서 이러한 유한화는 무규정적인 것으로 추구해 나가는 것이 아니라 보편적인 것을 고수하는 것이다. 동양의 역사에서 우리는 바로 그러한 상태에서 비로소 정립된 국가들, 즉 중국의 강들, 갠지스강, 인더스강, 나일강 연안의 제국들과 관계하게 될 것이다.

국가들이 필연적으로 자연 요소에 의해 분리되어 있을 수밖에 없다고 주장하고자 하게 된 근세에 사람들은 물을 분리하는 것으로서 간주하는 데 익숙해졌다. 그에 반해 본질적으로 말할 수 있는 것은 아무것도 물만큼이나 합일시키지는 못한다는 것이다. 왜냐하면 문화국들은 하천 지역 이외에 아무것도 아니기 때문이다. 실제로 물은 합일시키는 것이고, [196]산은 분리하는 것이다. 산맥에 의해 분리되어 있을 때 나라들은 강이나 심지어 바다에 의해 그렇게 되어 있을 때보다 훨씬 더 떨어져 있다. 그래서 피레네산맥은 프랑스와 스페인을 분리한다. 카디스[5]는 마드리드보다도 아메리카와 더 밀접하게 결합해 있었다. 산맥은 민족들, 관습들, 성격들을 분리한다. 그러나 하나의 땅은 그 한 가운데를 관통해 흐르는 강에 의해 구성된다. 하나의 강의 양안은 본래 같은 땅에 속한다. 슐레지엔은 오데르강 유역이며, 보헤미아와 작센은 엘베강의 협곡이고, 이집트는 나일강의 협곡이다. 하천이 나라들의 자연적 경계라는 것은 혁명전쟁 시기에 프랑스인이 관철한 잘못된 명제이다. 바다의 사정도 마찬가지다. 아메리카와 유럽 사이의 연관은 아시아나 아메리카의 내부에서보다 훨씬 더 쉽다. 유럽인은 아메리카와 동인도를 발견한 이래로 그들과 지속해서 결합해 있었다. 그러나 그들은 아프리카나 아시아의 내부로는 거의 파고들지 못했다. 왜냐하면 육지를 통한 만남이 해상을 통한 만남보다 훨씬 더 어렵기 때문이다. 그래서 우리는 역사에서 브르타뉴와 브리튼이 몇백 년 동안 영국의 지배 아래 합일되어 있었던 것을 보게 된다. 그들을 서로에게서 떼어놓기 위해서는 많은 전쟁이 필요했다. 스웨덴은 핀란드를 점유했고, 쿠를란트,[6] 리프랜드,[7] 에스토니아[8]도 영유했다. 그러나 노르웨이는 스웨덴에 속하지 않았으며, 오히려 덴마크와 훨씬 더 진심

* *
5. 스페인 남서부 안달루시아 지방 카디스주의 주도이자 주요 항구. 대서양의 카디스만으로 뻗어 있는 좁고 긴 반도에 자리 잡고 있다.
6. 라트비아 남부 지역.
7. 발트해 연안 지역.
8. 발트 삼국 가운데 한 나라.

으로 결합해 있었다.

그래서 우리는 세 번째 요소의 땅들이 첫 번째 요소의 땅들과 대조를 이루는 것과 마찬가지로 두 번째 요소의 땅들과도 규정적으로 대조된다는 것을 보게 된다. 요컨대 이 세 번째 요소란 해안 지역, 즉 바다와 관계되는 땅이다. 그것은 바다와 연관되고 이 연관이 명확히 형성되어 있는 땅들이다. 지금도 우리는 유럽에서 그러한 구별의 징표를 알아본다. 라인강이 바다로 흘러 들어가는 땅인 네덜란드는 그 자체로 바다와의 연관을 길러내지만, 독일은 라인강의 본줄기를 이루는 측면으로까지 확대되지는 않았다. 그래서 프로이센은 폴란드에 대해 비스와강의 하구를 지배하는 해변 지역을 형성하는 데 반해, 폴란드 내륙은 [197]바다와 연관을 형성해 낸 해변 지역과는 전혀 다른 종류이자 다른 교양, 다른 욕구를 지닌다. 스페인의 하천들은 포르투갈에서 바다로 들어간다. 사람들은 흔히 스페인이 하천들을 갖고 있는 까닭에 바다와의 연관도 가지지 않을 수 없다고 생각한다. 그러나 이러한 연관에서는 주로 포르투갈이 더 발달했다.

바다는 일반적으로 고유한 삶의 방식을 근거 짓는다. 그 무규정적 요소는 우리에게 무제한적이고 무한한 것의 표상을 주며, 인간이 이러한 무한한 것에서 자기를 느낄 때 이것은 인간이 제한된 것을 넘어서도록 고무한다. 바다는 그 자신이 한계 없는 것이자 내륙과 같이 도시에서의 평온한 제한을 겪지 않는다. 육지, 분지는 인간을 토지에 고착시킨다. 그에 의해 인간은 무한한 양의 의존성에 도달한다. 그러나 바다는 인간을 이러한 제한된 범위 너머로 이끈다. 바다는 용기를 일깨운다. 바다는 인간을 정복으로, 약탈로, 그러나 또한 획득과 영리로 불러들인다. 영리 노동은 욕구라고 불리는 목적의 저 특수성과 관계된다. 이제 이러한 욕구를 위한 노동은 개인들이 이러한 영리의 권역 안으로 파묻히도록 한다. 그러나 영리가 그들을 바다로 이끈다면 이 관계는 변화한다. 바다를 항해하는 자는 분명 그곳에서도 소득과 이익을 얻기를 원하고 또 얻을 수 있다. 그러나 그 수단은 자기 안에 그것을 선택하게 하는 것과는 직접적으로 반대되는 것, 요컨대 위험을 내포한다. 그것은 그들이 자기의 생명과 소유를 바로 상실의 위험에 정립하는 방식에서 전도된다. 이를 통해 이 수단과 관계하는 것은 무언가 용감한 것이 되며, 그 개인에게 더 커다란 자유와 자립성의 의식을 부여한다. 이것이야말로 영리와 사업을 그 자체 너머로 고양하여 무언가 용감하고도 고귀한 것으로 만드는 바로 그것이다. 바다는 용기를 일깨운다. 생명과 부를 획득하기 위해 바다를 항해하는 자는 위험의 수단을 통해 자기의 영리를 추구하고 용감하며 생명과 부를 걸고 그것을 가벼이 여겨야만 한다. 그러므로 부를 향한 지향은 앞에서 말했듯이 바다에 대한 지향을 통해 무언가 용감하고 고귀한 것으로 고양된다. 여기서 바다는 책략을 일깨우는데, 왜냐하면 인간은 여기서 모든 것에 자기를 고요히 내맡기는 것으로 보이고 자기를 모든 형식으로 적응시키면서도 [198]그만큼 파괴적인 요소[터전]와 싸워야 하기 때문이다. 여기서 용감성은 본질적으로 지성, 즉 최대의 책략과 결합해 있다. 바로 이 요소의 취약함, 이러한 유순함, 이러한 유연함이야말로 최대의 위험을 숨기고 있는 그것이다. 그러므로 바다에 대항한 용감성은 동시에 책략이어야만 하는데, 왜냐하면 그 용감성은 교활한 것, 너무도 불안정하고 너무도 기만적인 요소를 상대해야 하기 때문이다. 이러한 무한한 평면은 절대적으로 유연한데, 왜냐하면 그것은 어떠한 압력에도, 심지어 미풍에도 맞서지 않는다. 그것은 무한히 순진하고 유순하며 친절하고 붙임성 있어 보이지만, 바로 이 유순함이야말로 바다를 너무도 위험천만하고 너무도 강력한 요소로 전도시키는 그것이다. 그러한 기만과 폭력에 인간은 **가슴을 삼중의 황동으로 감싼 채**_aes triplex circa pectus_ 단 한 조각의 나무토막을 대항시키며, 단순히 자기의 용기와 침착함에만 의지하여 그 나무 조각에 올라서고, 그리하여 확고한 것으로부터 불안정한 것으로 옮겨가 자기가 만든 지반을 스스로 이끌어간다. 민첩하고 원활하게 운동하면서 넘실거리는 파도를 헤치고 나아가거나 파도 속에 원을 그리는 배, 이러한 바다의 백조는 바로 그것을 발명한 것이야말로 인간의 대담성뿐만 아니라 그의 지성에 커다란 명예를 가져다주는 도구이다. 이렇듯 바다가 대지의 제한성을 넘어서는 것은 아시아의 장려하게 구축된 국가들에는 결여되어 있다. 예를 들어 중국과 같이 그들 자신이 바다에 접하고 있음에도 불구하고 말이다. 그들에게 바다란 단지 육지의 종료일 뿐이다. 그들은 바다에 대한 어떠한 긍정적 관계도 지니지 않는다. 바다가 불러들이는 활동은 전혀 특유한 것이다. 바다는 전적으로 고유한 성격을 조건 짓는다.

이러한 세 가지 자연적 성질에서 자연에 의한 민족 생활의 본질적 제약성이 드러난다. 내륙의 원리와 해안 지역의 원리는 서로에 맞서 가장 뚜렷하게 특징지어진다. 좀 더 고차적으로 형성·발양된 국가는 이 두 원리의 상이점, 즉 내륙의 확고함과 해안 지역 생활에서 우연성의 방황하는 성격을 자기 내에 통합한다.

b) 신세계

세계는 구세계와 신세계로 나누어지며, 나아가 신세계라는 이름이 생겨난 것은 아메리카와 [199]오스트레일리아가 유럽인에게 뒤늦게야 비로소 알려지게 되었기 때문이다. 그러나 그것은 단순히 외면적 구별이 아니다. 오히려 그 구분은 본질적이다. 이 세계는 단지 상대적으로만이 아니라 일반적으로 그의 전체적인 특유한 성질과 관련하여, 즉 자연적이고 정치적으로 새롭다. 그 세계의 지질학적 고대성은 우리와 아무런 관계도 없다. 나는 사람들이 그렇게 말하고자 하듯이 신세계가 세계가 창조될 때 곧바로 바다로부터 분리되었던 것은 아니라고 그 명예를 부인하고자 하지 않는다. 하지만 남아메리카와 아시아 사이의 다도해는 그 원천에 따라서도 물리적 미성숙을 보여준다. 그 섬들 대부분은 산호에 기반하고 있고, 이를테면 그 깊이를 알 수 없는 심연에서 떠올라 뒤늦게 발생한 것이라는 성격을 지니는 암석을 덮고 있는 흙덩어리일 뿐인 듯한 성질을 하고 있다. **노이홀란트**_Neuholland_[오스트레일리아]도 그에 못지않은 지리적 미성숙을 보여준다. 왜냐하면 우리가 여기서 영국인의 소유지로부터 더 깊이 육지로 들어가면, 아직도 하상을 아로새기는 데 도달하지 못하고서 갈대 평원으로 나가는 거대한 강들을 발견하기 때문이다. 아메리카는 잘 알려져 있듯이 두 부분으로 나누어지며, 이들은 물론 하나의 지협으로 연결되어 있지만, 이들이 교류의 연관도 이룬 것은 아니다. 오히려 두 부분은 너무도 확실하게 나누어져 있다. 북아메리카는 우리에게 우선은 그 동해안을 따라서 넓은 해변 지대를 보여주며, 그 배후에는 산맥 지대 — 블루리지 또는 애팔래치아산맥, 북쪽으로는 앨러게니산맥 — 가 뻗어 있다. 거기서 출발하는 강들은 여기서 근원적으로 형성되어 온 북아메리카의 자유 국가[공화국]들에 지극히 이로운 성질을 지니는 해안 지역에 물을 댄다. 저 산맥 지대 배후에서는 거대한 호수들과 연관하여 남에서 북으로 세인트로렌스강이 흐르며, 그 강변에 캐나다의 북방 식민지가 놓여 있다. 서쪽으로 더 나아가면 우리는 미주리강과 오하이오강의 유역을 포함하는 거대한 미시시피강 저수지를 만나는데, 미시시피강은 여기서 두 강을 받아들이고서는 멕시코만으로 흘러 들어간다. 이 지역의 서쪽에도 마찬가지로 또다시 멕시코와 파나마 해협을 관통하고 안데스 또는 코르딜레라라는 이름을 가지고서 남아메리카의 서쪽 전체를 단절시키는 기나긴 산맥 지대가 있다. 이를 통해 형성된 [200]해변 지대는 북아메리카의 그것보다 더 좁을 뿐만 아니라 더 적은 이점을 제공한다. 거기에는 페루와 칠레가 놓여 있다. 동쪽에는 거대한 오리노코강과 아마존강이 동쪽을 향해 흐르면서 커다란 협곡을 형성하지만, 그 협곡은 경작지로 적합하지 않다. 그것은 오히려 그저 넓은 초원일 뿐이기 때문이다. 남쪽으로는 라플라타강이 흐르는데, 이 강의 지류들은 그 원천을 한편으로는 코르딜레라산맥에서, 다른 한편으로는 아마존강 유역을 그 강의 유역과 나누는 북쪽 산맥의 배면에서 지닌다. 라플라타강 유역에는 브라질과 스페인령 공화국들이 속한다. 콜롬비아는 남아메리카의 북쪽 해안 지역이며, 그 서쪽에서는 안데스산맥을 따라 막달레나강이 카리브해로 흘러 들어간다. —

신세계는 이전에도 유럽이나 아프리카와 연결되었을 수도 있다. 다만 그곳은 대서양 연안국들과 근세에 관계를 맺게 되었고, 그래서 유럽인들에 의해 발견되었을 때는 분명 문화를 갖고 있었지만, 이 문화는 유럽인들과의 연관을 통해 소멸했다. 그 땅의 정복은 그 문화의 몰락이었다. 물론 우리는 아메리카와 특히 멕시코나 페루에서 발달한 바의 그 문화에 관해 정보를 갖고 있지만, 그 정보는 다만 그 문화가 전적으로 자연적인 문화였고 정신이 그에 접근하자마자 몰락할 수밖에 없었다는 것뿐이다. 아메리카는 자연적으로나 정신적으로 언제나 무력하게 나타났고, 지금도 그렇게 나타난다. 왜냐하면 원주민들은 유럽인들이 아메리카에 상륙한 후 유럽적 활동의 숨결에 부딪혀 몰락했기 때문이다. 동물의 경우에서도 인간에게서와 똑같은 종속성이 나타난다. 동물계는 사자, 호랑이, 악어를 내보인다. 그러나 이들은 실로 구세계의 형태들과 유사성을 지니지만, 모든 측면에서 더 작고 더 약하며 더 무력하다. 사람들이 단언하는 바에 따르면 동물들 자신은 구세계에서 길러지는 식료품만큼 영양가가 높지 못하다. 그곳에도 헤아릴 수 없이 많은 뿔 달린 가축이 존재한다. 그러나 유럽의 소고기가 맛있는 것으로 여겨진다.

인종에 관해 이야기하자면, 약 700만에 달하는 사람이 박멸되었기 때문에, 최초 아메리카인의 후손 가운데는 소수만이 남아 있다. [201]서인도 제도의 주민은 절멸되었다. 일반적으로 아메리카 세계 전체가 몰락했고, 유럽인들에 의해 내몰렸다. 북아메리카의 부족들은 일부는 사라졌고, 다른 일부는 유럽인과 접촉하는 가운데 스스로 뒤로 물러섰다. 그들은 영락했고, 그리하여 그들은 자유 국가들의 북아메리카인들과 하나가 될 수 있는 강함을 지니지 못한다고 여겨진다. 그러한 취약하게 형성·도야된 민족들은 좀 더 심도 있는 교양을 갖춘, 더 높이 형성·도야된 민족들과의 접촉에서 소멸한다. 그래서 북아메리카 자유 국가들에서 모든 시민은 유럽인의 자손들이며, 오랜 원주민들은 그들과 섞일 수 없었다.

물론 원주민들은 유럽인으로부터 몇 가지 기술을 받아들였는데, 그 가운데서 증류주 양조 기술은 그들에게 파괴적인 결과를 초래했다. 남아메리카와 멕시코에서 독립의 욕구를 받아들인 원주민들은 스페인인이나 포르투갈인과의 교합에서 출생한 **크레올족**이다. 오로지 그들만이 좀 더 고차적인 자기감정, 자립성과 독립성의 추구에 도달했다. 그들은 그곳에서 선도적 위치에 올라선다. 같은 감각을 지닌 토착 부족은 오직 소수에 지나지 않는 것으로 보인다. 우리는 분명 자립적인 국가를 형성하고자 하는 좀 더 새로운 노력에 연결된 내륙의 민족들에 대해 듣고 있지만, 아마도 그들 가운데 순수한 원주민은 극소수에 지나지 않을 것이다. 그런 까닭에 영국인은 인도에서도 그곳에 크레올족, 즉 원주민과 그곳에 토착화된 유럽 혈통의 혼혈 민족이 형성되는 것을 저지하는 정책을 쓰고 있다.

그 밖에 남아메리카에는 좀 더 대규모의 내륙 민족 층이 여전히 보존되어 있다. 그러한 가운데 그곳에서 원주민들은 훨씬 더 폭력적으로 다루어지고 그들의 힘이 거의 감당할 수 없는 가혹한 일에 사역당했다. 거기서 토착민은 온갖 방식으로 무시당한다. 우리는 여행기들에서 그들 토착민이 크레올족에 대해서나 더 나아가서는 유럽인에 대해 어떠한 온순함과 무의욕, 겸손과 비굴한 굴종을 지니는지 읽지 않을 수 없다. 그리고 유럽인이 그들 속에 어느 정도의 자기감정만이라도 가져오는 데 도달하기까지는 오랜 시간이 걸릴 것이다. [202]우리는 정신을 결여하고 별다른 교양 능력도 갖추지 못한 그들을 유럽에서도 보았다. 모든 측면에서, 심지어는 체격 면에서도 이들 개개인이 열등하다는 것은 모든 것에서 알아볼 수 있다. 다만 파타고니아의 남쪽 부족들만이 좀 더 강력한 본성을 지니지만, 아직도 전적으로 조야함과 야만성의 자연적 상태에 있다. 성직자 단체들은 그들에게 종교적 권위를 통해 감명을 주고 그들에게 욕구를 일깨우고 충족시키도록 규정된 노동을 부과함으로써 그들을 적절히 다루어왔다. 예수회와 가톨릭 성직자들이 인디언들을 유럽의 문화와 습속에 익숙해지게 하고자 했을 때(잘 알려져 있듯이 그들은 파라과이에 하나의 국가를, 멕시코와 캘리포니아에 수도원을 설립했다), 그들은 인디언들 사이로 들어가 그들에게 마치 미성년자에게 그렇게 하듯이 나날의 일과를 지시하였던바, 평소 게으르기 이를 데 없던 그들도 신부들의 권위로 인해 그것을 받아들였다. 신부들은 인디언을 위해 저장고를 설치했고 그들에게 이를 이용하여 다음 날을 위해 준비하도록 가르쳤다. 그들은 인디언을 끌어올리는 데 가장 적절한 것을 선택했고, 그들을 아이들이 다루어져야 하는 관계에서 대했다. 내가 언젠가 읽었다고 기억하지만, 한 성직자는 인디언들 자신이 심지어는 부부의 의무를 다할 생각조차 떠올리지 못하는 까닭에 그러한 의무를 다하도록 상기시키기 위해 한밤중에 종을 울리도록 했다. 이러한 지시는 전적으로 올바르게 우선은 욕구를 일깨우는 데로, 인간 활동 일반의 추동력으로 나아갔다.

그래서 아메리카인들은 고도의 사상이나 목적과는 멀리 떨어져 하루하루 살아 나가는 어리석은 아이들로서 거기 있다. 아메리카인 천성의 약함이야말로 흑인들을 미국으로 보내서 그들의 힘으로 노동을 수행하도록 하게 된 핵심 근거였다. 왜냐하면 흑인은 유럽 문화에 대해 인디언보다 훨씬 더 민감한 감수성을 지녔기 때문이다. 포르투갈인은 네덜란드인, 스페인인, 영국인보다 더 인간적이었다. 따라서 브라질의 해안에서는 자유롭게 되기가 훨씬 쉬웠으며, 그곳에는 다수의 자유로운 흑인들이 존재했다. 그 가운데 한 사람이 예를 들어 흑인 의사인 **킹게라** 박사인데, 그의 활동으로 유럽인에게 키니네[9]가 알려지게 되었다. 한 영국인의 이야기에 따르면 [203]그가 알게 된 많은 사람 가운데는 분명 흑인이 숙련 노동자, 직공, 또한 성직자, 의사 등이 된 예들이 있었다고 한다. 그러나 저 영국인은 그 모두가 자유로웠던 원주민들 가운데서 공부하는 데까지 나아가 성직자가 된 단 한 사람만을 제시할 수 있었지만, 그 사람도 술을 너무 마셔서 곧바로 사망했다. 다음으로 아메리카인의 인체 조직의 약함에는 또한 확고한 권력을 설립할 수 있는 절대적 기관의 결여, 요컨대 특히 그에 의해 아메리카인들이 정복당한 수단인 말과 철의 결여가 하나로 합쳐진다. 지금 남아메리카의 자유 시민에 대해 이야기할 때 그것은 유럽과 아시아 그리고 아메리카 혈통에서 유래하는 민족들에 관계된다. 본래의 아메리카인들은 이제야 비로소

..
9. 기나나무의 껍질에서 추출한 키니네(퀴닌)은 가장 오래된 말라리아 치료제이다.

유럽적 교양 속으로 형성해 들어가기 시작했다. 그리고 그들이 자립적으로 되고자 노력한 곳에서 그들은 외국의 수단을 통해 그렇게 할 수 있었다. 라노스의 기병대가 특히 두드러진다. 그러나 그들은 유럽의 말을 이용한다. 하지만 저 모든 토착 국가는 지금도 그 형성 과정에 놓여 있으며 여전히 유럽인의 수준에 도달하지 못했다. 스페인령과 포르투갈령 아메리카에서 원주민들은 노예 상태에서 해방되어야만 하며, 북아메리카에서 그들에게는 국가가 존재하는 데 없어서는 안 될 공동생활의 중심이 결여해 있다.

이제 본원적인 민족이 사라졌거나 사라진 것이나 마찬가지인 까닭에, 활동적 인구는 대개 유럽에서 유래하며, 아메리카에서 발생하는 일은 유럽에서 출발한다. 유럽의 과잉 인구가 아메리카로 건너갔다. 그 경과는 우리가 이전에 독일 제국 도시들에서 보았던 것과 비교될 수 있다. 이 제국 도시들은 많은 상업 특권을 보유해 왔으며, 그 환경에 정착하여 그들과 함께 이 권리를 누리기 위해 많은 이주민이 그곳으로 도피해 왔다. 그래서 함부르크 옆에는 알토나가, 프랑크푸르트 옆에는 오펜바흐가, 뉘른베르크 근교에는 퓌르트가, 제네바 옆에는 카루주가 성립했다. 그와 마찬가지로 파산하게 되어 자기 도시에서는 더는 영업을 번창시킬 수도 없고 부끄러움 없이는 그 영업을 설립할 수도 없었던 토착민들도 [204]이웃 도시로 이주했다. 그들은 그러한 도시가 제공하는 모든 이점을 누렸고, 오랜 도시들에서 그들에게 부과되었던 부담과 춘프트 강제[10]로부터 해방될 수 있었다. 그래서 우리는 폐쇄된 도시들 옆에 그곳에서와 같은 영업이, 그러나 강제 없이 영위되는 곳들이 성장한 것을 보았다. 북아메리카도 유럽에 대해 같은 방식으로 관계한다. 많은 영국인이 유럽에서 상업과 영업에 부과되었던 부담과 세금이 전혀 요구되지 않는 그곳에 정착했다. 그들은 문명의 모든 이점을 가지고 가 자기의 숙련된 기능을 강제 없이 발휘할 수 있다. 유럽의 수단과 숙련된 기능이 축적된 까닭에 그들은 아직 활용되지 않고 있는 거대한 토지로부터 무언가를 얻어낼 수 있었다. 이 토지는 또한 유럽에서 내던져진 자들이 향하는 도피처가 되기도 했다. 실제로 이러한 이주는 많은 이점을 제공한다. 왜냐하면 이주자들은 고향에서 자신들을 압박하고 있을 수 있었던 많은 것을 벗어던지고 유럽의 자기감정과 유럽의 문화라는 보물을 그에 따른 부담 없이 가지고 가기 때문이다. 그리고 열심히 일하고자 하지만 유럽에서는 이를 위한 원천을 발견하지 못한 사람들에게 아메리카에서는 하나의 무대가 열리는 것은 물론이다.

. .

10. 중세 말기에 독일 도시에서 형성된 수공업자들의 동업조합 원칙. 다른 도시의 수공업자와의 경쟁으로부터 수공업자들을 보호하고 동업자 간의 경쟁을 배제하기 위해 노동 시간, 가격, 생산량 등을 규제한다.

브라질을 예외로 하여 남아메리카에서도 일반적으로 북아메리카에서와 같이 공화국들이 생겨났다. 이제 멕시코도 남아메리카에 더하여 남아메리카를 북아메리카와 비교한다면 우리는 놀라운 대조를 알아보게 된다.

북아메리카에서 우리는 산업과 인구의 증대에 의해서뿐만 아니라 시민적 질서와 확고한 자유에 의한 번영을 본다. 연방 전체가 단 하나의 국가를 이루고 자기의 정치적 중심을 지닌다. 그에 반해 남아메리카에서 공화국들은 오직 군사적 폭력에만 기반한다. 전체 역사가 지속적인 전복이다. 연합한 국가들이 와해하고, 다른 국가들이 다시 결합하며, 이 모든 변화가 군사 혁명에 의해 근거 지어진다. 아메리카 두 부분의 좀 더 자세한 구별은 우리에게 두 개의 대립하는 방향을 보여준다. 한 가지 점은 정치적인 것이고, 다른 한 가지 점은 종교다. 스페인인이 [205]정착하여 통치권을 주장한 남아메리카는 가톨릭적이고, 북아메리카는 비록 일반적으로 종파들의 땅임에도 불구하고 그 근본 특징에 따라서는 프로테스탄트적이다. 또 다른 차이는 남아메리카가 정복된 데 반해 북아메리카는 식민화되었다는 점이다. 스페인 사람이 남아메리카를 점령한 것은 그곳을 지배하고 정치적 직위와 강탈을 통해 부유해지기 위해서였다. 아주 멀리 떨어진 모국과 분리되어 그들의 자의는 좀 더 커다란 활동 공간을 발견했고, 권력과 숙련된 기능 및 자기감정을 통해 그들은 인디언에 대한 우위를 획득했다. 스페인적 성격의 고상하고 고결한 것은 아메리카로 옮겨가지 않았다. 스페인 이주자의 후손인 크레올족은 일단 시작된 오만함에서 살아갔고 원주민에 대한 자부심을 관철했다. 다른 한편 이들은 유럽 스페인인들의 영향 아래 서 있었고, 어떤 칭호와 위계에 대한 가련한 명예욕에 추동되었다. 이 민족은 엄격한 위계질서의 영향 아래 그리고 교구 사제나 수도회 신부의 방종 아래 놓여 있었다. 이들 민족은 공허한 관심의 정신으로부터 비로소 이성성과 자유의 정신으로 돌아나가야 한다.

그에 반해 북아메리카의 자유 국가들은 전적으로 유럽인에 의해 식민화되었다. 영국에서는 청교도와 주교파 그리고 가톨릭이 끊임없는 충돌에 사로잡혀 있어 때로는 한 종파가, 때로는 다른 종파가 우위를 차지한 까닭에, 많은 사람이 낯선 대륙에서 종교의 자유를 추구하기 위해 이주했다. 그들은 농업과 연초 및 면화 재배 등에 전력을 기울이는 근면한 유럽인들이었다. 때로는 노동을 향한 일반적 경향이 들어섰다. 그리고 전체의 실체는 욕구, 평온, 시민적 정의, 안전, 자유 그리고 개인이라는 원자들로부터 출발하는 공동체였으며, 그리하여 국가는 다만 재산의 보호를 위한 외면적인 것일 뿐이었다. 개인들의 서로에 대한 신뢰, 그들의 신조에 대한 믿음은 프로테스탄트로부터 출발했다. 왜냐하면 프로테스탄트 교회에서는 종교적 행위가 삶 전체, 삶의 활동 일반이기 때문이다. [206]그에 반해 가톨릭교도들에게서는 그러한 신뢰의 기초가 생겨날 수 없다. 왜냐하면 현세적 관심사에서는 오직 폭력과 자발적 복종이 지배할 뿐이고, 우리가 여기서 헌법이라고 부르는 형식들은 단지 하나의 응급조치일 뿐, 불신을 막지는 못하기 때문이다. 그래서 북아메리카에 정착한 요소들은 남아메리카에서와는 그 종류가 전혀 다른 것들이다. 여기에는 국가들을 결속시키는 국가들의 확고한 유대로서의 교회의 통일이 존재하지 않았다. 산업의 원리는 영국으로부터 건너갔으며, 산업은 자기 내에 개체성의 원리를 포함한다. 개인의 지성은 산업에서 발달하며 그 속에서 지배적이다. 그래서 여기서는 서로 다른 종교들에 따라서 또한 서로 다른 국가들이 형성되었다.

나아가 북아메리카를 유럽과 비교하면 우리는 거기서 공화제 헌법의 지속적인 예를 발견한다. 주관적 통일은 현존한다. 왜냐하면 국가의 정점에는 혹시 있을 수 있는 군주의 야심에 대한 안전을 위해 단지 4년마다 선출되는 대통령이 자리하기 때문이다. 재산에 대한 일반적 보호와 거의 완전한 조세 면제는 지속해서 칭송받는 사실이다. 그와 더불어 동시에 근본 성격이 제시된다. 그것은 영리와 획득을 향한 사인의 방향에, 보편적인 것으로는 오직 자신의 향유를 위해서만 향하는 개별적 관심의 우세에 존립한다. 물론 법적 상태, 형식적 법규가 생겨난다. 그러나 이러한 합법성은 정직성을 지니지 않으며, 그래서 아메리카의 상인은 법의 보호를 받으며 속인다는 악평을 듣고 있다. 프로테스탄트 교회는 한편으로는 우리가 이미 이야기했듯이 신뢰의 본질적인 것을 불러낸다면, 다른 한편으로는 바로 그렇게 함으로써 너무도 다양한 임의성으로 이행할 수도 있는 감정 계기의 타당화도 포함한다. 이러한 입장에서 사람들은 누구나 자신의 세계관을, 그러므로 또한 자신의 종교를 가질 수 있다고 말한다. 따라서 종교는 아주 많은 종파로 분리되는데, 그것들은 광란의 극단에까지 이르며, 그 가운데 많은 종파는 황홀감과 때로는 너무도 감각적인 방종을 드러내는 예배를 드린다. 이렇듯 전적인 임의성은 [207]서로 다른 교구가 자기 마음대로 성직자를 받아들이고 그와 마찬가지로 다시 내보낼 정도에 이르렀다. 왜냐하면 이제 교회는 실체적인 정신성과 외적인 기구를 갖춘 자체적이고도 대자적인 존립체가 아니고, 오히려 종교적인 것이 특수한 의견에 따라 정돈되기 때문이다. 북아메리카에서는 온갖 공상의 너무도 제어되지 않는 야만성이 지배하며, 일탈은 단지 극소수의 종파에만 제한되는 유럽의 국가들에서 유지되어 온 저 종교적 통일이 존재하지 않는다.

이제 북아메리카의 정치적인 것에 관해 이야기하자면, 일반적 목적이 아직도 무언가 대자적으로 확고한 것으로서 정립되어 있지 않으며, 확고한 결속의 욕구도 아직 현존하지 않는다. 왜냐하면 하나의 현실적 국가나 현실적 정부는 오직 이미 신분의 구별이 현존할 때만, 즉 부와 빈곤이 아주 커지고 다수가 더는 종래의 익숙한 방식으로는 자기의 욕구를 충족할 수 없는 그러한 관계가 들어설 때만 발생하기 때문이다. 그러나 아메리카는 아직은 이러한 긴장에 다가가지 않는다. 왜냐하면 아메리카에는 끊임없이 식민화의 출구가 높은 정도로 열려 있고 또한 지속해서 많은 인간이 미시시피강의 평원으로 몰려들고 있기 때문이다. 이러한 수단을 통해 불만의 주된 원천이 사라졌고, 현재의 시민적 상태의 존속도 보장된다.

사람들은 우리 시대에 커다란 국가는 자유 국가일 수 없다는 명제에 맞서 즐겨 북아메리카의 합중국의 예를 주장한다. 합중국에서 우리는 대규모의 공화제 국가가 어떻게 존립할 수 있는지 보아야 한다. 그러나 이러한 것은 부당하다. 북아메리카는 아직은 도야되고 성숙한 국가가 아니라 여전히 생성되고 있는 국가로서 고찰되어야 한다. 그것은 아직도 왕정에 대한 욕구를 가질 정도로 앞으로 나아가지 못했다. 북아메리카는 연방 국가다. 그러나 그러한 것은 대외 관계를 고려하면 최악의 국가다. 오직 그 나라의 특유한 위치만이 이러한 상황에도 불구하고 이 나라가 완전한 몰락에 이르지 않도록 방지해 준다. 이 점은 이미 영국과의 최근 전쟁에서도 나타났다. 북아메리카인은 캐나다를 정복할 수 없었고, 영국인은 [208]워싱턴을 포격할 수 있었는데, 왜냐하면 각 주 사이의 긴장이 어떠한 강력한 원정도 저지했기 때문이다. 더 나아가 북아메리카의 자유 국가들은 유럽의 국가들이 서로 간에 불신을 지니고서 바라보고 그에 맞서 상비군을 보유해야 하는 그러한 관계 속에 있어야 할 이웃 국가를 갖고 있지 않다. 캐나다와 멕시코는 그들에게 두렵지 않다. 그리고 영국은 50년대 이래로 종속된 아메리카보다는 자유로운 아메리카가 자기에게 더 유용하다는 것을 경험해 왔다. 물론 북아메리카 자유 국가의 민병대는 해방 전쟁에서 필립 2세 치하의 네덜란드인만큼이나 용감한 군대로 입증되었다. 그러나 쟁취해야 할 자립성이 위험에 처하지 않는 곳에서는 어디서나 거의 힘을 나타내지 않으며, 그래서 1814년에 민병대는 영국인을 이겨내지 못했다. 게다가 아메리카는 해안 지역이기도 하다. 아메리카의 국가들에서 핵심 원리는 **상업**, 아주 일면적인 원리, 특히 중개업이며, 아직 영국 상업의 견실함을 지니지 못한다. 그것은 아직 신용을 갖추지 못하고 자본의 안정성을 지니지 못하며, 아직 자기 내에서 확고하지 않다. 또한 그것은 어쨌든 농산물만을 대상으로 하며, 아직도 공장 제품이나 공업 생산물을 대상으로 하고 있지 않다. 농업에 종사해 온 북아메리카 내륙의 배후지는 경작에서 훨씬 커다란 진보를 이루고 있지만, 여전히 충분히 개간되어 있지 않다. 경작지는 쉽고도 값싸게 구매할 수 있고, 또한 아무런 직접세도 징수되지 않는다. 그러나 커다란 부담이 이러한 이점을 다시 상쇄한다. 농민 계급은 아직도 자족적이지 못하다. 그들은 자기가 내몰리고 있다고 느끼지 않지만, 이러한 감정이 들어서면 그들은 새로운 토지를 개간함으로써 울분을 푼다. 앨러게니산맥의 이쪽 편에는 해마다 새로운 농민들이 물밀듯이 몰려들어 새로운 장소를 점유한다. 한 국가가 국가의 실존을 얻기 위해서는 그 국가가 지속적인 이주를 고려하는 것이 아니라 농민 계급이 더는 외부로 치달아 나갈 수 없고 오히려 자기 내로 응집하여 도시와 도시적인 영업으로 결집해야 한다. 그렇게 해서야 비로소 하나의 시민적 체계가 발생할 수 있으며, 그것이야말로 조직된 국가의 존립을 위한 조건이다. [209]북아메리카는 아직도 토지를 개간해야 할 처지에 있다. 유럽에서처럼 농민의 단순한 증가가 억제될 때 비로소 주민들은 농지를 찾아 밖으로 나가는 대신, 도시의 산업이나 자기 내 교역에 종사하여 시민 사회의 촘촘한 체계를 형성하고 유기적 국가에 대한 욕구에 도달하게 된다. 따라서 북아메리카의 자유 국가들과 유럽 나라들의 비교는 불가능하다. 왜냐하면 유럽에서 인구의 그러한 자연적 유출은 그 모든 이주에도 불구하고 현존하지 않기 때문이다. 만약 게르만의 숲이 여전히 존재한다면 물론 프랑스 혁명은 발발하지 않았을 것이다.

북아메리카 국가가 제시하는 측량할 수 없는 한없는 공간이 채워지고 시민 사회가 자기 내에서 응축될 때 비로소 북아메리카는 유럽과 비교될 수 있을 것이다.

기본적 측면에서 아메리카는 아직 완성되어 있지 않으며, 정치적 연관과 관련해서는 더욱 그러하다. 아메리카는 확실히 독립적이고 강력한 국가이지만, 그 국가는 여전히 그 기본적 계기들을 형성하는 중이다. 그 땅 전체가 점유되게 될 때 비로소 확고한 사물의 질서가 들어서게 될 것이다. 거기에 현존하는 이를 위한 단초는 유럽적 본성을 지닌다. 지금은 유럽 국가들로부터의 과잉인구가 거기로 더욱더 옮겨갈 수 있다. 그러나 그것이 종식되게 될 때 그 전체는 자기 내로 복귀하여 자기 내에 자리 잡게 될 것이다. 그러므로 우리는 아직도 아메리카를 공화제적 국가 체제로 전혀 증명할 수 없다. 그런 까닭에 우리에게도 이 국가는 전혀 관심사가 아니며, 또한 독립을 쟁취하기 위한 투쟁을 여전히 전개하고 있는 다른 아메리카국가들도 마찬가지다. 오직 유럽에 대한 그것의 외면적 관계, 즉 아메리카란 유럽의 과잉 인구를 받아들인 하나의 부가물이라는 점만이 고찰된다. 이 대륙은 한편으로는 우리와 접촉하게 되었을 때 이미 좀 더 나아갔으며, 다른 한편으로는 아직 완성되어 있지 않다.

그리하여 아메리카는 우리 앞에 놓여 있는 시대에, 이를테면 북아메리카와 남아메리카의 투쟁에서 세계사적 중요성이 드러나야 할 미래의 땅이다. 그것은 오랜 유럽의 역사적 무기고에 지루해하는 모든 사람에게 동경의 땅이다. 나폴레옹은 [210]이 **오랜 유럽은 지루하다**Cette vieille Europe m'ennuie고 말했다고 한다. 아메리카는 오늘날까지 세계사가 이루어진 그 지반으로부터 제외되어야 한다. 지금까지 여기서 일어나는 일은 단지 구세계에 대한 반향과 낯선 생동성의 표현일 뿐이다. 그리고 미래의 땅으로서 여기서는 일반적으로 아무것도 우리의 관심사가 아니다. 철학자는 예언과 관계하지 않는다. 우리는 역사의 측면에 따라서는 오히려 있었던 것과 지금 있는 것과 관계한다 ─ 그러나 철학에서는 단지 있었던 것이나 비로소 있게 될 뿐인 것이 아니라 있고 영원히 있는 것 ─ 이성과 관계하며, 우리는 그것과 관계하는 것으로 충분하다. ─

c) 구세계

신세계와 이에 결부될 수 있는 꿈을 떨쳐 버린 후 우리는 이제 **구세계**로 이행하고자 한다. 구세계야말로 본질적으로 우리 고찰의 대상인 것, 즉 세계사의 무대다. 여기서도 우리는 무엇보다도 우선 자연 계기와 자연 규정들에 주목해야 한다.

아메리카는 두 부분으로 갈라져 있으며, 물론 그 두 부분은 하나의 지협에 의해 서로 연관되지만, 이 지협은 단지 전적으로 외면적인 연관을 형성할 뿐이다. 구세계는 세 부분으로 이루어지는데, 이를 이미 고대인의 자연 감각이 올바르게 인식했다. 이러한 분절화는 우연이 아니며, 거기에는 더 높은 필연성이 놓여 있고 개념에 일치한다. 나라들의 성격 전체는 삼중적으로 구별되며, 이렇게 이루어진 구별을 본질적으로 근거 짓는 것은 정신적 구별인바, 그것은 자의가 아니라 자연적 규정성이다. 그러므로 세 대륙은 서로에 대해 본질적 관계를 지니며 총체성을 이룬다. 그들의 두드러진 것은 세 대륙이 하나의 바다 주위에 자리하고, 그 바다에서 자기의 중심과 의사소통의 측면을 지닌다는 점이다. 이것은 아주 중요하다. 우리는 이 세 대륙에 대해 **지중해**를 결합하는 요소로 지니며, 이 지중해야말로 세계사 일반의 중심을 이룬다. 많은 만을 갖고 있는 이 지중해는 인간이 그에 대해 단지 부정적일 뿐인 관계를 지니는 무한정하게 뻗어나가는 대양이 아니다. 오히려 그것은 [211]인간에게 곧바로 자기와 관계하도록 요구한다. 지중해는 세계사의 축이다. 오랜 역사의 모든 커다란 국가는 대지의 바로 이 배꼽 주위에 놓여 있다. 역사에서 탁월한 빛의 원천인 그리스가 여기에 놓여 있다. 다음으로 시리아에는 유대교와 그리스도교의 중심인 예루살렘이 있으며, 그로부터

동남쪽으로는 이슬람교도 신앙의 본적지인 메카와 메디나가 놓여 있고, 서쪽에는 델피와 아테네, 그리고 좀 더 서쪽으로는 로마와 카르타고가 놓여 있으며, 마찬가지로 남쪽으로는 콘스탄티노플 이상으로 그 속에서 동과 서의 정신적 삼투가 이루어진 중심인 알렉산드리아가 있다. 그래서 지중해야말로 구세계의 심장이다. 왜냐하면 그것은 구세계를 조건 짓는 것이자 생기를 불어넣는 것이기 때문이다. 세계사가 자기 내에서 결합해 있는 한, 이 지중해는 세계사를 위한 중심이다. 지중해 없이 세계사는 생각될 수 없다. 지중해 없는 세계사는 모두가 모이는 광장이나 가로가 없는 고대 로마나 아테네와 마찬가지일 것이다. — 광대한 동아시아는 세계사의 과정에서 멀리 떨어져 있고 그에 개입하지 않는다. 그와 마찬가지로 북유럽도 나중에야 비로소 세계사에 들어섰으며 고대에는 이에 참여하지 않았다. 왜냐하면 세계사는 단연코 지중해 주변에 놓여 있는 나라들에 제한되었기 때문이다. 따라서 율리우스 카이사르의 알프스 횡단과 갈리아 정복 그리고 이를 통해 게르만족이 로마 제국과 맺게 된 관계는 세계사에서 획기적 계기를 이루는 바, 왜냐하면 여기서 세계사는 이제부터 알프스도 넘어가기 때문이다. — 동아시아가 하나의 극단이며, 알프스 북쪽의 땅이 다른 극단이다. 동아시아는 자기의 옹골찬 통일 속에 머물며, 세계사의 운동에는 들어서지 않는다. 세계사는 오히려 다른 극단에서, 즉 서쪽 끝에서 발생한다. 시리아 저편에 있는 것이 세계사의 시원을 이루며, 그 시원 자신은 이를테면 움직임 없이 세계사의 발걸음 외부에 머무른다. 서쪽의 땅이 세계사의 몰락을 이루며, 요동치는 중심은 지중해 주변에 놓여 있다. 이 지중해야말로 단연코 활동적인 거대한 자연 존재다. 우리는 바다에서 하나의 결합하는 요소를 중심에 갖지 않는다면 세계사의 발걸음을 표상할 수 없다.

[212]하나의 대륙이 자기를 드러내는 전체에서 구별되어야 하는 지리적 구별, 즉 고지와 분지 그리고 해안 지역을 우리는 이미 제시했다. 이 구별은 구세계의 세 대륙 모두에서 발견되지만, 그리하여 이 세 대륙은 서로 간에 이러한 원리에 따라서 구별된다. 아프리카는 일반적으로 고지의 원리가 우위를 차지하는 땅, 형성·도야하기 어려운 땅이다. 그러나 아시아는 커다란 대립들이 서로에 맞서 투쟁하는 대륙이다. 그러나 두드러지는 것은 두 번째 방식, 즉 분지의 원리인데, 그것은 자기 내에서 부화하고 그렇게 자기 내에서 부화하면서 머무르는 문화를 지닌다. 총체성은 세 가지 원리의 합일 속에 존립한다. 그러한 것은 유럽에서, 즉 자기 내에 합일된 정신의 대륙에서 사실인바, 그러한 것은 문화의 무한한 실행과 연관으로 드러났지만, 그러함에 있어 자기 내에 실체적으로 옹골차게 머물렀다. (아메리카에 대해서는 다만 완성되어 있지 않음과 완성되

지 않음이라는 원리 일반만이 남을 것이다.) 이러한 구별에 따라서 세 대륙의 정신적 성격이 형태화된다. 본래의 아프리카에서 인간은 감성, 즉 스스로 발전할 수 없는 절대적 불가능성에 멈춰 서 있다. 아프리카인은 육체적으로 노동을 견뎌낼 수 있게 해주는 커다란 근력과 정신적으로 선량함을 보여주지만, 그와 더불어 또한 전적으로 무정한 잔혹함도 보여준다. 아프리카가 집중의 땅인 것과 마찬가지로 아시아는 대립과 분열 그리고 확장의 땅이다. 대립의 한 측면은 인륜과 보편적인 이성적 본질이지만, 그 본질은 옹골차게 실체적으로 머문다. 다른 측면은 정신적 대립 자신, 즉 이기심과 욕망의 무한성 그리고 자유의 무절제한 확장이다. 유럽은 정신적 통일, 즉 이러한 무절제한 자유로부터 특수자로의 몰락, 무절제한 것의 자제와 특수자의 보편자로의 고양, 정신의 자기 내로의 하강의 땅이다. 리터[11]는 세 대륙을 그것들의 구별성에서 파악하고 규정된 직관으로 가져온 사람이다. [213]우리는 그에게서 그 후의 역사적 연관에 대한 재치 있는 방식으로 연결된 암시를 발견한다.

• •

11. [편주] Karl Ritter (1779~1859). 과학적 지리학의 창시자(알렉산더 폰 훔볼트에 따르면 그는 지리학을 독립적인 과학 분과로서 확립함으로써 근대 지리학의 창시자 가운데 한 사람으로서 여겨진다 — 옮긴이).

α) 아프리카

아프리카는 일반적으로 자기 내로 내몰리고 이러한 자기 내로 내몰림 속에서 자기의 주요 성격에 머무르는 땅이다. 그 땅은 우리가 본질적으로 구별해야만 하는 세 부분으로 구성된다. 그것들의 지리적 형태화의 구별은 서로로부터 떨어져 나가 있으며, 그리하여 정신적 성격의 구별도 이러한 물리적 규정성에 계속해서 매여 있다. 아프리카는 이를테면 서로로부터 전적으로 분리되고 전혀 서로 결합해 있지 않은 세 대륙 부분으로 구성된다. 그 한 부분은 사하라 사막의 남쪽에 자리한 부분, 본래의 아프리카다. 그것은 바다에 연한 좁은 지역을 지닌, 우리에게 거의 전혀 알려지지 않은 고지다. 다른 두 번째 부분은 그 사막의 북쪽에 자리한, 이른바 유럽적 아프리카, 해안 지역이고, 세 번째 부분은 나일강의 유역, 아시아에 인접해 있는 아프리카의 유일한 협곡 지대다. —

북아프리카는 지중해에 놓여 있고, 서쪽을 향해 대서양으로 이어진다. 북아프리카는 커다란 사막, 즉 메마른 바다에 의해 그리고 니제르강에 의해 남아프리카와 분리되어 있다. 사막은 바다보다 더 분리하며, 니제르강 바로 옆에 있는 민족들의 성질은 그 분리를 특히 날카롭게 보여준다. 이 지역은 이집트까지 이어지고, 북쪽으로는 많은 사막이 관통하고, 산맥들이 내달리고 있다. 산맥들 사이에 놓여 있는 비옥한 협곡들은 그 지역을 가장 풍요롭고 가장 찬란한 지대 가운데 하나로 만든다. 여기에는 모로코, 파스(페스가 아니다), 알제, 튀니스, 트리폴리와 같은 땅들이 놓여 있다. 우리는 이 부분 전체가 본래 아프리카에 속하는 것이 아니라 저 너머 스페인에 속하며, 스페인과 더불어 그 지역이 저수지를 형성한다고 말할 수 있다. 그런 까닭에 프랑스의 정치 저술의 다작가인 드프라트[12]는 스페인에서 우리는 이미 아프리카에 있다고 말한다. 이 부분은 언제나 외부로부터의 연관 속에서만 존재하는 비자립적인 아프리카이며, 그 자신이 [214]세계사적 사건의 무대가 아니고 언제나 좀 더 커다란 혁명에 의존한다. 최초에 이 부분은 거기 카르타고에서 자립적인 권력에 도달한 페니키아인의, 그다음에는 로마인의, 그다음에는 반달족의, 그다음에는 비잔틴 제국 로마인의, 그다음에는 아라비아인의, 그다음에는 터키인의 식민지였다. 터키인 아래에서 그 부분은 약탈국들로 분열되었다. 그 부분은 다른 곳에서 진행되는 큰 나라의 운명을 공유할 뿐, 그 자체로 특유한 형태로 규정되어 있지 않은 땅이다. 마치 전방 아시아 Vorderasien[서아시아]처럼 유럽 쪽으로 향해 있는 이 부분을 우리는 유럽으로 끌어들여야

• •

12. [편주] Dominique Dufour de Pradt (1759~1837). 1808년 이래로 메셸른 지방의 대주교이자 태도를 자주 바꾼 정치가로 1816년에 『스페인 혁명에 관한 역사적 회고록』(*Mémoires historiques sur la révolution d'Espagne*)을 출판했다.

하고 또 그래야만 하는데, 프랑스인들은 지금 다행스럽게도 바로 이것을 시도하고 있다.

그에 반해 **이집트**, 즉 나일강으로부터 자기의 존재와 삶을 얻는 나일강 유역은 우리가 그에 대해 그곳은 중심을 형성하고 커다란 자립적인 문화의 중심이라는 규정을 지닌다고 말한 저 지역에 속한다. 이집트는 지중해에 관여하며, 그 관여는 처음에는 단절되었지만, 그 후 상당한 정도로 실행되었다.

본래의 아프리카는 이 대륙 그 자체를 특징짓는 부분이다. 우리는 이 대륙을 첫 번째로 고찰하는데, 왜냐하면 우리는 이 대륙을 앞서 말해야 할 것으로서 취할 수 있기 때문이다. 이 대륙은 고유한 역사적 관심을 지니지 않는다. 오히려 우리는 거기서 아직 교양을 향한 통합하는 요소를 내어주지 못하는 야만과 야생성 속에 있는 인간을 본다. 아프리카는 역사를 거슬러 올라가는 한 그 밖의 세계와의 연관에 대해 계속해서 닫혀 있다. 그것은 자기 내로 내몰려 머무는 황금의 땅, 자기의식적 역사의 낮 저편에서 밤의 검은색에 싸여 있는 동화의 땅이다. 아프리카의 폐쇄성은 그것의 열대적 본성뿐만 아니라 본질적으로 그 지리적 성질에 놓여 있다. 그것은 지금까지도 여전히 알려지지 않았으며 유럽과는 전혀 관계 맺고 있지 않다. 유럽인들은 해안 지방을 점령하고서도 내륙으로 나아가지 못했다. 그것은 삼각형을 형성한다. 서쪽으로는 기니만에서 예각을 이루어 안쪽으로 나아가는 대서양 연안이 있고, 동쪽으로는 희망봉으로부터 가르다푸이곶에 이르는 태평양 연안이 있으며, 북쪽으로는 사막과 니제르강이 있다. 그 최북단 [215]부분은 유럽인과의 연관을 통해 변화된 성격을 얻기 시작하고 있다. 주요 규정은 그 땅 전체가 고지인 것으로 보이고, 특히 아주 좁은, 단지 소수의 개별 장소에서만 거주할 수 있는 해안 지대를 지닌다는 점이다. 이에는 내륙을 향해 거의 마찬가지로 일반적으로 늪지대를 이루는 변두리가 뒤따른다. 변두리는 높은 산맥 지대의 기슭을 이루며, 이 산맥들은 아주 드물게만 하천에 의해 끊어지고, 그리하여 하천에 의해서도 내륙과의 연관이 형성되지 않는다. 왜냐하면 그 꿰뚫음은 산맥의 표면 아래에서는 거의 이루어지지 않고 단지 개별적인 좁은 장소에서만 이루어지며, 거기서는 자주 통행할 수 없는 폭포와 서로 거칠게 교차하는 물줄기들이 형성되기 때문이다.

그래서 본래의 아프리카 북부도 산맥 지대, 즉 니제르강 남쪽의 월산맥 Mondgebirge에 의해 차단된 것으로 보인다. 아프리카의 해변 지대는 수백 년 전부터 유럽인에 의해 점유되었다. 그러나 그들은 겨우 15년 전부터야 비로소 내륙으로 침투했다.[13] 근래에 선교사들은 희망봉의 구릉 지대에서 산맥 너머로

• •
13. [편주] 1824/1825년도 강의안에서.

밀고 들어갔다. 유럽인들은 모잠비크에서는 동해안, 서쪽으로는 콩고강과 로앙고, 또한 사막과 산맥을 관통해 흐르는 세네갈강, 그리고 감비아강의 해안 지대에 정착했다. 그러나 그들은 이 변경을 알게 되고 그곳의 곳곳을 점유한 3세기 내지는 3세기 반 전부터 겨우 몇 군데서만 이 산맥 지대를 넘어섰고, 그것도 단지 짧은 기간만 그러했으며, 거기서는 어디에서도 정착하지 못했다. 해안 지대는 부분적으로 모래로 뒤덮여 있고 거의 거주할 수 없지만, 내륙으로 더 나아가면 비옥하다. 그럼에도 좀 더 내륙으로 들어가면 너무도 울창한 식물들의 늪지대가 놓여 있고, 그곳은 동시에 온갖 맹수의 고향이자 거의 독성을 띤 전염성의 대기를 지닌다. 이 점은 여기서도 실론에서와 마찬가지로 내부로의 침투를 거의 불가능하게 만들었다. 영국인과 포르투갈인은 종종 충분한 부대를 파견했다. 그러나 그들 대부분은 이 지대 내부에서 사망했고, 그 후 나머지는 언제나 제압당했다. 사람들은 그토록 많은 하천이 산맥을 꿰뚫어 흐르는 까닭에 이 하천에서 [216]배를 이용하면 접근할 수 있을 것으로 생각할 수 있을 것이다. 니제르강의 유출구로 여겨지는 콩고강에서나 오렌지강에서는 그것들이 짧은 거리만 운항할 수 있고, 그러나 그 후에는 운항할 수 없고 자주 되풀이되는 폭포와 교차한다는 점이 나타났다. 이러한 자연 규정성으로 인해 유럽인은 아프리카 내륙에 대해 거의 알지 못하게 되었다. 그에 반해 때때로 여러 부족이 그곳으로부터 몰려 내려와 자기들과의 결합이 연결될 수 없을 정도로 야만적인 야생성을 드러냈다. 그러한 돌발은 때때로 이어지며, 그것은 저 대륙의 가장 오랜 전통이다. 특히 15, 16세기로부터 전해진 정보에 따르면, 아주 멀리 떨어진 여러 곳에서는 너무도 다양한 집단과 끔찍한 무리가 산기슭의 좀 더 온순한 주민이나 해안 민족을 습격하여 이들을 해안 변두리로 몰아냈다고 한다. 희망봉의 구릉 지대에서도 그러한 시도가 이루어졌지만, 그 돌진은 이미 산 위에서 분쇄되었다. 서해안의 여러 민족은 그러한 돌발의 잔여인 것으로 보인다. 그들은 그 후 더 나중의 돌발 사건에 예속되어 너무도 비참한 상태에 처하게 되었다. 아비시니아[14] 너머와 그와 마찬가지로 다른 편에서도 흑인 무리가 습격한다. 그들이 일단 마음껏 분출하고서는 산기슭이나 해안 지역에 머물러 진정되었을 때, 그들은 온화하고 근면한 모습으로서 나타나는데, 왜냐하면 그들은 그들의 처음 돌진에서는 형성·도야되기 어렵다는 것 이외에 아무것도 보여주지 못했기 때문이다. 이러한 내습을 하도록 자극하는 내적 운동이 과연 있었는지 그리고 있었다면 어떠한 것이었는지는 알려지지 않았다. 이러한 무리

---

14. 현재의 에티오피아와 에리트레아의 일부.

에 대해 알려진 것은 이러한 전쟁이나 출정에서의 그들의 행동 자신이 지극히 무분별한 비인간성과 너무도 혐오스러운 조야함을 보여주었다는 것과 그들이 일단 마음껏 분출한 후에는 평온한 평화 시간에 유럽인을 알게 된 곳에서 그들에 대해 부드러운 모습을 보여주었다고 하는 대조적인 것이다. 이 점은 세네갈과 감비아의 산악 단구에 거주하는 풀라족[15]과 만딩고족[16]에게 해당한다.

아프리카의 이 중심부에서는 본래 어떠한 역사도 발생할 수 없다. 잇달아 뒤를 잇는 것은 우연성, 돌발적인 일들이다. 거기서 우리가 추구할 수 있는 것은 목적, 국가, 주관성이 아니라 다만 [217]서로를 파괴하는 일련의 주관들뿐이다. 지금까지는 여기서 정신이 현상하는 자기의식의 이러한 방식이 지닌 특유성에 거의 주목하지 못했다. 너무도 다양한 지방에서 많은 보고가 들어오지만, 그것들은 사람들 대부분에게 믿을 수 없는 것으로 보인다. 요컨대 그것들은 너무나 끔찍한 개별적인 것들을 제공해서 우리가 여기서 시도하고자 하는 일정한 형상이나 원리가 그로부터 추출될 수 없다. 그러한 대상을 다룬 문헌은 대단히 많은데, 그 대상의 상세한 것을 찾아보려

· ·

15. 서아프리카와 중앙아프리카 사헬 지대 전역에 거주하는 주요 민족 가운데 하나다.
16. 서아프리카의 종족. 말링케족, 마닝카족이라고도 한다.

고 하는 자는 잘 알려진 책들에서 발견되는 것을 참고할 수 있다. 아프리카에 관한 가장 훌륭한 개요는 리터의 지리학에서 발견된다.

이제 우리는 아프리카적 성격의 일반적 정신, 일반적 형태를 거기서 특수한 특징을 띠고 나타난 것에 따라 제시하고자 한다. 그러나 이러한 성격은 파악하기가 어려운데, 왜냐하면 그것은 우리의 교양과는 전혀 어긋나고, 우리 의식의 방식에서 전적으로 멀리 떨어진 낯선 것이기 때문이다. 우리는 우리의 정신적 삶을 위한 기초인 모든 범주와 이러한 형식들 아래로의 포섭을 잊어야만 한다. 어려움은 그럼에도 우리가 우리의 표상 속에서 지니는 것이 언제나 거듭해서 함께 다가온다는 점에 놓여 있다.

일반적으로 우리는 내륙 아프리카에서는 의식 일반이 여전히 확고한 객관적인 것, 객관성에 대한 직관에 이르지 못했다고 말해야만 한다. 확고한 객관성이란 신, 영원한 것, 옳은 것, 자연, 자연적 사물을 가리킨다. 정신은 그러한 확고한 것에 관계한다는 점에서 스스로가 그에 의존한다는 것을 안다. 그러나 동시에 그는 또한 자기가 그것으로 고양된다는 점에서 그것이 하나의 가치라는 것도 안다. 그러나 아프리카인은 아직도 이러한 보편적인 것의 인정에 다다르지 못했다. 그들의 본성은 자기 내로 내몰림이다. 우리가 종교, 국가, 자체적이고도 대자적으로 존재하는 것, 단적으로 타당한 것이라고 부르는 것, 이 모든 것이 여기에는 아직 현존하지 않는다. 선교사들의 광범위한 보고가 이를 완전히 확인해 주며, 오직 이슬람교만이 흑인이 어느 정도나마 교양에 접근하는 유일한 것으로 보인다. 이슬람교도는 또한 유럽인보다 그 땅의 내부로 돌진해 들어가는 것을 더 잘 이해한다.

[218]요컨대 흑인들에게서 특징적인 것은 바로 그들의 의식이 예를 들어 인간이 자기의 의지를 지니고서 그 곁에 존재하고 그 속에서 자기의 본질에 대한 직관을 지니는 신이나 법률과 같은 어떤 확고한 객관성의 직관에 다다르지 못했다는 점이다. 아프리카인은 자기의 몰구별적이고 내몰린 통일 속에서 개별자로서의 자기와 자기의 본질적 일반성에 대한 이러한 구별에 아직 다다르지 못했으며, 그로 인해 자신에 대한 더욱 고차적인 타자인 절대적 본질에 관한 지식이 전적으로 결여해 있다. 그러므로 우리는 여기서 그 직접성 속에 있는 인간 이외에 아무것도 발견하지 못한다. 그러한 것이야말로 아프리카에서의 인간이다. 인간은 인간으로서 등장하는 순간에 자연과의 대립 속에 놓여 있다. 그에 의해 그는 비로소 인간이 된다. 그러나 단순히 자연과 구별될 뿐인 한에서 인간은 열정에 지배된다. 그는 조야한 인간이다. 우리가 관찰할 수 있는 한, 우리는 아프리카인을 조야함과 야생성에서 본다. 그는 지금도

여전히 그렇게 머물러 있다. 흑인은 전적인 야생성과 제어되지 않는 상태 속에 있는 자연적 인간을 나타낸다. 그를 파악하고자 한다면 우리는 모든 유럽적인 관념을 뿌리쳐 버려야만 한다. 우리는 정신적인 신, 도덕률을 생각해서는 안 된다. 우리는 그를 올바르게 파악하고자 한다면 모든 경외심과 인륜성을, 감정이 뜻하는 모든 것을 사상해야만 한다. 이 모든 것은 직접적 인간에게서 떨어져 나간다. 이러한 성격에서는 인간적인 것을 암시하는 아무것도 발견될 수 없다. 바로 그런 까닭에 우리는 개의 본성이나 제우스상 앞에서 무릎을 꿇은 그리스인의 본성 안으로 들어가 공감할 수 없듯이 그의 본성 안으로도 들어가 공감할 수 없다. 오직 사상을 가지고서만 우리는 그의 본성에 대한 이러한 이해를 달성할 수 있다. 우리는 우리의 감각과 동등한 것만을 감각할 수 있다.

그래서 우리는 아프리카에서 대체로 사람들이 순진무구의 **입장**, 즉 인간과 신 및 자연과의 통일의 입장이라고 불러온 것을 발견한다. 왜냐하면 이것은 자기 자신에 대한 무의식의 입장이기 때문이다. 그러나 정신은 이 지점에, 이 최초의 상태에 머물러 있어서는 안 된다. 이러한 최초의 자연적 상태는 동물적 상태다. 인간이 동물적 상태에서 살았고 순진무구했던 동물원은 낙원과 같지만, 인간은 그래서는 안 된다. [219]인간은 선을 알고 대립을 분간하며 스스로 분열될 때 비로소 인간이다.

왜냐하면 그는 악도 분간할 때만 선을 분간할 수 있기 때문이다. 그런 까닭에 낙원의 상태는 완전한 상태가 아니다. 모든 민족의 신화가 이야기하는 저 최초의 완전성 상태는 인간의 추상적 규정이 그 기초에 존재하고 있었다는 의미를 지닌다. 그러나 그 규정이 과연 현실 속에 존재했는지는 다른 문제다. 우리는 여기서 기초를 실존과 혼동해 왔다. 요컨대 정신의 개념은 기초이며, 우리는 이 개념을 이미 실존하는 것으로서 가정해 왔다. 그것은 우리에 대해서도 기초다. 그러나 이 기초를 산출하는 것은 또한 정신의 목적이기도 하다. 그러므로 현실적 실존에서 이것은 최종적인 것이지만, 기초에서 그것은 최초의 것이다. 우리는 자주 초기 상태에서의 인간의 좀 더 커다란 예지에 관해 이야기하며, 인도인의 지혜는 천문학 등등에서 그것의 잔재를 보여준다고 **슐레겔**은 내세운다. 그러나 우리는 이러한 인도인의 지혜와 관련해서는 이미 일찍부터 이러한 전통이 지극히 보잘것없는 것으로서 증명되었으며, 또한 그들의 숫자도 공허한 날조라고 언급해 왔다(S. 160).

우리는 아프리카적 정신의 주요 계기를 자세히 조사하는 데 착수함으로써 또한 그 본질을 밝혀주는 특수한 특징을 상론할 수 있게 될 것이다. 그러나 우리에게 문제가 될 수 있는 것은 다만 일반적 표상뿐이다. 그러므로 우리가 우선 아프리카인의 **종교**로 향한다면, 우리의 표상에 따르면 종교에는 자체적이고도 대자적인 동시에 단적으로 객관적인 것이자 규정하는 절대적 본질이고 좀 더 고차적인 힘인 최고의 본질을 인간이 인정한다는 것, 이러한 본질에 비해 인간은 더 약하고 더 비천한 것으로서 나타난다는 것이 속한다. 그러한 본질은 정신으로서 표상될 수도 있고 또는 이러한 것이 참다운 형식은 아닐지라도 자연을 지배하는 자연의 힘으로서 표상될 수도 있다. 또는 그것은 환상 직관을 지배했던바, 인간들은 달, 태양, 강을 숭배했다. 그들은 환상 속에서 이러한 형상들에 영혼을 불어넣었지만, 이들은 인간에게는 단적으로 자립적으로 작용하는 것으로서 여겨졌다. 종교는 인간보다 더 고차적인 어떤 것이 존재한다는 의식과 더불어 시작된다. 이러한 형식은 흑인에게는 현존하지 않는다. 아프리카인의 성격은 [220]자연에 대한 인간의 최초 대립을 보여준다. 이러한 상태에서 그는 다음과 같은 표상을 지닌다. 그와 자연은 서로 대립하지만, 그가 자연적인 것을 지배하는 것으로서 있다 — 이는 우리가 이미 헤로도토스로부터 가장 오랜 증거를 지니는 근본 관계다. 우리는 그 표상의 종교적 원리를 그가 언명한 명제, 즉 아프리카에서는 모두가 마법사라는 명제로 요약할 수 있다.[17] 다시 말하면 아프리카인은 영적인 것^{Geistiges}으로서 자기가 자연에

..

17. [편주] Herodot II, c. 33: γόητας εἶναι ἄπαντας(모두가 마법사다).

대해 힘을 지닌다고 자부한다. 그것은 마법으로 이해될 수 있다. 오늘날에도 선교사들의 보고는 이와 일치한다. 그런데 **마법**에는 신이나 인륜적 믿음에 관한 표상이 놓여 있지 않다. 오히려 마법은 인간이 최고의 힘이라는 것, 인간이 자연의 힘에 대해 오로지 명령하는 관계만을 맺는다는 것을 나타낸다. 그러므로 신에 대한 정신적 숭배에 관해서나 또한 법[권리]의 나라에 관해서는 이야기하지 않는다. 신은 천둥 치며 인식되지 않는다. 인간의 정신에 대해 신은 천둥 치는 자 이상이어야만 하지만, 흑인에게서 이것은 사실이 아니다. 아프리카인은 자연을 자기에 대한 대립 속에서 본다. 그들은 자연에 의존하며, 그들에게 자연의 힘들은 두려움을 자아낸다. 강은 그들을 삼켜버릴 수 있고, 지진은 그들의 보금자리를 파괴할 수 있다. 수확물과 나무 열매의 성장은 날씨에 의존한다. 그들은 때로는 너무 많은 비를, 때로는 너무 적은 비를 가지며, 뇌우와 우기 그리고 그것들의 중단이 필요하다. 비와 건조한 계절, 이 양자는 너무 오래 계속되어서는 안 된다. 그러나 이러한 자연력들과 또한 태양, 달, 나무, 동물은 그들에게 힘들로서 여겨지지만, 그러나 영원한 법칙이나 섭리를 자기 배후에 지니지 않는 그러한 힘들로서는 보편적인 확고한 자연의 힘이 아니다. 아프리카인은 자연의 힘이 자기를 지배한다고 본다. 그러나 그에게 그 힘은 인간이 다시 어떤 방식으로든 간에 제어할 수 있는 그런 것이다. 인간은 그러한 자연력에 대한 주인이다. 여기서는 신에 대한 숭배나 개인의 정신과 대립하는 보편적 정신에 대한 인정은 생각될 수 없다. 인간은 오직 자기만을 알고 자기를 자연에 대립하는 것으로서 알며, 오로지 이것만이 저 민족들에서 이성적인 것이다. 그들은 자연의 힘을 인정하며 스스로 그 힘 위로 일어서고자 시도한다. 그래서 그들은 또한 인간이 자연적으로 죽는 것이 아니고, [121]자연이 아니라 적의 의지가 그를 마법을 통해 죽인다고 믿으며, 모든 자연력에 대해서와 마찬가지로 그에 맞서 다시 마법을 이용한다.

각각의 모든 개인이 이러한 마법의 힘을 가지는 것은 아니며, 오히려 그들은 이 힘이 개별적인 사람들에게 집중되어 있다고 믿는다. 이들이야말로 자연의 원소들에 명령을 내리는 자들이며, 이것이 바로 마법이라고 불린다. 많은 이가 오로지 그러한 것을 통제하고 예언하며 그것이 인간이나 민족에게 유익할 수 있도록 작용하는 일에 종사한다. 왕은 관리로서 마법을 써서 자연의 힘을 다스리고 날씨에 명령하기 위해 존재하는 장관과 사제들, 부분적으로는 완전히 조직된 위계질서를 지닌다. 만약 그들의 명령이 오래도록 더는 효과를 보이지 못하면 그들은 구타당한다. 모든 곳은 바로 이러한 방식으로 온갖 종류의 운동, 춤, 온갖 소리와 외침을 동반하는 특수한 의식을 실행하고 이러한 마비 상태 한 가운데서 자기의 지시를 내리는 자기의 마법사를 소유한다. 군대가 전장에 나가서 너무도 지독한 뇌우를 만나면, 마법사들은 자기의 의무를 다하여 구름을 위협하고 그것에 뇌우를 가라앉히도록 명령해야만 한다. 그와 마찬가지로 그들은 가뭄 때에는 비가 내리도록 해야 한다. 여기서 그들은 신에게 호소하지 않는다. 그들이 향하는 것은 더 고차적인 힘이 아니다. 오히려 인간은 자기가 이러한 일을 초래할 수 있다고 믿는다. 이를 위한 준비는 그들이 특이한 영감 상태로 빠져드는 데 존립한다. 노래를 부르거나 격렬한 춤을 통해, 도취시키는 나무뿌리나 음료수를 통해 그들은 마취 상태에 빠져들며, 그러고 나서 자기의 명령을 발한다. 그렇게 해서도 오랫동안 성공하지 못하면, 그들은 주변에 있는 사람들 가운데서 자기의 가장 가까운 친족들인 몇 명을 골라서 살육하고서 다른 사람이 이를 먹어 치우도록 명령한다. 요컨대 인간이 여기서 명령을 내릴 수 있는 최고의 존재로 여겨진다. 사제는 종종 이러한 상태에서 여러 날을 보내며 광포하게 날뛰고 인간들을 살육하며 그들의 피를 마시고 그것을 주위 사람에게 마시도록 준다. 그러므로 사실상 오직 개인들만이 자연에 대한 힘을 지니며, 그리고 오로지 그들 자신이 끔찍한 영감 속에서 자기 자신 위로 일어설 때만 이 힘을 지닌다. 우리는 이 모든 것을 아프리카의 민족들 일반에서 발견한다. 개별적인 것들에서는 또한 변이들도 존재한다. 예를 들어 [222]카바치[18]라는 선교사는 흑인에 관한 그와 같은 여러 특징을 이야기해 준다. 드라켄족이나 자켄족에는 키토멘이라고 불리는 사제가 있었고, 이들은 부적이나 그와 같은 것에 의해 인간을 동물이나 물로부터 보호할 수 있다는 명성을 지니고 있었다.

그다음으로 그들의 종교가 지니는 두 번째 계기는 그들이 이러한 자기의 힘을 직관하여 이 힘을 자기의 의식 외부로 옮겨놓고 그에 관한 형상을 만들어 낸다는 점이다. 그들은 자기들에 대해 힘을 지닌다고 생각하는 가장 가까이 놓여 있는 최선의 것, 즉 동물, 나무, 돌, 목각 형상들을 자기의 수호신으로 창조한다. 개인들은 그들이 사제로부터 얻는 것이면 무엇이건 받아들인다. 이것은 **물신***Fetisch*인데, 이 말은 포르투갈인이 최초로 유포한 것으로 페이티조feitizo, 마법에서 유래한다. 여기 물신에게서는 실로 개인의 자의에 맞선 자립성이 등장하는 것으로 보인다. 그러나 바로 이러한 대상성이 자기 직관으로 가져온 개인적 자의 이외에 아무것도 아닌 까닭에 이 자의는 또한 여전히 자기 형상의 장인이다. 그리하여 그들이 자기의 힘으로서 표상하는 것은 객관적이고 자기 내에서 확고

• •
18. [편주] Giovanni Antonio Cavazzi, *Istorica descrizione dei tre regni Congo, Matamba, Angola. Bologna 1687*(『콩고, 마탐바, 앙골라 세 왕국의 역사적 기술 1687』). (우리는 1690년 마일란트 판에 따라 인용한다.)

하며 그들과 다른 것이 아니다. 물신은 그들의 힘 안에 머문다. 그들은 물신이 자기의 의지에 따라 행동하지 않을 때는 그 물신을 버려 버린다. 그러므로 그들은 다른 물신을 자기의 좀 더 고차적인 힘으로 삼으며, 그것이 자기 위의 위력이지만, 바로 그런 까닭에 그것을 자기의 힘 안에 보유한다고 상상한다. 요컨대 물신이 막지 못한 무언가 불쾌한 일에 부딪히고, 그들이 내려받은 신탁이 그릇되었다고 판명되어 불신받게 되며, 비가 내리지 않아 흉작이 발생하면, 그들은 물신을 묶어 놓고 몽둥이로 패거나 파괴하여 폐기하는 동시에 다른 것을 만들어 낸다. 다시 말하면 그들의 신은 그들의 힘 안에 머문다. 그들은 물신을 자의적으로 세워 놓거나 치워버리며, 그러므로 자의 위로 올라서지 못한다. 그러한 물신은 종교적 자립성을 지니지 못하며, 더더군다나 예술적 자립성은 전혀 지니지 못한다. 그것은 여전히 단지 제작하는 자의 자의를 표현하고 언제나 그의 손안에 머무르는 하나의 피조물일 뿐이다. [223]요컨대 이러한 종교에는 의존성의 관계가 존재하지 않는다. 그들이 마법사에 대해서처럼 일정한 매개를 돌리는 죽은 자들의 정령과 관련해서도 사정은 마찬가지다. 그들도 또다시 인간이다. 그러나 여기서 좀 더 고차적인 것을 가리키는 것은 그들이 자기의 직접성을 떨쳐 버린 인간이라고 하는 상황이다. 죽은 그들의 선조와 그들의 조상이 그들에게 살아 있는 자들에 대한 힘으로서 여겨지는 제사는 그로부터 유래한다. 그들은 물신에 대해서와 마찬가지로 죽은 자에게 도움을 청하고 제물을 바치며 맹세한다. 그러나 이것이 아무런 효과도 지니지 않는 곳에서 그들은 죽은 자 자신을 처벌하고 그의 유골을 내던져 그를 욕보인다. 다른 한편으로 그들은 죽은 자의 욕구가 충족되지 않을 때는 죽은 자가 복수한다는 관념을 지니며, 특히 불행을 그들의 탓으로 돌린다. 우리는 이미 인간을 병들게 하는 것은 자연이 아니고, 또는 자연스러운 방식도 아니며, 또한 인간이 자연스러운 방식으로 죽는 것도 아니라고 하는 흑인의 견해에 대해 언급했다. 그의 믿음에 따르면 이 모든 것은 마법사나 적이 행사하는 힘에 의해서나 죽은 자가 행하는 복수에 의해 생겨난다. 그것은 유럽에서도 가공할 만하게 지배해 온 마술에 대한 망상이다. 그런데 그러한 마법은 다른 더 강력한 마력에 의해 굴복된다. 물신의 주재자가 그것이 작용하도록 하지 않는 일이 나타난다. 그 경우 그는 구타당하고 마법을 하도록 강요당한다. 그런데 키토멘의 한 가지 주된 마법은 죽은 자를 달래거나 너무도 끔찍한 만행을 통해 강요하는 데 존립한다. 사제 안으로 합체되어 한 몸이 되는 죽은 자의 명령으로 인간 제물 등이 바쳐지기도 한다. 그래서 객관적인 것은 계속해서 항상 자의에 종속된다. 살아 있는 자에 대한 죽은 자의 위력은 실로 인정되지만, 존중받지는 못한다.

왜냐하면 흑인들은 그들의 죽은 자에게 명령하고 마법을 행사하기 때문이다. 이러한 방식으로 실체적인 것은 언제나 주관의 힘 안에 머문다. 이러한 것이야말로 아프리카인의 종교다. 그것은 그 이상으로 나아가지 않는다.

물론 거기에는 자연에 대한 인간의 주권이 놓여 있지만, 그것은 자의의 방식으로, 즉 자연적인 것보다 더 높이 서 있는 것이 인간의 우연한 의지이고, 인간이 자연적인 것을 그것을 그 방식에 따라 다룬다고 하는 경의를 그에 표하는 것이 아니라 명령을 내리는 수단으로서 간주한다는 방식으로 놓여 있다. [124]그럼에도 여기에는 자연 현상이란 신의 작품이지만, 이것을 인간의 작품, 즉 이성의 작품도 신적인 것은 아니라는 것과 관계시켜 말함으로써 우리가 종종 무언가 경건한 것으로 여기는 자연에 대한 숭배에서보다 더 올바른 원리가 포함되어 있다. 자연에 관해 흑인의 의식에 도달하는 것은 바로 자연의 객관성에 관한 의식이 아니며, 더더군다나 정신, 즉 자체적이고도 대자적으로 자연보다 더 고차적인 것으로서의 신에 관한 의식이 아니다. 그러나 그와 마찬가지로 여기서는 또한 자연을 자기의 수단으로 삼는 것, 예를 들어 바다를 항해하고 일반적으로 자연을 지배하는 것이 지성인 것도 아니다. 자연에 대한 흑인의 이러한 힘은 단지 상상의 힘, 상상된 지배일 뿐이다.

인간에 대한 인간의 관계에 관해 말하자면, 그로부터 따라 나오는 것은 인간이 최고의 존재로서 정립된다는 점, 다시 두 번째로는 인간이 자기 자신과 타인에 대해 아무런 존중도 지니지 않는다는 점이다. 이 점은 인간이 자기 내에 담지하는 좀 더 고차적인 가치, 절대적 가치와 관계될 것이다. 더 높은 본질에 대한 의식과 더불어 비로소 인간은 그에게 참다운 존중을 보증하는 입장에 다다른다. 왜냐하면 만약 자의가 절대적인 것, 직관에 이르는 유일한 확고한 객관성이라면, 이 단계에서 정신은 보편성에 대해 알 수 없기 때문이다. 그런 까닭에 아프리카인에게는 곧바로 우리가 영혼의 불멸성이라고 부르는 것이 현존하지 않는다. 우리에게서 유령이라고 불리는 것을 그들도 지닌다. 그러나 그것은 불멸성이 아니다. 불멸성에는 인간이 자체적이고도 대자적으로 정신적이고 불변하며 영원한 것이라는 것이 속한다. 따라서 흑인은 인간에 대한 완전한 **경멸**을 지니는데, 이 경멸이야말로 본래 법과 인류의 측면에 따라 근본 규정을 형성한다. 인간의 무가치함이 믿을 수 없을 정도로 나아간다. 폭정으로서 간주할 수 있는 질서가 존립하지만, 그 폭정 자신이 부당한 것으로서 여겨지거나 감각되지 않는다. 여기에는 인육을 먹는 것이 전적으로 널리 퍼져 있고 허용되는 것으로서 여겨진다는 것이 속한다. 가령 콩고강 하류와 그 동쪽 편에 거주하는 아샨티족[19]에서 그렇다. 그러한 것은 우리에게 곧바로 전적으로 조야한 것, 본능에 의해 저버려지는 너무나 혐오스러운 것으로 보인다. 그러나 인간에게서 우리는 본능에 대해 말할 수 없다. 그것은 정신의 성격과 연관된다. [225]그저 조금이라도 자기의 의식에서 깨어 일어난 인간은 인간 그 자체에 대한 존중을 지닌다. 추상적으로 우리는 다음과 같이 말할 수 있다. 고기는 고기이고, 관건이 되는 것은 미각이다. 그러나 그 표상은 이것이 바로 인육이며, 표상하는 자의 육체와 하나라는 것이다. 인간의 육체는 동물적이지만, 본질적으로 표상하는 자에 대한 육체다. 즉, 인간의 육체는 심리학적 연관을 지닌다. 그러나 흑인에게서 이것은 사실이 아니며, 인간을 잡아먹는 것은 아프리카적 원리 일반과 연관된다. 감성적인 흑인에게 인육은 단지 감성적인 것, 고기 일반일 뿐이다. 그것이 유난히 식량으로 사용되지는 않는다. 그러나 축제에서는 수백 명의 포로가 예를 들어 고문당하고 목이 베어지며, 육체는 바로 그를 포로로 만든 자에게 되돌려지고 그는 그 육체를 분배한다. 물론 어떤 곳에서는 심지어 시장에 인육이 진열되어 있기도 했다. 부유한 사람이 사망하였을 때는 분명 수백 명이 학살되어 잡아먹힌다. 포로들은 살해되고 학살되며, 승리자는 일반적으

---

19. 대부분이 가나 남부 지역과 인근 토고 및 코르티부아르, 즉 이전의 독립 아샨티 제국에 해당하는 지역에 사는 부족.

로 죽임을 당한 적의 심장을 먹어버린다. 마법에서는 심지어 자주 마법사가 최초의 가장 좋은 사람을 살해하여, 그를 먹거리로 군중들에게 분배하는 일도 일어난다.

인간의 그러한 무가치함으로부터 아프리카에서는 **노예 제도**가 법의 근본 관계를 형성한다는 것이 설명된다. 흑인이 유럽인들과 가져왔고 여전히 가지고 있는 유일한 본질적 연관은 노예 제도의 연관이다. 흑인은 이 노예 제도에서 자기에게 부적합한 것을 전혀 보지 않으며, 바로 노예 매매와 노예 제도의 철폐를 위해 가장 많은 것을 한 영국인들이 그들 자신에 의해 적으로서 취급된다. 왜냐하면 왕에게는 자기의 포로가 된 적이나 또한 그 자신의 신하도 팔아넘기는 것이 주요 계기이고, 그런 한에서 노예 제도가 오히려 흑인들 사이에서 인간적인 것을 일깨웠기 때문이다. 흑인들은 유럽인에 의해 노예 제도로 이끌려 아메리카로 팔려나간다. 그럼에도 그들의 운명은 마찬가지로 절대적인 노예 제도가 현존하는 자기 땅에서 거의 훨씬 더 나쁘다. 왜냐하면 인간이 아직 자기의 자유를 의식하지 못하고, 그리하여 물건으로, 가치 없는 것으로 떨어지는 것이야말로 노예 제도 일반의 기초이기 때문이다. [226]유럽인이 알게 된 모든 아프리카 나라에는 이러한 노예 제도가 토착적이다. 거기서 그것은 자연스럽게 지배한다. 그러나 주인과 노예는 오직 자의로부터만 구별된다. 우리가 흑인에게서

볼 수 있는 노예 제도의 이러한 상태로부터 끌어내고 오로지 우리에 대해서만 흥미로운 측면을 이루는 가르침은 우리가 이념으로부터 아는 것, 즉 자연 상태 자신이 절대적이고도 일반적인 부정의 상태라고 하는 것이다. 그와 마찬가지로 자연 상태와 이성적 국가의 현실 사이의 각각의 모든 중간 단계도 부정의의 계기나 측면을 지닌다. 따라서 우리는 그리스와 로마 국가에서조차 노예 제도를 발견하며, 또한 최근에 이르기까지 농노를 본다. 그러나 그렇듯 국가 안에 현존하는 것으로서의 그것 자신은 한갓 개별화된 감성적 실존으로부터 진보의 계기, 교육의 계기, 더 높은 인륜이나 이와 연관된 교양을 공유하게 되는 한 가지 방식이다. 노예 제도는 자체적이고도 대자적으로 부정이다. 왜냐하면 인간의 본질은 자유이기 때문이다. 하지만 인간은 이 자유로 비로소 성숙해야만 한다. 그러므로 노예 제도의 점진적 철폐가 그것의 갑작스러운 지양보다 더 적절하고 더 올바른 것이다.

노예 제도는 있어서는 안 된다. 왜냐하면 그것은 사태의 개념에 따라 자체적이고도 대자적으로 부당하기 때문이다. 당위는 주관적인 것을 표현한다. 그러한 것으로서 당위는 역사적인 것이 아니다. 당위에 아직도 없는 것은 국가의 실체적 인륜이다. 노예 제도는 이성적 국가들에서는 현존하지 않는다. 그러나 그러한 국가들 이전에는 참다운 이념이 몇 가지 측면에 따라 단지 하나의 당위로서만 현존하며, 거기에는 여전히 노예 제도가 필요하다. 그것은 더 높은 단계를 향한 이행의 한 계기다. 인간은 그가 인간인 까닭에 본질적으로 자유로운 존재로 여겨져야 한다는 것은 전적으로 기대될 수 없다. 이 점은 그리스인이나 로마인에게서도 마찬가지로 사실이 아니었다. 아테네인은 오직 아테네 시민으로서만 자유로웠다, 등등. 인간이 인간으로서 자유롭다는 것은 우리의 일반적 표상이다. 그러나 그 밖의 인간은 어떤 특수한 측면에 따른 가치를 지닌다. 부부, 친척, 동료 시민은 서로에 대해 가치를 지닌다. 흑인에게서는 이러한 것이 거의 현존하지 않는다. 그들에게서는 인륜적 감각이 완전히 약하게 [227]또는 좀 더 잘 말하자면 전혀 발견될 수 없다. 최초의 인륜적 관계, 즉 가족의 관계가 흑인에게는 전적으로 아무래도 상관없다. 남자들은 자기의 아내를 팔고, 부모는 자기의 아이를 팔며, 역으로 그와 마찬가지로 후자는 전자를 파는데, 바로 사람들은 서로를 소유할 수 있기 때문이다. 노예 제도의 가치 없는 것을 통해 우리가 서로에 대해 지니는 인륜적 존중의 모든 유대가 사라졌으며, 흑인에게서는 우리가 서로에 대해 요구하는 것을 스스로 기대하는 생각이 떠오르지 않는다. 그들은 때때로 키토멘에게서 조언을 얻는 것 이외에는 자기의 아픈 부모를 돌보지 않는다. 사랑 등등의 인간 우호적 감각은 더는 단지 개별적 인격의 의식이 아닌 자기에 관한 의식을 포함한다. 그래서 나는 누군가를 사랑함으로써, 괴테가 나는 폭넓은 마음을 가진다고 말하듯이, 타자 속에서 나를 의식한다. 그것은 내 자신의 확대다. 흑인들의 일부다처제는 자주 하나같이 다 노예로 팔릴 수 있는 많은 아이를 얻으려는 목적을 지닌다. 이러한 관계의 부당함에 대해 그들은 아무런 감각도 지니지 않는다. 그들에게서 이러한 불균형은 한계 없이 나아간다. 다호메이[20]의 왕은 3,333명의 아내를 가진다. 각각의 모든 부자도 많은 아내와 많은 아이를 거느리는데, 아이들은 그 후 그에게 일정한 수입을 가져온다. 어떤 선교사[21]는 한 흑인이 프란체스코파에 속하는 교회로 찾아와서 자기가 이제 자기의 모든 친척을, 그리고 아버지와 어머니도 이미 팔아버린 까닭에 몹시 가난한 사람이라고 끔찍한 한탄을 털어놓기 시작했다는 이야기를 전해 준다.

흑인의 인간 경멸에서 특징적인 것을 이루는 것은 죽음에 대한 경멸이라기보다는 오히려 삶에 대한 경시이다. 인간이 그 자체로 가치가 없듯이 삶도 가치를 지니지 않는다. 일반적으로 삶이 가치를 지니는 것은 다만 인간 속에 좀 더 높은 가치가

..
20. 다호메이 왕국은 지금의 베냉 남부 해안 지대에 자리한 왕국이었다. 17세기 초에서 19세기 말까지 존재했다. 부두교의 원류와 연관된 국가로도 유명한데, 한때 대서양 노예 무역을 통해서 서아프리카에서 아메리카 대륙으로 이동된 노예의 4분의 1이 다호메이 왕국에서 수출되었기 때문이다.
21 [편주] Cavazzi, S. 55.

존재하는 한에서일 뿐이다. 흑인에게서의 삶의 경멸은 삶에 대한 권태, 짜증의 우연성이 아니다. 오히려 삶 일반이 아무런 가치도 지니지 않는다. 흑인은 자기 명예가 훼손당하거나 왕에게 처벌당할 때 아주 자주 스스로 목숨을 끊는다. 그 경우 자살하지 않으면 그는 겁쟁이로 여겨진다. 그들은 삶의 보존에 대해서도, 그렇다고 죽음에 대해서도 생각하지 않는다. [228]유럽인과의 전쟁에서 수천 명이나 총탄에 쓰러진, 엄청난 육체의 힘으로 뒷받침된 흑인들의 커다란 용감성도 이러한 삶에 대한 경시에 돌려질 수 있다. 영국인에 대항한 아샨티족의 전쟁에서 그들은 포구 앞에 이르기까지 달려들었고 곧바로 일격에 50명씩이나 쓰러졌음에도 불구하고 공격을 그만두지 않았다. 삶이란 바로 그것이 어떤 품위 있는 것을 자기의 목적으로 지니는 곳에서만 가치를 지닌다.

우리가 이제 **헌법**의 근본 특징으로 이행한다면, 본래 전체의 본성으로부터 분명해지는 것은 그러한 헌법이 존재할 수 없다는 점이다. 정체는 본질적으로 가부장제 형식일 수밖에 없다. 이 단계의 성격은 감성적 자의, 감성적 의지의 에너지다. 그리고 자의에서는 본질적으로 보편적 내용을 지니고 의식을 그 개별화 속에 그 자체로 있는 것으로서 관철하는 것이 아니라 그 가치를 다만 그 내적인 보편성에서, 그것도 다양한 형식에서 한편으로는 법적으로, 다른 한편으로는 종교적으로, 또 다른 한편으로는 인류적으로 인정하는 인류적 관계가 아직은 전혀 발전되어 있지 않다. 이러한 보편적인 것이 취약하거나 소원한 곳에서는 정치적 결속도 자유롭고 이성적인 법칙이 국가를 통치한다는 성격을 가질 수 없다. 그래서 우리가 보았듯이 가족의 인류도 거의 강인하지 않다. 결혼 및 가정 살림과 관련하여 일부다처제가 지배하며, 그리하여 부모 서로 간에, 부모와 자식 사이에, 자식들 상호 간에 무관심성이 존재한다. 그래서 일반적으로 어떠한 유대도, 자의에 대한 어떠한 구속도 존재하지 않는다. 그러한 규정으로부터는 우리가 국가라고 부르는 개인들의 더 커다란 결속이 일어나지 않는다. 국가는 자유의 법칙인 이성적 보편성에 기반한다. 자의를 위한 결속은 오직 외적인 힘만이 형성할 수 있다. 왜냐하면 자의는 그 자체로 인간들이 합일되도록 추동하는 것을 전혀 지니지 않으며, 오히려 바로 인간이 자기의 특수의지를 관철하도록 하는 것이기 때문이다. 그런 까닭에 거기에는 **전제 정치**의 관계가 존립한다. 외적인 힘은 그 자신이 자의적인데, 왜냐하면 정부야말로 바로 그 대표이자 활동일 수 있는 이성적인 공동의 정신이 현존하지 않기 때문이다. 하나의 군주가 정상에 존재한다. 왜냐하면 감성적 조야함은 오직 [229]전제적인 힘에 의해서만 제어될 수 있기 때문이다. 전제 정치가 위풍당당한 까닭은 그것이 분명 오만함은 가질 수 있지만 자기 내에 가치는 지닐 수 없는 자의를 제어하기 때문이다. 전제 군주의 자의는 그것이 결속 일반을 생겨나게 하고 그런 까닭에 특수한 자의의 원리보다 더 고차적인 원리를 나타내기 때문에 형식적인 측면에 따라서는 존중할 만하다. 요컨대 자의는 결속을 지녀야만 한다. 자의는 감성적 자의이거나 반성의 자의일 것이고, 그래서 이러한 결속은 외적인 강제력이어야만 한다. 만약 자의가 자기 앞에 더 고차적인 것을 지니고 그 자체로 무력하다면, 그 자의는 비굴할 것이겠지만, 그것이 권력에 도달한 곳에서는 바로 전까지만 해도 그 앞에서 자기가 굴종했던 것에 대해 오만하게 된다. 그래서 자의가 성립하는 아주 많은 변이가 존재하지 않을 수 없다. 바로 우리가 전제 정치가 전적으로 야만적인 방식으로 지배하는 것을 보는 곳에서 드러나는 것은 이 자의가 자기에 대한 폭력에 의해 다시 내쫓긴다는 점이다. 흑인 국가에서는 한결같이 왕 옆에 그 직무가 극히 중요하게 여겨지는 사형 집행인이 존재하는데, 왕은 그를 통해 의심스러운 자를 제거할 수 있지만, 그와 마찬가지로 여러 고관이 요구할 때는 왕 자신이 다시 그에 의해 살해될 수 있다. 왜냐하면 신하들도 마찬가지로 야만적인 감각을 지닌 사람들이어서 그들이 다시 주인을 통제하기 때문이다. 다른 한편으로는 매개들도 현존하며, 전체적으로는 강력한 자들의 자의에 전제자 측이 따르지 않으면 안 된다. 그 경우 전제 정치는 실로 우리가 왕이라고 부르고자 하는 하나의 수령이 정점에 자리 잡고 있지만, 이 왕 아래에 고관, 수장, 대장들이 있어서 왕이 모든 것을 그들과 상의해야 하고, 그들의 동의가 없으면 특히 전쟁을 개시할 수도 없고, 평화를 이룰 수도 없으며, 공물을 부과할 수도 없는 그러한 형태를 획득한다. 가령 아샨티족에서 그렇다. 공납 의무가 있는 일군의 제후들이 왕을 섬기고, 영국인도 그에게 공물을 바치지만, 왕은 그 공물을 자기의 수장들과 나눠 가진다.

이런 상황에서 아프리카의 전제 군주는 다소간에 권위를 발전시키고, 기회가 생기면 책략이나 폭력으로 이런저런 수령을 해치울 수 있다. 그 밖의 왕들은 일정한 특권도 소유한다. 아샨티족에서 왕은 자기의 신하가 남긴 모든 재산을 상속한다. 다른 곳에서는 모든 처녀가 [230]왕에게 속하며, 아내를 가지고자 하는 자는 왕에게서 여자를 사들여야만 한다. 그러나 흑인들이 자기의 왕에 만족하지 못하면, 그들은 왕을 폐위시키고 그를 살해한다. 아직 거의 알려지지 않았지만, 다호메이와 연관되고 무언가 고유한 역사를 지니는 한 나라가 에이요족의 왕의 나라다. 그 나라는 내륙 더 깊숙이 자리 잡고 있는데, 거기에는 커다란 건조한 사막만이 현존하는 것이 아니다. 오히려 우리는 내륙으로 밀고 들어갈 수 있었던 어디에서나 커다란 나라들을 발견했다. 이전에 포르투갈인들이 이야기해

주는 것에 따르면 거기서는 전쟁에서 대략 20만 명의 사람들이 서로 싸웠다고 한다. 그래서 에이요족의 왕도 수십만에 이르는 기병을 거느린다. 그는 아샨티족에서와 마찬가지로 그의 자의에 무조건 굴복하지 않는 고관들에 둘러싸여 있다. 왕이 올바르게 통치하지 못하면 그들은 사절단을 파견하며, 사절단은 왕에게 세 개의 앵무새알을 건네준다. 그러고 나서 사신들은 왕에게 제안한다. 그들은 올바르게 통치하기 위하여 지금까지 애써온 수고에 대해 왕에게 감사를 표한 후, 하지만 아마도 그 노고가 그를 너무 지치게 했으므로 분명 휴식을 위해 잠이 필요하다고 말한다. 왕은 그들의 통찰과 조언에 감사를 표하고, 그들이 자신에게 호의적임을 인정하고서는 자기의 옆방으로 들어간다. 그러나 거기서 그는 잠들려고 눕는 것이 아니라 자기의 아내들이 자기를 교살하게 한다. 그렇게 그들은 20년 전에 자기 아내의 감언에 현혹되어 장인의 나라에 체류한 아샨티족의 왕을 폐위시켰다. 고관들은 왕에게 연례 축제까지는 돌아오도록 요청했다. 그러나 그가 돌아오지 않았으므로 그들은 왕의 동생을 왕위에 앉혔다.

그래서 이러한 전제 통치도 철저히 맹목적이지는 않다. 민중들은 단지 노예일 뿐만 아니라 또한 자기의 자의도 관철한다. 동아프리카에서 **브루스**[22]는 한 국가를 통과했는데, 거기서는 첫 번째 장관이 사형 집행인이지만, 그는 왕 외에 누구의 목도 자를 수 없다. 그렇게 전제 군주에게는 본래 밤낮으로 목에 칼날이 닿아 있다. 다른 한편으로 군주는 자기 신하의 생명에 대해 무조건적인 힘을 지닌다. 생명이 가치를 지니지 않는 곳에서는 [재]바로 그 생명이 무분별하게 허비된다. 민족들은 서로에게 맞서 종종 8일간이나 계속 이어지는 피비린내 나는 전투를 벌이며, 그 전투에서는 수십만 명이 사망한다. 마침내 우연이 결정을 내리곤 한다. 그러고 나서 승자는 손이 닿을 수 있는 모두를 때려죽인다. 그 밖에 많은 제후에게서도 사형 집행인이 첫 번째 관리다. 그 다수가 서로 나란히 존립하는 모든 흑인 국가에서 사정은 대략 마찬가지다. 수령의 지위는 대개 세습되지만, 평온한 방식으로 이루어지는 경우는 드물다. 제후는 아주 높이 존경받는다. 그러나 그는 자기의 권력을 용맹한 신하들과 나누어야만 한다. 또한 흑인들에게서도 재판과 소송이 행해진다. 무어인[23]에 의해 이슬람교가 전파된 북부에서 그들의 습속은 온화해졌다. 영국인이 관계를 맺게 된

..
22. [편주] James Bruce, *Travels to discover the sources of the Nile*(『나일강의 원천을 발견하는 여행』), 1768~1773.
23. 좁은 의미로는 중세 이베리아반도에 거주하던 무슬림을 가리킨다. 그러나 이들이 대부분 모로코를 비롯한 북서 아프리카에 기반을 두고 있었기 때문에, 넓은 의미로는 이베리아반도로 이주하지 않고 남아 있던 사람들까지를 가리킨다. 어원은 로마 제국 시절 북서 아프리카를 가리키던 말인 마우레타니아다.

흑인도 이슬람교도였다.

아프리카인의 이러한 성질에는 그들이 극도로 광신적으로 될 수 있다는 점이 놓여 있다. 거기서 정신의 나라는 너무도 빈곤하지만 자기 내에서 아주 강렬해서 안으로 내몰린 하나의 표상은 그들을 아무것도 존경하지 않고 모든 것을 파괴하도록 추동한다. 우리는 그들이 오랫동안 전적으로 평온하게 선량하게 사는 것을 보게 된다. 그러나 이러한 선량함은 또한 전적으로 몰아적 상태에 놓일 수 있다. 그들의 의식 안에는 자체적이고도 대자적으로 존중받을 만한 것이 거의 현존하지 않는다. 그런 까닭에 그들을 장악하는 관념, 유일하게 작용하는 관념은 그들이 모든 것을 말살하도록 충동한다. 흑인 속으로 던져지는 각각의 모든 관념은 의지의 에너지 전체를 가지고서 포착되고 현실화하지만, 동시에 이러한 현실화 속에서 모든 것을 파괴한다. 이 민족들은 오랫동안 평온하지만, 갑자기 들끓어 오르며, 그러고 나서는 완전히 몰아적 상태에 놓인다. 그들이 격분 상태에 빠진 결과인 파괴는 이러한 운동을 불러일으킨 것이 내용이나 사상이 아니라 오히려 정신적이기보다는 육체적인 광신성이라는 데 그 근거를 지닌다. 그래서 우리는 자주 그 민족들이 특수한 분노에 사로잡혀 해안 지대로 돌진하고, 다른 이유에서가 아니라 바로 분노와 광기 그리고 오로지 광신에만 속하는 용감성에서 모든 것을 살육하는 것을 본다.

이러한 국가들에서 각각의 모든 결정은 광신성, 즉 [232]모든 믿음을 뛰어넘는 광신성의 성격을 띤다. 한 영국 여행가[24]는 다음과 같이 전해 준다. 아샨티에서는 전쟁을 결의하면 우선 먼저 장엄한 의식이 행해진다. 이 의식에는 왕의 모친의 해골을 인간의 피로 씻어내는 것이 속한다. 전쟁의 서막으로서 왕은 이를테면 분노에 빠지기 위해 그 자신의 수도를 엄습할 것을 결의한다. 공납을 거부한 한 민족을 전쟁으로 징벌하려고 했을 때 왕은 다음과 같은 내용의 메모를 영국 주재관 허친슨[25]에게 보냈다. "그리스도교도여, 네 가족을 주의하여 깨어 지키라. 죽음의 사자가 그 칼을 뽑아 들었고, 수많은 아샨티인의 목덜미에 닿을 것이다. 북이 울리면, 이것은 많은 자에 대한 죽음의 신호다. 가능하다면 왕에게로 오라. 너에 대해서는 아무것도 두려워하지 말라." 북이 울려 퍼졌다. 왕의 전사들은 단검으로 무장하고 학살에 나섰고, 그야말로 공포스러운 피바다가 펼쳐졌다. 거리에서 분노한 흑인과 마주치는 자는 모두가 칼에 찔렸다. 아무튼 이번에는 많은 사람이 살해되지 않았다. 왜냐하면 그 민족은 그런 일을 경험했고 주의했기 때문이다. 그런데 그러한 기회에 왕은 자기가 혐의를 두고 있는 자를

---

24. [편주] T. E. Bowdich, *Mission from Cape Coast Castle to Ashantee*(『케이프 코스트 성에서 아샨티에 이르는 미션』), London, 1819, 2 vol.
25. [편주] 1817년에 쿠마시의 주재관이었다.

모조리 죽여버리는데, 그 경우 이러한 행위는 신성한 행동의 성격도 지닌다. 장례식에서도 사정은 마찬가지다. 모든 것은 제정신이 아닌 몰아적 상태의 성격을 띤다. 죽은 자의 노예들이 학살된다. 다시 말하면 머리는 물신에게 바쳐지고 육체는 친족에게 속한다. 이때 친족들은 이 육체를 먹어 치운다. 다호메이의 왕이 사망할 때 — 그의 궁전은 거대하다 —, 궁전에서는 대반란이 일어난다. 모든 집기가 파괴되고, 닥치는 대로 살육이 자행된다. 왕의 아내들은 죽음을 준비한다(그 숫자는 앞에서 언급했듯이 3,333명이다). 그들은 거기서 하나의 필연을 보고 이를 위해 차려입으며 자기의 노예들에게 살해된다. 도시와 나라의 모든 사회적 유대는 해소된다. 살인과 절도가 어디에서나 일어나며, 사적 복수도 벌어진다. [233]그러한 한 기회에는 6분 동안에 궁전에서 500명의 부인이 살해되었다. 고위 관리들은 광란과 살육에 종지부를 찍기 위해 왕위 계승자를 앉히려고 최고도로 서두른다.

가장 끔찍한 현상은 훨씬 안으로 콩고강 변에 자리 잡은 자켄족을 지배한 한 부인의 그것이다.[26] 그녀는 그리스도교로 개종하고는 배교했고, 다시 한번 개종했다. 그녀는 방탕하게 살았고, 자기 어머니와 싸우다가 그녀를 왕좌에서 밀어냈으

..
26. [편주] Cavazzi, S. 149ff.

며, 여러 정복으로 유명해진 하나의 여인국을 건설했다. 그녀는 자기 어머니나 아들에 대한 모든 사랑을 공적으로 포기했다. 이 아들, 아직 어린아이를 그녀는 대중 앞에서 절구통에 으깨어 죽였고, 그 피를 자기 몸에 발랐으며, 언제나 빻아 죽임을 당한 아이들의 피를 저장할 수 있도록 했다. 그녀의 법률은 무시무시했다. 그녀는 남편들을 쫓아내거나 살해하도록 했다. 모든 부인은 자기의 남자아이를 죽여야만 했다. 임신한 부인들은 숙영지 밖으로 가서 숲속에서 출산해야만 했다. 다음으로 그녀는 이 여인들에 앞장서서 너무도 끔찍한 황폐화를 빚어냈다. 마치 복수의 여신들처럼 그녀들은 이웃의 모든 것을 파괴했고 인육을 먹었다. 그리고 그녀들은 토지를 경작하지 않았기 때문에, 약탈을 통해 살아가도록 추동되었다. 그 후 여인들에게는 노예로 삼은 전쟁 포로를 남편으로 사용하거나 그들에게 자유를 부여하도록 허용되었다. 이러한 상황은 여러 해 동안 지속되었다. 여자들이 전쟁에 나서는 것은 아프리카적 상태에 대해 특유하다. 아샨티–다호메이에는 여성 군단이 존재하며, 왕은 그들과 함께 출정한다. 다호메이에서는 — 이는 플라톤적 공화국의 한 단편이 실현된 것으로 보일 수 있을 것이다 — 아이들이 가족에 속하는 것이 아니라 태어난 후 곧 각 촌락에 분배되어 공적으로 길러진다. 많은 여인이 왕을 에워싸고 있다. 결혼하기를 원하는 자는 왕궁 앞에서 약간의 돈을 지급해야만 하고, 그 후 아내를 얻는다. 모든 이는 젊었거나 늙었거나 자기에게 오는 여자를 취해야만 한다. 국왕의 아내들은 그러한 결혼 지원자를 기만한다. [24]그녀들은 지원자에게 우선 그가 부양해야만 하는 한 어머니를 주고, 그러면 그는 아내를 얻기 위해 다시 한번 와야만 한다.

지금까지 여러 가지로 언급한 이 모든 특징으로부터 분명해지는 것은 흑인의 성격을 특징짓는 것은 제어하지 못함이라는 점이다. 이러한 상태에서는 발전이나 교양을 이룰 수 없으며, 오늘날 우리가 보고 있듯이 그들은 언제나 그러했다. 여기서 지배하는 감성적 자의의 엄청난 에너지 속에서 인륜적인 것은 아무런 규정된 힘을 지니지 못한다. 인간 본성 속에서 두려워할 만한 현상을 알아보고자 한다면, 우리는 그것을 아프리카에서 찾아볼 수 있다. 이 대륙에 관한 가장 오랜 보고들도 같은 것을 말해준다. 이 대륙은 본래 역사를 지니지 않는다. 그러므로 우리는 이와 더불어 아프리카를 떠나며, 이후에는 그에 대해 더는 아무런 언급도 하지 않으려 한다. 왜냐하면 아프리카는 역사적인 대륙이 아니기 때문이다. 이 대륙은 아무런 운동이나 발전도 드러내 보일 수 없으며, 가령 그 속에서, 다시 말하면 이 대륙의 북부에서 벌어진 것은 아시아와 유럽 세계에 속한다. 거기서 카르타고는 중요하고 일시적인 계기였다. 그러나 페니키아의 식민지로서 그것은 아시아에 속한다. 이집트는 동쪽에서 서쪽으로의 인간 정신의 이행에서 고찰될 것이지만, 그것은 아프리카의 정신에 속하지 않는다. 우리가 본래 아프리카에서 이해하는 것은 아직도 전적으로 자연적 정신에 사로잡혀 있는 비역사적이고 폐쇄적인 것이며, 그것은 여기서 다만 세계사의 문턱에서 소개되어야만 했다.

β) 아시아

아프리카를 우리로부터 밀어낸 후 이제야 비로소 우리는 세계사의 현실적 무대에 서게 된다. 흑인들에게서 개별자의 자연적 의지는 아직 부정되지 않았다. 그러나 이 부정으로부터 비로소 자체적이고도 대자적인 존재의 의식이 출현한다. 이러한 의식은 동양적 세계에서 떠오른다. 여기서는 자체적이고도 대자적으로 존재하는 힘이 일어나며, 인간은 오직 이러한 보편적인 실체적인 것과 관계하는 한에서만 그 자신이 자체적이고도 대자적이다. 실체적인 힘에 대한 이러한 관계는 개인들에게 [235]자기들 사이의 결합을 준다. 그래서 아시아에서는 국가 의식의 인륜적인 것이 떠올랐다. 아시아는 일반적으로 일출의 대륙이다. 물론 각각의 모든 대륙은 본래 동시에 동쪽이자 서쪽이며, 그래서 아시아는 미국에 대해서 서쪽이다. 그러나 유럽이 일반적으로 구세계의 중심이자 끝이면서 절대적으로 서쪽인 것과 마찬가지로 아시아는 절대적으로 동쪽이다.

거기서 정신의 빛, 즉 보편적인 것의 의식과 따라서 세계사가 떠올랐다.

우리는 우선 아시아의 지리적 본성과 그 구성에 관한 개요를 말해야만 한다. 아프리카에서 자연조건은 세계사와 관련하여 차라리 부정적이었다. 아시아에서 자연조건은 긍정적이다. 따라서 아시아인들의 위대한 자연관도 저술된다. 자연이 역사에 대해 주어진 기초이듯이 그것은 또한 우리의 역사 고찰에 대해서도 그래야만 한다. 자연적인 것과 정신적인 것은 하나의 살아있는 형태를 형성하며, 이것이야말로 **역사**다. 이 대륙의 물리적 성질은 단적으로 대립들과 이 대립들의 본질적 관계를 드러낸다. 다양한 지리적 원리들은 자기 내에서 전개되고 형성된 형태화들이다. 여기서 다루어지는 두 지대, 즉 고지와 분지는 아시아에서 전적으로 대립하는 인간 행위를 위한 지반이다. 그러나 이 두 지대는 본질적으로 교호 작용을 하며, 예를 들어 이집트에서 그러하듯이 고립되어 있지 않다. 오히려 바로 이러한 전적으로 대립하는 성질들의 관계야말로 아시아에 대해 특징적이다.

우선 북쪽의 사면을 이루는 시베리아는 배제되어야 한다. 그것은 우리에 대해 고찰 저편에 놓여 있다. 그 땅의 전체적 성질은 그 땅이 역사적 문화의 무대가 되고 세계사 속의 어떤 특유한 형태를 형성할 수 있었던 그런 것이 아니다. 거기서

여러 대하가 알타이산맥으로부터 북쪽의 대양으로 흘러 들어
간다는 점에서 나타나는 장점들은 기후에 의해 다시 격하된다.
그 밖의 아시아는 우선은 아프리카와 마찬가지로 세계에서
가장 높은 산맥들을 포함한 산맥대를 지닌 옹골찬 고지를
보여준다. 이러한 산맥대는 바깥으로 깊숙이 낮지는 일련의
산맥들로 나타난다. [236]이 고지는 남쪽과 남동쪽에서는 무스
타크산맥이나 이마우스산맥에 의해 경계 지어지고, 그러고
나서 더 남쪽으로는 히말라야산맥이 그것과 평행하여 달려
나간다. 동쪽으로는 남으로부터 북으로 달리는 산맥이 아무르
강 유역을 분리한다. 이 지역은 그 대부분을 만주족이 점유하고
있는데, 이들은 중국을 지배하며, 원래는 유목하는 생활 방식
으로 살았고, 중국의 황제도 여름에는 이 유목 생활을 한다.
북쪽에는 알타이산맥과 송가르산맥이 놓여 있다. 이 송가르산
맥과 연관하여 북서쪽에는 무사르트가 그리고 서쪽에는 벨루
르타크가 있는데, 이 벨루르타크는 힌두쿠산맥에 의해 다시
무스타크와 결합해 있다.

이 높은 산맥은 거대한 하천들에 의해 관통되며, 이 하천들
은 엄청나게 비옥하고 풍요로운 거대한 분지들, 즉 특유한
문화의 중심지들을 형성한다. 이들 분지는 본래 협곡이라고는
할 수 없는 진흙 평원이다. 이들은 차라리 본래의 협곡들과
그 협곡들의 무수히 많은 부분을 형성하는 유럽의 하천 유역의

형태화와는 전적으로 다르다. 그러한 평원에는 황하와 양쯔강, 즉 동쪽으로 흐르는 노란색 강과 푸른색 강에 의해 형성된 중국의 분지들, 다음으로는 갠지스강에 의해 형성된 인도의 분지가 속한다. 북쪽에서 또한 경작지, 즉 펀자브 지방을 이루는 인더스강은 덜 중요하다(남쪽에는 이 강이 그 사이로 흘러가는 모래 평원이 놓여 있다). 더 나아가 아르메니아에서 유래하여 페르시아 산맥의 서쪽에서 흐르는 티그리스강과 유프라테스강의 땅들도 있다. 카스피해는 동쪽과 서쪽에서 그와 같은 하곡을 지니며, 동쪽에는 아랄해로 흘러 나가는 옥수스강[27]과 약사르테스강[28](즉, 기혼강과 시혼강)에 의해 형성된 하곡을 지닌다. 전자, 즉 기혼강은 예전에는 카스피해로 흘러들었으나 그 후 방향이 바뀌었다. 벨루르타크와 카스피해 사이의 큰 땅은 구릉으로 이어지는 넓은 평원이며, 세계사에 대해 특히 중요하다. 서쪽으로 키루스강과 아락스강(쿠르강과 아라스강)은 조금 덜 넓지만, 마찬가지로 비옥한 평야를 형성한다. 평원의 고지인 아라비아도 포함될 수 있는 중앙아시아의 산지는 평지이면서 동시에 고지로서의 성격도 지닌다. 여기서는 자기의 가장 위대한 자유에 대한 대립이 나타났다. 빛과 어둠, [237]순수 직관의 장관과 추상 — 우리는 이를 오리엔

- -
27. 아무다리야강. 중앙아시아에서 가장 긴 강이다.
28. 시르다리야강의 옛 명칭.

탈리즘이라고 부른다 — 은 여기서 그 근원을 지닌다. 전적으로 무엇보다도 특히 페르시아가 여기에 속한다.

평원과 고지는 단연코 확연하게 상반된 성격을 지닌다. 세 번째 것은 전방 아시아에서 등장하는 그 원리들의 혼합이다. 여기에는 사막의 땅, 평원의 고지, 그로부터 너무도 엄청난 광신이 유래한 제어되지 않는 자유의 나라인 아라비아가 속한다. 또한 여기에는 바다와 연결되고 유럽과의 연관이 형성되는 시리아와 소아시아가 속한다. 그들의 문화는 유럽으로 옮겨졌으며, 그들은 유럽과의 영속하는 연관 속에 존재한다. —

지리적 규정성에 대한 이러한 상기 후에는 그 규정성에 의해 민족들과 역사가 획득한 성격에 대해 무언가가 이야기될 수 있다. 가장 중요한 것은 하천 평원에 대한 고지의 관계다. 또는 오히려 세계사적 관점에서 최고로 중요한 지점인 것은 고원 그 자신이라기보다는 높은 산이 평원을 향해 내달리는 협곡이다. 특히 여기서 자기의 자리를 지니는 민족들과 하천 평원에서 펼쳐지는 문화의 성격과의 연관은 아시아의 역사에서 강조되어야만 한다. 산지에 속하는 민족들에게서는 목축이 그들의 출발을 이루는 원리다. 다음으로 하천 평원의 원리는 농경과 산업의 형성이다. 전방 아시아에 속하는 세 번째 원리는 외국과의 무역과 항해다. 이 원리들은 여기서 추상적으로 등장하여 서로에 대한 본질적 관계에 들어선다. 이를 통해 이 원리들은 서로 구별되는 규정들에서 등장하여 민족들의 삶의 방식과 역사적 성격의 공통 원리들을 형성한다.

그래서 목축은 산악 민족들에서 세 개의 서로 다른 상태로 이어진다. 한편으로 우리는 제한된 욕구 속에서, 같은 형식의 영역 안에서 진행되는 평온한 유목 생활을 관찰한다. 다른 한편으로 그러한 유목민에게서 형성되는 약탈 행위에서 불안이 생겨난다. 그러나 셋째로 그들 유목민이 정복하게 되는 상태가 들어선다. 이 민족들은 자기 자신을 역사로 [238]발전시키지는 못하더라도 이미 자기의 형태를 변화시키려는 강력한 충동을 소유하며, 비록 그들이 역사적 내용을 지니지는 않더라도 그들로부터 역사의 시작이 취해질 수 있다. 말, 낙타, 양과 그보다는 덜하게는 소의 사육과 같은 가장 친밀한 활동에서 그들에게 특유한 것은 평온한 진행을 이어 나가거나 한편으로는 약탈로 이행하고 다른 한편으로는 거대한 집단이 서로 힘을 합쳐 분지를 습격하는 것으로 이어지는 떠도는 불안정한 삶이다. 이들 집단은 자기 내의 형성·발양에 도달하지 못한다. 그들은 정복 행위를 감행한 후 분지에서 자기의 성격을 상실할 때 비로소 교양을 획득한다. 그러나 그들은 그러한 행위를 통해 엄청난 충격을 주었고, 세계의 외면적 형태에서의 황폐화와 변화를 초래했다.

두 번째 원리는 여기서 우리에게 가장 흥미로운 것, 즉 농경의 요소를 갖춘 분지의 원리다. 오로지 농경에 이미 불안정의 종식이 놓여 있다. 농경은 그 자체로 고정성을 자기 내에 포함한다. 농경은 미래를 위한 대비와 염려를 요구한다. 그리하여 보편적인 것에 대한 반성이 일깨워지고, 가족을 위한 배려가 일반적 방식으로 이루어지며, 여기에는 이미 소유와 개별적 영업의 원리가 놓여 있다. 중국, 인도, 바빌로니아는 이러한 양식으로 위대한 문화국으로 고양되었다. 그러나 그들은 자기 내에 폐쇄되었고 바다의 원리에 관여하지 않았으며, 적어도 그들의 특유한 원리의 완성을 획득한 후에는 그러지 않았다. 그리고 그들이 그렇게 할 때도 그것이 그들 문화와 교양의 계기를 이루지는 않는다. 그래서 그들에 관해서는 그들 자신이 방문을 받거나 탐구되는 한에서만 그 이상의 역사와의 연관이 현존할 수 있었다. 이러한 중간 원리는 아시아에 특징적인 것이다. 낮과 밤의 대립 또는 지리적으로 표현하자면 분지와 산맥대의 대립은 아시아 역사의 규정성을 이룬다. 고지의 산맥대, 고지 자신과 하천 평원은 물리적이고 정신적으로 아시아를 특징짓는 것들이다. 그러나 그것들 자신이 구체적으로 역사적인 요소인 것이 아니라 오히려 저 대립이 단적으로 관계하고 있다. 사람들이 [239]평야의 비옥함에 뿌리내리는 것이야말로 산지나 고지 주민들의 불안정성과 불안 및 떠돎에 대해 추구해 나가야 할 지속적인 대상이다. 자연적으로 서로 분리된 것이 본질적으로 역사적 관계 속에 들어선다.

전방 아시아는 두 계기를 합일시켜 지닌다. 그것은 다양한 형태화의 땅이다. 유럽에 대한 소아시아의 관계는 그에게 무엇보다도 특유한 점이다. 거기서 대두한 것을 그 땅은 그 자체로 간직하지 않았고 유럽 쪽으로 내보냈다. 그 점에서 그것은 그 땅 자신에서 완성되지 않고 그 완성이 유럽에서 비로소 이루어진 원리들의 떠오름이었다. 그것은 모든 종교적이고 모든 국가적인 원리의 떠오름을 나타내지만, 유럽에서야 비로소 이들 원리의 발전이 이루어졌다. 그 땅은 지중해와 관계한다. 아라비아와 시리아, 무엇보다도 유대, 티루스[29] 및 시돈이 속하는 그 해안은 그 땅의 가장 오랜 시작에서부터 무역의 원리를, 그것도 유럽을 향해서 관철한다. 소아시아에서는 트로이와 이오니아, 더 나아가서는 흑해 연안에서 아르메니아를 지니는 콜키스가 아시아와 유럽 사이의 주요 연결점이었다. 하지만 또한 볼가의 넓은 평원도 그곳에서 유럽 쪽으로 범람하듯 넘어간 아시아의 엄청난 대군이 통과한 것으로 인해 기억할 만하다.

..
29. Tyrus, Tyros의 라틴어 형. 고대 페니키아의 도시.

γ) 유럽

유럽에서는 우리가 아프리카에서 그리고 더 나아가서는 아시아에서 등장한다고 보았던 지형상의 구별이 그렇게 지배적이지 않다. 여기에는 고지의 그렇게 확고한 핵심이 존재하지 않는다. 그것은 유럽에서는 무언가 종속된 것이다. 또한 평원의 원리도 뒤로 물러선다. 특히 남쪽과 서쪽은 산과 구릉으로 둘러싸인 다양한 모습의 많은 협곡을 보여준다. 그러므로 유럽의 성격은 물리적인 성질이 아시아에서와 같이 날카롭게 대조되는 것들로 갈라지는 것이 아니라 오히려 그것들이 혼합되고 그 대립이 해소되거나 적어도 완화되어 이행하는 본성을 떠맡는다는 점이다. 하지만 유럽의 형태화에서도 세 부분이 구별되어야 한다. [240]그러나 거기서는 고지와 분지가 대립하지 않는 까닭에 그것들은 다른 구분 근거를 지닌다.

첫 번째 부분은 유럽의 남부, 즉 피레네산맥 이남 지역, 알프스산맥에 의해 그 밖의 프랑스, 스위스, 독일로부터 차단된 남프랑스와 이탈리아, 그리고 도나우강 유역 남쪽으로 그리스를 포함하여 헤무스를 향해 이어지는 동방의 지역들이다. 오랫동안 세계사의 무대였던 이 부분은 자기 내에 뚜렷한 핵심을 지니는 것이 아니라 주로 외부로, 즉 지중해로 향한다. 유럽의 중부와 북부가 아직 개화되지 않았을 때 세계정신은 여기서 자기의 장소를 발견했다. 알프스산맥 이북 지역은 다시 두 부분으로 구별될 수 있다. 서쪽의 독일, 프랑스, 덴마크, 스칸디나비아는 유럽의 **심장부**, 율리우스 카이사르가 열어 보인 세계다. 여기서 관계를 찾아낸 카이사르의 세계사적 행위는 장년의 행위인데, 그것은 전방 아시아를 서양화시킨 젊은이의 행위가 알렉산드로스 대왕의 시도였던 것과 마찬가지다. 그러나 알렉산드로스 대왕은 동양을 그리스적 삶으로 들어 올린다는 그의 기도에서 카이사르의 시도보다는 덜 성공적이었다. 물론 알렉산드로스의 작품은 일시적이었지만, 어쨌든 그리하여 그에 의해 창출된 동양과 서양의 결합으로부터 서양을 위한 그 이상의 위대한 세계사적 시원들이 출현할 수 있었다. 그래서 그의 행위는 실로 그 내실에 따라서 상상력에 대해 가장 위대하고 가장 아름다운 것이지만, 그 결과에 따라서는 하나의 이상과 마찬가지로 곧바로 다시 사라졌다. — **유럽의 동북부**는 세 번째 부분이다. 그 부분은 슬라브 민족에게 속했고 아시아와의 연관을 형성하는 특유한 본성의 북부 평원, 주로 러시아와 폴란드를 포함한다. 이들은 뒤늦게서야 역사적 국가의 대열에 들어서며 지속해서 아시아와의 연관을 유지하고 있다.

유럽의 자연에서 개별화된 유형이 다른 대륙에서처럼 그렇게 두드러지지 않기 때문에, 여기에는 또한 좀 더 보편적인 인간이 존재한다. 분리된 물리적 질들에 결부되어 나타나는 생활 방식은 지리적 구별이 [24]서로에 대해 단지 미미하게만 드러나는 여기서는 특히 아시아에서 역사에 대해 규정적인 분리나 독자성으로 등장하지 않는다. 자연의 삶은 동시에 우연성의 지반이다. 이러한 지반은 오직 그 보편적 특징에서만 하나의 규정적인 것, 정신의 원리에 상응하는 것이다. 예를 들어 그리스 정신의 성격은 개체적인 개별화를 초래하는 해안지대라는 지반으로부터 출현한다. 로마 제국도 대륙의 중심에서는 생겨날 수 없었을 것이다. 인간은 모든 기후에서 살 수 있다. 그러나 기후는 제한되어 있으며, 그런 까닭에 인간 안에 존재하는 것에 대해 외적인 것으로서 나타나는 힘이다. 그러므로 유럽의 인류는 자연히 좀 더 자유로운 존재로서 현상하는데, 왜냐하면 여기서는 그러한 자연 원리가 지배적인 것으로서 나타나지 않기 때문이다. 아시아에서 오히려 서로에 반한 외적인 갈등에서 나타나는 생활 방식의 구별이 유럽에서는 오히려 구체적인 국가 안에서의 신분들로 등장한다. 지리적 측면에서의 주요 구별은 내륙 지역과 해안 지역 사이의 구별이다. 아시아에서 바다는 아무런 의의도 지니지 않는다. 반대로 민족들은 바다에 대해 폐쇄되었다. 인도에서는 바다로 나가는 것이 종교에 의해 실정적으로 금지되어 있다. 그에 반해 유럽에서는 바로 바다에 대한 관계가 중요하다. 그것은 지속하는 구별이다. 유럽의 국가는 오로지 바다와 연관될 때만 참으로 유럽의 국가일 수 있다. 바다에는 아시아적 삶에 없는 전적으로 특유한 넘어섬, 즉 삶의 자기 자신을 넘어섬이 놓여 있다. 그리하여 개별적 인격의 자유의 원리가 유럽의 국가 생활에서 생성되었다.

[242] 2. 세계사의 구분

세계사의 구분은 일반적 개관을 제공하는 동시에 그 연관을 이념에 따라서도, 즉 내적 필연성에 따라서도 알아볼 수 있게 만드는 목적을 지닌다.

지리적 개관에서 우리에게는 이미 일반적으로 세계사가 취하는 특징이 제시되었다. 태양은 동양에서 떠오른다. 태양은 빛이다. 그리고 빛은 자기 자신에 대한 보편적인 단순한 관계이자 따라서 자기 자신 내에서 보편적인 것이다. 자기 자신 내에서의 이러한 보편적인 빛은 태양에서 하나의 개체, 하나의 주체. 우리는 종종 한 사람이 아침이 밝아오는 것, 빛이 드러나는 것, 태양이 장엄하게 떠오르는 것을 어떻게 바라보는지 떠올려 왔다. 그러한 묘사는 이러한 밝음 속에서의 황홀감, 경이감, 자기 자신의 무한한 망각을 두드러지게 할 것이다. 하지만 태양이 한동안 떠올랐을 때, 놀람은 누그러질 것이고, 눈길은 오히려 자연과 자기에게로 주의를 돌리지 않을 수 없을 것이다. 그래서 그는 자기의 고유한 밝음에서 보게 되고, 자기 자신의 의식으로 이행할 것이며, 경탄의 처음에 놀라는 무작위로부터 자기 자신으로부터의 행위로, 형성으로 나아갈 것이다. 그리고 저녁에 그는 하나의 건축물, 내적 태양, 즉 그가 자기의 노동을 통해 산출해 낸 자기의식의 태양을 완성했을 것이다. 그리고 그는 이 내적 태양을 외면적 태양보다 더 높이 평가할 것이며, 자기의 건축물에서 정신에 대해 처음에는 외면적 태양에 대해 맺었던 관계를, 그러나 오히려 자유로운 관계를 맺었을 것이다. 왜냐하면 이 두 번째 대상은 그 자신의 정신이기 때문이다. 여기에는 본래 세계사 전체의 도정, 정신의 위대한 날, 정신이 세계사 속에서 성취하는 정신의 하루 일이 포함되어 있다.

[243]세계사는 동에서 서를 향해 간다. 왜냐하면 유럽은 단적으로 세계사의 끝이고 아시아는 시작이기 때문이다. 동쪽은 그 자체로는 전적으로 상대적인 어떤 것이지만, **탁월한 의미의** κατ' ἐξοχὴν 하나의 동쪽이 세계사에 대해 현존한다. 왜냐하면 비록 대지가 구형을 이루고 있을지라도 역사는 대지의 둘레에서 원을 그리는 것이 아니라 오히려 하나의 규정된 동쪽을 지니고, 그것이 바로 아시아이기 때문이다. 여기서 외면적인 자연적 태양이 떠오르며, 그것은 서쪽에서 진다. 그러나 그

대신 서쪽에서는 자기의식의 내적인 태양이 떠올라 좀 더 고차적인 광채를 발산한다. 세계사란 자연적 의지의 제어되지 않음을 보편적인 것과 주관적 자유에 이르게 하는 길들임이다.

현상에서 우리의 대상 그 자체는 **국가**다. 국가가 보편적 이념, 즉 개인들이 태어나면서부터 신뢰와 관습을 가지고서 관계하고 그 속에서 자기의 본질과 현실, 자기의 앎과 의욕을 지니며 그 속에서 자기에게 가치를 부여함으로써 자기를 보존하는 보편적인 정신적 생명인 까닭에, 관건이 되는 것은 두 가지 근본 규정, 즉 첫째로 국가의 일반적 실체, 그 자체에서 옹골찬 하나의 정신, 절대적 위력, 민족의 자립적 정신이며, 둘째로 개성 그 자체, 주관적 자유다. 구별은 개인의 현실적 삶이 저 통일의 반성 없는 관습과 습속인가, 아니면 개인이 반성적이고 인격적인, 대자적으로 존재하는 주체인가 하는 것이다. 이러한 관계 속에서는 **실체적** 자유가 **주관적** 자유와 구별되어야 한다. 실체적 자유란 의지의 그 자체에서 존재하는 이성이며, 그 경우 그 이성은 국가 안에서 전개된다. 그러나 이성에 대한 이러한 규정에는 아직 고유한 통찰이나 고유한 의욕, 다시 말하면 개인 속에서 비로소 자기 자신을 규정하고 자기의 양심 속에서 개인의 반성 작용을 이루는 주관적 자유는 현존하지 않는다. 단지 실체적일 뿐인 자유에서는 계명과 법률이 자체적이고도 대자적으로도 고정된 것이며, 주체는 그에 대해 완전한 예속 상태에 처해 있다. 그런데 이러한 법률은 고유한 의지에 전혀 상응할 필요가 없으며, 그리하여 주체는 [244]고유한 의지나 고유한 통찰이 없이 부모에게 순종하는 아이들과 같은 상태에 있다. 그러나 주관적 자유가 일어서고 인간이 외적 현실로부터 자기의 정신 속으로 내려오게 되듯이 자기 내에 현실의 부정을 내포하는 반성의 대립이 들어선다. 요컨대 현재로부터의 물러섬은 이미 자기 내에 대립을 형성하는바, 그 대립의 한 측면은 신, 신적인 것이지만, 다른 측면은 특수한 것으로서의 주체다. 세계사에서 문제가 되는 것은 바로 이 두 측면이 절대적 일체성 속에, 참다운 화해 속에 존재하는 관계를 산출하는 것 이외에 아무것도 아닌바, 이 화해에서는 자유로운 주체가 정신의 객관적 방식 속에서 가라앉는 것이 아니라 오히려 자기의 자립적인 권리에 도달하지만, 그와 마찬가지로 절대정신, 객관적인 옹골찬 일체성이 자기의 절대적 권리를 획득한다. 동양의 직접적인 의식 속에서는 이 두 측면이 분리되어 있지 않다. 실체적인 것은 개별적인 것에 대해 구별될지라도, 대상은 아직 정신 속에 놓이지 않았다.

따라서 정신의 첫 번째 형태는 **동양적** 형태다. 이 세계의 근저에는 직접적 의식, 실체적 정신성이 놓여 있으며, 이는 더는 특수한 자의의 앎이 아니라 태양의 떠오름, 즉 대자적으로 자립적이고 독립적이며 그에 대해 주관적 의지가 우선은 믿음, 신뢰, 순종으로서 관계하는 본질적 의지의 앎이다. 구체적으로 파악하면 그것은 **가부장제적 관계**다. 가족 안에서 개인은 하나의 전체인 동시에 저 전체의 한 계기이며, 그 속에서 공동의 목적 속에서 살아가는데, 그 목적은 공동의 것으로서 자기의 특유한 실존을 지니는 동시에 그 속에서 또한 개인의 의식에 대한 대상이기도 하다. 이러한 의식은 가장 속에 현존하는데, 그는 의지이자 공동의 목적을 위한 활동이며, 개인들을 돌보면서 그들의 행위가 이 목적으로 향하게 하고 그들을 교육하고 일반적 목적에 부합하도록 한다. 개인들은 이러한 목적에 대해, 그리고 가장과 그의 의지 속에서의 그 목적의 현전에 대해 알지 못할 뿐만 아니라 그것을 넘어서려고 하지도 않는다. 이러한 것은 필연적으로 한 민족의 의식이 존재하는 최초의 방식이다.

그러므로 현존하는 것은 우선은 국가인데, 그 속에서 주체는 아직 자기의 권리에 도달하지 못했고 [245]오히려 직접적이고 법률 없는 인륜이 지배하는바, 이는 역사의 유년기다. 이 형태는 두 측면으로 쪼개진다. 첫 번째 측면은 가족 관계에 근거하는 국가, 즉 훈계와 징벌을 통해 전체를 결속하는 아버지의 돌봄 국가, 산문적인 나라인데, 왜냐하면 여기서는 대립, 이념성이 아직 떠오르지 않았기 때문이다. 동시에 그것은 지속의 나라이기도 하다. 그것은 자기로부터 변화할 수 없다. 이러한 것이 후방 아시아*Hinterasien*[동아시아]의 형태, 본질적으로 중국 제국의 형태다. — 다른 측면에서 이러한 공간적 지속에는 시간의 형식이 대립한다. 자기 내에서 또는 원리적으로 변화하지 않는 국가들은 서로에 대한 무한한 변화 속에, 그들에게 급속한 몰락을 가져오는 멈추지 않는 갈등 속에 존재한다. 국가가 외부로 향함으로써 개체적 원리의 예감이 들어선다. 투쟁과 싸움은 하나의 자기 집중, 자기 내 파악이다. 그러나 이러한 예감 자신은 아직은 오히려 무력하고 무의식적이며 자연적인 예감으로서 — 아직은 자기를 아는 인격성의 빛이 아닌 빛으로서 나타난다. 이러한 역사 자신도 아직은 주로 몰역사적인데, 왜냐하면 그것은 단지 똑같은 장엄한 몰락의 반복일 뿐이기 때문이다. 용감성, 힘, 의협심을 통해 이전의 장려함의 자리에 들어서는 새로운 것도 똑같은 퇴락과 몰락의 순환을 통과한다. 그러므로 이러한 몰락은 참다운 몰락이 아닌데, 왜냐하면 이 모든 쉼 없는 변화를 통해 아무런 진보도 이루어지지 않기 때문이다. 이를테면 몰락한 것을 대신해 들어서는 새로운 것도 몰락하는 것 속으로 가라앉는다. 여기서는 아무런 진보도 일어나지 않는다. 이러한 불안정은 비역사적인 역사다. 이와 더불어 역사는, 그것도 단지 외면적으로만, 다시 말하면 선행하는 것과의 연관 없이, — 중앙아시아 일반을 향해 이행한다. 우리가 인간 나이와의 비교를 계속하고자 한다면, 이것은 더는 아이의 평온과 신뢰 속에 있지 않고 서로 쥐어뜯고 맞붙어 싸우는 소년기일 것이다.

좀 더 자세히 하자면 동양적 정신은 직관, 즉 자기 대상에 대한 직접적 관계의 규정 속에 있지만, 그리하여 이 관계는 주체가 실체성 속에 함몰해 있고, [246]아직 옹골참과 통일로부터 자기의 주관적 자유로 이끌려 나오지도 못하고 쟁취하지도 못했다는 것으로 규정된다. 그래서 주체는 아직 자기 자신으로부터 보편적 대상을 산출하지 못했다. 그래서 대상은 아직 주체로부터 다시 태어난 것이 아니다. 그의 정신적 방식은 아직 표상되어 있지 않다. 오히려 주체는 직접성의 관계에 따라 존립하며, 직접성의 방식을 지닌다. 그런 까닭에 대상은 하나의 주체이고, 직접적 방식으로 규정되어 있으며, 자연적 태양의 방식을 지니고, 자연적 태양과 마찬가지로 정신적이 아닌 감성적인 환상의 형성물인바, 바로 그런 까닭에 자연적인 개별적 인간이다. 그래서 민족의 정신, 실체는 개인들에게 대상적이며, 한 인간의 방식에서 현존한다. 왜냐하면 인간적 존재야말로 언제나 형태화의 가장 높고 가장 존귀한 방식이기 때문이다. 특히 한 인간은 자기 민족에 의해 정신적 통일로서, 즉 그 속에 전체, 일자가 존재하는 주체성의 형식으로서 인지되는 주체다. 이러한 것이 동양적 세계의 원리인바, 개인들은 아직 자기의 주관적 자유를 자기 내에서 획득하지 못하고 오히려 실체에서의 우유적偶有的 존재로서 유지된다. 그러나 이 실체는 스피노자의 실체처럼 추상적 실체가 아니라 수령의 방식으로 자연적 의식에 대해 현전하는바, 개인들은 모든 것이 오로지 그에게 속하는 것으로 바라본다.

실체적 힘은 자기 내에 두 측면을 포함한다. 하나는 지배하는 정신이고, 다른 하나는 이 정신에 대립하는 자연이다. 이 두 계기는 실체적 힘 속에 합일해 있다. 거기에는 실체적인 것을 관철하고 입법자로서 특수한 것에 대립하는 하나의 주인이 존재한다. 그러나 여기서 우리는 그 지배자를 우리가 현세적 통치라고 부르는 것에만 한정해서는 안 된다. 성직자적 통치는 아직 분리된 것으로서 등장하지 않았다. 우리는 동양 세계에서의 지배를 신정 체제라고 부를 수 있다. 신은 현세적 통치자이며, 현세적 통치자는 신이다. 양자는 일체화된 통치자다. 거기서는 신인Gottmensch이 지배한다. 우리는 거기서 이러한 원리의 세 가지 형태를 구별해야 한다.

중국과 몽골 제국은 신정 체제적 전제의 나라다. 여기서는 가부장적 상태가 근저에 놓여 있다. 아버지가 정점에 서 있으며, 그는 우리가 양심에 귀속시키는 것에 대해서도 지배한다. [247]이러한 가부장적 원리는 중국에서는 국가로 조직되었다. 몽골인에게서는 그렇게 체계적으로 발양되지 못했다. 중국에서는 하나의 전제 군주가 정점에 서 있으며, 그는 위계질서 아래의 많은 단계에 대해 체계적으로 구축된 정부를 이끈다. 종교적 관계나 가정사도 여기서는 국법을 통해 규정된다. 개인은 도덕적으로 몰아적이다.

인도에서는 구별이 확고한 것을 이루며, 발전된 민족적 삶도 필연적으로 그 구별로 나누어진다. 여기서 각자에게 그 권리와 의무를 지정하는 것은 카스트이다. 우리는 이러한 지배를 **신정 체제적 귀족제**라고 부를 수 있다. 환상의 관념성, 즉 아직 감성적인 것으로부터 분리되지 않은 관념성은 이러한 확고한 구별 너머로 고양된다. 정신은 분명 신의 통일로 고양된다. 그러나 정신은 이러한 정점에서 자기를 붙들 수 없다. 특수성을 넘어서는 것은 야생의 방랑이자 영속적인 침몰이다.

페르시아에서는 실체적 통일이 순수하게 두드러져 있다. 그 실체적 통일의 자연적 현상이 빛이다. 정신적인 것은 선이다. 우리는 이러한 형태를 **신정 체제적 군주제**라고 부를 수 있다. 선은 군주가 나타내야 할 바로 그것이다. 페르시아인은 일군의 많은 민족을 자기 밑에 가졌지만, 그들 민족은 모두 그들의 특유성에 방치되었다. 그러므로 그들의 나라는 제국에 비길 수 있다. 중국과 인도는 자기의 원리 속에 확고히 머물렀고, 페르시아인은 동양에서 서양으로의 본래적인 이행을 이룬다. 그 경우 페르시아인들이 외적인 이행을 이루듯이 **이집트**는 그리스의 자유로운 삶에로의 내적 이행을 이룬다. 이집트에서는 여러 원리의 모순이 출현하며, 이 모순의 해소야말로 서양의 과제다.

동양적 직관의 장려함, 즉 이러한 일자, 곧 모든 것이 그에 속하고 그로부터는 여전히 아무것도 분리되지 않은 이러한 실체에 대한 직관이 우리 앞에 놓여 있다. 근본 직관은 자기 내에 확고하게 연관되어 있고 환상과 자연의 모든 부가 그에 고유한 강제력이다. 거기서는 주관적 자유가 아직 자기의 권리에 도달하지 못했고, 자기의 명예도 아직 대자적으로가 아니라 단지 절대적 대상 속에서만 지닌다. 장려하게 구축된 [248]동양의 국가들은 그 안에 모든 이성적 규정이 현존하는 실체적 형태화를 형성하지만, 그리하여 주체들은 단지 우유적 존재에 머물 뿐이다. 이들은 하나의 중심, 즉 지배자의 주위를 도는데, 그 지배자는 로마 제국의 의미에서 전제 군주로서가 아니라 가장으로서 정점에 서 있다. 왜냐하면 그는 인륜적이고 실체적인 것을 관철해야 하고, 이미 현존하는 본질적 계명을 견지해야 하기 때문이다. 그리고 우리에게서는 단연코 주관적 자유에 속하는 것이 여기서는 전체적이고 보편적인 것에서 출발한다. 그러나 이러한 실체성의 규정은 바로 대립을 자기 내에 받아들여 극복하지 않은 까닭에 곧바로 두 계기로 분열한다. 대립은 아직 그 규정 속에서 전개되지 않았으며, 그래서 대립은 그 규정 바깥에 속한다. 우리는 한편에서는 지속과 안정된 것을, 다른 한편에서는 자기를 파괴하는 자의를 본다. 이념 속에 놓여 있는 것은 본질적으로 현존하고 현재적이다. 그러나 관건이 되는 것은 그것이 어떻게 현존하는가 하는 점과 이념의 계기들이 과연 이념의 참다운 관계 속에서 현실적인가 하는 점이다. 그런데 주관성의 계기는 정신의 본질적 계기인 까닭에, 또한 현존하기도 해야만 한다. 그러나 이 주관성의 계기는 아직 화해하거나 합일하지 않았다. 그것은 진정되지 않은 방식으로 존립한다. 그래서 그로부터 아무것도 벗어나지 않고 그 앞에서는 그 어떤 자립적인 것도 형태를 갖출 수 없는 하나의 힘의 장려한 구축물에는 제어되지 않은 자의가 결합해 있다. 진정되지 않은 소름 끼치는 자의는 한편으로는 구축물 자신 속에서, 즉 실체성 자신의 위력이 지니는 현세성 속에서 발생한다. 다른 한편으로 그 자의는 현세성 외부에서 자기의 유익하지 않은 방랑을 일삼는다. 이념에 따르면 자의는 장려한 구축물 속에 존재하지 않는다. 그러나 그것은 최고로 일관성 없게 그리고 이러한 실체적 통일로부터 분리되어 현존하지 않을 수 없다. 따라서 동양적 실체성의 구축물 옆에서는 또한 고지의 변경으로부터 평온한 구축물 속으로 내려와 그것을 유린하고 파괴하는 야생의 무리가 발견되며, 그리하여 그들은 전적으로 헐벗은 땅을 만들어 내지만, 그 후 그 땅과 융합하여 자기의 야생성을 상실하지만, 일반적으로 그들은 자기 내에서 교화될 수 없으며, 그 자체로 아무런 결과 없이 먼지처럼 흩어져 버린다.

동양 세계에는 우리에 대해 국가들이 현존한다. 그러나 이 국가들 자신 내부에는 [24)]우리가 국가 목적이라고 부르는 바의 그러한 목적이 속하지 않는다. 우리는 바로 그곳의 국가 생활 속에서 실체적인, 다시 말하면 스스로 전개되지만, 자기 내에서 주관적 자유로까지 전진하지 못한 실현된 이성적 자유를 발견한다. 국가는 모두를 위한 보편적인 실체적 목적의 형식 속에 있는 실체적으로 대자적으로 사유된 것이다. 그러나 거기서 국가는 하나의 추상물인바, 자기 자신에 대해 보편적인 것이 아니다. 목적이 아니라 수령이 국가다. 앞에서 말했듯이 이러한 형태는 유년기 일반과 비교될 수 있다.

두 번째 형태는 청년기와 비교될 수 있을 것이다. 그것은 그리스 세계를 포괄한다. 이 세계에서 특징적인 것은 여기서 일군의 국가가 출현한다는 점이다. 그것은 아름다운 자유의 나라다. 그것은 그 안에서 개성이 발전하는 직접적 인륜이다. 여기서는 개성의 원리가 떠오르지만, 주관적 자유는 실체적 통일 속에 파묻혀 있다. 인륜적인 것이 아시아에서와 마찬가지로 원리이지만, 이 원리는 개성에 새겨 넣어져 있고 그리하여 개인들의 자유로운 의욕을 의미하는 인륜이다. 여기서는 동양적 세계의 두 극단, 즉 주관적 자유와 실체성이 합일되어 있다. 자유의 나라는 현존하며, 그것은 구속되지 않은 자연적 자유의 나라가 아니라 하나의 보편적 목적을 지니고 자의, 특수한 것이 아니라 민족 자신의 보편적 목적을 기도하고 그것을 의욕하며 그에 대해 아는 인륜적 자유의 나라다. 그러나 그것은 실체적 목적과 자연적이고 순진무구하게 통일된 아름다운 자유의 나라일 뿐이다. 그 나라는 인륜적인 것과 주관적 의지의 합일이며, 그리하여 이념은 조형적인 형태와 합일되어 있다. 이념은 한편으로 아직은 추상적으로 대자적이지 않으며, 오히려 마치 아름다운 예술 작품에서 감성적인 것이 정신적인 것의 각인이나 표현을 담지하듯이 현실적인 것과 직접적으로 결합해 있다. 그 나라는 순진무구한 인륜이며, 아직 도덕성이 아니다. 오히려 주체의 개인적 의지는 법[옳은 것]과 법률의 직접적 습속이나 관습 속에 존재한다. 따라서 개인은 보편적 목적과의 순진무구한 통일 속에 있다. 그에 따라 이 나라는 참된 조화, 가장 우아하면서도 무상하고 빠르게 스쳐 지나가는 꽃봉오리의 세계, [250]그 자신이 반성을 통해 자기의 옹골참을 전도시켜야만 한다는 점에서 가장 명랑하면서도 가장 불안한 형태다. 그 나라는 저 두 원리가 직접적으로 통일되어 있을 뿐인 까닭에 자기 자신 내에서 최고의 모순이다. 여기서는 동양적 세계의 두 원리, 즉 실체성과 주관적 자유가 합일되어 있다. 그러나 그것들은 다만 직접적 통일 속에 있을 뿐인바, 다시 말하면 동시에 자기 자신 내에서 최고의 모순이다. 동양에서는 모순이 서로 충돌하게 되는 극단들로 할당되어 있다. 그리스에서는 그것들이 합일되어 있다. 그러나 그리스에서 나타나듯이 그것들의 합일은 존립할 수 없다. 왜냐하면 아름다운 인륜이란 참다운 인륜이 아니고, 스스로 다시 태어난 주관적 자유의 투쟁 속에서 태어난 것이 아니라 최초의 주관적 자유이며, 그러므로 여전히 자연적 인륜의 성격을 가지고 있어 보편적 인륜의 더 높고 더 순수한 형태로 고양되어 태어난 것이 아니기 때문이다. 그래서 이러한 인륜은 자기를 통해 뿔뿔이 흩어지는 불안일 것이다. 그리고 이러한 극단들의 자기 내 반성은 이러한 나라의 몰락을 초래하게 된다. 그래서 세 번째 형태를 이루는 그 이상의 좀 더 고차적인 형식의 형성이 뒤따른다. 그리스 세계에서는 시작되는 내면성, 즉 반성 일반이 하나의 계기로서 현존한다. 그리고 다음 계기는 이러한 내적 반성, 사상, 사상의 작용이 자기를 드러내고 솟아나와 보편적 목적의 나라를 창출하는 것이다.

이러한 것이 세 번째 형태의 원리, 즉 보편성, 하나의 목적이지만, 이 목적 그 자체는 추상적 보편성 속에 있다. 이것이 **로마 제국**의 형태다. 국가 그 자체는 개인들에 우선하고 개인들 모두가 그것을 위해 행동하는 목적이다. 이러한 것은 역사의 성년기로서 여겨질 수 있다. 성인은 주인의 자의 속에서도 자신의 아름다운 자의 속에서도 살아가지 않는다. 그의 것은 고된 노동인바, 그는 자기 목적의 즐거운 자유 속에서가 아니라 봉사하며 살아간다. 그에게 목적은 실로 보편적인 것이지만, 동시에 그가 스스로 헌신해야만 하는 굳어진 것이기도 하다. 국가, 법률, 헌법은 목적들이며, 개인은 그러한 것들에 봉사한다. 개인은 그 목적들 속으로 침몰하며, 자기의 고유한 목적을 오직 이 보편적 목적 속에 있는 것으로서만 성취한다. (그러한 제국은 특히 그것이 여전히 주관적 충족의 원리를 [251]마치 종교에서처럼 자기 내에 담지할 때, 즉 그것이 신성로마제국이 될 때 영원히 존재하는 것처럼 보인다. 그러나 이 신성로마제국은 20년 전에 몰락했다.)

국가는 자기를 추상적으로 끌어올려 하나의 목적으로, 즉 개인들도 그에 참여하지만, 하나로 관통하는 구체적인 몫을 차지하는 것은 아닌 목적으로 형성하기 시작한다. 요컨대 자유로운 개인들은 이 가혹한 목적에 희생되는바, 개인들은 이 목적에 이렇게 봉사하는 가운데 그 자체가 추상적으로 보편적인 것을 위해 헌신해야만 한다. 로마 제국은 더는 폴리스 아테네가 그랬던 것과 같이 개인들의 나라가 아니다. 여기에는 더 이상 즐거움이나 기쁨이 아니라 가혹하고 고된 노동이 있다. 관심은 개인들로부터 분리된다. 그러나 개인들은 그들 자신에게서 추상적인 형식적 보편성을 획득한다. 보편적인 것은 개인들을 예속시킨다. 개인들은 보편적인 것에서 자기를 포기해야 한다. 그러나 그 대가로 개인들은 자기 자신의 보편성, 다시 말하면 인격을 얻는다. 그들은 사인으로서 법적 인격이 된다. 마치 개인들이 인격이라는 추상적 개념에 합체되는 바로 그 의미에서 민족 구성원으로서의 개인들도 이러한 운명을 겪어야 한다. 이러한 보편성 아래 개인들의 구체적 형태도 으깨지며 보편성에 대중으로서 합체된다. 로마는 모든 신과 모든 정신적인 것의 판테온이 되지만 이 신들과 이 정신은 자기 특유의 생동성을 유지하지 못한다.

다음 원리로의 이행은 추상적 보편성과 개성의 투쟁으로서 여겨져야 한다. 추상적인 것으로서 이러한 합법칙성은 완전한 주관성 속에서 몰락하지 않을 수 없다. 주체, 즉 무한한 형식의 원리는 자기 자신을 실체화하지 않았으며, 그래서 자의적인 지배로서 현상하지 않을 수 없다. 그래서 이제 대립의 현세적 화해가 정립되었다. 그러나 정신적 화해란 다음과 같은 것, 즉 개체적 인격성이 자체적이고도 대자적인 보편성으로 순화되고, 자체적이고도 대자적인 인격적 주체성으로서 변용되는 것이다. 이러한 것이 신적 인격성이다. 신적 인격성은 세계 속에, 그러나 자체적이고도 대자적인 보편적인 것으로서 현상해야만 한다.

이러한 발전을 그것의 두 측면에 따라 더 자세히 고찰하면, 반성, 즉 추상적 보편성에 기반하는 것으로서의 보편적 목적의 나라는 자기 자신 안에 명시적이고도 뚜렷한 대립을 지닌다. [252]그러므로 이 나라는 본질적으로 자기 내부에서 대립의 투쟁을 나타내며, 추상적 보편성에 대해 자의적 개성, 즉 군주의 완전히 우연적이며 철저히 현세적인 강제력이 압도한다고 하는 필연적 귀결을 지닌다. 근원적으로 추상적 보편성으로서의 국가의 목적과 추상적 인격 사이의 대립이 현존한다. 추상적 보편성의 원리는 발양되어 자기의 실현에 도달했으며, 개인은 이 원리에 자기를 상상해 넣는다. 그리고 그로부터 인격적인 것으로서의 주체가 출현한다. 주체들 일반의 개별화가 등장한다. 보편성, 그것도 주체들에게 자기화된 추상적 보편성은 그들을 법적인 인격으로, 즉 그 특수성에서 자립적이며 본질적인 그러한 인격으로 만든다. 그리하여 다른 한편으로는 형식적이고 추상적인 법의 세계, 즉 소유권의 세계가 발생한다. 그러나 인격의 다수성으로 이렇게 분열되는 것이 동시에 국가 속에 존재한다는 점에서, 이러한 국가는 더는 국가라는 추상물로서 개인들에 대립하는 것이 아니라 군주의 강제력으로서 개성 위에 선다. 더는 보편적 목적이 아닌 인격적 권리가 그에 대해 최고의 것인 추상물에서는, 즉 이러한 분열에서는 권력, 즉 이러한 결속 자신이 다만 자의적인 강제력일 수 있을 뿐, 이성적 국가 권력이 아니다. 그러므로 역사의 진행 과정에서 인격성이 우세한 것이 되고 원자들로 쪼개지는 전체는 단지 외면적으로만 결속될 수 있다는 점에서 지배의 주체적 강제력은 이 과제를 소명으로 하는 것으로서 등장한다. 왜냐하면 추상적 합법칙성이란 자기 자신 내에 구체적으로 존재하거나 자기를 자기 내에서 조직하지 못한 것이고, 그것이 권력으로 된다는 점에서 단지 우연적 주관성의 방식에서의 자의적 강제력만을 원동자이자 지배자로 지니기 때문이다. 그 경우 개별자는 발전된 사법에서 상실된 자유에 대한 위안을 추구한다. 그러므로 하나의 자의적 권력이 출현한다. 이 권력을 통해 대립이 조정되며, 평온과 질서가 현존한다. 그러나 이러한 평온은 동시에 내적인 것의 절대적 분열이다. 이는 단지 대립의 외면적이고 순수하게 현세적인 화해일 뿐이며, 그리하여 동시에 [253]전제 정치에 대한 고통을 감지할 수 있게 되는 내적인 것의 분노이기도 하다. 그러므로 둘째로 대립의 조정을 위해서는 더 고차적이고 참다운 정신적 화해가 들어서야만 한다. 강조되어야만 할 것은 다음과 같은 것, 즉 개인적 인격성이 그 자신에서 보편성으로 순화되고 변용되는 것으로서 직관되고 알려지고 의욕된다는 것이다. 자기의 가장 내적인 심층으로 떠밀려 들어간 정신은 신 없는 세계를 떠나 자기 속에서 화해를 추구하며, 이제 자기의 내면성, 즉 오직 외면적인 현존재에만 뿌리를 내린 것이 아닌 하나의 실체성을 동시에 소유하는 충족되고도 구체적인 내면성의 삶을 시작한다. 그래서 현세적일 뿐인 저 나라에는 오히려 정신적인 나라, 즉 현실적 정신의 자기를 아는, 그것도 자기의 본질 속에서 자기를 아는 주관성의 나라가 대립하게 된다. 그래서 정신의 원리, 즉 주관성이 보편성이라는 것이 현상하게 된다.

자기를 아는 주관성의 나라는 현실적 정신의 떠오름이다. 그와 더불어 네 번째 나라, 자연적 측면에 따라서는 정신의 노년기가 들어선다. 자연적 노년기는 약함이다. 그러나 정신의 노년기는 정신의 완전한 성숙이며, 그 속에서 정신은 통일로, 그러나 정신으로서 되돌아간다. 무한한 힘으로서의 정신은 이전 발전의 계기들을 자기 안에 보존함으로써 자기의 총체성에 다다른다.

그러므로 떠오른 것은 정신성과 정신적 화해다. 그리고 이러한 정신적 화해가 네 번째 형태의 원리다. 정신은 정신이야말로 참다운 것이라고 하는 의식에 도달했다. 여기서 정신은 사상에 대해 존재한다. 이 네 번째 형태는 필연적으로 그 자신이 이중화되어 있다. 내면적 세계의 의식으로서 정신, 본질로서, 사상을 통한 최고의 것에 대한 의식으로서 알려지는 정신, 정신의 의욕은 한편으로는 그 자신이 또다시 추상적이며 정신적인 것의 추상을 고수한다. 의식이 그렇게 고수하는 한에서 현세성은 또다시 자기 자신을 조야함과 야생성에 내맡기며, 그 옆에서는 현세성에 대한 완전한 무관심성이 모습을 드러낸다. 이러한 무관심성은 현세적인 것이 정신적인 것으로 향하지 않는다는 것, 현세적인 것이 의식 속에서 이성적 조직에 도달하지 않는다는 것과 결합해 있다. 이것이야말로 **이슬람교의 세계**를 이루는바, 그것은 동양적 원리의 최고 변용, [254]일자에 대한 최고의 직관이다. 그 세계는 실로 그리스도교보다 더 나중의 원천이다. 그러나 그리스도교가 세계 형태가 된 것은 오랜 세기에 걸친 노동이었고 칼 대제에 의해서야 비로소 성취되었다. 그에 반해 이슬람교가 세계 제국이 된 것은 그 원리의 추상으로 인해 **빠르게** 진행되었다. 그것은 그리스도교의 세계 통치보다 이전의 세계 통치다.

그다음으로 이러한 정신적 세계의 두 번째 형태는 정신의 원리가 구체적으로 하나의 세계로 형성된 것에 현존한다. 이 정신의 원리는 세계에 우선은 개별적 주체에서 현상하는, 신적 인격으로서의 주관성의 의식, 의욕이다. 그러나 그 원리는 현실적 정신의 나라로 완성되었다. 이 형태는 **게르만적 세계**로서 표현될 수 있는데, 세계정신이 이러한 자기의 참다운 원리를 위임한 민족들은 게르만 민족이라고 불릴 수 있다. 현실적 정신의 나라는 대자적으로 존재하는 주관성의 자체적이고도 대자적으로 존재하는 신성과의, 즉 참된 것, 실체적인 것과의 절대적 화해의 원리를 지니는바, 주체는 대자적으로 자유롭고, 그 자신이 보편적인 것에 적합하고 본질 속에 서 있는 한에서만 자유롭다. 그 나라는 구체적 자유의 나라다.

이제부터 현세적 나라와 성직자적 나라는 서로 대립하게 된다. 대자적으로 존재하는 정신의 원리는 정신의 특유성에서 자유이고, 다른 한편으로는 주관성이다. 고유한 마음은 자기가 존경해야 할 것 곁에만 존재하려고 한다. 그러나 이러한 고유한 마음은 우연적인 것이 아니라 자기의 본질에 따른, 자기의 정신적 진리에 따른 마음이어야 한다. 이러한 것을 그리스도는 우리에게 자기의 종교에서 계시한다. 마음의 진리인 그리스도의 고유한 진리는 신성과의 결합에서 자기를 정립해야 한다. 여기서 화해가 자체적이고도 대자적으로 성취된다. 그러나 이 화해가 비로소 자기 내에 성취된 까닭에, 그 직접성으로 인해 이 단계는 하나의 대립과 더불어 시작된다.

실로 이 단계는 역사적으로 그리스도교에서 이루어진 화해와 더불어 시작된다. 그러나 이 화해는 그 자신이 비로소 시작되고, 의식에 대해 그 자체에서만 성취된 까닭에, 처음에는 너무도 엄청난 대립이 나타나지만, 그 경우 그 대립은 불법으로서 그리고 지양되어야 할 것으로서 현상한다. 그것은 현세적 나라가 그에 대립하는 정신적이고 종교적인 원리의 대립이다. [255]그러나 현세적 나라는 더는 이전의 나라가 아니라 그리스도교의 나라이며, 따라서 진리에 걸맞아야만 할 그러한 나라다. 그러나 정신적 나라는 또한 이 정신적인 것이 현세적인 것에서 실현되어 있음을 인정하는 데 도달해야만 한다. 그러나 양자가 직접적으로 존재하는 한에서 현세적 나라는 자의적 주관성을 아직도 떨쳐버리지 못했으며, 그와 마찬가지로 다른 한편으로는 성직자적 나라도 여전히 현세적 나라를 인정하지 못했다. 그래서 양자는 투쟁하고 있다. 그런 까닭에 전진은 평온하고 저항 없는 발전이 아니다. 정신은 평온하게 자기의 현실화로 전진하지 않는다. 오히려 역사는 다음과 같은 것, 즉 두 측면이 자기의 일면성과 이러한 참되지 않은 형식을 벗어던지는 것이다. 한편으로는 정신에 적합해야 함에도 아직 그에 적합하지 않은 공허한 현실이 존재한다. 그런 까닭에 그 현실은 몰락하지 않을 수 없다. 다른 한편으로 정신적 나라는 우선은 외적 현세성에 침잠해 있는 성직자적 나라다. 그리고 현세적 권력이 외면적으로 억압당하듯이 성직자적 권력도 타락한다. 이러한 것이 야만의 입장을 이룬다.

  화해는 이미 언급했듯이 우선은 그 자체에서 성취되었지만, 그와 더불어 그 화해는 대자적으로도 성취되어야만 한다. 그런 까닭에 그 원리는 그야말로 엄청난 대립과 더불어 시작되어야만 한다. 화해가 절대적인 까닭에 그것은 가장 추상적인 대립일 수밖에 없다. 이 대립은 한편으로는 앞에서도 보았듯이 정신적 원리를 우선은 성직자적인 원리로서 지니며, 다른 한편으로는 조야하고 야생적인 현세성을 지닌다. 최초의 역사는 동시에 함께 묶여 있는 양자의 적대성이며, 그리하여 성직자적 원리가 현세성에 의해 인정됨에도 불구하고 이 현세성은 그 성직자적 원리에 적합하지 않지만, 그에 반해 그 현세성은 스스로도 인정하듯이 성직자적 원리에 적합하게 되어야 한다. 우선은 정신을 떠나 버린 현세성은 성직자적 권력에 의하여 억압된다. 그리고 정신적 나라 당국의 첫 번째 형식은 그 나라 자신이 현세성으로 이행함과 더불어 자기의 정신적 규정을, 그러나 이제는 자기의 권력도 상실한다고 하는 것이다. 그러고 나서 두 측면의 퇴폐로부터 야만의 소멸도 출현하며, 정신은 일반적으로 자기에 어울리는 더 높은 형식, 즉 이성성, 곧 이성적이고 자유로운 사상의 형식을 발견한다. 자기 내로 떠밀린 정신은 자기의 [256]원리를 포착하고 그 원리를 자기 내에서 자기의 자유로운 형식에서, 사상의 형식에서, 사유하는 형태에서 산출하며, 그 경우 정신은 외면적 현실 일반과 보조를 맞추고 외면적 현실 속에서 자기를 떠벌이며 현세성을 벗어나 이성적인 것의 원리를 실현할 수 있게 된다.

정신적 원리는 오직 자기의 객관적 형식, 사유하는 형식을 획득함으로써만 외면적 현실을 참으로 포월할 수 있다. 오직 그렇게 해서만 정신적인 것의 목적도 현세적인 것에서 실현될 수 있다. 근본적 화해를 성취하는 것은 사상의 형식이다. 사상의 깊이야말로 화해를 이루는 자이다. 그 경우 사상의 이러한 깊이는 현세성 속에서 나타나게 되는데, 왜냐하면 이 현세성은 현상의 개별적 주관성을 자기의 영역으로 지니지만, 바로 이 주관성에서 앎이 출현하고 현상이 실존하게 되기 때문이다. 그리하여 교회와 국가의 화해 원리가 등장하는데, 이 원리에서 성직자성은 현세성 속에서 자기의 개념과 자기의 이성성을 지니고 발견한다. 그래서 교회와 이른바 국가의 대립이 사라진다. 국가는 더는 교회 뒤에 서지 않고, 더는 교회에 종속되지 않으며, 교회는 우선권을 보유하지 않는다. 정신적인 것은 국가에 더는 낯설지 않다. 자유는 자기의 개념과 자기의 진리를 실현할 수 있는 손잡이를 발견했다. 그래서 사상의 활동을 통해, 즉 이러한 구체적 원리와 정신의 본성을 자기의 실체로 지니는 보편적 사상 규정들의 활동을 통해 현실의 나라가 이러한 구체적 사상에, 즉 실체적 진리에 적합하게 완성되는 일이 벌어졌다. 자유는 현실 속에서 자기의 개념을 발견하고 현세성을 자기 내에서 유기적으로 된 이편의 객관적 체계로 완성했다. 이러한 극복의 발걸음은 역사의 관심을 이루며, 그 경우 화해의 대자존재라는 점이 지식 속에 존재한다. 여기서 현실은 개조되고 재구성된다. 세계사의 목표는 다음과 같은 것, 정신이 자기를 하나의 자연, 즉 자기에게 적합한 세계로 완성함으로써 주체가 정신에 관한 자기의 개념을 이러한 **제2의 자연**에서, 즉 정신의 개념을 통해 산출된 이 현실 속에서 발견하고, [257]이러한 객관성 속에서 자기의 주관적 자유와 이성성의 의식을 지니는 것이다. 이것이야말로 이념 일반의 진보다. 그리고 이러한 입장은 우리에 대해 역사에서의 최종적인 것이지 않을 수 없다. 좀 더 자세한 것, 즉 그 최종적인 것이 일반적으로 완수된다고 하는 것이야말로 역사다. 또한 노동이 현존한다는 것은 경험적 측면에 속한다. 우리는 세계사의 고찰에서 지금까지 개관적으로 제시되었고 세계사가 거기서 자기의 목표를 실현하는 장구한 도정을 거쳐 가야 한다. 하지만 시간의 길이는 무언가 철저히 상대적인 것이며, 정신은 영원에 속한다. 정신에 대해서는 본래적인 길이는 존재하지 않는다. 이러한 원리가 발전되고 스스로 완성된다는 것, 정신이 자기의 현실에, 현실 속에서 자기의 의식에 도달한다는 것은 그 이상의 노동이다.

[258]3. 1826/27년 겨울 학기로부터의 보론

[S. 30에 대해]

이제 이성적인 것은 1) 논리적으로 이성적인 것이며, 이것은 여기서 우리의 대상일 수 없다. 그러나 2) 이성의 영상, 그 육체적 존재인 **자연**의 형태가 나타난다. 그러나 여기서는 자연적인 이성적인 것도 대상이 아니다. 오히려 3) 자기의식적인 **정신**으로서 현현하고, 그것도 일반적으로가 아니라 자기의식적 정신이 행위와 행동으로 세계 속에서 자기를 해명하고 세계 속에서 자기의 본질을 실행하는 그러한 이성이 나타난다.

정신 일반은 우리가 그에 머무르는 지반인바, 정신은 우리가 민족이라고 부르는 서로 다른 형태들에서 자기를 해명한다. 그래서 정신은 우리의 대상이다.

이성은 자체적이고도 대자적으로 영원하고 휴식하고 있

다. 그러나 이성은 그와 마찬가지로 활동성이며, 이성적인 것 이외에 아무것도 행하지 않는다. 이성은 내적인 것으로부터 자기를 산출하며, 그래서 이성은 산출된 것, 즉 이성이 자기인 바의 것을 그 속에서 실행하는 목적이다. 이 개념을 증명하는 것은 여기서 우리의 과제일 수 없다. 그 개념은 다만 전제되고 수긍될 수 있는 것으로 여겨질 수 있을 뿐이다. 철학의 이전 영역들은 그 개념의 증명을 포함한다. 우리가 여기서 받아들여야 할 전제들은 앞에서 이야기된 것에 포함되어 있고 우리가 일상적 의식에서도 지니는 것들과 일치하는 표상을 상기하기 위하여 여기서 언급될 수 있다.

[S. 31 f.에 대해]

세계사의 좀 더 자세한 고찰에서 밝혀지는 대립들은 일반적으로 1) 주관적 이성의 그 대상, 즉 역사에 대한 대립인바, 이는 **이론적 대립**으로 불릴 수 있으며, [259]2) 필연에 대한 자유 관계 또는 **실천적** 대립이다.

역사 고찰을 위한 두 전제는 1) 섭리가 세계를 통치한다는 것, 2) 이 섭리의 계획을 인식하는 것이 가능하다는 것이다. 그런데 우리는 어떻게 역사의 이성성에 대한 인식에 그리고 역사에 적용된 세계의 궁극 목적을 인식하는 데 도달하는가? — 이념에는 두 가지가 포함되어 있다. a) 이념 그 자체, b)

민족의 현존재, 실존의 경험적 측면. 보편적 이념은 양자의 통일이지만, 그럼에도 이 두 측면은 서로 다르다. 첫 번째 측면은 **이론적** 측면이다. 그것은 우리가 인식하고자 하는 이념이며, 우리가 어떻게 거기에 도달하는가 하는 것이 물어진다. 마치 우리가 역사 자체를 고찰해야만 하는 것처럼, 그리고 그로부터 역사의 궁극 목적이 무엇인지가 드러나게 될 것처럼 보인다. 경험적인 것, 일상적인 역사가 근저에 놓이며, 그로부터 신적인 의지가 무엇인지가 경험되어야 한다. ― 그러나 이 의지를 알게 되기 위해 우리는 마치 푸른색을 인식하기 위해서는 눈을 가져야만 하듯이 이성을 역사의 연구에 가져와야만 한다. 이성적 인간은 관찰하며, 그래서 그에게는 사상이 다가오지만, 이 사상은 외부로부터 오는 것이 아니다. 왜냐하면 그는 이 사상을 자기 내에 지니기 때문이다. 앞에 놓여 있는 사물들은 다만 그의 추사유[숙고]의 동기, 소재일 뿐이다. ― 만약 주관적이고 일면적인 견해를 가지고 세계에 다가선다면, 우리는 모든 것이 비난받아야 한다는 것을 발견한다. 우리는 모든 것이 어떻게 존재해야 하고 그러므로 실제로는 그렇지 않다는 것을 알고 있다. 그렇게 비난받을 만한 모든 것은 오직 유한한 내용만을 지닐 수 있다. 실체적인 것, 즉 관건이 되는 내용은 이성적이어야만 한다.

우리의 신은 아무것도 돌보지 않으면서 세상들의 사이 공간에 머무르는 에피쿠로스의 신이 아니다.

실체적인 것을 인식하기 위해 우리는 그 실체적인 것에 대한 의식을 가지고 와야만 한다. 마치 손에 색이 무엇인지가 숨겨져 있듯이 감성적인 것에는 실체적인 것이 무엇인지가 은폐되어 있다. 유한한 것을 파악하는 지성도 그것을 보지 못한다. 모든 형태와 현상의 다채로운 소용돌이는 자기 내에 참다운 것을 포함하며, 저 외피를 꿰뚫고서 참다운 것을 인식하는 것은 개념의 눈이다. — 철학은 지성을 그러한 주관적인 헛소리로부터 순화하는 바로 그것이다.

[260][S. 33에 대해]

이미 보통의 역사에서 행위나 사건의 일정한 선택과 배열이 행해진다면, 또한 그것의 목적이 모든 생기 사건을 서술하는 것이 아니라면, 이 점은 역사의 철학적 고찰에서 더욱더 사실이다. 소재가 수많은 경우 요약의 욕구가 들어선다. — 그러나 이 요약은 많은 사건이 생략되는 식으로 이루어져서는 안 된다. 오히려 현실 속에서 큰 줄거리를 이루는 사건들이 하나의 통일에 관계되어 개별적인 것에서 일어나는 모든 것을 포함하는 일반적 표상으로 파악되어야만 한다. — 예를 들어 전투나 승리 등등에 관해 이야기될 때, 이것들은 일군의 행위 등등을, 각각의 개별자의 행위를 자기 내에 담는 일반적 표상이다. 그러므로 여기서 이 행위들은, 그것도 그 전투를 직관적으로 만들기 위해서는 각각의 모든 순간에서 서술되어야만 할 것이다. "군대는 승리했다"는 문장에서는 수많은 매개가 일반적 표상으로 완전하게 언명되어 있다.

일반성[보편성]의 이러한 성격은 사유에서 비롯하며, 역사에 대한 우리의 고찰도 사유하는 고찰이다. 역사를 그런 식이 아니라 직관하며 고찰하려고 하는 사람은 자기가 하고자 하는 것이 무엇인지 알지 못한다. 왜냐하면 직관도 무언가 일반적인 것, 사유이기 때문이다.

이렇게 본질적인 것과 비본질적인 것을 구별하는 것은 지성이며, 좀 더 상세히 살펴보면 한 경우에서 본질적인 것이 다른 경우에는 비본질적으로 나타난다는 것이 발견된다. 지성은 사상을 분명히 드러내고 모든 것을 이러한 통일에 관계시키며 합목적적이지 않은 것을 건너뛰어야 한다. 그것은 역사 서술자와 연대기 기록자 사이의 구별이다. 후자는 실로 모든 사건을 이야기하지만, 그는 조용히 내적인 것에서 진행하는 많은 변화를 간과한다.

역사 서술자가 그에 따라 사건을 고찰하는 목적은—예를 들어 국가, 민족, 학문, 예술이 그러한 목적이다—아주 상대적일 수 있으며, 동시에 특수하고 개별적인 목적과 마음과 이성에 소중한 그러한 목적의 구별이 드러난다. [261]—모든 것, 즉 민족, 종교, 학문 등등의 운명은 그것이 자체적이고도 대자적으로 존재하는 목적과 관계되는 한에서만 우리에게 중요한 것으로 나타난다. 그렇다면 이러한 목적이란 어떠한 것인가? — 역사를 사유하면서 철학적으로 고찰할 때 우리는 우리의 관심을 끄는 것, 즉 우리의 역사 고찰 근저에 놓여 있는 목적에 대한 명확한 의식을 지녀야만 한다.

[S. 35에 대해]

해악*das Übel*의 구체적 형상을 우리는 세계사에서 그 최대의 실존에서 보게 된다. 만약 우리가 수많은 개별적 생기 사건을 고찰한다면, 그것은 우리에게 개인들과 민족 전체가 희생되는 **도살대**같이 나타난다. 우리는 가장 고귀하고 가장 아름다운 것이 파멸하는 것을 본다. 아무런 현실적 소득도 생겨나지 않고 기껏해야 소멸의 낙인을 자기 이마에 찍힌 채 곧바로 마찬가지로 무상한 것에 의해 내몰리는 이런저런 무상한 작품이 남아 있는 것으로 보인다.

[S. 45에 대해]

우리는 무엇보다도 우선 그리스도교에서 계시된 신이 무엇인지를 알아야만 한다. 신에 관해 아무것도 모르는 사람은 성서에서 이방인이라고 불린다. 그리스도교의 신은 인간에게 자기를 계시한 신이다. 도덕적인 것은 그리스도교에서 최고의 것을 이루지 않는데, 왜냐하면 이방인들도 매우 고귀한 도덕을 지녔기 때문이다. 우리는 신의 행위에 대해서 알아야 한다. 그렇지 않으면 우리는 알지 못하는 신에게 제단을 지어 바친 아테네인과 마찬가지다.

[S. 48에 대해]

그러나 이성은 단순히 부정적인 것의 범주를 거부하며, 이러한 부정적인 것으로부터, 즉 인류의 이러한 일반적 활동으로부터 영속적인 작품이 출현했다고, 요컨대 우리의 현실이란 전체 인류 역사의 결과라고 받아들인다. 유한한 순간적 목적들은 보편적인 것 속의 계기들이다. 무상한 것은 이러한 목적을 매개로 하여 산출된 불멸하는 것을 포함한다. [262]이러한 긍정적인 것은 단지 기억 속에만 있는 것이 아니라 그 자신이 현실에 속하는 산물이거나 아니면 우리가 그에 속하는 산물이다.

[S. 53에 대해]

이 궁극 목적은 자체적이고도 대자적으로 확고하다. 사람들은 그것을 또한 세계 속에서 이루어져야 할 선이라고도 부른다. 세계사는 자연이 아니라 정신의 지반 위에 서며, 그래서 세계사의 궁극 목적은 오직 정신의 본성으로부터 추론될 수 있을 뿐이다.

[S. 56에 대해]
법, 인륜적인 것은 정신이 자기에 관해 지니는 개념 이외에 다른 것이 아니다. 인간이 인간으로서 자유롭다는 것을 고대인들은 알지 못했다.

[S. 60에 대해]
이러한 보편적 정신, 세계정신은 신과 같은 뜻이 아니다. 그것은 세계 속에 실존하는 바의 그 정신 속의 이성이다. 정신의 운동은 자기를 자기인 바의 것, 즉 자기의 개념인 것으로 만드는 것이다. 이 운동은 이성적이며, 신적 정신에 따른다. 신은 그 교구 안의 정신이다. 그는 살아 있고, 그 교구 안에서 현실적이다. — 세계정신은 정신이 자기 자신의 참다운 개념을 대자적으로 산출해 가는 이러한 과정의 체계다.

[S. 71 f.에 대해]
정신의 개념은 자기 자신 내로의 복귀다. 자기의 외화에서 자기 자신을 발견하는 것, 이것은 정신의 복귀이자 규정된

목표와 절대적 궁극 목적을 지닌다. 정신의 원리가 특수한 원리인 한에서 그 원리의 한계들은 그 민족에서 드러난다. 그 경우 이것은 그 민족의 퇴폐이며, 다른 한편으로 그것은 학문들과 철학이다. 퇴폐와 함께 반성, 즉 학문과 양심이 등장한다. 한 민족이 자기의 원리에서 만족했을 때, 그 민족의 발전에서는 사유와 반성이 분출하는 일이 벌어진다. 한 민족의 본능적 행위의 시대는 동시에 그 민족의 덕의 시대다. 그 민족은 이러한 본능적 행위에 머무르지 않는다. — 자기 내로 되돌아가는 것은 추상적 사유이다. 이렇게 사유로 되돌아가는 것과 더불어 [263]정신은 과연 자기에게 또한 현실도 속하는지 스스로 묻는다. 자유로운 사유 자체는 현실의 정신과 모순 속에 서 있어서는 안 된다.

그리스인은 양심을 지니지 않았다. 권리와 의무인 것은 국가의 법률이었고, 거기서는 그것이 과연 권리와 의무이기도 한 것인지에 대해서는 숙고가 이루어지지 않았다. — 그러나 국가가 요구하는 것이 선이라는 점을 **통찰**하지 못한다면 그 사람은 자유로운 인간이 아니다. 그 경우 거기서는 개인이 습속인 것에서 분리되어 있다. 내면성, 즉 형식적인 것과 이러한 현존하는 일체성의 분리가 발생하는 것이다. 개인의 관심이 자기의 권리를 얻어야 하고, 동시에 실체적인 것도 자기를 실행해야 한다.

[S. 83에 대해]

두 번째 대립은 **실천적, 객관적** 대립, 즉 필연성과 자유의 대립이다. 주관적 의미에서의 자유는 외적 운명에 맞선 인간의 추동인바, 인간은 때로는 운명을 제압하고 때로는 그에 굴복한다. 이러한 대립의 좀 더 자세한 의미는 우리가 필연성을 신적인 것으로서 받아들인다는 점이다. 한편에서 자기를 현현시키는 것이 신적인 의지라면, 자기의 자유와 자기의 이성과 열정에 따른 관심을 지닌 인간이 맞서 있다. 그렇다면 이러한 대립은 어떻게 합일되어야 하는가?

(1826년 11월 3일) 필연성에서는 외면적인 것이 아니라 자유에 대한 관계 속에서 자체적이고도 대자적인 목적인 불가항력적인 것, 신적인 것이 이해되어야 한다. 여기서 이러한 모순의 어려움과 해소는 오직 일상의 삶으로부터의 표상을 통해 이해될 수 있어야 한다. 법률적인 것, 법적인 것은 부의 유지 등등을 가능하게 한다. 그것은 현존한다. 그러한 법적 상태는 자의에 맞서 효력을 지닌다. 개별자들은 보편적 지반을 흐리게 할 수 없다. 기술적인 것에서도 사정은 마찬가지다. 예를 들어 하나의 집은 인간적 자의의 사태다. 이 자의에는 원소의 자유로운 힘이 맞서 있지만, 이 원소들 자신이 함께 이용된다. 그래서 합목적적인 것이 필연성과 합일된다.

[S. 85에 대해]

활동적인 것, 행동하는 것은 개체성이다. 목적은 [264]언제나 나의 목적이다. 자체적이고도 대자적으로 존재하는 목적은 개인들에 의해 산출된다. 개인들은 활동하는 자들이다. 이 목적들은 또한 특수한 개별적 본질로서의 개인들에 관계되는 특수한 목적이기도 해야만 한다. 종은 유의 본성 전체를 자기 내에 지니며, 금이 금속에 대립하지 않듯이 보편적인 것에 대립하지 않는다. 오직 실체적인 것만이 자기를 그러한 것으로서 참답게 성취한다. 부정적인 것, 악은 무상하다. 보편적인 것이 현실 속으로 들어서지 않을 수 없게 하는 것은 특수한 것 일반이다. 특수한 것은 서로에 맞서 관철된다. 그러나 특수한 것은 또한 서로 파괴하기도 한다.

[S. 109에 대해]

세계정신이 의욕하는 것의 궁극 목적은 규정적으로 다음과 같이 언명될 수 있다. 주체 그 자체는 개인적 자유를 지니고, 자기 내에 양심을 지니며, 그와 마찬가지로 자기의 인륜적 상태로부터 자기를 충족시키고자 하는 자기의 특수한 관심도 지닌다. 주체 그 자체는 무한한 가치를 지닌다. 주체는 자유로운 것으로서 고찰되며, 그리하여 주관성은 이러한 극단성을 의식하기에 이른다. 주관성은 하나의 실체적 목적을 산출한다. 이 실체적 목적은 모두의 무한한 독립성에 의해 성취된다. 이러한 실체야말로 개인이 주관성 속에서 이러한 형식적 자유에 다다를 수 있게 하는 근거이자 지반이다. 정신의 깊이는 자기의 목적으로 절대적 대립의 통일을 지닌다.

[S. 129 f.에 대해]

여전히 국가를 형성하지 못하는 민족들은 고찰되지 않는다. 국가라는 말은 종종 정치적으로 법적인 관계에만 적용된다. 다른 의미에서는 종교도 그에 포함된다. 헌법은 다수자에 대한 개별자의, 개별자에 대한 개별자의 관계(법 관계 일반)이며, 다음으로는 서로 다른 신분에 대한 서로 다른 과업 일반의 배분이다.

[S. 131 f.에 대해]

이 원리는 종교에서 언명되었다. 그것은 현실 속으로도 들어서야 한다. 민족정신의 원리는 현실화해야 한다. 종교란 [265]최고의 본질에 대한 자기의식의 내적이고 추상적인 관계다. 종교의 집중은 자기를 알리고 언명하고 전개하는 현세적인 것에 대한 무관심성을 포함한다. 내적인 것이 일단 확고해지면 외적인 것, 적용도 들어선다.

[S. 187에 대해]

우리는 자연 규정성에 주목해야만 한다. 왜냐하면 그것은 직접적인 것이기 때문이다.

[S. 199에 대해]

(1826년 11월 14일) 신세계는 여전히 새롭고 젊은 세계다. 이러한 관계에서 우리는 미국을 고찰에서 제외하며, 다만 유럽에 대한 그 관계에 대해서만 몇 가지 언급하고자 한다.

[S. 209에 대해]

아메리카는 본래 여전히 생성하고 있는 미래의 세계다. 구세계는 이를테면 하나의 중심, 즉 지중해를 둘러싸고 있다. 신세계에는 전혀 다른 성격이 존재한다. 두 부분, 즉 북아메리카와 남아메리카는 교양 양식[1]과 관련하여 서로에 대해 서로 다른 출발점을 지닌다.

남아메리카 국가들은 여전히 생성하고 형성 과정에 있다. 스페인과 포르투갈의 아메리카에서는 민족들이 비로소 노예 제도로부터 해방되어야 한다. 거기에는 아직 이성성의 정신

---

1. [편주] "결과"(라손) 대신에.

이 전혀 현존하지 않는다. 북아메리카 국가들에서는 민족들이 산재한 상태에서 벗어나 하나의 중심으로 모여야만 한다. 어느 한 지방도 자립적이 아니며, 모두가 모국에 의존해 있다. 이주자들은 유럽 문화의 장점을 그곳으로 가져왔으며, 그리하여 그들은 거기서 유럽에서 수천 년에 걸친 발전의 성과였던 것을 가지고서 시작했다.

[S. 212에 대해]
아프리카에는 감성의 집중, 의지의 직접성, 절대적 완강함, 스스로 발전할 수 없음이 존재한다.

[266][S. 212에 대해]
아시아는 떠오름, 대립, 일반적으로 도량 없는 출발의 땅이며, 유럽은 정신의 자기 자신 속으로의 하강, 정신의 자기 내로의 집중의 땅이다. 여기서는 동양적 도량 없음이 도량, 규정성, 이성성으로, 즉 정신적 원리에 의한 도량 없는 것의 지배로 이행한다.

[S. 216에 대해]
아프리카는 수많은 민족으로 분할되어 있으며, 그리하여 그것은 무언가 느슨한 것이다. 한 군주가 여러 민족을 굴복시

키지만, 곧바로 다시 지배력을 상실하는 일이 빈번히 일어났다. 일시적으로 그들은 하나의 왕홀 아래 통합된다. 이를 통해 우리는 아프리카에 관한 충분한 보고를 지닌다.

지금 우리는 니제르강이 베냉만으로 흘러 나간다는 것을 너무나도 분명히 추정하고 있다. 2천 년 전부터 아무도 니제르강이 동쪽으로 흐른다고 한 헤로도토스의 말을 믿지 않았다. 우리는 그 이상의 진행 방향을 알지 못한다.

[S. 217에 대해]

관심거리는 이러한 완전한 야만 상태에 있으면서도 동시에 일정한 자기 발전을 이루는 인간을 이러한 최초의 완전한 자연 상태에서 보는 것, 교양의 권역에 속하지 않고 그 권역에서 어떤 통합하는 계기를 이루지 못하는 한에서 자연적 야생 상태에 있는 인간을 보는 것이다. 우리는 아프리카를 본래적인 교양과 발전에 선행하는 것으로 간주할 수 있다. 중국과 인도는 대자적으로 안주하고 있고, 전진에 관여하지 않지만, 그럼에도 그들은 역사 과정을 위한 출발점이다.

[S. 218에 대해]

신은 인간을 자기의 닮은 형상에 따라 만들었다. 그는 정신이다. 따라서 인간은 마땅히 자기이어야 할 바로 그것이어야만 한다. 그는 이성적이어야만 할 자기의 사명을 완수해야만 한다. 정신은 오직 스스로 이루어 나가는 바로 그것일 뿐이다. 정신은 자기를 산출하고 자기를 파악하는 활동성이다.

회복을 통해서야 비로소 정신은 자기의 규정에 따라서 자기인 바로 그것이다. 따라서 그 상태는 [267]인간이 그로부터 다시 자기를 회복해야 할 분열에 들어서지 않은 까닭에, 그래서 동물의 상태이지 정신의 상태가 아니다. 오직 유아나 동물만이 죄가 없다. 인간은 죄책Schuld을 짊어지지 않을 수 없다. 그렇다고 해서 그가 어떤 죄악을 행해야 한다는 뜻은 아니다. 그는 선을 행해야 한다. 그러나 그 선은 그가 행위를 의욕했어야만 했고, 거기에는 그의 의지가 있는 한에서 그의 책임Schuld이지 않을 수 없다. 죄책은 단순히 무죄와 반대되는 것만이 아니다. 오히려 죄책은 개인에게 그가 행한 일이 귀속된다는 것이며, 이 귀속은 오직 의식의 분리, 구별의 상태에서만 가능하다. 실존하는 것으로서의 완전성의 상태는 동물적 상태이다. 인간은 자기를 앎으로써, 요컨대 이러한 분열, 즉 선과 악이라고 하는 이러한 좀 더 자세한 규정을 지니는 이러한 대립에 도달함으로써 비로소 정신이다. 완전성의 상태, 다시 말하면 인간이 자기의 개념에 적합한 상태가 최초의 것으로서 언명된다는 것은 좀 더 자세하게는 개인의 자기 개념과의 이러한 합치가 참다운 것으로서, 즉 저 개념의 근저에 놓여 있는 실체로서 전제되어야 한다는 규정을 지닌다. 인간이 추구해야 하는 것은 그의 개념에, 정신에 적합해야만 한다. 가능한 것, 목적의 자체적인 것은 근원적인 것이지 않을 수 없다. 근원적인 것은 개념이나 이념 속에서 자체적이고도 대자적으로 존재하며, 그 경우 내면적으로도 최초에 실존하는 것이다. 내적인 것, 자기를 목적으로서 정립하는 것, 모든 외화를 이러한 최초의 것으로 향하게 하는 원동자야말로 근원적인 것이다. 무죄, 즉 정신의 자기 규정과의 (자연과의) 이러한 일체성은 정신 규정의 절대적으로 최초의 것, 선행하는 것 das Prius이지만, 시간에 따라서는 아니다. 그러나 그것이 하나의 실존으로서 표상되는 것은 다른 것이다. 이성적인 것은 무언가 현존하는 것으로서의 그에 대해 말해지는 형식으로 이행한다. 목표인 것이 표상에서 인간이 바로 그로부터 떨어져 나온 최초의 실존으로서 정립된다.

개념의 이러한 기초는 움직이지 않는 것, 모든 것의 원동자이다. 종교적 표상에 대해서는 그 자체에서 단지 내적인 기초인 것, 정신이 비로소 산출해야만 할 최종 목적인 것이 하나의 실존으로서 등장한다. 우리에 대해 이 이념은 실체, 근원적인 것이다.

[268]아프리카의 성격에 관해 이야기하자면, 유럽인이 아직 아프리카로 충분히 깊이 들어가 본 적이 없는 까닭에 그 성격

은 우리에게 여전히 알려지지 않았다. 아프리카는 여전히 우리와는 단절된 땅이다. 유럽인은 아직 내부로 들어가지 못했지만, 그들은 내부로부터 해안 변두리로 빠져나온 민족들과는 많이 교류하고 있다. 특히 포르투갈인들은 남부 기니의 해안 지방을 점유하고 있다. 그들은 그 민족들을 개종시키려고 시도했지만, 거의 성과가 없었다. 모잠비크에서 그들은 좀 더 깊이 들어갔다. 또한 네덜란드인과 프랑스인도 세네감비아[2]의 해안 지방에 정착했다. 세네갈에 있는 감비아강 하구에는 이전에 브란덴부르크 식민지도 있었지만, 그것은 곧 다시 종결되었다. 최근에 우리는 영국인을 통해서도 아프리카인을 알게 된다. 유럽과 접촉하게 된 민족들은 한편으로는 전쟁을 통해, 또 다른 한편으로는 통상 관계를 통해 유럽인과 관계를 맺게 되었지만, 이 민족들의 군주들은 유럽인이 그 이상 전진하는 것을 저지했고 상업을 독점했다. 그들은 분명 여러 상품, 특히 총기와 화약을 도입했지만, 유럽인을 통해서는 아니었다.

[S. 220에 대해]
자연적 인간은 적어도 한편에는 자기가 있고, 또 다른 한편

..
2. 세네갈강과 감비아강 사이의 지역.

에는 자연이 있다는 감각을 지닌다. 인간은 자연적인 것보다 더 고차적인 것, 그에 대한 지배자다. 자연적인 것은 인간에게 굴복해야만 한다. 인간에게 항거할 수 있는 것은 아무것도 없다. 자연적 인간은 그것을 안다. 우리도 그것을 알고 있다. 그러나 우리는 인간, 정신적인 것을 그 직접성에서 이해하지 않는다. 우리는 정신적인 것을 신적인 것으로 부른다. 그에 반해 자연적 인간에게서는 자체적이고도 대자적으로 존재하는 정신과 유한한 정신의 분리가 아직 이루어져 있지 않다.

[S. 221에 대해]

가장 분명한 것은 인간 속에 정립된, 이런 방식으로 마법을 행사하는 이러한 힘이 각각의 모든 개인 그 자체에 돌려지지 않는다는 점이다. 그들은 이러한 힘을 단지 개별적 인간들, 즉 개별적 민족들에서 수령이거나 왕의 명령을 받고 고립된 승려들에게 집중시킨다. —

[269]그들의 행태는 자가족이나 차켄족에게서 가장 끔찍하게 나타나는데, 그들은 16세기에 기니 제국 콩고를 공포에 몰아넣었고, 또한 모잠비크와 에티오피아로도 향했다. 이들 승려는 징길라 또는 키토메라고 불렸다. 유럽에서 온 포르투갈인들은 여러 번 그들과 함께 살았다. 그들은 야생 동물 등을 막기 위하여 부적을 달고 다녔다. 이 부적에 맞서 가톨릭

신부나 카프친 교단과 프란체스코 교단의 신부들은 또 다른 부적을 나누어 주었다……. 카바치는 많은 흑인이 이 부적을 가지고 다녔음에도 불구하고 야생 동물에 잡아먹혔다고 전해 준다. 그러나 본래 자기들 것을 가지고 있던 흑인들은 화를 면했다고 한다.

[S. 222에 대해]

다른 종류의 매개는 그들이 자기들의 신이나 통치하는 힘으로 삼는 외적 대상들을 통한 매개다. 이것이 물신이다. 최초의 가장 좋은 돌, 나비, 풍뎅이, 나무, 강이 물신으로 만들어진다. 그들은 그러한 물신을 숭배하고, 이 물신에 힘을 돌린다. 그러므로 그들은 이 힘을 자기의 정신 외부로 외면화시킨다. 한 나라의 물신은 코끼리, 호랑이, 강이다. 그들은 그 동물을 울 안에 가두어 놓고 그것을 숭배하고 그것에 절대적 힘을 돌리며, 그리하여 이 힘을 자기들의 의식 외부로 옮겨놓으며, 그것을 자기들의 정신에 돌리지 않는다. 이 힘은 어떤 타자에게로 옮겨지지만, 다만 이 타자는 일반적 정신이 아니라 감성적 대상이다.

[S. 223에 대해]

주요 표상은 죽은 자가 징길라와 합체되어 이 징길라로부터 자기의 신탁이나 명령이 내려지도록 한다는 것이다. 만약 한 승려에 대해 죽은 자가 그 승려와 합체되었다고 믿어진다면, 그 승려에게는 엄청난 힘이 부여된다. 그는 끊임없이 새로운 부조, 음식, 새로운 인간 제물을 요구한다.

[S. 225에 대해]
흑인은 이러한 노예 상태에 대해 아무런 비애도 느끼지 않는다. 흑인 노예들은 온종일 노동했을 때, 완전히 만족해했고 밤새도록 너무도 격렬한 움직임으로 춤을 춘다.

[270][S. 228에 대해]
흑인은 많은 전쟁을 벌이며, 전투가 5일에서 8일간이나 계속되고, 50만의 사람들이 서로 대치한 예도 많다. 그들은 용감하게 싸웠다. 그것은 전투라기보다는 오히려 살육이라고 부를 수 있다. 종종 20만 명이 전사한다. 우연에 의해 한 편이 퇴각 결정을 내리게 되고, 추적자에게 잡힌 자는 살해당한다.

[S. 228에 대해]
헌법에 관해 이야기하자면, 그러한 헌법 일반에 관해 말할 수 있다면 이 헌법은 선행하는 것에 따라 규정된다. 많은

민족이 존재한다. 아프리카의 내륙에는 극도로 많은 인구가 살고 있다. 민족들은 서로에 대한 영원한 전쟁 속에 놓여 있고, 포로와 노예를 획득하려고 노력하며, 그 후에 그들을 먹어 치운다. — 때로는 한 민족이 다른 민족을 종속시키고, 때로는 지방들이 항거하고 독립한다. 지금은 아샨티족이 자기의 지배를 가장 넓게 확대했다. — 왕위 계승은 세습제이며, — 그 계승은 전반적으로 가족에 머무르지만, 그 계승자가 형제인지 아들인지 등등은 서로 다르다. 승계 작업이 평온하게 진행되는 일은 드물다. 수장이나 친척이 왕좌를 강탈한다. 왕조의 폭력적 전복은 다반사다.

[S. 229에 대해]

최근에 몇몇 영국인은 유럽인이 아직 한 번도 도달한 적이 없는 어떤 지역에 들어갔다. 그들 가운데 한 사람이 어떤 집 앞의 그늘 밑에 앉아서 흑인과 이야기를 나누었다. 또 다른 흑인이 다가와 그에게 구걸했다. 영국인은 불쾌해져 그를 쫓아버렸다. 영국인과 함께 앉아 있던 흑인은 *그가 모든 권력자에게 다가설 수 있는 사람, 즉 사형 집행인*이라고 말했다. 그는 다음과 같은 방식으로 자기의 직위에 도달했다. 그가 그 직위에 오른 것은 그가 자기 능력의 증명으로서 자기의 기예를 입증했기 때문이다. 그는 집으로 가서 자기 이전에 사형 집행인이었던 자기 형의 목을 베었고 그 직위를 얻었다. 사형 집행인은 종종 수상이며, 만약 농작물의 수확이 나쁠 때는 왕의 목을 처내는 직무를 지닌다.

[271][S. 232에 대해]

허친슨은 여러 의식에 대해, 특히 왕 자신이 참석하는 장엄한 행렬에서 왕의 사망한 어머니와 친척들의 유골을 씻어내는 의식에 대해 전해 준다. 유골은 인간의 피로 씻어진다. 이 목적을 위해 살해된 희생자의 남은 피는 왕과 그의 측근이 마신다. 왕에게 어떤 생각이 떠오르면, 그는 한 사람을 찔러 죽여 그에게 자기의 죽은 아버지의 부탁을 맡김으로써 그 아버지의 부탁을 들어주게 한다. —

[S. 233, 아래서부터 12번째 줄에 대해]

선교사들의 이야기에 따르면, 이 법률은 120년 동안 시행되었고, 그들은 자기 자식을 강에 던져버리거나 야생 동물 앞에 던져준 많은 여인을 알았다고 한다.

식인 행위는 지금도 아샨티족의 풍속이다. 저 영국인들에게 소개된 많은 수장에 관한 이야기에 따르면, 그들은 자기 적의 몸에서 심장을 잘라내 그것을 따뜻하고 피가 흐르는 채로 먹었다고 한다. 그들은 적의 심장을 먹어 치움으로써 용감해질 수 있다고 믿는다. 공식적 축제에서는 양고기가 민중에게 배분되고, 왕은 자기의 민족에게 대접한다. 마지막에 한 인간이 갈가리 찢어져 그의 살이 내던져지며, 그 한 조각을 손에 넣을 수 있는 모든 이는 이를 탐욕스럽게 먹어치운다.

인간의 이러한 최초의 야생 형식에 관해서는 이만하기로 하자.

[272]텍스트의 복원에 대하여

이 개정판을 위해 편집자는 다음과 같은 자료들을 사용할 수 있었다.

1. 원고 머리에 1830년 11월 8일이라는 날짜가 표시된 헤겔의 자필 원고, 그러므로 이것은 헤겔이 그의 생애 중에 행한 역사 철학에 관한 마지막 강의를 기회로 하여 작성되었다.[1] 이것은 난이 정리된 2절판 용지에 아주 꼼꼼하게 쓰여 있지만, 헤겔 자신이 그것들 사이에 몇 단씩 여백을 남겨 놓은 단편들로만 되어 있다. 난외에는 텍스트에 받아들여져야 하는 많은 보완과 삽입문이 추가되어 있고, 그 밖에 작업의 편제에 대한 짧은 메모와 지시 사항도 적혀 있다.

우리의 개정판에서 헤겔의 원고는 고딕체로 알아보게 했

..
1. [편주] 이에 선행하는 서론에 대한 헤겔의 자필 원고에 관해서는 이 책의 편집자 서문을 참조.

다. 이에 의해 독자는 어느 것이 헤겔이 집필한 것이고 어느 것이 청강자가 받아 쓴 것에 기초한 것인지 정확히 분별할 수 있을 것이다. 정서법은 일반적으로 오늘날 통례적인 것을 따랐다. 그에 반해 본문에서는 텍스트 자신에서나 주해로서 알아보게 하지 않은 변화는 전혀 시도하지 않았다. 더 나아가 우리는 텍스트에서 실수로 빠뜨린 단어에 대한 보충으로서 완전히 자명하게 밝혀지지 않은 보완을 각괄호 속에 넣어 알아보게 했다. 특히 상세한 문장으로 쓰여 있지 않은 난외 주석들이 텍스트로 받아들여져야만 했던 곳에서 보완을 위해 삽입된 말들은 편집자의 첨가로서 눈에 뜨이게 되어야 했다.

헤겔의 수고는 서로 다른 역사적 문화 단계들의 구체적 구별을 위해 [273]고찰되는 관점을 서술해 나가는 한 가운데서 중단된다. 칼 헤겔은 헤겔 저작집의 이 강의 판본 제2판에서 이러한 우연한 종결에 강의 노트들에 따른 일련의 상론들을 덧붙였는데, 그것들은 노트들 자신에서는 훨씬 이전의 구절에 놓여 있고 그런 까닭에 우리는 그것을 거기에도 놓았다. 전적으로 만족할 만한 종결은 현존하는 자료로부터는 제공될 수 없다. 지금 논구의 끝에 놓여 있는 것은 적어도 강의 노트들에서도 분명히 종결로서 인식될 수 있다.

전집에서의 텍스트를 우리가 인쇄한 헤겔 원고와 비교해

보면, 우리는 곧바로 두 편집자가 거기서 오늘날 우리에게 자명한 것으로서 여겨지는 문헌학적 성실성의 원칙들에 따라 조금도 작업해 나가지 않았음을 인식하게 된다. 게다가 그들이 얼마나 피상적으로 읽었는지는 예를 들어 단 한 가지 점만 지적하는 것으로 충분할 것이다. 헤겔은 비교급 사용을 좋아한다. 그러나 그는 마무리하는 끝 철자에서 즐겨 묵음의 E를 생략한다. 그래서 그의 비교급 형식들 그 자체는 대개 단 한 글자 r 하나만으로 나타난다. 하지만 편집자들은 거의 규칙적으로 이 글자를 간과했고, 이를 통해 헤겔 사상의 날카로움을 무디게 했다. 그 밖에도 읽기 오류가 없지 않다. 가장 짜증 나는 오류는 아마도 헤겔이 지극히 읽기 쉽게 써 놓은 "Aprioitäten^{선험성}"(S. 31)이라는 말을 "Autoritäten^{권위}"으로 대체한 것이다. 난외에 적혀 있는 표제어들에 대해서도 편집자들은 언제나 올바로 이해했던 것은 아니다. 가장 두드러진 예를 우리 판본의 S. 39의 후반부의 문장들이 제공하는데, 거기서 편집자들은 헤겔의 첫 번째 단어를 잘못 파악함으로써 바로 헤겔의 견해를 비로소 드러내는 난외 주의 대부분을 단적으로 생략해 버리지 않을 수 없었다.

 첫 번째 편집자 에두아르트 간스는 헤겔의 문제를 좀 더 주의 깊게 보존했고, 그가 구상한 단락 순서를 전혀 변화시키지 않고서 유지했다. 두 번째 편집자 칼 헤겔은 단지 표현 방식을 훨씬 더 많이 변화시켰을 뿐 아니라 강의 노트들로부터 새로운 단락을 끼워 넣는 것을 손쉽게 하려고 [274]헤겔 원고의 개별 단락들의 위치를 바꾸기도 했고, 이에 의해 헤겔이 의도한 사상의 전진이 모호해지거나 교란되었다. 이 두 편집자는 원고의 문장 전체를 단순히 생략해 버리거나 헤겔의 어법에서 이를 위한 어떠한 동기도 존재하지 않고 다면적으로 그 의미도 천박하게 만드는 변화를 시도했다는 점에서 일치했다.

최초의 편집자들이 헤겔 자신의 손으로 이루어진 논구를 다룬 방식은 그들이 자기들의 판본을 위한 주된 자료로서 이용한 강의 필기 노트를 다룬 방법에 대해서도 호의적인 선입견을 일깨우지 않는다. 실제로 현재의 편집자뿐만 아니라 마찬가지로 그들의 앞에도 놓여 있었던 한 강의 노트의 비교로부터는 그들이 본문에서의 정확성도 또한 그 범위에서의 완전성도 추구하지 않았다는 점이 밝혀진다. 놀라운 것은 이 노트 속에서 발견되는 얼마나 많은 중요한 자료가 그 편집자들에 의해 단순히 전적으로 제거되어 버렸는가 하는 점이다. 그러한 만큼 가능한 곳에서는 어디서나 강의 노트로 되돌아가는 것이야말로 현 편집자의 의무였다.

2. 헤겔의 강의를 따라 적은 **강의 노트들** 가운데 편집자는

다음과 같은 것들을 이용할 수 있었다.

a) 보편적 세계사의 철학, 이는 헤겔이 1822/23년 겨울 학기에 강의하고 폰 그리스하임*v. Griesheim*이 필기한 것이다.

이 필기자는 1798년에 출생한 잘 알려진 군사 저술가 구스타프 폰 그리스하임으로, 그는 1854년에 육군 소장이자 코블렌츠 요새 사령관으로서 사망했다(ADB., Bd. 9, S. 665 ff.). 이미 최초의 편집자들도 이용한 두 권을 포괄하는 그의 필기 노트는 대단히 세심하고 극도로 정확하며 훌륭하게 읽어나 갈 수 있게 이루어진 정서고로, 우리는 그것의 모든 구절에서 정성 들여 마무리되었다는 것을 알아보게 된다. 물론 원래의 헤겔 강의가 거기서 언제나 완전하게 보존되지는 않았다는 것이 배제되는 것은 아니다. 그래서 적어도 이와 똑같은 강의의 시작 부분이 또 다른 필기 노트에 여전히 보존되어 있다는 것은 특별히 호의적인 상황으로서 여겨져야만 한다. 그것은 다음과 같다.

[275]b) 철학적 세계사. 그 밖의 것은 표제에서 언급하고 있지 않다. 이 노트는 육군 대위 폰 켈러*v. Kehler*에 의해 쓰였다. 여기에는 연도가 빠져 있다. 그러나 그리스하임 노트와의 비교는 여기서도 1822/23년 겨울 학기의 똑같은 강의가 다루어진다는 점을 전혀 의심할 수 없게 해준다. 또한 개별적인 날짜도 발견된다.

이 노트는 23쪽의 4절판만을 포괄한다. 헤겔의 이 최초의 베를린 강의에서 그의 배치가 서론에 대한 그의 최종 집필 원고와 아주 다른 까닭에, 우리의 판본에서 제Ⅱ장, 제2절과 3절에서 다루어지는 대상이 제Ⅲ장의 처음 두 절 뒤에서 이야기된다. 따라서 이 켈러의 원고는 비록 그것이 그 당시 서론의 시작만을 가져다주는데도 불구하고 우리 판본의 S. 161에서의 상론과 더불어 중단되게 된다.

이 노트는 아주 날림의 필체로 쓰여 있어 명백히 헤겔 강의에 따른 원래의 필기 노트이다. 그에 더하여 폰 그리스하임 텍스트와의 일치는 놀라울 정도로 크다. 기껏해야 우리는 많은 표현이 후자에서보다 더 생생하게 보존되어 있다고 말할 수 있다. 두 텍스트로부터 하나의 통일적인 전체를 만들어내기는 아주 쉬웠다.

c) 헤겔에 따른 세계사의 철학. 1824/25년 겨울에 육군 대위 폰 켈러가 필기한 것.

이 노트의 필기자는 여기서 1824/25년 겨울 학기의 강의를 2월 중순까지 받아써 나갔다. 필체는 훨씬 더 날림이어서 대개 해독하기가 대단히 어렵다. 그러나 그 대신 헤겔의 원래 표현 방식이 탁월하게 포착되어 있다. 편집자는 이 희미한 글자를 읽어내는 데 몹시 애를 먹었지만, 그것은 이 위대한 사상가의 빛나는 시기에서 유래하는 헤겔 상론의 전적으로 새롭고도 신선하게 솟아 나오는 원천을 열어 보이는 발견자의 기쁨으로 충분히 보상되었다.

d) 세계사의 철학. 헤겔 교수의 강의에 따라 슈티베*Stieve*가 필기한 것. 1826년부터 1827년까지 베를린.

이 노트의 필기자는 프로이센 문화교육부의 추밀 참사관으로서 알려져 있다. 그는 헤겔의 상론을 [276]그 전 범위에서 붙들어 두지 못했다. 그러나 그는 세 번째로 제시된 헤겔 강의가 취한 형태의 모습을 제공하며, 이전의 강의들에서 빠져 있는 절들 전체를 가져다준다.

그러므로 이 판본을 위해서는 헤겔 강의의 세 번의 서로 다른 연도에서 나온 필기 노트를 이용할 수 있었다. 헤겔은 나중에 두 차례 더, 1828/29년과 1830/31년 겨울 학기에, 마지막 번에는 "세계사의 철학 제1부"라는 한정을 붙여서 자기 강의를 반복했다. 칼 헤겔이 전집에서의 이 강의 제2판 서문에서 보고하듯이, 헤겔은 나중의 강의들에서 좀 더 풍부한 역사적 서술을 위해 근본적인 상론을 축약했다. 그래서 우리는 바로 서론에 대해 저 두 연도에서 유래한 필기 노트의 결여가 가져오는 손해가 그리 크지 않다고 가정할 수 있을 것이다.

노트들의 언어적 표현에서는 거의 변화될 필요가 없었다. 그것들은 헤겔의 어투를 눈에 띄게 충실히 재현하며, 그 어투에 뭔가 매끈함이 부족한 것을 언어의 힘과 다부짐으로 대체한다. 간스가 강의들을 처음으로 출판했을 때 그는 자기의 과제를 "강의들"로부터 하나의 "책"을 만들어야 하는 것으로 파악했다. 그런 까닭에 그는 말의 형식을 좀 더 우아하게 형태화하려고 노력했다. 그러나 그 경우 우리는 헤겔 특유의 문체가 불필요하게 마모되어 버렸다는 점도 알게 된다. 오늘날에는 당연히 헤겔 자신의 원래 강의에 가능한 한 들어맞는 모습을 보전하고자 하는 관심이 단연코 떠오른다. 그런 까닭에 현 편집자의 의무는 필기한 노트의 원문을 가능한 한 문법적이거나 문체적인 착오가 놓여 있는 곳에서만 개선하는 것이었다. 이 판본의 독자는 몇 가지 반복의 출현에도 불구하고 개별적 단락들을 불필요한 것으로서 감히 표현하고자 하기 어려울 것이다.

그에 관한 의심이 가능한 유일한 구절은 세계사의 지리적 기초에 관한 논구에서 발견될 수 있을 것이다. 여기서 실제로 편집자 자신에게 문제가 된 것은 강의 노트에서 발견되는 민족학적 보고의 자료들 전체를 [277]아주 많은 것이 낡은 것으로서 여겨지지 않을 수 없는 오늘날에도 과연 여전히 자기의 판본에 받아들여야 할 것인가 하는 것이었다. 본 편집자는 단지 문헌학적 성실성에서뿐만 아니라 사태적인 인식을 위해 우리에게 더는 가치가 없는 것도 여전히 헤겔의 연구 방식이나 사고방식을 인식하기 위해 두드러진 가치를 지닐 수 있다는 점을 고려해서도 그렇게 하기로 결정했다. 하지만 멀리 떨어져 있는 지역에 대한 헤겔의 박식함과 아메리카의 역사적 성격이나 아프리카 원주민의 정신적 본질과 같은 문제들에 관해서도 꿰뚫어 보려는 그의 열망은 분명 오늘날의 독자들에게도 주목할 만할 것이다.

3. "헤겔 저작집" 제9권의 강의 판본. 제1판은 1837년에 간스에 의해 간행되었고, 특히 서론에서도 대단히 증보된 제2판은 칼 헤겔에 의해 1840년에 간행되었다. 후자에 의해서는 1848년에 인쇄에서 덜 정확한 반복이 제3판으로서 출간되었다. 제2판은 표준적인 것으로서 여겨져야 한다. 그로부터 1907년에 프리츠 브룬슈데트Fritz Brunstäd가 기획하고 서론의 좀 더 정확한 배치로 인해 뛰어난 아주 훌륭한 인쇄본이 레클람 총서로 출간되었다. 현재의 편집자 앞에 놓여 있는 강의 노트가 인쇄된 텍스트에 있는 것에 대해 평행하는 상론을 제공하는 모든 곳에서 편집자가 이 텍스트를 강의 노트에 따라 개선하는 것은 자명한 일이었다. 본 편집자로서는 인쇄된 판본과 더불어 필사한 자료도 가지고 있는 저작의 모든 부분의 문서상의 정확성을 보증할 수 있다. 그와 더불어 본 편집자가 필사본에서 평행구를 발견하지 못했고, 그러므로 현재의 판본에서도 저작집의 판본에서와 똑같은 본문으로

발견되는 많은 부분이 여전히 남아 있다.

  물론 한 가지 상황은 언급되지 않은 채 남아 있어서는 안 된다. 이미 간스는 자기 판본의 머리말에서 자기 앞에 헤겔 자신의 원고 — 우리는 헤겔의 자필 강의 노트만을 생각할 수 있다 — 가 놓여 있었으며, 그로부터 자기가 많은 것을 끌어냈다고 보고한다. 칼 헤겔은 간스 판에 자기가 삽입한 광범위한 보완을 필기한 노트에서가 아니라 [278]자기 부친 자신의 원고에서 끌어냈다는 점을 완전히 보증한다. 그러므로 우리가 이 원고에서의 헤겔의 상론이 이미 어느 정도 완성된 형식으로, 온전한 문장과 연관된 서술로 발견될 수 있다고 가정할 수 있다면, 우리는 바로 저작집 제2판의 보충이야말로 저 판본의 가장 좋은 보증된 부분으로 간주할 수 있을 것이다. 그러나 이를테면 헤겔의 원고가 또다시 떠오르기까지는 저 가정에 대해서는 의심하는 것이 권고할 만할 것이다. 우리는 여전히 보존된 헤겔의 원고로부터 그가 자기의 강의를 위해 표제어나 단편적 메모 등을 어떻게 정리했는지와 그로부터 자기 강의를 구축했다는 사실을 알고 있을 뿐 아니라 강의 노트로부터의 아주 많은 구절을 칼 헤겔 판의 그에 해당하는 구절들과 비교하게 되면 헤겔이 여기서도 실제로 자기의 기록을 구두 강의에서 비로소 구체적으로 형태화했고 만족할 만한 형식으로 다듬었다는 것을 분명히 알 수 있게 된다. 그러므로 이전의 인쇄본에 따라서만 재현된 단락들에서도 그것들의 개별적인 체재가 헤겔 자신보다도 그의 최초 편집자들에게 의존했다는 추측은 여전히 성립하지 않을 수 없을 것이다. 그리고 우리는 그러한 단락이 너무 많지는 않다는 것에 만족하지 않을 수 없을 것이다.

옮긴이 후기

도서출판 b의 'b판고전' 시리즈에서 서른 번째 책으로 출간되는 『역사 속의 이성』은 G. W. F. Hegel, *Die Vernunft in der Geschichte*, Fünfte, abermals verbesserte Auflage, hrsg. von Johannes Hoffmeister, Verlag von Felix Meiner in Hamburg, 1955를 옮긴 것이다. '역사 철학 강의 서론', '역사에서의 이성'으로도 불리는 이 저작은 일반적으로 헤겔에 입문하는 첫걸음으로 권장되는 텍스트이다.

방대한 전집을 자랑하는 철학자 가운데 한 사람인 헤겔이지만, 그가 생전에 출간한 책은 젊은 시절에 익명으로 출판한 번역을 제외하면 『피히테와 셸링 철학 체계의 차이』, 『정신현상학』, 『논리의 학』, 『엔치클로페디』, 『법철학 요강』(1821년)으로 모두 다섯 책에 지나지 않는다. 그래서 헤겔의 전집을 구성하는 다른 책들은 대부분 헤겔의 강의 원고나 필기록에 기초하여 사후에 편집된 강의록들이다. 독일에서 현재 그 출간이 마무리되고 있는 새로운 헤겔 전집은 위의 저작들과 논문들 및 원고를 포함한 '저작집'과 청강자들의 현존하는 필기록에 기초한 '강의록'으로 구성되어 있다.

헤겔의 철학 체계와 긴밀히 연관된 헤겔의 강의는 일반적으로 '논리학', '논리학·형이상학', '자연 철학', '정신 철학', '법철학', '국가학', '역사 철학', '미학', '예술 철학', '종교 철학', '신학', '철학사' 강의들로 구별된다. '역사 철학'과 관련해서 헤겔은 베를린 대학에서 1822/23년 겨울 학기에 처음으로 '세계사의 철학'을 강의했다. 그 후에도 '세계사의 철학' 강의는 2년마다 네 차례, 1824/25년, 1826/27년, 1828/29년, 1830/31년의 겨울 학기에 이루어졌다. 역사가 헤겔 철학의 근거이자 중심 주제이고, 『법철학 요강』의 결론부와 『엔치클로페디』의 제3부 말미에서도 간략히 다루어지고 있긴 하지만, '세계사의 철학' 강의와 더불어서야 비로소 역사는 헤겔 철학의 체계 속에 독자적인 위치를 차지하게 된다. 물론 헤겔은 '세계사의 철학'을 논의한 책을 따로 출판하지는 못했다. 따라서 우리가 '세계사의 철학'에서 헤겔이 논의하는 '역사 철학'에 대해 알기 위해서는 헤겔이 쓴 강의 원고와 청강자들에 의한 필기록 그리고 그것들을 편집한 책들을 읽어야만 한다.

물론 헤겔 자신이 쓴 '세계사의 철학' 강의 원고로서 현재까지 남아있는 것은 1822년의 서론 단편과 1830년의 서론뿐이며, 강의 필기록은 각각의 강의에 대해 기록된 16개 — 1828/29년의 강의를 받아 적은 필기록은 존재하지 않는다 — 가 현재 확인되고 있다. 그리고 헤겔 사후에 이 초고와 강의록들을 토대로 하여 헤겔 '세계사의 철학'의 전체 면모를 제시하기 위해 기획된 『역사 철학 강의』가 네 종류 편집된다. 이 각각의 판은 편집자의 이름에 따라 불리는데, 첫째는 간스 판, 둘째는 칼 헤겔 판, 셋째는 라손 판, 그리고 넷째는 호프마이스터 판이다. 『역사 속의 이성』이라는 제목으로 독자 여러분이 들고 있는 이 책은 호프마이스터 판의 완역본이다.

1837년에 편집된 간스 판은 다섯 학기 분의 강의록과 몇 년 분의 헤겔 자신의 원고 등을 편집한 것이고, 1840년의 칼 헤겔 판은 헤겔의 아들인 칼이 간스가 이용한 자료보다 이른 시기의 강의에서 논의되고 있던 사상을 받아들여 간스 판을 대폭 증보한 것이다. 참고로 언급하자면, 잘 알려진 1927년의 글로크너 판과 1970년의 주어캄프 판은 기본적으로 이 칼 헤겔 판의 복각판이다. 1917-20년에 출간된 라손 판은 당시 새로 알려진 자료에 토대하여 칼 헤겔 판을 대폭 개정하고자 했고, 그 결과 훨씬 커다란 판이 되었다.

1955년에 출간된 호프마이스터 판은 강의의 서론 부분만이 '역사에서의 이성'이라는 제목으로 새롭게 편집되어 출판된 것이다. 이 판에서 호프마이스터는 지금까지 편집되어 온 판의 '서론'이 1822년의 강의를 위한 원고와 1830년의 강의를 위한 원고라는 전적으로 다른 두 원고에 기초하여 편집되어 있음을 지적하고, 두 원고를 구별하여 제시하고 있다. 또한 호프마이스터는 헤겔 자신이 쓴 원고와 필기록에 토대한 것을 서로 다른 글자체로 구별하여 제시하고 있다.

일반적으로 『역사 철학 강의』에 대해서는 그것이 헤겔 자신에 의해 쓰인 것이 아니라 다양한 자료로부터 편집된 것이라는 점에서 온전히 헤겔의 사상이 아닐 수 있다는 점과 서로 다른 학기에 이루어진 '세계사의 철학' 강의가 거듭되어 가는 가운데 있을 수 있었던 변화를 놓칠 수 있다는 점이 지적된다. 그래서 앞에서 언급한 새로운 헤겔 전집에서는 서로 다른 시기에 서로 다른 사람들에 의해 성립된 각각의 필기록을 따로따로 제시하는 것을 원칙으로 하고 있지만, 다른 한편으로는 그러한 편집 원칙이 그 모든 장점에도 불구하고 서로 다른 시기에 서로 다른 방식으로 표현되고 있는 헤겔 '세계사의 철학'을 꿰뚫고 있는 근본 사상을 파편화함으로써 그에 대한 통일적인 파악을 저해하는 것이 아닐까 하는 의구심이 있는 것도 사실이다. 그런 까닭에 다양한 자료들로부터 헤겔 '세계사의 철학'의 통일적인 형태를 복원하여 제공하고자 하는 목적을 지니는 『역사 철학 강의』들은 그것들이 지니는 그 모든 약점에도 불구하고 여전히 의미를 지닌다고 할 수 있을 것이다. 따라서 호프마이스터 판을 옮긴 이 『역사 속의 이성』은 지금도 여전히 헤겔 '역사 철학'의 텍스트를 제공하는 고전으로서의 의미를 지닌다고 할 것이다.

『역사 속의 이성』을 읽어나가는 가운데 우리에게는 이런저런 물음들이 떠오른다.

역사란 무엇일까? '역사 철학' 또는 세계사를 철학적으로 파악한다는 것은 무엇일까? 역사는 철학적·총체적으로 파악될 수 있을까? 헤겔은 세계사를 역사 속에서 '인간적 자유의 이념'이 실현되는 과정이라고 논의하고, 이러한 과정으로서의 세계사의 궁극 목적을 '역사 속의 이성'이라고 명명하고 있지만, 여기서 말하는 '자유'와 '이성'이란 어떤 것일까?

헤겔은 오리엔트 세계에서는 오직 한 사람만이 자유이고, 그리스·로마 세계에서는 약간의 사람들이 자유이며, 게르만 세계에서는 모든 사람이 자유라고 하고 있는데, 이러한 견해는 헤겔의 역사 철학이 유럽을 '진보'나 '발전'의 정점으로 간주하는 유럽 중심주의 입장의 전형임을 보여주는 것이 아닐까?

이러한 '자유의 의식에서의 진보'에 관한 논의는 헤겔이 자신의 독특한 정신 개념에 기초하여 신이 '인간적 자유의 이념'을 세계사에서 계시한다고 생각하는 것과 어떻게 연관되는 것일까? 그리고 헤겔의 정신 개념이 그리스도교의 '삼위일체'의 교의에 기초한다면, 헤겔의 역사 철학과 그리스도교의 '삼위일체'론의 관계는 어떻게 파악되어야 할까?

헤겔은 역사에 등장하는 구체적인 민족의 정신이 특수한 규정된 정신이고, 정신에 그러한 구체적인 형태를 부여하는 것이 '자연'이라고 하고 있는데, 그렇다면 역사와 자연은 어떻게 연관되는 것일까? '세계사의 철학' 강의에서 자연은 정신이 진보, 발전하기 위한 '지리적 조건'으로서 논의되고 있지만, 이러한 '지리적 조건'의 논의는 '지리적 결정론'과 어떻게 다르고, 정신과 자연의 어떠한 관계를 말하는 것일까?

더 나아가 헤겔은 '인간적 자유의 이념'의 발전에 따른 '세계사의 구분'을 서로 다른 '국가 체제'와 겹쳐 놓고 있는데, 그렇다면 헤겔식으로 '개인의 자유'와 인간 '공동성'의 통일 속에서 자유를 구체적으로 실현하는 '국가 체제'는 어떤 형태의 것일까?

헤겔은 특별히 '철학사 없이 철학은 없고, 철학 없이 철학사는 없다'는 신조에 기초하여 철학하는 주체와 과거 역사 사이에서 서로 대화하는 변증법적 관계 속에서 자신의 철학적 사유를 전개하고 있지만, 그렇다면 이러한 관계에서의 철학함이 철학사를 넘어서서 보편사에서도 실현될 수 있을까? 아니, 단적으로 역사가 '철학적 역사'로서 실현될 수 있을까? 그리고 실현될 수 있다면, 그 구체적 실현의 형태는 어떠한 것일까?

이상 『역사 속의 이성』을 옮기는 작업을 마무리하면서 떠오른 물음들을 몇 가지 적어본 것이지만, 이제 옮긴이로서는 이 『역사 속의 이성』이 독자들에게도 헤겔 철학에 접근하고 물음들을 형성하며, 나아가서는 그에 대해 대답을 시도하는 계기가 되기를 바랄 뿐이다.

수많은 어려움 속에서도 『역사 속의 이성』의 편집과 출간을 준비하는 도서출판 b의 조기조 대표와 김장미, 문형준 두 선생의 작업을 지켜보면서 다시 한번 새기게 된 것은 '세계사의 그 어떤 위대한 것도 열정 없이는 성취되지 않았다'는 『역사 속의 이성』에서의 헤겔의 말이었다. 그런 의미에서 도서출판 b의 그 지극한 열정이 풍성한 열매로 실현되기를 기대한다. b의 기획위원회에서 한 달에 한 번 만나며 함께 공부와 관심을 나누고 있는 심철민, 이성민, 복도훈, 이충훈,

최진석, 문형준 선생들의 격려는 이번에도 옮긴이가 일을 마무리할 수 있는 추동력의 원천이었다. 선생들을 밀고 나가는 정신의 힘이 선생들이 수행하는 작업의 형태로 곧바로 드러나기를 빌 뿐이다.

2025년 11월
학의천 변 우거에서
이신철

| 찾아보기 |

ㄱ

가부장적 상태 206, 247, 410
가족 141, 206~209, 233, 276, 279, 281, 324, 378, 381, 387, 389, 397, 407, 449
감성 205, 216, 269, 297, 354
감정 81~85, 88, 91, 95, 103, 143~146, 181, 190, 207~208, 216, 276, 279, 294, 345, 348, 364
개인 37~41, 65, 106, 109~111, 121, 130, 136, 141~147, 151, 154, 157~175, 177, 183, 185~201, 206~213, 222, 224, 227, 234~240, 248~252, 267~268, 276, 289, 290, 294~295, 330, 405, 407, 410, 411, 414~420, 436, 438~439
개인주의 82, 239, 244, 248~ 252
고전적 294
고지 321, 323~325, 353, 355, 358, 392~397, 399, 413
공자 296
공화국 334~335, 342, 389
관심 23, 33, 38, 43, 54, 55, 96, 97, 109, 122~124, 132, 141~147, 150~159, 185, 187, 190, 196, 206, 207, 216, 217

괴테 182, 239, 379
교양 19, 21~28, 30, 31, 34, 38, 46, 68, 69, 96, 99, 114, 118, 119, 130, 133, 191, 201, 205, 211, 212, 236, 237, 243, 250, 251, 257, 260, 261, 271, 277, 278, 285, 287, 288, 291~ 293, 295, 298, 302, 308, 329, 336, 337, 340, 357, 362, 363, 377, 390, 396, 397, 440, 442
교회와 국가 426
국제법 254
군주 정체 240, 244, 252
궁극 목적 54, 57, 58, 69~72, 74, 85, 86, 90, 92, 98, 115, 125, 131, 132, 135, 144, 145, 193, 215, 257, 281, 289, 305, 307, 429, 430, 434, 435, 436, 438, 469
귀족 정체 240, 244, 252
귀치아르디니 22
그레고리오 15세 272
그리스 종교 229
그리스도 220, 423
그리스도교 40, 85, 86, 89, 95, 107, 108, 113, 114, 214, 219, 220, 221, 226, 229~233, 236, 248, 254, 263, 267, 288,

296, 302, 351, 387, 388, 422~424, 433, 434, 470
그리스인　34, 70, 80, 96, 113, 129, 221, 229~231, 233, 247, 297, 320, 364, 378, 436
근원 민족　270
기본 Gibbon　46
기예　211, 235, 326, 449
기후　243, 316, 317, 319, 321, 322, 393, 401

ㄴ

나폴레옹　39, 176, 350
남아메리카　324, 333~339, 342, 344, 350, 440
노예 제도　34, 114, 236, 376, 377, 378, 440
농경　235, 321, 322, 326, 395, 397
농업　343, 347
니부어　45, 63

ㄷ

다레이오스　181
단계적 발걸음　131, 134, 135, 265, 283, 304
대의제　248
덕　94, 121, 142, 143, 144, 153, 189, 247, 287, 290, 299, 300, 436
도덕성　116, 129, 166~168, 186, 188, 190, 288~290, 415
도야　106, 114, 118, 142, 153, 265, 276, 282, 288, 292~294, 336, 346, 353, 360
독일인　30, 40, 44
동물　79, 81, 82, 104, 105, 107, 133, 178, 179, 188, 235, 262, 274, 295, 320, 325, 335, 367, 443, 447
동양 세계　14, 410, 414
드프라트　356
디오도로스 시켈로스　31

ㄹ

라므네　271
라이프니츠　28, 89
라파예트　242
람베르트　273
랑케, 레오폴트 폰　22, 36
레뮈자, 아벨　272
레싱　257
레츠 추기경　28
로마　31, 32, 36, 42, 46, 48, 61, 67, 95, 115, 132, 154, 158, 159, 184, 207, 223, 260, 264, 267, 352, 377, 418, 469
로마 제국　39, 158, 352, 385, 401, 412, 416, 417
루소　251
루이 필립　242
리비우스　31, 32, 36
리터, 칼　354, 362

ㅁ

메네니우스 아그립파　32
목적　38, 39, 48, 54, 55, 57~59, 62, 65~67, 72~76, 86, 89, 90, 96, 97, 105, 110, 116, 117, 122~124, 128, 141~143, 145~147, 150~160, 163~165, 168, 171~174, 176~180, 183, 186~194, 197, 198, 241, 252, 259, 260, 261, 267, 305, 306, 319, 407, 414~417, 432~434,

438, 439, 444
몽테스키외 43, 211
무상성 67, 143
무역 213, 379, 395, 398
물 149, 321, 324, 327, 334, 370
물질 100, 101
뮐러, 요하네스 폰 31, 33, 43
뮐러, 칼 오트프리트 63
민족정신 108~111, 116~118, 120, 123~128, 130~132, 135, 166, 170, 209, 210, 212, 236, 284, 300, 303, 314, 316, 320, 439
민주 정체 239, 240, 244
믿음 58~60, 70, 73~77, 86~88, 155, 194, 207, 257, 343, 367, 372, 387, 407
믿음과 앎 87

ㅂ

바다 321, 323, 324, 328~333, 351, 355, 395, 397, 401
바이이 273
반성 22, 29, 30, 38~43, 63, 81, 94, 128, 129, 143, 144, 161~163, 167, 197, 202, 205, 243, 267, 292, 300, 318, 405, 406, 415, 416, 419, 436
범신론 220
법률 32, 121, 166, 170, 184, 196, 201, 202, 206, 208~210, 212, 222, 229, 247, 251, 275, 279-281, 290~293, 298, 327, 363, 389, 405~407, 415, 417, 436, 437, 450
변화 65~67, 130, 134, 192, 193, 246, 255~258, 261, 262, 282, 303, 432, 454, 456, 468

보우디히 Bowdich 387
본슈테텐 43
볼트만 43
북아메리카 226, 333~336, 340~350, 440, 441
분지 323, 326, 330, 353, 392~ 399
불사조 68
붓다 272
브루스, 제임스 384

ㅅ

사법 236, 420
사변 52, 56, 98, 101, 108, 115, 155, 156
사유 10, 51~54, 59, 61, 74, 75, 81, 82, 84~91, 94, 95, 99, 104, 106, 117~119, 126~129, 164, 168, 169, 197, 198, 205, 215, 216, 231, 232, 262, 274, 282, 291~293, 295, 298, 299, 301, 303, 306, 414, 425, 432, 433, 436, 471
산스크리트 277
삼위일체 108, 470
상업 27, 48, 226, 340, 341, 347, 445
생 마르탱 272
선험적 52, 60~63, 268, 284, 285
섭리 73~79, 84, 86, 91, 139, 144, 289, 367, 429
세계 개선 189
세계 지혜 226
세계 질서 150, 189
세계정신 60, 64, 110, 116, 131, 135, 154, 159, 170, 192, 254, 399, 422, 435, 438
셸링 270

소크라테스 72, 74, 75, 129
소포클레스 196, 299
솔로몬 94
슐레겔, 프리드리히 272, 365
스메르데스 242
스콧, 월터 37
스피노자 204, 294, 410
시간 99, 118, 192, 261~264, 276, 297, 300, 301, 408, 427
식인 행위 450
신 20, 56, 60, 76~89, 93, 98, 107~111, 139, 140, 161, 162, 214, 216, 217~222, 230~232, 236, 270~277, 288, 290, 293, 298, 306, 307, 362~373, 406, 410, 411, 418, 430, 431~435, 447, 470
신분 22, 23, 28, 29, 166, 167, 237, 238, 281, 326, 346
신에 대한 인식 218, 367
신의 본성과 인간 본성의 통일 219
신의 질투 81
신정 체제 208, 410, 411
신정론 89
신탁 229, 371, 448
실러 137
실용적 26, 38, 39, 40, 52, 53
심리학 180, 181

ㅇ

아낙사고라스 70, 71, 72, 74, 75
아리스토텔레스 71, 81, 113, 160, 269, 275, 318
아리스토파네스 299
아메리카 320, 327, 328, 332~ 353, 376, 379, 440, 461
아이 41, 89, 167, 207, 234, 249, 267, 316, 338, 378, 379, 389, 406
아이히호른, 칼 프리드리히 47
아프리카인의 종교 365, 373
알렉산드로스 대왕 96, 176, 180, 181, 291, 400
언어 19, 30, 147, 270, 278, 281, 282, 292, 460
에피쿠로스 72, 431
엑슈타인 백작 272
역사 11, 12, 18~26, 29~47, 51~68, 71, 74, 76, 89, 92, 95, 96, 99, 108~112, 114, 120, 129, 130, 132, 135, 141~143, 149, 153, 155, 158, 159, 163, 164, 169, 170, 177, 182, 189, 190, 203, 204, 210~213, 244, 255, 261, 263, 268~273, 276~284, 288, 290, 303~309, 313, 316, 321, 327, 328, 342, 350, 351, 354, 356, 357, 361, 383, 390, 392, 395~401, 404, 407, 408, 416, 420, 424~434, 442, 465~471
역사학적 비판 44
열정 67, 96, 113, 141, 142, 146, 148, 150~154, 176~181, 185, 186, 190, 194, 196, 204, 205, 471
영국인 30, 96, 212, 333, 337, 339, 341, 347, 359, 376, 380, 383, 385, 445, 449, 450
영웅 20, 95, 171, 179, 182, 196
예술 230~232
완성 능력 255, 256, 304
우연 19, 58, 72, 73, 86, 113, 137, 256, 258, 385, 448
유목민 225, 321, 322, 396

의무 166, 167, 168
의식 20~27, 62, 70, 71, 75, 77, 81, 82, 88, 90, 91, 93, 97, 99, 100, 102, 108~116, 127, 129, 133, 135, 155~157, 160, 195, 207, 208, 213, 216~220, 227, 228, 232, 233, 259, 264~266, 269, 271, 274, 276, 277, 279, 280, 283, 284, 286, 291, 293~300, 306, 308, 313, 317, 330, 362, 363, 373~375, 379, 380, 386, 387, 391, 392, 406, 407, 421~423, 427, 443, 450, 470
의식으로서 198
의지 62, 98, 105, 139, 140, 145, 147~154, 157, 159, 160, 165, 167, 169, 183, 193, 194, 196, 197, 198, 202, 205, 209, 212, 216, 238~240, 244~252, 259, 276, 282, 289, 296, 316, 363, 380, 386, 391, 405~407, 415, 430, 437, 441, 443
의회제 248, 249
이념 21, 43, 48, 54, 57, 63, 70, 80, 98, 108, 125, 131, 137~141, 148, 159~164, 168~ 172, 178, 180, 185, 186, 196, 197, 199, 215, 218~220, 243, 246, 263, 275, 276, 284~286, 289, 307, 309, 313, 316, 377, 403, 405, 413, 415, 427, 429, 430, 444, 469, 470
이상 57, 135~140, 171, 189, 190, 209, 241, 243, 400
이성 39, 56~65, 70~74, 77~80, 86, 89~95, 108, 115, 136~ 142, 147, 155, 163, 186~190, 192, 196, 215, 219, 251, 275, 283, 285, 294~296, 305, 373, 405, 428~437
이성의 책략 186

이슬람교 219, 229, 230, 263, 363, 385, 386, 422
인도 21, 211, 272, 277, 280, 288, 294, 296, 297, 336, 337, 394, 397, 401, 411, 442
인디언 338, 339, 343
인류 82, 111, 129, 150, 165, 169, 186, 188~192, 196, 202, 205~210, 212, 214, 226, 227, 233, 250, 276, 278, 281, 284, 288, 289, 298, 299, 302, 354, 374, 377, 381, 407, 414~416

ㅈ

자기의식 100, 104, 111, 112, 114, 122, 127, 135, 161, 162, 201, 212, 215, 217, 219, 236, 237, 266, 276, 282, 287, 295, 296, 308, 361, 404, 405, 428, 439
자식 297, 381, 450
자아 106, 161~163, 178, 209
자연 71~73, 79~81, 89, 92, 93, 98, 127, 131, 143, 154, 197, 202~212, 218~220, 234~237, 255, 261~263, 266, 271, 274, 276, 280, 281, 286, 314~321, 332, 353, 362~373, 392, 401, 404, 410, 412, 426~428, 444, 446, 470
자연 과학 237
자연 상태 204, 205, 207, 268, 269, 377, 442
자연적 한계 326
자유 39, 42, 43, 54, 66, 72, 77, 98, 100~105, 113~116, 129, 131, 133, 141, 146, 148, 161~163, 166, 186, 188~192, 194, 195, 201~206, 209, 211, 215, 216, 221, 229, 236~253, 260, 265~269, 276,

277, 281~283, 285~287, 294~297, 316~319, 330, 339, 342, 343, 346, 347, 354, 376, 377, 381, 389, 394, 395, 402, 405, 406, 409, 410, 412, 414~417, 420, 423, 426, 427, 429, 437~439, 469, 470
재료　19, 57, 69, 78, 80, 109, 125, 149, 193, 194, 230, 232, 248, 277, 292, 293
전사　277, 283
전제 정치　381, 382, 420
정부　26, 42, 43, 114, 239, 244, 245, 250, 271, 272, 296, 381, 411
정신　19~26, 29, 31, 37~41, 43~48, 57, 58, 60~65, 68~71, 77, 80, 82, 84~89, 92, 93, 97~103, 106~135, 142~147, 154, 155, 162, 164, 170~179, 183, 193, 197~201, 204, 207~ 233, 235~238, 243, 249, 253, 256~269, 273~276, 284, 289~ 309, 313~319, 322, 335, 343, 353, 354, 361~368, 373~375, 381, 386, 391, 392, 401, 404~413, 418~428, 434~436, 439, 441~447, 470
종교　214~235
종교성　187~191
죄책　443
주관주의　83, 300
주체　40, 59, 106, 116, 176, 195, 197, 220, 405~409, 412~419, 422, 423, 427, 438, 471
중국　263, 272, 280, 288, 294, 296, 297, 327, 332, 393, 394, 397, 408, 410~442
지성　35, 38, 39, 46, 62, 64, 65, 75, 147, 148, 153, 200, 219, 230, 231, 235, 279, 281, 282, 285, 286, 292, 326, 331, 332, 344, 431, 432

지중해　351~357, 398, 440
직관　21, 22, 30~36, 43, 81, 104, 108, 118, 135, 154, 204, 214, 216, 220, 221, 230, 231, 243, 261, 279, 298, 305, 354, 362, 363, 366, 370, 374, 394, 409, 412, 422, 432
진보　23, 39, 114, 118, 127, 133, 136, 155, 176, 256, 257, 262, 264, 265, 268, 281, 282, 288, 289, 304, 305, 347, 377, 408, 427, 469, 470

ㅊ

철학　51~56, 63, 64, 74, 78, 86, 98, 101, 108, 138~140, 214, 217, 232, 233, 247, 275, 284, 285, 288, 291, 293~296, 305, 309, 350, 431, 436, 457~459, 466
추디, 에기디우스　33
충돌　32, 170, 241, 322, 323, 343
충동　103~105, 117, 118, 135, 154, 159, 163, 165, 205, 209, 210, 232, 234, 255, 268, 269, 321, 322, 325
칭기즈 칸　325

ㅋ

카바치　370, 447
카이사르　23, 26, 27, 95, 158, 176, 181, 184, 186, 291, 352, 400
칼 대제　422
케플러　285
쿠르티우스　95
크레올족　336, 337, 343
크세노폰　26
키케로　18, 184
킹게라 박사　339

ㅌ

테르시테스의 운명 183
통치 77, 78, 91, 139, 155, 241, 247, 279, 384, 410, 422, 429
통치의 이상 241
투퀴디데스 18, 22, 23, 25, 26, 35, 299
튀르키예의 근위병 249
티무르 325

ㅍ

페늘롱 241
페르시아 242, 395, 411
페리클레스 25
포로스 181
폴뤼비오스 26, 32, 38
퓌타고라스 288, 294
프랑스인 28, 30, 40, 42, 44, 45, 96, 328, 357, 445
프로테스탄티즘 214, 342
프리드리히 28
플라톤 72, 113, 241, 299, 389
필연성 39, 53, 54, 58, 80, 88, 109, 114, 116, 130, 148, 188, 192, 202, 240, 243, 244, 257, 284, 292, 314, 351, 403, 437

ㅎ

학문 128, 220, 221, 224, 231~233, 285
해안 지역 329, 332, 334
행복 144, 153, 163, 164, 176, 177, 186, 189, 201, 241, 296
행위 19, 21~25, 27~29, 34~38, 54, 66, 70, 120~122, 131, 136, 156, 157, 180, 191, 196, 199, 212, 213, 216, 276~282, 290, 292, 307, 396, 400, 431, 432, 436, 443
허친슨 387, 450
헤로도토스 18, 22, 26, 242, 366, 442
현상 57, 59, 63, 70, 73, 76, 91, 99, 112, 126, 132, 137, 141, 158, 159, 163, 164, 186, 199, 200, 209, 225, 227, 231, 233, 234, 251, 255, 262, 263, 282, 288, 308, 309, 361, 373, 388, 390, 401, 405, 411, 418, 421~423, 426, 431
현실 139, 140, 424~427, 434, 436
호메로스 26, 182, 288, 294, 317
후고 46
흑인 338, 339, 360, 363, 364, 366, 367, 370, 372~376, 378~380, 382, 383, 385~387, 390, 391, 447~449

ⓒ 도서출판 b, 2025

역사 속의 이성

초판 1쇄 발행 2025년 12월 05일

지은이 G. W. F. 헤겔
엮은이 요하네스 호프마이스터
옮긴이 이신철
펴낸이 조기조

펴낸곳 도서출판 b
등 록 2003년 2월 24일 제2023-000100호
주 소 서울시 금천구 가산디지털2로 169-23 가산모비우스타워 1501-2호
전 화 02-6293-7070(대) | 팩시밀리 02-6293-8080
이메일 bbooks@naver.com | 홈페이지 b-book.co.kr

ISBN 979-11-92986-51-7 93100
 값   22,000원

* 이 책 내용의 일부 또는 전부를 재사용하려면 도서출판 b의 동의를 얻어야 합니다.
* 잘못된 책은 구입한 곳에서 교환해 드립니다.